威科法律译丛

环境损害的民事责任

——欧洲和美国法律与政策比较

第二版

〔英〕马克·韦尔德 著

张一心 吴婧 译

商务印书馆
创于1897
The Commercial Press

2017年·北京

By Mark Wilde

Civil Liability for Environmental Damage:

Comparative Analysis of Law and Policy in Europe and the US

This is a translation of Civil Liability for Environmental Damage: Comparative Analysis of Law and Policy in Europe and the US, by Mark Wilde, published and sold by The Commercial Press, by permission of Kluwer Law International BV, The Netherlands, the owner of all rights to publish and sell same.

出 版 说 明

我馆历来重视迻译出版世界各国法律著作。早在 1907 年就出版了第一套系统介绍外国法律法规的《新译日本法规大全》81 册，还出版了《汉译日本法律经济辞典》。1909 年出版了中国近代启蒙思想家严复翻译的法国著名思想家孟德斯鸠的《法意》。这些作品开近代中国法治风气之先。其后，我馆翻译出版了诸多政治、法律方面的作品，对于民国时期的政治家和学人产生了重要影响。新中国成立后，我馆以译介外国哲学社会科学著作为重，特别是从 1981 年开始分辑出版"汉译世界学术名著丛书"，西方政治法律思想名著构成其中重要部分，在我国法学和法治建设中发挥了积极作用。

2010 年开始，我馆与荷兰威科集团建立战略合作伙伴关系，联手开展法学著作中外文双向合作出版。威科集团创立于 1836 年，是全球最大的法律专业信息服务和出版机构之一。"威科法律译丛"是我们从威科集团出版的法律图书中挑选的精品，其中涉及当前中国学术界尚处在空白状态、亟需研究的领域，希望能够对中国的法学和法治建设有所助益。除了引进国外法律图书外，我们同时也通过威科集团将中国的法律思想和制度译介给西方社会，俾使中国学人的思想成果走向世界，中华文明的有益经验惠及异域。

商务印书馆编辑部

2011 年 8 月

译　者　序

环境纠纷是环境问题的产物。近年来,随着环境问题的日益严重,以及我国环境保护事业在各个领域的深入开展和公民环境意识、法律意识、维权意识的增强,由环境污染所导致的纠纷日益增多,环境侵权与维权纠纷事件在许多地方已成为影响经济发展和社会稳定的突出问题。面对"公害"产生的侵权,有些国家已经出现了"公害民事救济法"、"公害赔偿法"、"环境责任法"的概念与立法实例。

我国对于环境污染侵权责任的理论研究和法律实践起步较晚,在立法中并未采用"环境损害",而采用"环境侵权"、"环境污染责任"概念,相关法律对环境侵权的规定大多集中于"环境污染侵权",而在立法上使用的语词一般为"环境污染和其他公害"、"环境污染损害"或者"环境污染危害"。环境侵权从传统的民法侵权论中发展而来,是一种特殊的侵权,与传统的民事侵权和救济相比,在法理、立法、救济功能与方式等方面都有很多不同之处。环境侵权是指因行为人污染或破坏环境而造成他人财产权、人身权和环境权等权利受到损害,依法应承担民事责任的一种特殊侵权行为。作为侵权行为的一种,环境侵权还包含着"损害了一定区域的不特定多数人的环境权甚至后代人的利益",从而扩充了环境侵权所侵犯的利益范围。

2009年12月26日,《中华人民共和国侵权责任法》由全国人大常委会通过,并自2010年7月1日起施行。该法确立了环境污染侵权责任规则,是排污单位的紧箍咒,是污染受害人的护身符,同时也是环保部门调处污染纠纷的新法宝。它的施行对保护合法环境权益,制裁环境侵权行为,促进社

会和谐稳定,具有重要意义。自 2015 年 8 月 9 日起施行的《党政领导干部
生态环境损害责任追究办法(试行)》,作为我国首次针对党政领导干部开展
生态环境损害追责的制度性安排,提出了生态环境损害的追责主体、责任情
形、追责形式、追责程序,以及终身追究制等规定。

　　环境损害责任就是指行为人污染或破坏环境导致环境自身损害、人
身损害、财产损害所应当承担的责任,其中包括民事责任、行政责任和刑
事责任三种类型。鉴于我国环境污染侵权责任的相关立法并不完备,关
于环境侵权与救济理论的研究数量有限,实践案例较少,虽然以行政补偿
和侵权民事责任赔偿作为环境侵权赔偿的主要模式,但缺乏相应的污染
损害赔偿机制;此外,由于环境侵权现象日渐严重和泛滥,作为一种特殊
侵权,已不可能用传统的侵权行为法及其救济手段对之进行作用和调整,
因为环境侵权行为具有加害主体复杂和难以认定、因果关系不同于传统
形式等特点,因此,实有必要针对相关问题,包括:放宽对起诉主体的资格
限制、突出和强化集团诉讼、无过错责任原则、举证责任倒置、因果关系推
定等开展深入的研究。

　　本著作《环境损害的民事责任——欧洲和美国法律与政策比较》(Civil
Liability for Environmental Damage: Comparative Analysis of Law and
Policy in Europe and the US)第二版,是荷兰威科集团出版的"能源和环境
法律与政策丛书"中的第 23 卷。作者马克· 韦尔德(Mark Wilde)在本著
作第一版的基础上,从专注于使用侵权作为加强环境法规执行的一种手段
的观点,逐步侧重于使用侵权作为与基于公法的监管之间的一种平衡,也就
是主张侵权与环境法规之间不应该太紧密联系在一起的观点。本著作主要
分成五个部分:第一部分,深入探讨侵权法与环境法的关系,并论述了环境
损害的侵权责任;第二部分,从普通法的视角分析了传统的基于侵权的救济
和环境保护,主要涵盖了环境损害处理途径和环境损害赔偿责任成立的主
要问题;第三部分,从基础理论和立法创制的视角剖析了侵权作为一种环境
保护手段的作用,主要探讨了环境领域中侵权的作用,并针对跨界污染所造
成的环境损害责任问题,阐明了欧洲及国际上的一些做法;第四部分,根据

对某些欧盟成员国实体法及普通法规则的比较分析,阐述了如何增强侵权作为一种环境保护手段的作用,其中,特别针对严格责任、减轻因果关系的举证责任、原告资格、集团诉讼或集体诉讼、环境损害的救济、民事责任的财政条款等方面的实践进行了深层次的探讨和系统化的梳理;最后,总结了环境侵权责任的本质,从公地悲剧到全球公共资源,探索如何提升环境领域中侵权的作用。因此,本著作在完善我国的"环境侵权制度体系"方面有着非常重要的借鉴意义。

对于读者在阅读本译著时需要注意之处,特此说明如下:

第一,注释和索引之中提到的本著作页码均指原著(英文版)的页码,并非译著(中文版)的页码,我们将原著的页码标注于译著每页的页侧,即为边码,供读者在需要时使用。

第二,译著对于注释序号采取每页重新排序,不同于原著的从头至尾连续排序。

第三,全书中纯表示案例的注释,我们并没有将其翻译为中文,而是照录了英文原文,以便于读者在需要时对有关案例进行检索。正文中出现的案例,我们都将其译为了中文,并在其首次出现时附上对应的英文,以方便读者阅读和检索。

第四,原著中的专有名词、专业名词、法律文件、国际公约和国际组织,我们都将其翻译为中文,并在其首次出现时附上对应的英文名称。

本著作原文内容丰富,文笔流畅,但对译者来说,由于中外法律体系的差异和译者知识的局限,要将这本著作译为明白晓畅的中文实非易事。尤其是针对法院判决和法官阐述的翻译,对译者的水平的确是一项考验,也遇到了一些困难。因此,虽努力尽责,然本著作在翻译过程中难免有所疏漏甚至错误,蒙您不吝指正赐教,我们衷心感谢!

能够有机会翻译这本著作,要感谢朱祉熹女士的推荐。受商务印书馆之邀请翻译这本著作,是工作团队的荣幸,却也是沉甸甸的责任。感谢商务印书馆金莹莹编辑对于本译著的策划,以及在翻译和出版期间所给予的帮助。本著作的翻译工作历时一年,前后经历四稿。主要翻译和校对工作由

吴婧(第 1—3 章)和张一心(第 4—12 章)完成,齐曼古丽·依里哈木和周渝
做了大量的文字和排版工作。在此,一并致谢!

译　者

2017 年 1 月

目　录

第一篇
引　言

第三篇
侵权作为一种环境保护手段的作用：
理论视角和立法创制

第四篇
增强侵权作为一种环境保护手段的作用:
对某些欧盟成员国实体法及普通法相关规则的比较分析

第五篇
结 论

缩略词一览表

ABI   Association of British Insurers 英国保险协会

ACA   Anglers' Cooperative Association 钓鱼者合作协会

ADAS   Agricultural and Advisory Service 农业和咨询服务

ATCA   Alien Tort Claims Act（US）外国人侵权索赔法案（美国）

AWE   Atomic Weapons Establishment 原子武器研究所

BAT   Best Available Technique 最佳可行技术

BATNEEC   Best Available Technology Not Entailing Excessive Cost
           不承担过多成本的最佳可用技术

BREF   Best Available Technique（BAT）Reference Documents
           最佳可用技术参考文件

BGB   Das Bürgerliches Gesetzbuch（German Civil Code）德国民
           法典

BNFL   British Nuclear Fuels Limited 英国核燃料有限公司

BOP   Blow-Out Preventer 防爆器

BVD   Bowel Virus Diarrhea 肠病毒性腹泻

CCS   Carbon Capture and Storage 碳捕获和储存

CERCLA   Comprehensive Environmental Response Compensation
           and Liability Act（US）综合环境反应补偿和责任法案（美
           国）

CGL   Comprehensive General Liability 综合性一般责任险

CO_2 Carbon Dioxide 二氧化碳

CVM   Contingent Valuation Method 条件评估法

DEFRA	Department for the Environment，Food and Rural Affairs 环境食品和农村事务部(英国)
EIL	Environmental Impairment Liability　环境损害责任
ELA	Environmental Liability Act（Germany）环境责任法案(德国)
ELD	Environmental Liability Directive　环境责任指令
EA	Environment Agency（UK）环境局(英国)
EPA	Environmental Protection Agency（US and Australia）环境保护局(美国和澳大利亚)
ESP	Electro-Static Precipitator　静电除尘器
EURATOM	European Atomic Energy Community　欧洲原子能共同体
FCS	Fat Cow Syndrome　肥胖母牛综合症
FOE	Friends of the Earth　地球之友
GLO	Group Litigation Order　团体诉讼法令
GMO	Genetically Modified Organism　转基因生物
HMIP	Her Majesty's Inspectorate of Pollution　皇家污染检察总司
ICCOP	International Convention on Civil Liability for Oil Pollution Damage　石油污染损害民事责任国际公约
IOPC	International Oil Pollution Compensation Fund　国际石油污染赔偿基金
IPPC	Integrated Pollution Prevention and Control　综合性污染预防和控制
ITIA	International Tanker Indemnity Association　国际油轮赔偿协会
MNC	Multinational Corporation　跨国公司
NGO	Non-Governmental Organization　非政府组织
NRPB	National Radiological Protection Board　国家辐射保护委

员会

OPA	Oil Pollution Act（US）石油污染法案（美国）	
PAH	Polycyclical Aromatic Hydrocarbons　多环芳烃	
PCB	Polychlorinated Biphenyls　多氯联苯	
PCE	Perchloroethene　四氯乙烯	
PHAH	Polyhalogenated Aromatic Hydro-carbons　多卤代芳烃化合物	
PPI	Parental Pre-conception Irradiation　父母孕前照射	
SAC	Special Area of Conservation　特别保护区	
SEA	Single European Act　单一欧洲法案	
TCDD	Tetrachlorodibenzo-p-dioxin　四氯二苯并二噁英	
UNICE	Union of Industrial and Employers' Confederations of Europe　欧洲工业和雇主联盟工会	
WRA	Water Resources Act（Germany）水资源法案（德国）	
WTAC	Willing to Accept Compensation　接受赔偿意愿	
WTP	Willing to Pay　支付意愿	

前　言

　　本书的第一版源于 1995 年开始的研究生学习。到 20 世纪 90 年代初，环境法已经成长为一个独特的主题，拥有自己的教材、法律报告和颇具特色的规制技术。正如第一版的前言所述，主流的观点一直认为环境损害是政府调控事务，应采用公法中的"命令和控制"机制，例如排放限制和规划控制。然而，以侵权形式来表现私法潜在作用也是一个重要的主题。在英国，"剑桥水务诉东部郡皮革公司"（Cambridge Water v. Eastern Counties Leather）这一影响深远的案例，显示了传统侵权作为一种环境保护手段的局限性。英国上议院撤销了将历史污染成本加诸当前运营商的裁定。因此，虽然普遍认可成功地主张私法权利能偶尔获致一些间接的环境效益，但显然侵权法并不适合实现诸如环境保护这类公共利益目标。整个普通法世界都清楚地认识到无论环境控制如何先进而全面，总是会有意外和不可预见的后果。在美国，埃克森·瓦尔迪兹号油轮（Exxon Valdez）灾难和随后 20 年的诉讼，更突显了环境灾难所造成的私人后果。

　　同时，利用私法追求环境目标的举措正在欧洲共同体（欧共体）内进行。这个阶段，在欧洲，欧共体是欧洲范围内环境法律和政策的主要驱动力。然而，在欧共体成员国之间鲜有守法的记录，而执法困难却逐渐破坏了为污染减排所付出的努力。欧共体委员会形成一个共识，将环境标准与对违法行为进行民事索赔能力联系起来，欧共体环境法的执行可能会增强。为此，发布了废弃物造成损害的民事责任指令的一些早期建议稿，尽管这些建议稿很快就被另一影响更为深远的环境责任制度建议稿所取代。

　　本研究正是在这种背景下开展的，其成果就是本书的第一版。我试图将这些争辩的各个方面整合起来，并阐明在环境背景下侵权应有的作用。

本书开展了两个层面的工作。首先,试图在环境领域建立应用侵权的理论和概念基础。为此目的,本书利用历史、哲学和经济理论,建立了一个理论框架,进而得出这样一个结论,即追求公共利益是侵权固有的目的之一。其次,考察了如何调整侵权的要素,以便于促进达成环境目标,例如调整因果关系规则和采用更严格的责任形式。

本书的第一版主要关注于前述的欧共体建议,这一建议期望引入一个欧共体通用的民事责任制度,以强化环境法执行。这就必须在环境手段中增加更多的民事责任构成要件,从而如果违反法定义务除了行政处罚和刑事处罚之外,还将引起赔偿权利问题。然而,正当第一版的校稿完成时,欧共体委员会发布了一份《环境责任指令》的草案,此草案与之前的白皮书非常不同。白皮书专注于私法的作用,而这个指令草案则建立了一个由公共机构管理的成本分担监管系统。在这种情况下,我们将这一指令草案(随后通过成为法律)作为附录纳入本书第一版中,当时还不是完全清楚此草案如何延续先前的政策建议,以及如何融入本书的主线之中。事实上,有一段时间看起来,在环境保护中私法的作用不再被视为一个紧迫的问题,而本书的第一版也将是最后一版。

然而,从我个人的视角来看,所幸关于环境侵权夭折的报道被证明是毫无事实根据的。虽然,欧盟目前不再专注于欧盟通用的基于侵权的环境责任制度的发展,但过去10年发生的事件证明,在环境法起源中侵权仍然形成了一个非常重要的部分。一些引人注目案例的出现,正好用来强调一个要点:无论是多么先进和完善的环境控制,"意外终将发生"。例如,在英国引人注目的科比集团(Corby Group)诉讼案中,许多原告都获得损害赔偿。该案主要是由于产前暴露于对旧有炼钢厂场地进行复垦工程时所释放出来的有毒物质而引起出生畸形。在大西洋彼岸,深水地平线(Deepwater Horizon)石油泄漏事件取代了埃克森·瓦尔迪兹号油轮事件,成为北美历史上最严重的环境灾难。此外,对于所有环境问题之母——气候变化,目前一些勇敢的诉讼当事人正通过努力指控污染者,从而将侵权扩展并发挥到其极限。最后,负责管理环境损害国际条约的那些人继续思考在跨界污染事件中侵权的潜在作用。

这一切为第一版的修订和理论框架的改进提供了丰富的材料,从而得出了一些关于环境领域侵权作用新的结论和见解;然而也正是由于上述发展的结果,研究重点已经不再是欧盟。首先,在本书的第一版中关于侵权责任的范围我所得到的结论可能过度保守。像深水地平线这类事件表明,侵权所能发挥的作用可能远远超过在一个比较小规模事件所造成的局地后果中发挥的作用。数百亿美元被预留出来用于处理环境损害成本和企业所遭受的经济损失。第二点,如上所述,就是作出了协同努力以找出主要的温室气体排放者,对因气候变化所造成的财产损失和人身伤害负起责任。由于这种索赔似乎遥不可及,因此在第一版中并未涉及这个问题。的确,这些已经提出的诉讼正在奋力克服初始障碍。然而,这些行动清楚地表明当人们发现缺乏监管行动时,诉讼当事人必将转而寻求侵权手段来解决问题。

尽管在国际舞台上产生了这些戏剧性的发展,我们仍不应忽视侵权在其传统领域发挥的持续性作用,即侵权作为处理传统类型污染在局地造成后果的一种手段。如前所述,在大多数发达国家,不论环境控制如何先进和完善,在法院经常还是会有旧式公害类纠纷案件,这是值得注意的。任何一本书,对于素材的收集都有一个截止点,因此,有时候一个重要案例出现了却来不及作出改变,这是不可避免的。对于无法纳入书中的一些案例讨论,我深表遗憾。例如,"安斯洛诉诺顿铝业"(Anslow v. Norton Aluminium)案,对于公害法中的因果关系提出了一些吸引人的问题。这些案例表明,我们不应忽略侵权在保护那些被管理制度忽视的私人利益时的重要作用。除了检视新案例之外,我还重新评估旧有的案例,主要着眼于查明这些案例能够告诉我们侵权作为纠正监管失灵类似事件的限度为何。例如,重新评价标准教学案例"艾伦诉海湾石油炼油有限公司"(Allen v. Gulf Oil Refining Ltd)案,本案是关于妨害中法定权责的抗辩。结果显示该侵权诉讼源于规划者和监管者未能预见到损害,及针对损害作出回应。

因此,欧盟现在似乎已不再采用基于侵权责任制度的政策,这并没有减轻或破坏侵权的作用。当然,争辩的重点有一些转移。鉴于本书第一版专注于使用侵权作为加强环境法规执行的一种手段(工具主义方法),这一版则更侧重于使用侵权作为与基于公法的监管之间的一种平衡。在这方面,第二版的一个主要观点就是将侵权与环境法规太紧密联系在一起是一件坏事。因此,立法机关应逐渐剥离传统侵权行为,危害的法定定义将许多持续性低水平危害排除在外,而这些危害正是公害索赔的主要部分。我们可以从英国核责任制度对损害的解释中看到这样做的效果。

鉴于侵权的动态性和不断变化的本质,以及诉讼当事人和他们的律师的创造力,我比十年前更希望看到本书的修订版。

自从本书第一版出版以来,这十年中发生了很大改变,但是我的父母亲,米拉和彼得(Myra and Peter)的耐心以及给予我的支持是不变的。一个主要的变化是我和夏洛特(Charlotte)结婚了,她所给予我的支持和鼓励是无价的,并促使这个项目顺利完成。此外,我们的女儿弗洛伦斯·罗斯(Florence Rose)诞生了,她的诞生恰逢本书第二版出版。向威科集团(Kluwer)的所有人员致意,感谢他们邀请我撰写本书第二版,以及他们快速和高效的工作。

马克·韦尔德

2012 年 12 月

第 一 篇

引　言

第一章 侵权法与环境:
辩论和基本问题导论

第一节 引言

　　自 20 世纪后半叶以来,环境监管已成为一个重要的政治议题。其关注 3
焦点在于法律在何种程度上能提供一个解决环境问题的手段,这样的关注
也促进了环境法的发展。① 尽管直到最近环境法才成为一个独立研究领
域,②但它的起源可以追溯到几个世纪前。③ 然而,直到 19 世纪之前,试图
利用法规来处理污染问题的案例还是非常少见的。④ 因此,当污染导致一
个人的损失或带来不适的情况发生时,实有必要求助于现有的私法原则来
管理邻里之间的纠纷,如"英格兰的普通法"(the common law of England)。4
然而,面对工业革命,这种机制被证明并不成功,因此自 19 世纪到 20 世纪

---

　　① 然而,环境法并不是一个拥有独特原则的独立法学分支。相反,它是一面旗帜,在这面旗
帜下,那些可被用于对环境有害活动进行控制的法律松散地组合在一起。See Stuart Bell & Donald
McGillivray, *Environmental Law*, Ch. 1 (7th ed, OUP 2008).

　　② 哈里森·C.邓宁(Harrison C. Dunning)被认为是最先于 1969 年在南加州大学设立"环境
法"课程的。See Harrison C. Dunning, *Notes for an Environmental Law Course*, 55 Cornell L.
Rev. 804 (1969—70).

　　③ 在 1584 年的著名事件中,威廉·莎士比亚的父亲因在亨利街的家门外堆积粪便而被镇委
员会起诉。此外,詹姆斯一世于 1610 年颁布了一项条例以禁止在威斯敏斯特城市一英里范围内燃
烧煤。See J.F. Garner, *Environmental Law—a Real Subject*? 142 (6580) N.L.J. 1718 (1992).See
David Woolley et al. (eds.), *Environmental Law*, Ch. 1 (2d ed, OUP 2009).

　　④ 这是由于直到 19 世纪,没有一个调控机制能够针对污染问题收集数据并制定行政应对措
施。See Patrick S. Atiyah, *The Rise and Fall of Freedom of Contract*, Ch. 5 (Clarendon Press
1979).

期间,大多数工业化国家都采取系统化措施,试图利用法规来控制污染。①
从而导致了侵权在这一领域的边缘化。②

　　有鉴于此,本书所论述的问题仅涉及在环境监管领域中侵权的作用。
由于一些欧洲联盟(欧盟)和欧洲理事会的倡议,提议引入一些制度设计将
侵权作为环境保护的手段而引发了关于侵权的最初辩论。的确,本书第一
版的多数篇幅专注于这些倡议。在本书中将看到,通过法定干预的方式,提
出了多种手段以克服原告在试图建立环境损害赔偿责任时所面临的特殊困
难。对于这个问题,欧盟政策采取了截然不同的方向和管理体制,从那些关
注于利用行政机制来恢复污染代价或者采取预防行动的审议意见中可见一
斑。但是,2010 年发生的"深水地平线"(Deepwater Horizon)灾难事故再
次证明环境领域中侵权的作用仍然至关重要。此外,一些国家和国际组织
不断发展基于侵权的环境损害责任机制。

　　这本书探讨了过去制约侵权作为一种环保手段发挥作用的那些因素,
批判地分析了克服这些困难的方法。然而,这是基于对更宏观问题的思考,
也就是在环境领域中侵权之目的。传统上,一直以来,侵权法主要关注于如
何保护私人利益,然而环境保护构成了一个公共利益目标。③ 必须解决的
主要概念性问题是侵权责任在何种程度上可以同时涵盖私人利益和公共利
益。为此,有必要明确以这种方式发展侵权在理论上和实践上的可行性,以
及这种方法与现存的监管措施之间的联系。多数的辩论一直缺乏对这些问

---

　　① 阿提耶(Atiyah)在本书第五章中对这种情形出现及势态发展,如一个新专业种类的演变
进行了总结。

　　② 因此,经常会有人提出质疑,普通法作为针对新问题制定响应的一种手段,是否仍能发挥
有益的作用。参见圭多·卡拉布雷西(Guido Calabresi),《制定法时代的普通法》[*A Common Law
for the Age of Statutes*,163 (Harvard University Press 1982)];期望法院扮演他们曾经扮演的制
定法律的角色是不切实际的。原因很简单,很多情况下撰写一个新的法律超出了法院的能力范围,
而此时,新法又必须马上公布。

　　③ 在这种情况下,关注的焦点是社会的公共利益,而不是任何个体所关注的私人利益。同一
行为,如盗窃,可能会同时导致个体的损失,并威胁社会利益。然而,法律上传统认为公共利益可以
与私人利益区别开来,并通过不同的机制来保护他们,例如刑法。因此,在盗窃案中,受害者必须通
过侵害动产的侵权行为来保护他的财产,而国家可能寻求通过刑法来保护公众免受反社会行为侵
害。在适当的时候,在公法和私法的领域之间很难作出严格的划分,将会变得表面化。

题的鉴别，而且未能充分识别侵权作为一种环境保护手段的理论基础。关 5
于侵权的功能，唯有根据这些更广泛的理论观点来考虑现有的和所提议的
专门侵权责任制度，才能对环境领域中侵权的真正目的有更深层次的理解。

　　在对所提出的主要问题和这本书的结构进行更详细的阐述之前，有必
要经由识别生态危机产生的原因和环境法的一般作用，从而将前后主题连
贯起来。

第二节　环境法的必要性

一、对环境损害的认知逐渐增强

　　如上所述，20 世纪后期，公众对环境损害的关注呈现了显著的增长。
二百年的工业化进程在景观上留下了不可磨灭的伤痕并导致数十亿吨有毒
物质排放到环境中。①

　　最近出现一种思潮，人类在某种程度上与环境产生疏离。② 从而，环境
被用于容纳人类工业活动所产生的有害副产品。然而，人们越来越意识到
人类是环境的一部分③，释放有毒物质会对人类本身造成伤害。最近英国

---

　　① 参见托马斯·柏励(Thomas Berry)，《地球的梦》[*The Dream of the Earth*，xiii (Sierra
Club Books 1990)]:"我们已经改变了这个星球根本的化学反应过程，我们已经改变了生物系统，我
们已经改变了这个星球的地形甚至地质构造，这些构造和功能是经过数亿甚至数十亿年才形成
的。"

　　② 这可能在某种程度上是由于犹太教和基督教教义的人类中心主义本质，即将人类作为宇
宙中心。根据怀特(White)的想法，这种教义更促进了一种信念，没有任何物质创造不是以服务人
类为目的而存在的。虽然，人的身体是由泥土做成，但人类并不单纯是大自然的一部分：他是依据
神的形象制造的。See Lynn Townsend White, Jr. *The Historical Roots of Our Ecological Crisis*,
155 (3767) Science 1203 (1967). See also Alexander Gillespie, *International Law*, *Policy and
Ethics*, Ch. 1 (Clarendon Press 1999).

　　③ 参见肖恩·麦克唐纳(Sean McDonagh)，《关心地球：呼唤新技术》[*To Care for the Earth*：
A Call to a New Theology，102 (Cassell 1986)]:"假装我们与其他生物之间没有任何有机联系，就
是忽视了 200 亿年宇宙的故事。"

的"科比集团诉讼案"(Corby Group Litigation)[1]就是一个非常明显的例证,此案发现孕妇暴露于废弃钢铁厂址修复过程所翻搅飞扬的有毒尘埃中,而导致新生儿出现上肢畸形的损害。此外,由于环境主要是由特定个人所拥有的地块所组成,因此往往环境损害表现为对私人财产的损害,例如农民的农作物受到损失。然而,即便没有物理性损害,人们利用和享受他们财产的能力也可能会因污染而受到不利影响。

　　近年来,污染物不受政治边界限制的事实越来越得到认同。这使得跨界污染问题备受关注,也使得如何向污染来源的行政管辖区寻求赔偿的问题成为热点。在全球尺度上,由人为排放温室气体所造成的气候变化现象已经被接受为科学事实。[2] 认为这种变化可能威胁人类的长期生存前景而索赔或许显得有些不切实际。[3] 但毫无疑问,即便是海平面的轻微上升都将会造成不可估量的损害。[4]

二、环境问题的根源

　　环境问题的根源在于自然资源的利用方式。如果竞相利用资源的各方未能合作,资源最终将会被摧毁。为了说明这个问题,哈丁(Hardin)在他的著名文章"公地悲剧"(The Tragedy of the Commons)[5]中,用了美国西

---

[1]　[2009] EWHC (England and Wales High Court) 1944 (TCC) (Technology and Construction Court),[2010] Env. L.R, D2. 参见下文第二章第六节二(二)中的相关内容。

[2].　相关领域的主要研究成果,参见:Andrew E. Dessler and Edward A, Parson, *The Science arid Politics of Global Climate Change*:*A Guide to the Debate* (2d ed, CUP 2010).

[3]　参见詹姆斯·洛夫洛克(James E. Lovelock),《盖亚:地球生命的新写照》[*Gaia*:*A New Look at Life on Earth* (OUP 1979)]。在过度简化问题的风险下,该理论可概括如下。洛夫洛克提出,地球应该被视为一个生态实体,而人类只是其中一部分。此外,这个系统具有气候调节能力,能够摆脱任何威胁生态系统作为一个整体长期存在的物种。因此,尽管这个星球可能允许我们破坏人类生存的栖息地,它仍将确保其他形式的生命能够延续;因此,洛夫洛克在第 132 页提出:"一个如同盖亚一样成熟的系统,不太可能轻易被扰动。"

[4]　关于气候变化导致的总损失成本的辩论很激烈,但无论如何都应达到数万亿美元。See P. Watkiss (ed.), *The Climate Cost Project Final Report*:*the Impacts and Economic Costs of Climate Change in Europe and the Costs and Benefits of Adaptation* (Stockholm Env. Inst. 2011).

[5]　G. Hardin, *The Tragedy of the Commons*, 162. (3859) Science 1243 (1968).

部公共牧场过度放牧的例子。在决定增加畜群数量之前，牧民必须进行一个简单的成本效益分析。牧民知道，如果出售额外的牛，他将获得出售这些牛带来的所有收益。饲养这些额外牛群的相关成本将会转嫁给公共牧场。牧民也明白，这些成本将会由所有使用公共牧场的牧民来分担。因此，每个牧民只分担这些成本的一小部分，肯定少于其潜在的收益。牧民必然得到这样的结论，即他应该增加牛群数量。然而，其他使用公共牧场的牧民也会得到这一结论，其结果是畜群数量将会一直保持增长直到公共牧场无法维持。所以：

> 　　每个人都被闭锁在一个系统中，迫使他无节制地增加畜群数量，然而这却是一个有限的世界。所有人都奔向毁灭的宿命，在社会中每个追求个人利益最 7 大化的个体都坚信公地自由。公地自由给所有人带来毁灭。①

　　哈丁认为，这样的分析也适用于污染问题。唯一的区别是，人们不是从公地（即环境②）中获得某种东西，而是把一些东西放到公地中。结果都是一样的，因为公地最终将被损坏或对于诸如农业这类特定活动变得没有利用价值。一个人在决定向环境排放废弃物而不是处理或回收利用废弃物前，可能进行的成本－效益分析，其本质上与牧民的做法是一样的，因此：

> 　　理性的人发现，废弃物排放到公地中其所分担的成本小于在排放前对废弃物进行处理所需要的成本。由于人人都如此设想，所以只要我们表现为独立的、理性的自由企业主，我们就被锁定在"污染自我生存环境"的系统中。③

三、环境法的目的

　　哈丁继续公地悲剧的比喻，私有制可以避免公地"成为食物篮子"。私

---

① Hardin, 1244.
② 环境相当于"公地"，因为每个人都可以享用它。
③ Hardin, 1245.

有制可以让人们保护其土地免于其他人的开发利用。然而,将这样的类比应用在污染上,产权规则并不总是有利于环境保护。首先,污染不受产权边界的限制;正如哈丁指出的,"我们无法轻易把周围的空气和水围起来。"①更重要的问题是,产权规则尽管可以阻止他人破坏资源,却也可能使业主自己破坏资源:

> 事实上,我们对私有财产的特定概念,虽然阻止我们耗尽地球上的有用资源,但却利于造成污染。一个位于河边的工厂(由于他的"财产"延伸到河流中央),通常工厂的老板很难理解,为什么将流经自家门口的河水搅浑不属于他的自然权利。法律总是落后于时代,需要精心的修订和调整才能适应于公地面临的新问题。②

因此,应制定一系列强制性的法律或税收措施,使向环境排放污染物而不是事先处理污染物的行为,付出更昂贵的代价。这些措施和法律法规逐渐增加,现今统称为"环境法"。

根据哈丁的分析,私法实际上可能与环境保护格格不入,也看不出在此领域中侵权能否发挥任何有利的作用。这将我们带回到中心问题,用哈丁的话说就是如何修订和调整侵权使其适应新目标?

第三节 侵权法和环境

下面我们将阐明侵权的含义。显然有些时候想要形成一个包罗万象的概念,将其所有的属性和功能都定义其中是不可能的。比较可行的方法是专注于侵权的目的和功能。根据案例中特定的侵权行为以及具体情况,侵权的功能各不相同,然而,一般来说侵权主要是关于损失分摊。未尽合理注

---

① Hardin,1245.
② 同上。

意或故意的行为在任何社会都会导致损失的发生。在某些案例中规定，损失应由造成损失的一方或多方承担；而在其他情况下，可能由遭受损失方承担。显然并非所有损失都是可诉的；侵权行为是指构成违反法定义务的作为或不作为。一些特定的作为和不作为被认定为可诉的原因可能是出于正义的理念或是以特定方式来分摊损失的需要。这个问题将在侵权原理部分进行更详细的讨论。

从历史上看，侵权一直作为调解私人纠纷的一种手段；在这方面，一直没有明确涉及保护第三方的目标，如保护环境。然而，侵权也被公认具有环境维度。例如，对公害的私人产权主张，也许会获致一些间接的环境效益。例如，房主因受有毒烟气影响，而成功阻止了排污活动。这就提出了所谓的"有毒物质侵权"，皮尤（Pugh）和戴（Day）作出如下定义：

> "有毒物质侵权"是缩写语……本质上是指，凡针对环境污染使一个个体遭受人身、财产或者安静享受个人财产权益的损害，或是由于污染造成地区环境损害所提出的索赔。因此，这个术语涵盖了工业废弃物排入环境中，不论是进入空气、海洋还是河流所产生的损害……它涵盖了化学和放射性废弃物。它同样也涵盖了由于噪声、灰尘等造成公害的索赔。最后，它涵盖了对环境本身的损害。①

之前所提及的科比诉讼案就是关于有毒物质侵权之诉的新近案例。②

环境领域还有其他侵权行为的情形。例如，将石棉等有形的固态有害物质留在他人的财产范围内，可能构成侵犯他人土地。如果污染者有过错，并且导致财产损害或人身伤害时，即可能构成过失责任。某些设施的排放可能构成违反法定义务。

休斯（Hughs）在其早期出版的著作中，简洁地总结了环境领域中侵权作用受到限制的一些因素，如下所述：

---

① Charles Pugh and Martyn Day, *Toxic Torts*, 2 (Cameron May 1992).

② ［2009］EWHC1944（TCC），［2010］Env.L.R.D2.

　　普通法的诉讼耗时又昂贵,充满了复杂的术语,而且一般来说,只是以一个个体,而不是以一类主体为基础。在普通法的诉讼中,一般人不能作为原告(现称索赔人)①,除非他对诉讼标的享有确定的权益;所以,在侵权之诉中,原告必须是侵权行为的受害人。②

　　这就囊括了在后续章节将要阐述的主要问题。正如休斯指出的,过去技术上的困难限制了侵权作为一种环境保护手段所应发挥的作用。如下面所述,这些技术困难包括需要建立环境损害和特定活动之间具有高度确定性的因果关系。然而,后者,即休斯着重指出的这些困难涉及更广泛的问题,即侵权的目的。诉讼中索赔人对诉讼标的必须具有确定的权益的事实表明,侵权主要用于解决私人纠纷。如上所述,在何种程度上侵权的目的可以同时涵盖私人利益和公共关注是一个必须解决的问题。最后,可能需要重新定义什么是构成"对诉讼标的具有确定的权益"。在探讨将侵权应用到环境领域等具体理论发展以前,必须首先阐明这些问题。

第四节　环境损害的侵权责任综述

　　环境损害的民事责任涉及许多不同领域的法律并引发了大量问题。为了阐明主要观点,这些材料按以下结构整理,以引导读者按逻辑方式了解这一问题。第二篇的第二、三章介绍了在环境领域中侵权的运用,以及当试图建立环境损害责任时,索赔人所面临的主要困难。这部分虽然也采纳了世界其他普通法司法管辖区的经验,但主要还是采用了英美普通法的视角。因为普通法提供了有用的例证,用以阐述环境领域中侵权涉及的主要问题。

---

　　①　1999 年英格兰和威尔士进行民事司法改革之后,原告(plaintiff)这个术语被替换为索赔人(claimant),并建议原告这个术语用于其他普通法司法管辖区以及改革之前的判例法。

　　②　David Hughs, *Environmental Law*, 37 (3d ed, Butterworths 1989).

普通法无法脱离土地利用冲突的问题以及使用自然资源过程中平衡利益冲突的需要。在缺乏法定指引的情况下，普通法法院承载着制定法律规则以 10 平衡这些利益的任务。实际上，所有关于环境领域侵权局限性的问题都可以追溯到普通法法院解决这些困难的经验。因此，可以对过去几个世纪以来普通法法院如何处理环境纠纷以及新近的倡议将如何努力解决类似的困难之间，进行启发式的比较。例如，自 19 世纪，伴随工业革命而来对环境有害的活动激增，致使要通过损害途径来追踪一个特定污染者越来越困难，因果关系的问题就一直困扰着英国法院。法律和政策制定者一直努力克服这个棘手的问题，而在这些发展与法院致力于达成一个普通法解决方案的经验之间可以进行有益的比较。此外，普通法的优势是它是一种有效的"法官创制"法，判决必须充分阐明困难和解决方式。就这一点而言，普通法司法管辖区法院的判决通常对困难进行非常深入的分析。在这方面，美国法院的判决可能会具有特别的启发性，因为法官并没有回避贯穿这一主题的根本性经济难题。

鉴于侵权作为环境损害救济手段的局限性，本书第三篇的第四、五章将专注于在环境保护的各种措施中，侵权是否能够发挥有益作用这个基本问题上。为此，第四章考虑了是否有可能在概念上和实践中强化侵权在环境领域的作用，以及这样的进展是否能达成有用的目的。侵权作为一种环保手段的发展，其大部分动力都源于污染问题的跨国元素。第四篇考虑了利用哪些特定手段能够增强侵权在环保领域中的作用。不同国家判例法的发展已经导致了一些理论的发展，并通过法定干预带来更多改变。为此，针对严格责任、减轻因果关系举证责任、原告资格以及侵权责任的其他有关元素进行比较研究，并详细论述了第四章提出的侵权责任理论发展的影响。第五篇对目前环境领域中侵权的运作以及进一步扩大这种责任形式的后果进行了总结。最后对相关问题进行了展望。

一、现阶段侵权的局限性

建立环境损害侵权责任的一般性困难已经列举如上。第二章概述了与

环境领域有关的主要侵权法及其应用。第三章详细分析限制侵权作为一种
环保手段使用的因素,包括与建立过错和因果关系有关的技术困难。此外,
应当注意,由于侵权主要涉及私人利益的保护,在民事案件中的诉讼资格受
到限制。与此问题相关的是,法院所判定的救济倾向于反映个人所遭受的
损失而不是环境所承受的损害。

二、环境领域侵权的作用

第四章阐述侵权的作用这个根本问题。如上所述,大部分的辩论缺乏
对侵权理论及其在现代社会中作用的鉴别。除非这些问题得以厘清,否则
很难去证明利用侵权作为一种环保手段的正当性或是去定义侵权应该如何
运作。本章的目的是确定是否存在一个合理的理论基础能够证明利用侵权
作为一种特定的环保手段的正当性。为此,本章论述以下几个问题。

(一)侵权的哲学

为了理解侵权的基本目标,有必要考虑侵权的理论基础及其在现代社
会中的作用。在这方面,侵权的"哲学"可以用来澄清这些目标以及实现这
些目标的手段。① 其有两个主要的流派。首先是经济学视角,波斯纳(Pos-
ner)是近年来主要的支持者之一②,他提出侵权的目的应该是确保资源有
效配置。其次是比较传统的视角,获得大多数法律学者的支持,认为侵权是
建立在正义以及一方被另一方侵害后恢复原状的需要基础上的。

经济学视角认为,法院在裁定是否应该颁布一项有利于公害受害者的
禁令之前,应该考虑相互竞争的土地利用方式的经济价值。这种方法曾用
于解释涉及公共利益的侵权,但最终被摒弃。经济分析的主要问题在于它

---

① D.G.欧文(D.G. Owen),《为什么侵权法涉及哲学问题》(*Why Philosophy Matters to Tort Law*),载于《侵权行为法的哲学基础》[*Philosophical Foundations of Tort Law*,13-14(D.G. Owen ed.,Clarendon Press 1995)];公平地说,侵权的主题涉及一个行为人对一个受害人造成伤害的法律责任的性质和范围。如此,那么侵权法的一个重要先决问题必须是造成伤害的责任应该如何定义和限制。从事前来看,由于受限于过失责任的概念而采取了基于错误衡量的行为选择,是否应该取决于行为人的道德缺乏? 还是侵权责任的概念应该扩大到包含行为人其行为的危害性后果,包括受害人事后的需要?

② See Richard A. Posner, *Economic Analysis of Law* (Little, Brown & Co. 1986).

采用了一个非常狭窄的视角来看待自然资源的价值。资源的价值按照经济标准以货币形式予以定价；包括财产的潜在使用价值。商业化用途的货币价值总是可能会超过保护性使用的价值。自然资源的生态价值不能以这种方式量化；而且，一些证据表明，即使是经济学视角最忠实的支持者现在也接受了这种局限性。保护自然资源的生态价值必须依照更广泛的社会和政治偏好来确定。

因此，本章进而讨论在何种程度上，公共利益模式的侵权可以建立在正义的观念上。此时，就必须考虑"矫正正义"和"分配正义"概念之间的区别。① 在一个纠纷中，分配正义承认关于谁应该承担损失的社会偏好，然而矫正正义则完全专注于个体自身的权利。前一种方法的支持者认为，目前侵权与分配问题密不可分。他们指出，严格责任和保险是影响法院判决某一方分摊责任的现实因素。② 然而，一个完全基于分配原则的系统是有问题的，因为，它是一种生硬的损失分摊手段，而与被告的行为完全无关。③ 这样的系统在某些情况下有其一席之地，然而，他们不应该完全取代侵权。④ 侵权的一项潜在优势在于，通过规定被告应该遵循的行为准则，这个系统为被告提供了减少其活动成本的动机。然而，一个完全建立在矫正原则基础上的系统也是有问题的，它要求原告建立过错并设定了证明因果关系的繁重的举证责任。此外，矫正模式的侵权完全从个体关注的视角来审视纠纷并排除了考虑公共利益问题，比如环境保护的愿望。因此，本章认为，现代侵权法应该寻求在矫正正义和分配正义之间达到一种平衡。此外，

① See For example, Izhak Englard, *The Philosophy of Tort Law*, Ch. 2 (Dartmouth Publishing 1993).
② 同上。
③ 例如，由普通税收或某一特定行业的特别税收所支持的无过错社会保障基金。基于1972年《事故损失赔偿法案》(Accident Compensation Act 1972)，新西兰政府推出了一项这类方案；该方案目前由2001年的《事故损失赔偿法案》所管辖。
④ 一个典型的例子是关于受污染的土地，这个问题将在第四章中讨论。

有人认为,有一种哲学基础可以支持这种方法。①

(二) 环境领域中侵权的作用

在这种哲学背景下,分析侵权作为一种环保手段的特定作用。事实上,在概念上成立的公共利益模式的侵权并不意味着一个专门的环境责任制度必然会加强传统监管对策。因此,有必要识别环境法实施的不足,以及如何通过侵权弥补这一不足。

侵权的主要潜在优势在于它为私人的个体和团体参与环境标准实施提供了一种手段。在监管机构选择不采取行动的情况下,受到污染影响的个体可能会主动追究此事。在这个意义上,侵权可以推进环境法的实施。

与这个私法实施相关的问题是侵权是否能为风险管理提供一个有效的激励。当考虑激励因素时,有必要与刑法进行直接比较。由于惩罚违法行为,从表面上看,刑事处罚似乎为风险管理提供了一个优先的激励。如果可以祈望公司追求有良知的企业形象的心态来看待起诉带来的耻辱和负面宣传,那么这样的法规可以得到充分地执行。② 此外,经理和高级主管,由于可能招致个人刑事责任③,因此基于个人利益也必须确保遵守法规。由此可能会得到这样的结论:当监管处罚已经成为激励因素时,有效的侵权制度并不会进一步增加激励。然而,这种直接比较具有误导性。倘若附带有效的救济措施,民事责任也能为风险管理提供同样有效的激励,尽管他们影响企业心态的方式是完全不同的。侵权要求污染者支付清理的实际成本,而不是惩罚违反规定的企业。此外,通过使用禁令性救济,侵权可能用于预防持续性污染。这为风险管理提供了一种经济激励。侵权将污染转化为一种生产成本,这是企业将会寻求降低的成本之一,就像许多其他成本一样,而不是诉诸唤起一个组织的道德良知。因此,从客观的商业角度看,侵权使不

---

① 在第四章中将讨论 I.恩格拉德(I. Englard)所提出的一个特别简练的解释。See *The Idea of Complementarity as a Philosophical Basis for Pluralism in Tort Law* in,*Philosophical Foundations of Tort* (D.G. Owen ed.,Clarendon Press 1995)。

② 刑事处罚效力的分析,参见:M.A. Cohen,*Criminal Penalties* in T.H. Tietenberg (ed.),*Innovation in Environmental Policy* (Edward Elgar 1992)。

③ See section 157 Environmental Protection Act 1990.

采取处理措施的成本变得更昂贵。通过提供不同形式的激励,侵权可以扩大监管处罚,以追求环境保护的共同目标。

侵权作为环保标准私法实施手段与一个更广泛的主题联系在一起,即"环境权"概念的发展。这就要求考虑物权法以及土地的私人权益所赋予当事人在何种程度上可以不顾土地利用对他人的影响。在很大的程度上,环境已经不可避免地与归属其中的私人利益相关联。因此,除非一个人遭受人身伤害或财产损失,享受不受有害气体侵扰的权利将取决于个体对财产拥有充分的权益。某些学者赞成扩大所有权概念以赋予个人一种等同于所有人权益的"生活质量"权;[1]当然包括环境。[2] 这种方法将环境与归属其中的私人利益分离开来,并将环境指定为一种公共空间的形式,在公共空间中,公众将被赋予一种权益。第四章讨论民事责任制度是否可以提供实现该权益的实际手段。

从这一分析中浮现出另一个重要的主题是,侵权并不一定要被比作和监管制度一样,才能达成这一重要目的。大部分的辩论主要集中在以工具主义方式来使用侵权,例如,将规定民事责任的条款添加到环境立法中。这样的条款建立了除刑罚和行政处罚以外违反法定义务的责任。然而,现有的侵权法,如公害法,可能起到同样重要的功能,尽管事实上,他们专注于私人权益,从而不同于公法对本问题的任何应对。简而言之,立法机关未预见到一个活动对个人权利和利益影响的现象时有发生。例如,采用狭义的法定定义,可能使损害无法涵盖个体受到损害的类型。根据有关法律成立的违反法定义务行为的任何私人起诉理由,不能作为对原告的答辩,因为对他们来说,可诉的损害的法定定义是一样的。现有的侵权可以为监管疏忽(最好的情况)或监管失灵(最坏的情况)引起的私人损害提供救济。因此,立法机关在考虑将民事责任部分纳入法律制度时,应暂缓取代现有的救济措施。

---

① C. A. Reich, *The New Property*, 73 (5) Yale Legal Journal 733 (1964); C. B. Macpherson, *Human Rights as Property Rights*, 24 Dissent 72 (1977).

② See K. Gray, *Equitable Property*, 47(2) Current Legal Problems 157 (1994).

（三）保险对侵权作用的影响

在讨论侵权的作用时不能忽视保险的影响。如上所述，自 19 世纪以来，保险业的发展增加了侵权中的分配式成分，因为它关系到哪一方处于承受损失的有利地位。虽然，很少有法官将保险的存在作为判定被保险人承担损失的具体原因[①]，保险无疑已经影响到侵权发展的方式。

因此，要决定建立一个专门的环境责任制度，必须考虑以这种方式扩大责任后对保险的影响。由于很难估算风险值，环境妨害已经对保险公司造成了特别的困难。一个污染事件可能造成长期的污染，但是全面的影响可能在好几年内都不会显现出来（长尾风险）。这可能会致使保险人承担远远超过该保险条款最初起草时所预期的成本。过去，这种情况导致保险公司退出对污染的保险，然而保险行业已经开始制定相应的保险产品以涵盖这类责任。因此，本章最后评估了环境损害的可保性以及对侵权的发展可能产生的影响。

本章还论述了由于可以免除污染者的经济责任，保险是否会破坏侵权作为减少行为风险的激励作用。

三、国际和欧盟的举措

如上所述，当前关于将侵权作为一种环境保护手段的辩论，最初是由各种欧盟和欧洲理事会的倡议引发的。尽管，欧盟从 1973 年推出第一个行动计划（First Action Programme）[②]以来就一直积极于环境保护领域，直到最近的 20 年左右，才开始计划介入环境损害民事责任领域。

1989 年，提出了《废弃物造成损害的民事责任指令（草案）》[③]；而后，在

---

① 一个例外是丹宁大法官有时明确提到，当分摊责任时，保险的存在是一个重要的考虑因素。See Nettleship v. Weston [1971] 2 Q.B. 691.

② 在 1973 年 11 月 22 日的理事会上，欧洲经济共同体理事会和成员国政府代表发表的《欧洲经济共同体环境行动计划宣言》（programme of action of the European Communities on the environment [1973] OJ C112/1）。

③ OJ C251/4 (1989).

1991 年进行了修订。① 这些建议都被后来出版的绿皮书②取代,其中讨论了涉及多数行为的一般性环境责任制度的优势,并与工业界和环保团体进行了磋商。1993 年,欧洲理事会推出了《危害环境行为造成损害的民事责任公约》(《卢加诺公约》)(Convention on Civil Liability for Damage Resulting from Activities Dangerous to the Environment,the Lugano Convention)。此外,欧盟的某些成员国推行本国专门的环境责任制度。2000 年,欧盟委员会发表了针对这个主题的白皮书③,这似乎为欧盟基于侵权的环境责任制度奠定了基础。然而,后来颁布的指令没有延续白皮书的逻辑思路,而是采取了污染预防或事后补偿的行政管理制度。④

不过,关于侵权法是否可以且应该在环境保护中发挥更大作用的辩论仍在进行,值得注意的是,现在大部分的推动力是源于其在国际舞台上的发展。为此,第五章致力于分析欧洲和国际上试图通过侵权法来解决这些问题的尝试。首先,概述了跨界污染可能导致的法律问题冲突以及为克服这些冲突所作出的大胆尝试。在这方面,针对壳牌尼日利亚子公司的诉讼是一个著名的例子。其次,分析了国际上试图建立公认的石油和核工业事故后果处理的基于侵权的原则。 16

四、强化侵权作为一种环境保护手段的作用

第四篇讨论了一些学说的发展,这些学说促进了侵权作为一种环保手段的作用。这个部分包括两个主要目标。第一个目标是要考虑这一角色(指侵权作为环境保护手段的角色)与第四章中所讨论的关于侵权在环境领域应用的哲学原理是否一致。第二个目标是要考虑这些建议是否为第三章中所讨论的关于确立民事责任问题提供实用的解决方案。

---

① OJ C192/6 (1992).

② *Communication from the Commission to the Council and Parliament on Environmental Liability*, COM(93) 47 final.

③ EC Commission, *White Paper on Environmental Liability*, COM (2000) 66 final.

④ European Parliament and Council Directive (EC) 2004/35 on environmental liability with regard to the prevention and remedying of environmental damage [2004] OJ L143/56.

　　某些欧盟成员国已经实行了环境损害民事责任制度。显然，这些制度提供了丰富的比较素材。在欧洲和国际层面的发展与在这些制度下已经被采用的原则之间形成对比。这就引入了一种比较的方法，分析这些制度下与欧盟以外的某些司法管辖区所采用的解决方案。

　　在这样的背景下，比较法学[①]起到了多重作用。茨威格特和克茨[②]认为，比较法学的主要功能是认知。这个试图找到一个特定问题的合法解决方案的过程是一种科学尝试。当审视这些条款，只因为他们是外国的就忽略其他司法管辖区所采用的解决方案，那似乎显得愚蠢；正如茨威格特和克茨指出，"如果将研究仅局限于在国境内所发生的现象，那么这种研究就不配被称为科学。"[③]因此：

　　　　如果承认法学不仅包括对于一个国家制度的文本、原则、规则和标准的解读技术，还包括发掘预防或解决社会冲突的模式，那么很明显，比较法学的方法比专注于单一国家的法学能提供更多的解决方案，简单的说就是因为世界上不同的制度可以提供比最有想象力的法学家囿于其所处的制度中穷尽一生所能想到的更多类型的解决方案。比较法学是一所"真理的学校"，它丰富了"解决方案储备"，赋予具有批判能力的学者机会，以寻找其时其地"较好的解决方案"。[④]

17

　　因此当试图针对一个特定问题制定一项法律对策时，比较法学为立法者提供了一个无价的工具。[⑤] 事实上，英国法院现在开始在普通法以外寻

---

　　① 比较法学必须区别于"国际私法"（或"冲突法"）。后者适用于国际纠纷，是用来决定几个制度中应适用哪个来解决问题。比较法学仅仅针对这些制度进行比较，而不针对任何特定纠纷；其对象是一个纯粹的科学活动，用来比较解决一个特定问题的方法。See Konrad Zweigert & Hein Kotz, *An Introduction to Comparative Law*, 6 (Tony Weir trans, 2d ed, Clarendon 1987).

　　② Zweigert & Kotz, 15.

　　③ Zweigert & Kotz, 14.

　　④ Zweigert & Kotz, 15.

　　⑤ Zweigert & Kotz, 15-17.

求新问题的解决方案。①

在第四篇中采用了这种方法。例如，考虑减轻因果关系举证责任负担的方法时，详细研究了《德国环境责任法案》（German Environmental Liability Act（ELA）1991［Umwelt HG］）所采用的解决方案。关于赋予环保团体提出侵权诉讼的原告资格问题，调查了荷兰的做法。

第四篇汇总了先前各章论述的主题。根据第四章所述的哲学视角和第五章中所识别的欧盟目标，论述了加强侵权作用的方法。

五、侵权的外部制约因素

自从这本书的第一版出版以来，针对我们的年代里最重大的环境问题，我们看见了试图利用侵权作为提供救济的一种手段。著名的例子包括深水地平线灾难、尼日尔河三角洲地区持续上演的石油污染以及让跨国企业承担责任所遇到的困难。在本书编写时，许多尽力利用侵权作为一种手段解决气候变化问题，这一人类所面临的最大的和最极端的环境问题的案例正在进行，这些案例大部分发生在美国法庭。这与构成侵权主体的地区性纠纷相去甚远，比如猪圈所散发的恶臭气体和冶炼厂排放的烟雾。本书中一个反复提出的主题就是关于侵权在何种程度上可以作为处理如此大尺度问题的影响的一种手段。除了提出这些诉讼的实际困难之外，我们必须追问是否存在一个理性的基础并基于侵权原则来分配责任。

六、结束语

第五篇总结了前述问题和主张，并就设计可行的侵权模式作为环保手段的可行性作出结论。本章的结尾探讨了民事责任制度的影响，也就是，在

---

① 例如，在"亨特诉卡纳里码头有限公司"（［1997］W.L.R. 684，Hunter v. Canary Wharf Ltd）一案中，一个需要决定的问题就是对电视接收信号的干扰给人们造成的不便是否严重到足以构成公害。戈夫（Goff）大法官，第 690 页，援引了一个德国的判决（G. v. City of Hamburg, Oct. 21, 1983；Decisions of the Federal Supreme Court in Civil Matters, vol. 88, 344），在这个判决中认为这种干扰是可诉的。

何种程度上，它能有助于促进将环境作为一个"公共物品"，能够通过私法加以保护。

第五节　小结

18

　　环境损害民事责任虽然是极其复杂的问题，但也令人着迷。这个主题引发了众多的问题和一些看似不相干的法律领域，如前所述，显然包括法理学、法律经济学、物权法、保险法、公法、比较法学、欧盟法和国际法。在一定程度上，这导致了辩论的分化，或许也已使其难以"一窥全貌"。本书的目的是要将这些不同的领域聚拢到一起，并弄清它们之间是如何相互关联的，以为侵权在环保法领域的应用提供坚实基础。第一版大部分内容关注于20世纪80年代末及90年代初的欧盟倡议。虽然这些倡议并没有被持续推动，在环境领域侵权的作用仍不断激发很多意见和争论，尤其是深水地平线事件，以及试图将温室气体的主要排放者送上法庭。希望第二版将继续为持续进行的争论作出贡献。

第 二 篇

传统的基于侵权的
救济和环境保护

普通法的视角

第二章 传统的基于侵权的
环境损害处理途径

第一节 引言

本章的目的是要考虑在环境领域中侵权的传统角色。在引言中已经提²¹
到,这一主题应当在参考普通法的司法管辖区中来加以考虑的,主要是在英
国和美国。普通法体系提供了有用的案例研究,以突显在环境领域使用侵
权所产生的相关问题。这是因为判例法与不断变化的社会和经济条件是密
不可分的。例如,在工业革命时代,社会和经济压力渐增,促使将土地用于
工业开发而不是农业用途。普通法法院并非不受这些压力的影响,因此必
须调整侵权规则并形成一种模式,使得竞争性土地用途之间能够达成妥协。
的确,土地利用冲突问题是这场关于在环境领域中侵权角色争辩的核心。
为了应对这些问题,普通法的侵权规则也逐步演变,其演变模式清楚地阐明
了这些主要问题必须由某种专门的环境责任制度来解决,这将在后续的章
节中讨论。本章还考虑了违反法定义务的侵权行为。这不是一个基于普通
法的侵权行为,因为它是由法规所创制的而不是由法院所裁定的;然而,重
要的是它将侵权救济与公法救济加以同化,从而纳入了行政处罚或民事处
罚。而将在后续章节看到的,以此种方式将私法救济和公法救济加以同化
的优点是一个重要的主题。

为此,本章中识别了环境领域中主要的侵权行为,探究在什么情况下原
告可以建立初步的起诉理由。关于此类侵权索赔程序上的困难将在下一章
进行讨论。

除了近代的侵权行为,例如违反法定义务,英国普通法源于中世纪的诉

22　讼形式。^① 这些早期的诉讼形式可以被原告用来恢复那些被不正当手段强占的权利。依据纠纷的性质,每种形式由不同的令状发起。对一个索赔而言,采用不正确的形式将会导致重大的错误;普通法是作为实体规则出现的,用以决定应该采用哪种令状。^② 诉讼形式(forms of action)早已被废除^③,但是在一定程度上,普通法仍然受其像"石化森林"般形象的影响。^④ 最明显保留下来的诉讼形式包括,对有形物质直接侵犯的侵害之诉(trespass)和由无形现象所造成的妨害之诉(nuisance),例如噪声或者烟气。尽管,在其他普通法管辖区中仍保留有所形成的这种对侵权的分类,但在美国,正如我们将要看到的,这些区别已经在一定程度上被淡化了。

第二节　侵入他人土地

一、损害类型

侵害之诉是一种诉讼形式,其目的是为暴力或直接侵犯个人财产提供救济,也就是所谓的暴力侵入他人土地令状(利用暴力和武器)。^⑤ 最初,该令状也包含恶性事件,这类事件通常与侵入他人土地相关联,也就是人身攻击和抢劫动产。在 13 世纪,基于自身权利,这些附带事件逐渐演变成独立

---

① See Frederick William Maitland, *The Forms of Action at Common Law: A Course of Lectures*, A.H. Chaytor and W.J. Whittaker (eds.), CUP 1936.

② "在高等法院建立初期,诉讼法具有巨大的优势,以至于最初实体法看起来被逐渐隐藏在程序间隙中。" H.J.S Maine, *Early Law and Custom*, 389 (John Murray 1883).

③ 1852 年的《普通法程序法案》(The Common Law Procedure Act 1852) 被 1872 年的《司法组织法案》(The Judicature Act 1872)取代,用单一的适用于所有情形的令状取代了旧有的其他令状。

④ Bob Hepple and Glanville L. Williams, *Foundations of the Law of Tort*, 33 (Butterworths 1976).

⑤ See C.H.S. Fifoot, *History and Sources of the Common Law: Tort and Contract*, Ch. 3 (Stevens and Sons 1949).

的侵害之诉,而不论它们是否与侵入他人土地有关。①

由于这些行为具有煽动性的本质,针对此类侵害,法庭的处理很严厉。[23] 证明武力侵入的要求最终被免除了②,但是,为了使侵害之诉成立,仍然有必要证明直接侵入土地的行为。这表示对一个人的身体侵犯③,是由流浪动物④,或是由于在土地上摆放的一些物体所造成的⑤。同时还应证明侵犯是由于被告行为所导致的必然结果,不论这种行为是否构成直接和蓄意的侵入,或者,一系列的事件而导致不可避免地侵入原告的财产。因此,在原告起诉和侵害之间必须建立一个强有力且直接的因果关系。正是因为这种要求从而限制了在环境领域中侵害之诉的使用。许多形式的污染缺乏实质性的实体存在,例如烟气、烟雾、热量或噪声等形式。此外,此种形式的污染受制于风和潮汐的影响,因此,对邻近财产的任何侵扰都不能说是被告人行为的必然结果。这些局限性可以通过参考一个地区的少数案例来说明。

在"琼斯诉兰鲁斯特市城区委员会"(Jones v. Llanrwst Urban District Council)⑥的案例中,被告们应该对将未经处理的污水通过排污口排放到流经原告农田的溪流中的行为负责。这种行为导致邻接田地的河岸上排泄物的堆积。有人认为,原告可以成立一个侵害之诉。帕克(Parker)法官认为:

我认为,任何人将排泄物排入河中,或任由其所收集或控管的排泄物随水

---

① 在"洛姆诉克洛普顿案"[Lombe v. Clopton(1276)S.S. vol. 55,30]中,洛姆成功地利用侵害之诉起诉了在圣艾夫斯交易会上严重攻击他的五个被告,尽管这项攻击与侵入他人土地并无关系。

② 在两个匿名案例报告[32 and 33 Ed. 1 (R.S.) 258-259]中,首席法官贝里斯福德(Bereford)宣称"利用暴力和武器"这个词是多余的而且仅仅是形式上的。在第一个案例中,最初陪审团发现了有利于被告的理由,原因是尽管他们带走并囚禁了原告,但他们并没有殴打或伤害原告。在第二个案例中,陪审团发现,尽管被告侵入原告的土地并砍伐树木,但他们没有使用暴力和武器。See Fifoot, ch. 3.

③ See Davis v. Lisle [1939] 3 All E.R. 213.

④ See League Against Cruel Sports v. Scott [1986] Q.B. 240.

⑤ See Holmes v. Wilson (1839) 10 A. & E. 503.

⑥ [1908-1910] All E.R. 922.

流或随风而带到邻居的土地上,都属于侵害之罪。①

　　关于直接进入,上诉法院在"绍斯波特公司诉埃索石油有限公司"
(Southport Corporation v. Esso Petroleum Co. Ltd)②的案例中采用了一个
更加限制性的解释。在这个案例中,一艘小油轮(S.S. Inverpool)在大浪中
试图穿越一个狭窄的航道驶往普雷斯顿(Preston)。船长和船员均不知晓,
转向装置已经失灵了。在某一时间船只转向时严重偏离航线,导致搁浅在
护岸墙上。这使得船只的龙骨面临被折断的威胁,船员的生命处于危险之
中。由于螺旋桨因触礁堵塞,因此不可能将船倒退出来。船长决定,为了避
免船只在护岸墙上折断,唯一的选择是卸下船上的一些货物以减轻船只重
量。由于风和潮汐的作用,所排放的石油被带到了绍斯波特公司所拥有的
海滩上;而基于公共妨害和私人妨害、侵害和过失侵权,绍斯波特公司提出
索赔。关于侵害之诉,丹宁(Denning)大法官指出:

　　　　为了支持侵入他人土地之诉,被告所做出的行为必须是被告本人的实际行
　　动直接作用到原告土地上的。③

24　　　然后,他接着指出,如此能将侵害之诉与间接侵害之诉④予以区别,而
在间接侵害之诉的情形下,干扰是在被告土地上实施活动的间接结果。这
种区别记载于"南华克修道院长"(Prior of Southwark's case)⑤的案例中。
　　将此应用到本案的事实,丹宁大法官认为,泄漏点远离海滩,而且如果

----

①　[1908—1910] All E. R.,926 E-F.
②　[1954] 2 Q.B. 182.
③　Ibid.,195.
④　诉讼形式源于过失侵权,这将在后文中进行更详细的解释。
⑤　(1498) Y.B. 13 Hen. 7, f. 26, pi. 4. 本案中,被告是手套制造商,他为了保存小牛皮而挖
了一个石灰坑。这个石灰坑污染了附近的小溪,导致原告财产受到污染。如果石灰坑是在原告的
土地上挖掘的,那么侵害之诉是适当的诉讼形式。但是,这个坑是在被告的土地上挖掘的,则间接
侵害之诉是适当的诉讼形式。

不是因为风和潮汐的作用,石油可能永远不会在该位置达到岸边。因此,污染是间接发生的,而不是由于船长的行为直接导致的:

> 运用这一区别,我的意见很明确,在这个案件中,绍斯波特公司不能以侵害提出控诉。石油并不是直接排放到他们的海滩上,而是排放在河口。石油是由潮水带到他们的土地上的,但这只是间接的,不是直接的。因此,侵害之诉并不成立。①

在上诉过程中,上议院认可了这种做法。② 在"琼斯诉兰鲁斯特都市城区委员会"的案例中,帕克法官主张,风和潮流的作用并不能打破初始排放与侵害之间的直接关联,这是不能接受的。帕克法官的意见是附带意见,因为这些因素的介入在本案中并不是重点。事实上,污水直接排放到流经原告财产的一个狭窄溪流中意味着,一些固体物质会无可避免地堆积在溪流的岸边。

美国法院似乎比较不拘泥于这些历史性的区别,而且不再像英国法院一样在侵害和妨害之间作出相当的区分。例如,在"布拉德利诉美国冶炼及精炼公司"(Bradley v. American Smelting & Refining Co.)③的案例中,铜冶炼厂排放的细微颗粒沉积物被认为构成侵害。在英国,法院很有可能会认为,颗粒物缺乏足够的实体存在以形成侵害,而且容易受到气流的影响。很多时候,同样的污染可能会以侵害和妨害同时被提出诉讼。在"霍夫曼诉大西洋气灯公司"(Hoffman v. Atlantic Gas Light Co.)的案例中,正如基钦斯(Kitchens)和史蒂文斯(Stevens)所解释的④:

---

① [1954] 2 Q.B. 182, 196.

② "埃索石油有限公司诉绍斯波特有限公司"([1956] A.C. 218, 242)。依据拉德克利夫(Radcliffe)大法官:"当然,我不认为'琼斯诉兰鲁斯特'和'史密斯诉大西部铁路公司'(Smith v. Great Western Railway Co.)这两个案例的判决与本案的情况存在任何实质关系。本案中石油是在海上被投弃的,受风和波浪的作用,以什么方式呈现,如何、何时,以及在何种情况下来到海边,这些都具有很高的不确定性。"

③ 709 P.2d 782 (Wash. 1985).

④ 426 S.E.2d 387 (Ga. App. 1992).

从破损石油管道持续泄漏出来的碳氢化合物污染既是一种持续性妨害,因为它对土地利用的持续性干扰,也是一种持续性的侵害,因为它对土地的持续性侵犯。①

二、侵害与过错

对他人财产的侵害与他人人身的侵害已被过失侵权所同化②,因为在大部分应用领域中他们互相重叠③;因此,基于人身伤害④和个人财产损害⑤所提出的侵害之诉索赔,实有必要证明被告具有过错。侵入他人土地仍采取严格责任原则,主要是因为侵权的目的是在保护一个人独有专享的权利。⑥ 但是,这种责任不是绝对的⑦,因为如果这种侵犯是无意识⑧的或是紧急避险行为,则行为人享有抗辩。⑨

三、紧急避险的抗辩

如果被告能证明为了防止一些更大的伤害而实施侵害行为的必要性,则紧急避险可以提供一个完全的抗辩事由。因此,可想而知,一个污染者会辩解为了两害取其轻,排放污染物的行为是必要的。在"绍斯波特有限公司

---

① W.H. Kitchens & M.P. Stevens, *Environmental Toxic Torts: An Overview of Developments in American Law*, Env, Liability 45, 48 (1996).

② 过失侵权的本质将在下面内容中进行讨论。

③ 一个特别明显的重叠情形发生在高速公路事故以及海上碰撞的案例中。曾经一度法院必须在故意的直接行为和非故意的行为之间作出细微的区别。前者被称为侵害之诉,而后者被称为间接侵害之诉(即后来的过失侵权)。See M.J. Prichard, *Trespass, Case and The Rule in Williams v. Holland*, CLJ 234 [1964].

④ Stanley v. Powell [1891] 1 Q.B. 86.

⑤ N.C.B. v. Evans [1951] 2 All E.R. 310.

⑥ 因此,在"'反对残酷运动联盟'诉斯科特"(League Against Cruel Sports v. Scott [1986] 1 Q.B. 240)的案例中,原告获得的判决指出参加猎鹿的猎犬因迷失而进入他们所运营的禁猎区,构成侵害,并获得一纸禁令以防止未来的侵犯。

⑦ See P.H. Winfield, *The Myth of Absolute Liability*, 42 L.Q. Rev. 37 (1926).

⑧ Smith v. Stone (1647) Style 65.

⑨ Handcock v. Baker (1800) 2 Bos & P 260.

诉埃索石油公司"①的案例中,上诉法院的判决中的附带意见涉及了这个问题。基于上述所阐明的理由,在这个案例中,侵害被认为不适用。然而,有人指出,即使它有可能以侵害提起诉讼,但是紧急避险的抗辩是成立的,其理由是排放石油可以避免船只的龙骨折断并危及船员的生命。② 然而,也有人指出,由于被告的过失侵权可以排除这一抗辩。③

我们必须始终牢记,财产侵权可以被用来保护被指控的污染者的利益而不是污染受害者的利益。有趣的是,至少在一个著名的案例中情况是完全不同的,其中,环保抗议者试图依据紧急避险来证明其侵入被指控的污染者土地的行为是正当的。然而,要将紧急避险的抗辩应用到这样的情况是非常困难的,因为,紧急避险的目的是用于处理对生命和肉体即刻的威胁。而许多环境风险性质是具有长期性和传播性的,因而对于威胁的性质可能存在科学上的分歧。因此,在"孟山都诉蒂利"(Monsanto v. Tilley)④的案例中,反对转基因作物的示威者在试验场地拔除了一些植物,辩护失败的原因是由于转基因作物对生命和肉体没有立即的风险。此外,拔除一些植物的行为并没有展现出清除一个真正的和立即的威胁的一致性努力;然而,该行为的目的是吸引公众关注,使起诉成为抗议者"殉道的仪式"。⑤ 在任何情况下,法庭都不是解决技术对环境和健康影响的科学辩论的适当场所。⑥通过对比的方法,刑事审判陪审团采取了更为灵活的方式来解决紧急避险的问题。在一个备受媒体关注的案例中,气候变化抗议者在肯特郡(Kent)的金斯诺斯(Kingsnorth)燃煤电站的抗议活动中造成了刑事损害,而被无罪释放。⑦

---

① Esso Petroleum v. Southport Corporation [1954] 2 QB 182.

② *Ibid*., at 194 per Singleton LJ.

③ *Ibid*., at 197-198 per Denning LJ.

④ [2000] Env LR 313.

⑤ *Ibid*., [25] (Stuart-Smith LJ).

⑥ *Ibid*., [26] (Stuart-Smith LJ).

⑦ 关于本案是如何在辩护中取胜的记载,参见:M Wolkind *How we Won Acquittal of Kingsnorth Six*, Guardian (London May 31, 2009), http://www.guardian.co.uk/environment/cif-green/2009/may/31/kingsnorth-defence-lawyer(2010 年 3 月 4 日访问)。

第三节　妨害

一、损害类型

（一）土地权利的保护

妨害源于排除妨害的诉讼形式，其目的是用以恢复关于土地所有权的附属权利，如果没有这些附属权利，不动产所有权的意义将大打折扣。[①] 正如纽瓦克（Newark）教授在他的开创性文章中解释过的，这包括对源于协议权利（人定的）的妨碍，例如地役权和收益，和由法律所授予的自然权利（法定的）的妨碍。[②] 后者包括卫生健康的空气和清洁的水。这些权利的起源被遗忘在习惯中，而似乎在早期的普通法中就已经是公认的了。在"奥尔德雷德"（Aldred）的案例中，首席法官雷（Wray）将清洁空气的权利和圣经里光的权利视为同等。[③] 对于这些权利的妨碍是可诉的，其理由是破坏了土地拥有者以正常方式使用财产的能力。这构成了对与拥有土地相关联权利的完全或部分侵占。在斯蒂芬（Stephen）的评论中，他提到：

> 如果一个人把他的猪或其他有恶臭的动物豢养在邻近他人已建成并已居住的房子附近，这些动物的臭味使屋主感到不适，而且造成空气不卫生，这就构成了妨害，因为它剥夺了屋主使用和享受房子利益的权利。[④]

27

---

① See C.H.S. Fifoot, *History and Sources of the Common Law*：*Tort and Contract*, Ch. 1 (Stevens and Sons 1949).

② F.H. Newark, *The Boundaries of Nuisance*, 65 L.Q. Rev. 480, 482 (1949).

③ (1611) 9 Coke Rep. f. 57b. Wray C.J. quoted Solomom in Ecclesiast. 11.7, 'Dulce lumen est et delectable oculis videre solem...' See C.H.S. Fifoot, *History and Sources of the Common Law*：*Tort and Contract*, Ch. 101.

④ 4th ed, vol. 3, 491, 492.

依照现代的说法,其术语就是对一个人使用和享受个人财产权利的干扰,虽然,其意义在本质上是一样的。诉讼形式是用于恢复原告的这些权利;这些权利变成一般性的,而最终成为明确的格言:在不损害邻居财产的原则下使用你的财产(sic utere tuo ut alienum non laeda)。某些已经形成权利并受到保护免受干扰的土地利用类型并非一成不变的,而会依据社会条件和期望的变化,有可能逐步增加。①

妨害诉讼产生于远早于工业革命开始之前就已经有的污染问题,例如,针对石灰窑②、印染厂③、牛油炉④和铁匠熔炉⑤等的排放而造成的空气质量恶化,都曾被提起诉讼。关于土地侵权,在这样的背景下,由于主要的污染形式包括蒸汽、气体、热、颗粒物或扩散的化学品,妨害比侵害更广泛的被使用。这些因素缺乏构成侵害所需要的实体存在。

同样重要的是要记住,私人妨害的本质是这个活动必须来自邻近的一个地块。从最早的起源来讲,妨害的目的是解决邻里之间的争端。这一点,在"绍斯波特公司诉埃索石油公司"的案例中不断地被强调,丹宁大法官指出,由于石油排放是源自于海上船只的使用而不是在其相邻的土地上,因此,以私人妨害而提出诉讼是不可能成立的。⑥

---

①　例如,"布里德灵顿转播有限公司诉约克郡电力董事会"(Bridlington Relay Ltd v. Yorkshire Electricity Board [1965] Ch. 436)案中,巴克利(Buckley)法官并不认为电视信号接收能力有那么重要,以至于能对任何干扰信号接收的活动提起妨害之诉是合理正当的。然而,在"亨特诉卡纳里码头有限公司"([1997] 2 W.L.R. 684,688F-G)案中,戈夫(Goff)大法官指出,对于许多人来说,现今电视已经超越了纯粹娱乐的功能,所以现在信号接收已经重要到了应在普通法中给予保护。

②　Aldred's Case (1611) 9 Coke Rep. f. 57b. Wray C.J. quoted Solomom in Ecclesiast. 11.7, 'Dulce lumen est et delectable oculis videre solem...'

③　Jones v. Powell (1629) Hutton, 136, Palmer, 539.

④　Morley v. Pragnell (1638) Cro. Car. 510.

⑤　Bradley v. Gill (1688) l Lutw. 69.

⑥　[1954] 2 Q.B. 182, 196.德夫林(Devlin)法官在附带意见中指出,没有必要证明污染是源自于被告所拥有或占有的土地。虽然,丹宁大法官明确驳回了这一观点,但之后这种观点在加拿大却得到了认可和遵从。参见,在"布里奇斯兄弟诉森林保护"[Bridges Bros. Ltd. v. Forest Protection (1976) 72 D.L.R. (3d) 335]案中,该案是关于飞机喷洒杀虫剂时产生了漂流的杀虫剂而造成作物损害,"……重要的并不是在飞机(妨害的来源)和空气之下所有者的土地(产生妨害的地方)之间是否存在任何关系。当从飞机上排放有害物质,如果这个物质因不当原因,造成或任其泄漏到他人的土地上,那么一个妨害就已经成立。"

（二）人身伤害

很多污染除了会造成环境损害之外，也会对人体健康引起不良影响。是否能采用私人妨害以建立关于对健康损害的索赔问题，已经引起了许多学术界和司法界的辩论。纽瓦克主张对健康的损害（实际上就是人身伤害索赔）并不能构成私人妨害，因为这种损失并不能被视为对财产权利的一种干扰。实际上他进一步阐明，认为私人妨害是一种追求人身伤害索赔的适当工具的主张是一种"异端邪说"。① 经过上议院的批准，在许多场合，纽瓦克的论文都被引用，包括"亨特诉卡纳里码头"（Hunter v. Canary Wharf）案②，该案是关于自 20 世纪 80 年代末到 90 年代初，伦敦多克兰码头地区再开发所引起的各种妨害问题。帕尔默（Palmer）提出了一个有说服力的观点③，认为纽瓦克的论文从历史上和法律原则上来看都是有缺陷的。事实上，保护一个人的健康在历史上被视为土地所有权的一部分，而且不能再分割为较小的伤害，例如轻微的不便或打扰等。事实上，对于免受健康威胁的权利的保护是妨害早期发展过程中的核心问题，因为人们相信烟气、烟雾和臭味会对健康带来不利影响：

> 现代人们可能不了解的是，在那个时期，仅仅烟气的臭味就被认为是一种有害物质。而且吸入不卫生或是腐败的空气是健康不佳的原因。那个时代流行瘴气学说，认为臭味与生病的原因是相关连的。在瘴气学说的背景下考虑这些案例，基于最初概念而与健康不佳的救济相结合时可以强化对案例法进行解读。④

尽管如此，仍有强烈的政策原因将人身伤害排除在私人妨害的范围之

---

① Newark，489.

② ［1997］A.C，655. As regards personal injuries and nuisance Lord Goff cites Newark extensively at 687-692.

③ R.C. Palmer, *Personal Injury in Private Nuisance: the Historical Truth about Action-ability of 'Bodily Security'*, 21 Envtl. L. Mgmt，302（2009）.

④ Palmer，307-308.

外。这是正确的吗？例如，针对一个完全相同的伤害，屋主能够依赖由妨害所提供的较严格的责任，而在同一处所的房客则必须成立过失侵权？① 这些法律学上的问题，将来有一天必须由作为上议院继任者的新最高法院来回答。但是帕尔默不同意仅仅因为过失侵权占据主导地位而进一步限制私人妨害的范围。② 过失侵权就像潮水一样，冲进来填满了被诅咒可恶的妨害、侵害或者其他侵权所遗留下来的任何空隙；然而，过失侵权成立要求证明存在过错却并不总是令人满意（参见下文所提到的海上石油污染的案例）。在后续的章节中将会论述，由侵权导致较严格的责任标准，例如妨害，对于环境保护的利益是非常重要。换句话说，由这种损害所导致的人身伤害具有特别性，应该采用较严格的责任标准而不是由过失侵权所提供的。这些问题，在第四章的理论视角以及严格责任的合理性中将会有更长篇幅的讨论。

（三）损害的持续性

私人妨害通常与已经存在一段时间的事务状态相关联，不论损害正在 ²⁹ 持续发生还是过去发生的。然而，法院从没有规定，在称之为妨害之前，事务状态应该持续多久。在"卡乐奎斯特有限公司诉道达尔菲纳埃尔夫（石油）旗下英国总公司"（Colour Quest Ltd v. Total Downstream UK Plc）③的案例中，认为石油存储仓库发生爆炸可以依据私人妨害起诉。这是违反直觉的，因为就其性质而言，爆炸是一个突发事件，虽然其后果可能会长期存在。此外，它动摇了依据"赖兰兹诉弗莱彻"（Rylands v. Fletcher）案所作出的妨害和严格责任的区别；本案的这个问题将在后文"赖兰兹"责任部分给予全面的分析。

（四）损害物理维度的必要性

关于适用范围尽管有一些局限性和不确定性，妨害比过失侵权仍具有优势。因为，就财产侵权而言，财产市场价值的降低是能够恢复的，而不论

---

① [1997] A.C, 655；See 707H-708A (Lord Hoffmann).

② Palmer, 310-311.

③ [2009] EWHC 540 (Comm)；[2009] 2 Lloyd's Rep. 1.

这是否源于可察觉的损害。因此,正如多布斯(Dobbs)指出,关于美国普通法在这个问题上的立场:

> 污染区深入原告土地下就是一种侵犯,如果是永久而且情节严重的则可认定为妨害,即便土地所有人不能直接感知污染,而且所造成的损害仅仅是由于污染的存在而造成土地价值下滑。[①]

当然,并不是所有对环境产生影响的活动都是由实际侵犯土地所造成的。但是,在缺乏这个有形要素的情况下,损害很可能仅仅被认为是美学上的损失。历史上,由于这种损害具有主观性的性质,普通法并不情愿为涉及景观和景色的舒适性价值提供救济。在"奥尔德雷德"案中,首席法官雷表示:

> "景观"仅仅是为了喜悦而不是生活的必需品,阻止喜悦是不可诉的,然而一个房子有宽阔和遥远的景观,那一定是个值得推荐的好房子。但是法律不会为喜悦这种事情准备一个诉讼。[②]

最近美国大规模海岸风力发电场发展所引发的一些案例,使美学损害问题凸显出来。[③] 这完全是一个 21 世纪的环境问题。风力发电场是对气候变化的响应,并针对化石燃料的燃烧提供了一个清洁的替代方案。然而,

30

他们肆无忌惮地在广袤大地上横行仍可能造成环境问题,当然,与传统环境问题相比,这是一个非常不同类型的环境问题。虽然,他们没有排放烟雾和烟气,但毫无疑问风力发电场对于景观是一种侵害,并破坏了居民的生活。

---

① Dan B. Dobbs, *The Law of Torts*, 1330 (West 2001).

② Aldred's Case (1611) 9 Coke Rep. f. 57b. Wray C.J. quoted Solomom in Ecclesiast. 11.7, 'Dulce lumen est et delectable oculis videre solem…'.

③ See S.H. Butler, *Headwinds to a clean energy future: Nuisance Suits Against Wind Energy Projects in the United States*, 97(5) CLR 1337 (2009); K. Culley, *Has Texas Nuisance Law Been Blown Away by the Demand for Wind Power?*, 61 Baylor L. Rev. 943 (2009).

但是,在"兰金诉 FPL 能源有限责任公司"(Rankin v. FPL Energy LLC)[①]的案例中,索赔人提出的美学问题大部分都不予受理,因此是不可诉的。然而,从索赔人的角度来看,伤害是超乎想象的,因为,风力发电场严重降低了其财产价值。这就引起了经济损失的问题,这会在适当的时候加以讨论。

在纯粹的舒适感或美学价值问题和对财产使用与享受的实际干扰之间存在着微妙的区别,仅一线之隔。对于上述的风力发电场案例,现在原告传统地试图找到一种有形的伤害,例如噪声、振动或者在黎明及黄昏时刻,由于风车扇叶转动形成的阴影所引起的频闪效应(虽然,在兰金的案例中,因为无关紧要或是未经证实,这项索赔不予受理)。或许在涉及光的案例中,例如频闪效应,就是在有形性的边缘。由于建筑物玻璃反射阳光所引起的眩光已经被认为是可诉的[②],而且毫无疑问,由过度明亮灯光或工业制造过程所产生的眩光也是妨害。[③] 后者以有形的方式妨碍了邻居使用及享受他们的财产。

(五) 妨害与过失侵权:损害的范围

总体上,就所涵盖的伤害类型而言,我们可以认为妨害比过失侵权具有一定的优势,因为除了那些造成立即且有形的实体损害之外,它还能被应用于涉及非常广泛的环境问题。然而,它仍受限于一个事实,即只能由那些对财产享有充分权益的人所援引。因此,不受干扰地使用和享受财产的权利通常是限于相邻的地区。

二、在地原则

在工业革命之前,法院都认为对自然权利的任何不利的干扰都将导致妨害之诉;这种方法的特点正如前文著名的法律格言所诉"在不伤害你的邻居财产的原则下使用你的财产"。在工业革命之后,法院则面临着是否应该

---

① LLC, 266 S.W.3d 506, 512 (Tex. App. 2008).
② Bank of New Zealand v. Greenwood [1984] 1 N.Z.L.R. 525.
③ Murdoch v. Glacier Metal Ltd [1998] Env. L.R. 732.

继续坚定的主张这种自然权利的问题。①

工业革命对普通法形成了新的挑战,因为大型工业城镇的建设,在工业开发和保护性土地利用之间引起冲突。毫无疑问的,普通法法官意识到经济因素有利于土地进行工业开发,并且以牺牲保护性的土地利用为代价。法院并不是与世隔绝独自运作,他们意识到,在面对大规模的开发活动时,严格地去主张自然权利将会对新兴的工业经济造成影响。正如迈凯伦(McLaren)指出:

> 那个时代,在政治、社会哲学和经济学方面的修养,是受过教育的人包括法官的"智力包袱"。②

在"圣海伦斯冶炼公司诉蒂平"(St. Helens Smelting v. Tipping)③的案例中,上议院达成了一个解决方案,一方面会促进工业发展的经济利益,而同时把外部性限制在一个可接受的水平。在本案中,妨害是由被告的铜冶炼厂所引起的,其所排放的烟气导致了原告果园里树木的死亡。一般认为,由于一项活动造成一个可诉的妨害,它必须明显地减少了财产的价值和人们对它的使用和享受。④ 在确定该财产的效用是否已有明显的减少时,还应顾及有关这个案件的所有情况,包括该地的性质以及它对社区整体的效用。⑤ 这表明,人们已意识到,大面积土地的特性已经永远地被改变了,而其结果就是除了根据不断改变的情况重新定义自然权利之外,别无替代方案。然而,传统的方法并没有被完全放弃;关于它的影响,韦斯特伯里(Westbury)大法官增加了一个重要的附带条款,也就是有形的损害永远不

---

① See J.P.S. Mclaren, *Nuisance Law and the Industrial Revolution: Some Lessons from Social History*, 3(2) O. J. Leg. Stud. 155, 169-190 (1983).

② *Ibid.*, 192.

③ (1865) 11 H.L.C. 642.

④ *Ibid.*, 650-653.

⑤ *Ibid.*

可能是合理的,而其本身也将持续会是可诉的。① 这种方法在美国也被采用,其中,"邻里特征"的检验被保留了下来,以作为决定妨害责任的一个层面。因此:

> 当妨害是侵入性的且严重影响土地本身的物理完整性时,例如有毒化学品渗漏到地下水,这种由法律决定的妨害不必考虑邻里特征。②

在英国法院继续坚持在地原则。在"哈尔西诉埃索石油有限公司"(Halsey v. Esso Petroleum Ltd)③的案例中,针对位于伦敦市富勒姆区的一个储油槽和配送仓库提出了妨害索赔,涉及噪声、烟气和由其所排放的酸性煤烟对汽车及衣服造成的损害。尽管该地具有居住区和工业区混合的邻里特征,但烟气和噪声等无形的损害较严重,因此是可诉的。而对衣服及汽车的有形损害,其本身很明确的是可诉的。

在地原则在环境方面的意义是显而易见的,它成为一种服务于工业开发或其他形式扩张式发展的粗略区划手段。因此,在"默多克诉冰川金属有限公司"(Murdoch v. Glacier Metal Company Ltd)④案例中,认为关于工厂产生的噪声和眩光被指控为妨害,不能被认定为显著的,因为其邻近一条主要道路和商业活动地区,噪声水平已经非常高了。

现今,规划许可能够马上改变邻里特征的问题已达成共识。⑤ 关于某一行为合理性应该通过参考"规划者的愿望"⑥而不是"现场的情况"⑦来裁

----

① *Ibid.*, 651-652 (Lord Westbury).

② Dan B. Dobbs, *The Law of Tort*, 1330 (West 2001).

③ [1961] 1 W.L.R. 683.

④ [1998] Env.L.R.732.

⑤ Gillingham Borough Council v. Medway (Chatam) Dock Co Ltd [1992] 3 All E.R. 923.

⑥ A. Waite, *The Gillingham Case: The Abolition of Nuisance by Planning Controls?*, 4 Land Mgt. Envtl. L. Rev. 119 (1992).

⑦ *Ibid.* See also T. Jewell and J. Steele, *Nuisance and Planning*, 56 The Modern L. Rev. 568(1993).

决的这一主张,代表着与先前的权威彻底背离①,并激起了学术文献中的讨论。② 这些担忧,通过在判例法中的改进而有所减缓,其中明确了只有战略规划决策能够有如此的作用。③ 在"沃森诉克罗夫特体育促进有限公司"(Watson v. Croft Promo-Sport Ltd)④的案例中,规划同意书允许将一个废弃不用的飞机场用于摩托车竞赛,然而却发现这并不属于"发展战略"的范畴。因此,当地居民都有权针对噪声妨害追求索赔。就私法和法规之间的关系而言,这些案例的重要性将会在第四章中在侵权作用的背景下予以审视。

在地原则的主要问题就是它被解释为在有形损害和无形损害之间划分了严格的区别。这个区别的苛刻程度可由"艾伦诉海湾炼油有限公司"案例的事实所暴露出来,该案中一个炼油厂的建设将严重影响位于威尔士彭布罗克郡(Pemrokeshire)的米尔福德港(Milford-Haven)附近的沃特斯顿村(Waterston)。沃特斯顿的居民生活受到了极大影响,炼油厂排放的烟气、噪声和烟雾严重干扰了居民使用和享受他们的财产。但是,正如康明-布鲁斯(Cumming-Bruce)大法官在上诉法院判决书附带意见的评述⑤,伤害并没有超过实质性损害的阈值。因此,伤害必须参照邻里所在位置来裁定,而当地已经被规划当局给予了工业用途,并授权给炼油厂使用。在这方面,在地原则将损害大事化小,但这些损害并非小事。⑥ 当使用"实质性伤害"和"可感知的身体不舒适"这两个术语时,辛普森(Simpson)质疑,是否韦斯特伯里大法官试图在物理的和非物理的损害之间作出严格的区别。另一种

---

①　R. v. Exeter City Council ex parte J.L. Thomas &Co Ltd [1990] 1 All E.R. 413.

②　同上。

③　Wheeler v. JJ Saunders Ltd [1996] Ch 19 (CA); Hunter v. Canary Wharf [1997] A.C. 655, Lord Cooke at 722F-G.

④　[2009] EWCA Civ 15; [2009] 3 All E.R. 249.

⑤　[1980] QB 156 (CA), 171F-172F.

⑥　参见诺佳·莫拉格-莱文(Noga Morag-Levine),《追风:普通法国家大气污染的管理》[*Chasing the Wind*:*Regulating Air Pollution in the Common Law State*, 55-56 (Princeton 2003)],他认为在地原则在司法上要了个花招,通过将很多妨害型的损害都认定为不可诉,而保障绝对责任的假象。

解释是,大法官关注于在严重伤害和轻微不便之间作出区别。① 沃特斯顿的居民所遭受的损害肯定不是琐碎小事。然而,有关当局也赞成即便当地的邻里特征因为工业发展已经改变,但这并不是说所有的无形伤害都是不重要的,因此这是可诉的。在"哈尔西诉埃索石油"的案例中,维尔(Veale)法官认为,"令人恶心的"和"辛辣刺鼻的"油腻气味和过度的夜间噪声很明显地是不可接受的,尽管这是具有居住区和工业区混合特征的邻里。正如科曾斯—哈迪(Cozens-Hardy)大法官在"拉什莫诉波尔苏和阿尔菲里有限公司"(Rushmer v. Polsue & Alfieri, Ltd)案中所述的:

> 不能因为我生活在谢菲尔德的生产制造区,我就不能抱怨投诉在我隔壁安装蒸汽铁锤,那铁锤日夜工作,晚上睡觉几乎成了不可能的事。②

一个新近的案例是关注转基因生物(GMOs)的技术,这项技术对于"实质性损害"和"可感知的身体不舒适"的界限问题,造成了重大困难。虽然尚未有普通法的妨害诉讼达成决定性的结果,但是由于害怕交叉授粉和转基因缺乏管控所造成的破坏③,转基因作物的持续增长已经成为与实施传统耕作和有机耕作农民之间冲突的来源。在有机农场里,转基因物质的存在就能够构成"实质性损害",仅这一点就存在争议。但是,如果法院发现有限

---

① A.W.B辛普森(A.W.B. Simpson),《维多利亚时代的法官和社会成本问题:普通法中的主导案例——蒂平诉圣海伦斯冶炼公司》[*Victorian Judges and the Problem of Social Cost: Tipping v. St Helen's Smelting Company* (1865) *in Leading Cases in the Common Law*, 190 (Clarendon Press 1995)]:在"物理的"或者"较重大"之间,"实质性"的意义很模糊。

② [1906] 1 Ch. 234, 250.

③ 这种情况是"皇家诉国家环境部长,沃森单方申请"(R. v. Secretary of the State for the Environment, ex parte Watson [1999] Env L.R. 310)案例,司法复审申请的主要问题,该案例中一个从事有机耕作的农民质疑国家环境部长授权转基因作物场地实验的授权。

的交叉授粉并没有超过实质性损害的阈值①,那么,这个问题就只能根据邻里特征来判定。在一个混合农业地区,很难去论证转基因试验场地与周遭的主要土地用途是不协调的。②

　　同样值得注意的是,仅仅是外来物质存在土地上并不一定就构成实质性损害,这个物质必须以某种方式干扰了该财产的使用。这在近期加拿大"史密斯诉英可有限公司"(Smith v. Inco Ltd)③的案例中很清楚地展示出来,本案源于被告冶炼厂的镍在土壤中沉积。居民们根据存在土壤中的镍沉淀已经对他们财产的市场价值产生有害的影响提出损害赔偿。第一个要注意的重点是,居民的索赔明确指出是实质性损害,而不是对财产的使用和享受的干扰。很可能是为了防止法院纵容在地原则所要求的便利性测试的平衡企图。安大略省上诉法院接受了科学证据,其大意是沉积物并不存在健康风险,且对于土壤中植物生长产生没有影响。结果,法院的结论是,土壤中并没有发生实质性变化足以构成实质性损害。

> 　　在我们看来,仅仅土壤化学成分的变化,不会造成实体伤害或财产损害。例如,基于改变并增强土壤化学成分的目的,许多农民每年在土壤中添加肥料。要构成实体伤害或损害,必须证明,化学成分的改变对土地本身以及关于土地使用的相关权利已经产生了不利的影响。④

　　这就引发了一个有趣的可能性,也就是损害是否是实质性的将根据索赔人对其财产享有利益的性质来决定。例如,回到转基因生物的例子,很显

---

　　① 坎贝尔(Campbell)论述道,在上述的沃森(Watson)案例中,上诉法院似乎没有充分理解,即便是在转基因作物和非转基因作物之间有限程度的交叉授粉也将是具有伤害性的,主要是因为"受污染"植物的繁殖速率。法院错误地低估了损害的重要程度,其接受的证据表明影响是只有四万分之一的甜玉米核仁会受到转基因作物花粉的授粉。See D. Campbell, *Of Coase and Corn：A (Sort of) Defence of Private Nuisance*, 63 The Modern L. Rev. 197, 211 (2000).

　　② 关于这个问题一个较全面的解释,参见:C.P. Rodgers, *Liability for the release of GMOs into the environment：exploring the boundaries of nuisance*, 62(2) Cambridge L.J. 371 (2003).

　　③ (2011) ONCA 628.

　　④ *Ibid.*, [55].

然，由于受到转基因的污染，有机农作物已经失去了"非转基因"的这项基本特征，这可能使种植有机作物的农民蒙受实体损害。然而，传统农民所种植的农作物却不会遭受同样的损害，除非，他也是依赖于"非转基因"这种特征来进行市场营销。

三、妨害和过错

　　关于妨害，最复杂的问题之一是达到何种程度才有必要证明被告有罪。毫无疑问的私人妨害曾经实行严格责任，因其关注于对土地权益的保护，也就是一个人对财产的使用和享受是不受干扰的权利。但是现在，这个问题就不太确定了；①在纽瓦克教授的著名文章《妨害的界限》(*the Boundaries of Nuisance*)一文中，对这个情况的原因进行研究。②

　　公共妨害是基于与私人妨害的类比所产生的，就如同，阻塞公共道路被认为类似于阻塞私人住户的地役权。因此，如果影响了国家主体之下某一类别的人，那么此种行为就可判定为非法行为，不过，也有观点认为私人妨害和公共妨害之间不相关。然而，根据纽瓦克教授指出，在 1535 年③的匿名判决中，鲍德温(Baldwin)首席法官错误地将这两者联系起来，他认为一个私人个体不可能就一个公共妨害提起私人诉讼的唯一理由是这样做将会导致"多重索赔"。不过，他接着指出，任何个体所遭受的损失如果超过了一般人群整体所遭受的一般性不便，那么基于"特殊伤害"的理由，将可获得赔偿。这一主张最终导致了由于公路上的障碍物所造成损失的私人妨害索赔的激增。因此，在私人妨害诉讼(基于公共妨害所引起的)和过失侵权之间

35

---

　　①　这种不确定性的出现可以由在同一时期判决的两个案例来说明。在"霍尔诉巴洛"[Hole v. Barlow(1858)4 CB(NS)334；140 ER 1113]案中，威勒斯(Willes)法官将妨害视为等同于过失侵权，他说，除了考虑当地的性质，还应询问工厂是否以合理的方式运行。然而，在"斯托克波特自来水厂诉波特"[Stockport Waterworks v. Potter(1861)7 H & N 160；158 ER 433]案中，马丁(Martin B.)质疑是否合理运行与责任之间有任何关系。See J.P.S Mclaren, *Nuisance Law and the Industrial Revolution；Some Lessons from Social History*, 3(2) O.J.Leg. Stud. 155, 169 - 190 (1983).

　　②　F.H. Newark, *The Boundaries of Nuisance*, 65 L.Q. Rev. 489 (1949).

　　③　Anon, Y.B. 27 Hen. 6, Trin. pl. 10.

存在明显的重叠①,其结果是法院要求根据公共妨害提出的私人妨害索赔必须证明存在过错。② 此后,被告将仅需针对可以合理预测的妨害进行辩护。

尽管在一些同时涉及私人妨害和公共妨害的案例中,私人妨害和公共妨害发生同化,但私人妨害(或纽瓦克教授称之为"严格意义上的妨害")在其传统领域并未被削弱,仍遵循过错责任原则。这种情况持续到英国枢密院在"维根蒙德号货轮(2号)"[Wagon Mound(No. 2)]案的判决③,该案的事实众所周知而不需要在此重复。里德(Reid)大法官引述了公路案例,该案中公共妨害被过失侵权同化,当局认为过错是妨害不可分割的一部分。④ 不过,他接着指出,虽然,妨害的发展已涵盖了很多活动类型范围,但是仍不应该在不同类型的妨害之间进行区分,在一些案例中要求存在过错,而其他案例中则不要求。⑤ 在这一点上,里德大法官的推理受到了批评,如果承认公共妨害和私人妨害具有不同的起源,那么作出这样的区别是符合逻辑的。然而,他似乎支持在妨害和过失侵权之间维持一些区别,他接着提到,妨害过错比具体的狭义的过失侵权的含义要广泛得多。⑥ 这就为在其他案例中,采用更严格标准的责任打开了通路,因为过失侵权更注重确定性而不是预见性。虽然,某些类型损害的风险是可预见的,在过失侵权情况下,仍然有必要证明已经采取一切合理步骤,以减少发生损害的风险,达到可接受的水平。在里德大法官关于妨害中的过错的陈述中,他指出:

---

① 近来,这引发了争议。例如,法院一直面对的问题,针对停放不当的汽车是否可以提起妨害诉讼,理由是这是一种障碍,或是由于不小心停车构成过失侵权。See Ware v. Garston Haulage Co. [1944] K.B. 30 and Maitland v. Raisbek [1944] 1 K.B. 689.

② 参见"夏普诉鲍威尔"[Sharp v. Powell(1872)L.R. 7 C.P. 253]案,该案的被告人造成路面积水,而后冻结成冰。博维尔(Bovill)首席法官表示,"被告人不可能合理地预见在事故发生的地方,水会蓄积并冻结成冰。"

③ Overseas Tankship (U.K.)Ltd. v. The Miller Steamship Co. Pty(The Wagon Mound)(No. 2) [1967] A.C. 617.

④ *Ibid*.,637D-E.

⑤ *Ibid*.,640B-D.

⑥ *Ibid*.,639C-D.

过失侵权是在被告已经或应当意识到,妨害的存在将有可能对他的邻居造 36
成损害而未能将其减轻。①

这表明,在伤害是可预见的情况下,如果妨害没有减轻,则责任将会自动跟随。而不需要去证明被告没有采取合理的措施来减轻妨害。

从环境的角度来看,"维根蒙德号货轮(2 号)"案的裁决尤为重要,上议院选择将其应用在"剑桥水务诉东部郡皮革厂"(Cambridge Water v. Eastern Counties Leather)②的案例中。关于普通法权利和环境保护之间的关系,这仍然是最重要的裁决之一。

原告水务公司,自 1976 年开始,在索斯顿工厂(Sawston Mill)的一个钻井抽取饮用水。1980 年,欧洲共同体理事会发布水质指令(80/778/ EEC),要求各成员国到 1985 年,确保四氯乙烯(PCE)的浓度水平要降低。因此,取水者被要求开始监测这种物质。剑桥水务公司发现,从索斯顿工厂钻井所抽取的饮用水中,四氯乙烯的含量远远超过了由欧共体设定的指导限值和环境部门设定的实际限值。因此,剑桥水务公司无法继续从索斯顿工厂抽取饮用水,而且被迫迁移抽水站,为此而付出 100 万欧元的代价。污染的源头追踪到了东部郡皮革厂的一个制革厂,其中,四氯乙烯是用来对毛皮进行脱脂。随着时间的推移,溢出的物质渗透到工厂之下的多孔白垩层并污染了地下水源;然后被带到了位于下游的原告钻井。

上诉法庭并没有受限于里德大法官在"维根蒙德号货轮"一案中的裁决,认为可预见性是妨害的一个重要组成部分。曼恩(Mann)首席法官引用了威尔伯福斯(Wilberforce)大法官在"戈德曼诉哈格里夫斯"(Goldman v. Hargreaves)案例的判决③,强调妨害侵权行为是"无法确定其边界"④,而过失侵权只在某些情况下起部分作用。基于"巴拉德诉汤姆林森"(Ballard v.

---

① Wagon Mound (No.2),639F.
② [1994]2 A.C.264.
③ [1967]1 A.C.645,657.
④ 同上。

Tomlinson)案例的判决①,其中也涉及地下水源污染问题,曼恩首席法官总结,本案是一个严格责任的案例。②

上诉到上议院,戈夫大法官驳回妨害索赔,与上诉法院相反,考虑了里德大法官在"维根蒙德号货轮"案的裁决,这对于妨害的可预见性问题具有决定性影响:

> 人们普遍认为这一结论尽管对于特定案例的判决并不是必要的,也不是既定法,但对损害的预见性应当是私人妨害损害赔偿的先决条件,就如同公共妨害的情形一样。③

37　　　　上议院最终得出的这一结论在很大程度上是受到政策考量的影响。戈夫大法官指出,在东部郡皮革厂中,仍然保留有四氯乙烯池,并持续造成污染。④ 现在已经证明四氯乙烯的危害性,在没有任何可预见性要求的情况下,直接采用严格责任将会导致东部郡皮革厂要对已经超出他们可以控制范围的污染负责,而且是在四氯乙烯被确认为危害物质之前就已经造成的污染。其结果是对"历史遗留污染"承担可追溯的责任。看起来似乎是,由于一直无法找到可预见性是责任必要条件的相关依据,基于政策理由,上议院否决了东部郡皮革厂的责任。这在上议院关于妨害中的过失侵权问题的终结评论中得到确认:

> 我想补充的是,本案也许会被视为时下所谓的历史遗留污染的一个案例,在这个意义上,相关事件(在东部郡皮革厂的经营厂址内,四氯乙烯通过地面渗漏)是在相关立法生效之前发生的;而且,基于目前的原则,不应将法定义务附加于历史遗留污染上。[See, the Council of Europe's Draft Convention on Civil

---

① (1885) 29 Ch. D. 115.
② [1994] 2 A.C. 264,275F-G.
③ *Ibid.*,301C.
④ *Ibid.*,306H-307A-B.

Liability for Damage resulting from Activities Dangerous to the environment (Strasbourg 26 January 1993) article 5.1, and paragraph 48 of the Explanatory Report.]果真如此,在普通法原则下而出现这样的污染责任将会显得很奇怪。①

关于历史遗留污染的民事责任,法院和立法机关采取如此谨慎态度是否正确的问题,将会在以后章节中讨论。

然而,戈夫大法官强调了这个事实,那就是妨害责任的标准仍旧不同于过失侵权责任的标准:

> 法律还规定即使被告已经采取一切合理措施,仍不能自行地使他免于责任,在合理使用者的概念中还有相关的控制机制。②

这表明,一旦证明某一活动可能引起一项妨害是可预见的,即便证明已经采取一切合理步骤以减轻妨害,还是无法成为辩护理由。这似乎是高等法院在"格雷厄姆和格雷厄姆诉瑞凯国际"(Graham and Graham v. Re-Chem International)③案例中所采用的解释。该案例中一个奶牛场主指控被告在拉夫缪特(Roughmute)的危险废物焚化炉所产生的二噁英和呋喃的排放,造成放牧土地的污染而导致牛只中毒。

虽然,这个裁决最终取决于因果关系④,法院也有机会根据剑桥水务案例的裁决来考虑妨害的可预见性的意义。被告辩称,自 1974 年到 1984 年间,焚化炉开始运行,并不知道这样的设施可以产生二噁英和呋喃的排放。直到 1985 年,在一次会议上发表的一篇科学论文证明了有害的化学物质可以通过至今仍不了解的化学反应过程(称之为全程合成)而产生,这种反应出现于废气在燃烧区冷却,然后通过净化除尘器的过程中。不过,福布斯

---

① [1994]2A. C. 307C-D.

② *Ibid.*, 300E-F.

③ [1996] Env. L.R. 158.

④ 参见第三章。

(Forbes)法官找到足够的科学证据来证明,虽然关于这些化合物的形成存在较多的不确定性,在事发当时,大家知道这样的设施会产生二噁英和呋喃。因此,鉴于在焚化炉运行期间科学认知的状况,法官认为:

> 瑞凯一直都了解商业焚化炉的运行,正如在拉夫缪特所发生的情况,可能会导致粉煤灰和烟气中二噁英和呋喃的排放,而其中一些化合物有非常高的毒性。①

他接着提到,一旦证明一个活动会引起一项妨害是可预见的,就没有必要再去证明被告明确地知道他的活动是如何造成妨害的:

> 基于妨害责任的目的,就如同现在这个案例中,有毒化合物到底是通过什么样的过程怎样产生的并不是一个必要的部分。②

这说明了妨害中的过错与过失侵权中的过错之间的区别。正如福布斯法官接着指出,关于行为如何导致伤害的具体过程,对于判决是否因发生了任何违反普通法的谨慎义务而导致过失侵权诉讼是相关的:

> 当然,瑞凯在什么时候知道废物焚化炉运行过程中,二噁英和呋喃是如何、何时以及在何处形成的,对于判断瑞凯知晓并了解在拉夫缪特厂址所进行的活动中所涉及化学过程的性质具有重要意义。在特定情况下,这样的判断对于这些物质的排放是否构成违反普通法的谨慎义务的判决,将具有相当的重要性。然而,在我看来,瑞凯掌握知识的状态这种细节,与判定所讨论的活动是否构成一个潜在性的妨害是不相关的。也就是说,妨害需要证明对于邻近土地占用者造成可预见的损害,然而……在判断过失侵权是否已经构成违反法定义务的

---

① 　[1996] Env.L.R.158,167.
② 　*Ibid*.,168.

过程中,如此的考虑是重要的。①

　　因此,在过失侵权中,被告提出基于事发当时的科学知识状态,而且没有合理方法可以采用以避免损害的辩护是有可能的。然而,即便某一特定活动将对邻近地区的利益产生负面影响不存在什么疑问,似乎被告的行为可能会对伤害是否是可预见的产生影响。在"萨维奇诉费尔克拉夫"(Savage v. Fairclough)②的案例中,由于其地下泉水被养猪场流下来的硝酸盐污染,索赔人提出妨害诉讼。上诉法院认为,由于被告已遵循最佳农业措施,以该农场经营的方式将会导致所指控的损害,是不可预见的。这对可预见性设定了过高的门槛,并且危险地将妨害向过失侵权靠拢。众所周知,使用无机肥料会污染地下水,并且已经实施了专门的立法。③ 上诉法院所采取的态度会使被告免责,其理由是基于被告的非过失侵权行为,而不是根据在当时的科学知识状态,地下水污染是否是可预见的任何客观分析。

　　还应当指出的是,历史遗留污染问题,也是构成"剑桥水务"案例的判决的部分背景条件,与私人妨害中的过错的另一个方面有着密切关系。在某些情况下,一个人可能会发现自己对于由第三者所引起的④,可能包括前任所有者,或是由从自然现象所引起的⑤妨害是有责任的。然而,索赔人必须证明,被告未能采取适当的措施来中断或减轻妨害。⑥ 最近一个明显的案例是高等法院关于"安东尼诉煤炭管理局"(Anthony v. The Coal

①　[1996] Env. L.R.,169.

②　[2000] Env.L.R.183.

③　Council Directive (EC) 91/676/EEC concerning the protection of waters against pollution caused by nitrates from agricultural sources [1991] OJ L375/1.

④　Sedleigk-Denfield v. O'Callaghan [1940] A.C. 880.

⑤　Leakey v. National Trust [1980] 1Q. B. 485; see also the Privy Council decision in Goldman v. Hargrave [1967] 1A. C. 645.

⑥　在这方面,有些人质疑这些案例究竟是否应被认定为妨害,并且辩称他们应该被认定为一种过失侵权。See C. Gearty, *The Place of Private Nuisance in a Modern Law of Torts*, Cambridge L.J. 214 (1989).

Authority)案例的判决。① 该案是关于国家煤炭委员会（NCB）的布林里（Brynlliw）煤矿废矿堆的自燃问题。废矿堆是工业化过程的持续性后遗症。从采矿作业的废料被简单地倾倒在场址，经过多年，通常可以假设已经堆积如山。本案所讨论的废矿堆，自1957—1971年，从矿场接收废矿。多年之后，在1995年，该场址进行了景观恢复并移交给一些居民。次年，废矿堆的核心区域爆发火灾，直到2000年才得到控制。烟和有毒含硫气体排放到地表，而对当地居民造成严重影响。有时，烟雾太浓，以至于附近的M4号公路被迫关闭。专家证据指出，最可能造成火灾的原因是由于废矿堆中挥发性废料的自燃引起的。

由于煤炭管理局负责管理英国煤炭行业的残留资产并负责已解散的国家煤炭委员会（目前已不存在）的资产与负债的，因此针对煤炭管理局的私人妨害诉讼开始了。被告辩称，废矿堆中大部分是"高阶煤"，通常不易挥发，因此也较不易自燃。虽然，在事发当时煤炭行业对于自燃问题是众所周知的，但是被告辩称，这种性质的物质能够点燃是不可预见的。皮奇福德（Pitchford）法官同意在废矿倾倒期间情形可能的确是这样。但是当国家煤炭委员会停止使用废矿堆不久之后，出现了一些重要的科学证据，这些证据指出包含高比例高级煤的废矿堆也容易引起自燃。

此时此刻，废矿堆成为一种妨害，而后来发生的伤害显然应当可以预见。在这方面，煤炭管理局位居"所有人"的地位，它使第三方所肇始的妨害持续发生；在本案中，煤炭管理局的前身就是国家煤炭委员会。② 根据上述提到已经确立的普通法原则，这就在是否已经采取合理步骤以减轻妨害的方程式中引入了过错因素。根据相关证据，法官认为，在场址进行景观恢复的时候，并没有采行足够的步骤以减轻自燃的风险。③

在美国，各州之间关于这个问题有一些差异，但作为一般原则，一旦污染者知道妨害就应承担法律责任是一种严格责任。不会因为他可能已经履

① ［2006］Env L.R. 17.
② *Ibid*.,129.
③ *Ibid*.,156-162.

行了普通法的谨慎义务就有所不同。正如多布斯在《侵权法重述(第二版)》(*the Second Restatement of Torts*)中解释的:

> 　　将责任赋加于一个理性而谨慎的被告,他反复或持续地排放物质而剥夺了原告的权利或其使用与享受……。在这种情况下,基于不合理地侵犯原告使用并享受其土地的权利,被告行使谨慎或使用最佳可行技术的这一事实并不能免除其行为的责任。[1]

在这方面,似乎美国普通法的立场明显与"剑桥水务"案例之后的英国普通法相一致的。

四、妨害责任的一般限制

上述表明,现在,针对妨害的起诉理由仅限于涉及可预见的伤害;而且,基于政策原因,似乎免除了历史遗留污染的责任。此外,还有其他特别限制,可能导致在特定情况下排除侵权的使用,包括一些专门针对侵权的抗辩理由。

(一)时效的抗辩

虽然,索赔人"主动接近妨害"不能作为抗辩理由[2],但有一种抗辩理由却是成立的,即对于一个已经持续了至少二十年的活动不存在任何起诉理由。[3] 然而,必须证明这个活动是合法的、公开的、持续的,而且不是依据明

41

---

① Dan B. Dobbs, *The Law of Torts*, 1325 (West 2001).

② 参见"布利斯诉哈尔"[Bliss v. Hall(1839) 4 Bing. N.C. 183, 186]案例,被告建造了一个油铺,排出"各种恶臭、有害的、令人讨厌的蒸气、烟气、臭气和腥臭",对原告造成不适。在原告来到现在的住所时,尽管这个油铺已经经营了三年,但这并不能作为借口或抗辩理由,原告"来到这里居住……并赋予普通法所提供的所有权利,而其中一项权利就是有益健康的空气"。根据廷德尔(Tindal)首席法官。

③ Sturges v. Bridgman (1879) 11 Ch.D. 852.

确的授权或是邻居的许可。①

在美国,关注的重点有所不同,法院一般推理的起点认为一个人自愿接近妨害是没有索赔理由的。因此,"当原告将她的住所迁移到非住宅用途的邻近地区,例如一些小工厂附近,那么非住宅用途通常并不构成妨害。"②但是,"邻里特征检验"也可以达成同样的结果,也就是"在那种情况下,先前的土地使用已经为这个邻里特征作出定论,因此,当居民选择迁入之时,就应该有合理预期那些工厂曾经在那里运行"。但是,即便在表面证据确凿的情况下能够提出一个主动接近妨害的抗辩理由,似乎美国法院并不准备以一种死板和僵化的方式来应用它。在"斯普尔实业股份有限公司诉戴尔·E.韦伯发展公司"(Spur Industries Inc. v. Del E. Webb Development Co.)的案例中(将会在第四章中进行更深入的讨论),住宅区扩张发展已经开始逐步蚕食建有养牛站的农业地区。臭味和粪便所吸引的苍蝇对新来的居民造成了妨害。从表面情况判断,这似乎是一个明显的"主动接近妨害"案例,但是,法院却支持住宅开发者并要求养牛站迁移。针对这个判决的合理性,多布斯作出如下的解释:

> 第一个来到这块土地上的土地所有人,不应该被允许排除土地的其他用途,也不应该以他已经采行的用途来单方面区划邻居的土地使用。在一个充满活力的国家,可以预期在许多社区和邻近地区都会发生一些变化。③

然而,关于产业开发者的不公平行为还有其他可能性。这就要求特殊形式的救济措施,即开发者付费的条件下,要求养牛站所有者进行搬迁。本案的这个问题将在第四章中进行更深入的探讨。然而,为了当前的目的,本

①　在私人妨害中,所谓的邻居就是一个人由于其他人的土地使用对自己的土地权益造成干扰。参见"里德诉莱昂斯事务所有限公司"(Read v. Lyons & Co. Ltd. [1947] A.C. 156,183),根据西蒙兹(Simmonds)大法官:"由于财产或其他土地利益受到侵害而单独享有一个合法的索赔清算权的人"。侵权的诉讼资格要求将在后续的第三章中进行深入探讨。

②　Dan B. Dobbs, *The Law of Torts*, 1327-1328 (West 2001).

③　*Ibid.*,1328.

案阐明目前,在兼顾社区更广泛的经济利益的同时,在平衡土地利用矛盾和寻求对于双方都公平的解决方案时,法院所面临的困难。由于这一议题贯穿于关于环境领域中侵权作用的所有争辩,因此在适当的时候,我们将会再进行讨论。

(二) 法律授权的抗辩

针对具有法律授权的主体从事授权行为的诉讼,法律授权的抗辩或许能够胜诉。事实上,这种抗辩包括两种不同类型的情况。特定法令通常会赋予公共部门一些职责,某些职责可能不可避免地会对邻里造成一些不适;如果这些职责具有特殊的法律意义,那么主管机关是无权暂停活动来减轻妨害。例如,在"斯密顿诉依尔福公司"(Smeaton v. Ilford Corporation)[1]的案例中,许多新建房屋的排水系统连接到现有排水系统,导致下水道系统超负载。厄普约翰(Upjohn)法官认为,依尔福公司可以根据法律授权提出抗辩,地方当局没有权利拒绝更多的新建房屋连接到既有的下水道系统,并且也不能采行限制流量的手段。采用这种方法的原因,在"马尔奇克诉泰晤士水务公用事业有限公司"(Marcic v. Thames Water Utilities Ltd)[2]的案例中有比较全面的探讨,本案是关注于下水道超负载造成妨害。尼克尔思(Nicholls)大法官[3]解释说,如果允许根据普通法提起诉讼,将有可能破坏精心建立起来的监管制度,其中许多制度都含有可用的争端解决机制。不过,必须重点提出的是损害必须是运用这些权力不可避免的后果。在高等法院针对"多布森诉泰晤士水务公用事业有限公司"(Dobson v. Thames Water Utilities Ltd)[4]案例的判决中,法院认为污水处理系统所招致的苍蝇,蚊子和臭味等是由于设施管理的决策失误造成,而并不是法定义务本身的一个必然后果。这就在方程中引进了过错这一元素。

法律授权抗辩还可以应用于另一种情形,即由议会法案或其他法定权

---

[1]　[1954] 1 Ch. 450.

[2]　[2004] 2 A.C. 42.

[3]　*Ibid.*, at 34-35.

[4]　[2008] Env. L.R. 21.

力所授权的大型基础设施项目的建设和运营。如果妨害是所授权活动不可避免的后果并被提出诉讼，那么该设施的运营商将有权运用法律授权抗辩。这明显颠覆了一般性原则，即由行政主体所授权从事的活动，其实施应不能损害既有的普通法权利。在铁路发展初期，由于蒸汽机车造成妨害的情形普遍存在，这个概念得到了全面发展。① 其中较权威的是"艾伦诉海湾炼油公司"②案例，被告们获得一项议会的"非公知法"[1965 年的《海湾炼油法案》(Gulf Oil Refining Act)]授权，收购土地以建造一个炼油厂。后来，附近居民们抱怨工厂排放的气味和有害气体，产生的噪声、强光和振动，并提出 1965 年的法案仅仅授权海湾石油公司收购土地，而于炼油厂应该如何运行的问题只字未提，因此，妨害并没有法律授权的抗辩。上诉法院的邓宁大法官接受这个论点但驳回了上诉。③ 上议院认为，法规已经授权在所争议的地点进行活动，这意味着对于炼油厂建设所带来的不可避免的滋扰也授予了一种隐含式的豁免权。正如迪普洛克(Diplock)大法官所说的那样，"国会不可能打算把炼油厂当成自然风景区景观中的一种视觉装饰。"④

再次值得提出的是，损害必须是实施权力的一项不可避免的结果。此外，仅仅证明妨害是争议中的炼油厂建设过程中不可避免的结果还不够。反倒是，被告要想让抗辩成立必须要证明，不论是什么样的设计，炼油厂在建设和运行中必然会造成那种类型的损害。⑤ 在这方面，对于原告的起诉，上议院并没有作出"一击制胜"的结果。如果这个案子根据事实进行一个全

---

① See R v. Pease (1832) 4 B. & Ad. 30, 110 E.R. 366；Aldridge v. The Great Western Railway Company；(1841) 3 Man. & G. 514, 133 E.R. 1246；Piggot v. The Eastern Counties Railway Company；(1846) 3 C.B. 228, 136 E.R. 92；Vaughan v. The Taff Vale Railway Company (1860) 5 H. & N. 678, 157 E.R. 1351；Jones v. Festiriiog Railway Company (1867-68) L.R. 3 Q.B. 733.

② [1981] A.C. 1001 (HL)；[1980] 1 Q.B. 156 (CA).

③ 丹宁大法官深受铁路妨害案件的影响，他显然在修筑一条铁路的权力和修筑并运营一条铁路的权力之间作出了区别。See Allen v. Gulf Oil Refining [1980] 1 Q.B. 156 at 164(F)-166(F).

④ [1981] A.C. 1001, 1014.

⑤ 同前。参见艾蒙德-戴维斯(Edmund-Davies)大法官，第 1015 页。他指出，虽然这里引入了过错因素，但是责任的标准仍然不同于其在过失侵权中的标准。法律授权抗辩不会考虑损失问题，然而，在过失侵权的情形中，在判定被告是否已经采行合理的谨慎措施时，将损失列入考虑是正当合法的。

面审讯,那么对于原告,一直有机会证明炼油厂本该可以设计和运行得更好,从而降低妨害。然而,在证据方面这将会是一项耗时费力的任务。虽然,类似的论证在早期的"曼彻斯特公司诉法恩沃斯"(Manchester Corporation v. Farnworth)①的案例中获得成功,此案中燃煤电站的二氧化硫排放造成农作物受损。在本案中,认为电厂应该建造更高的烟囱以具有更快的烟流来扩散排放。

法律授权抗辩标志着普通法和成文法之间紧张关系的关键点。这种抗辩所依据的理由是在评估项目方案的价值以及将这些价值与个人损失进行权衡时,议会比法院处于更有利的位置。很多证据表明作出如此的假设并不总是安全的。在"艾伦诉海湾炼油公司"的案例中,即便有也是很少有关于该项目对于沃特斯顿村民影响的考量。② 由于法律授权抗辩被 2008 年的规划法所保留,因此其仍然很重要。③ 该法令的目的是用统一的规划机制取代私法法案程序,以用于由基础设施规划委员会(IPC)所主持的主要基础设施项目上。④ 然而,自从海湾公司(Gulf)于 20 世纪 60 年代中期在沃特斯顿建立了自己的炼油厂以后,情势发生了改变,其中最主要的一个改变就是需要对项目进行环境影响评价。⑤ 今天,在没有充分考虑到对公众健康和更广泛的环境影响时就建设这样的设施,不仅是不可想象的而且还是非法的。确实,基础设施规划委员会的一项职能就是确保这些要求必须是

44

---

① 　[1930] A.C. 171.

② 　这个问题将在第四章第三节三中给予充分讨论,在"普通法作为补偿监管失灵的手段"这部分。

③ 　See s. 158.

④ 　应注意基础设施规划委员会在 2012 年 4 月 1 日关闭了,其职能由规划督查接管。对于大型基础设施建设项目中规划督查职责的详细分析,见规划部门的网站 http://infrastructure.planningportal.gov.uk/ (2012 年 11 月 15 日访问)。

⑤ 　欧盟关于开展环境影响评估的法令,载于以下立法:Council Directive (EEC) 85/33 on the assessment of the effects of certain public and private projects on the environment [1985] OJ L 175/40,as amended by Council Directive (EC) 97/11 [1997] OJ L 73/5. 该指令是关于不同行业发展和不同形式开发活动的专门管理规定。

被全面遵守的。① 在这方面,我们现在能够有更多的信心,相关的环境问题,例如沃特斯顿的村民遭受的伤害,在规划过程中就会被预见而且获得改善。

在其他普通法司法管辖区也存在法律授权抗辩,尽管它的范围差异在很大程度上取决于法律授权是被很狭隘地解释或是被很宽泛地解释。例如,在加拿大的"巴雷特诉圣劳伦特水泥公司"(Barrett v. Ciment du St Laurent Inc)②案例中,水泥厂所产生的粉尘和噪声引起了私人妨害索赔,而这个水泥厂是1952年根据法定授权(圣劳伦特水泥公司特别法)所建造的。最高法院认为,在缺乏明确说明的情况下,仅就该法授权水泥厂的建设和运营这一事实并不能得出企图取代普通法救济措施的这个结论。③ 这显然采取了比上议院在艾伦案例中所应用的更为严格的方法。在艾伦案例中,为了使抗辩成立,证明妨害是不可避免的就足够了。巴雷特案例的判决建议,在缺乏明确说明的情况下,不管这些损害是不是不可避免的,针对其损害的抗辩都不成立。加拿大最高法院并不准备作出存在有意授权任何伤害的假设,不论伤害是否可以被描述为不可避免的。在许多方面,与上议院在艾伦案例中所采取的方法相比,这种方法更受欢迎。在艾伦案例中,并没有考虑什么构成了不可避免的伤害损害,也没有考虑将不可避免作为责任的关键启动点的好处。如果上议院认为任何不可避免的伤害,无论其是多么严重,都是可以接受,那就令人非常吃惊。此外,立法机构将会针对超过一定严重程度的损害给予授权是最不可能的。

(三) 过分敏感的原告

如果根据在地原则一项行为是合理的,那么一个从事特别敏感行业或行为的人可能是无法针对邻居提起妨害诉讼。因此,法院不愿意为了那些不寻常地和过度地易受日常事件所影响的人,而剥夺其他人正常合法使用

---

① 185 Pursuant to the Infrastructure Planning Commission(Environmental Impact Assessment Regulations 2009/2263).

② [2008] 3 S.C.R. 392.

③ *Ibid.*,97-98.

其个人财产的权利。

在"鲁滨逊诉基尔弗特"（Robinson v. Kilvert）①案中，洛佩兹（Lopes）首席法官陈述道：

> 一个人如果从事特别敏感的行业，不能因为其邻居合法使用财产的活动对其造成了伤害而提出投诉，如果这个活动只是对这个特别敏感行业产生影响而对其他事物没有损害。

该法明确地将避免伤害或采取预防措施的责任加诸从事特殊敏感活动者的身上，否则就必须承受从事与邻里特征不协调的活动的所有后果。如果遭到投诉的活动是不合理的，那么，基于索赔人从事特殊敏感的活动，因此意味着其遭受了比没有从事这项特殊活动的人所遭受更大损失的这一理由的辩护是不成立的。例如，在加拿大"麦金农实业有限公司诉沃克"（McKinnon Industries Ltd v. Walker）②的案例中，原告基于商业利益种植了兰花；被告汽车生产厂所排放的有毒气体杀死了这些兰花。原告提出妨害诉讼；被告则提出，原告的活动本来就是高度敏感的，而且气体排放并不构成不合理利用土地。一般认为合理性的问题与高度敏感的问题没有联系；一旦证明了行为是不合理的，那么被告就必须对其行为的影响担负责任，尽管事实上原告活动的性质使得原告对于被告活动的影响特别敏感。这显然是根据"蛋壳脑袋规则"（'egg-shell' skull principle）。③ 在"詹金斯诉 CSX 运输公司"（Jenkins v. CSX Transportation Inc）的案例中，田纳西上诉法院的判决对这个问题作了细致的阐述。④ 本案中，原告对于铁路枕

---

① （1889）41 Ch. D. 88,97.

② ［1951］3 D.L.R. 577.

③ 参见"杜路诉怀特"（Dulieu v. White［1901］2 K.B. 669,679），如果一个人因过失侵权碾过他人身体或因过失侵权伤害他人身体，不能用"如果他没有异常薄的头骨或异常脆弱的心脏，他可能不会受到这样的伤害"这一理由，针对被害人要求损害赔偿金提出抗辩。根据肯尼迪（Kennedy）法官的意见。

④ 906 S.W.2d 460（1995）.

木所散发出来的木馏油烟气产生了极为罕见的过敏反应,而这些枕木通常是储存在被告的铁路站场内或是通过铁路站场进行转运。一般认为,索赔人受到烟气影响仅仅是因为她对于该化学品的特殊敏感性。[①] 如果其他人也受到烟气的影响,那么原告的症状因为过敏反应而加重的这个事实并不会否定被告的责任。然而,在本案中,伤害完全是由于她异常敏感所导致的。

鉴于上议院在"剑桥水务诉东部郡皮革厂"案例中的判决,最近英国上诉法院针对高度敏感的抗辩是否能发挥有效的功能提出质疑。[②] 当妨害责任的标准比较严格时,就更需要有特殊的抗辩。然而,索赔人的高度敏感性也能够以伤害的可预见性获得公平的处理;而伤害的可预见性(以后会再提起)在"剑桥水务"案例的判决之后,现在已经成为侵权的一个重要组成部分。因此,在"国家铁路基础设施有限公司诉莫里斯"(National Rail Infra-structure Ltd v. Morris)[③](以 Soundstar 音乐工作室的名义)的案例中,新的铁路电子信号装置对索赔人音乐工作室的录音设备形成了干扰,并且认为这样的伤害是不可预见的。关于原告的土地利用,没有必要考虑异常敏感的问题。针对所有同一类别的索赔,与基于高度敏感性的抗辩可能会授予污染者全面豁免权的方法相比较,这种方法肯定没有如此武断。在转基因作物问题中,这个关键点已经被清楚地阐释了;并且已经在实质性损害部分讨论过了。在之前的注释中提到,由于转基因作物对有机作物和传统作物所造成的污染已经引起诸多争端。[④] 对于一个从事有机耕作的农民而言,如此异花授粉的后果有可能是灾难性的,因为这可能危及其产品的有机状态。[⑤] 但是,有人可能会辩称,邻近的有机农业可能会遭受异花授粉的伤

---

① 906 S. W. 2d460(1995),per Farmer J,at [2].

② [1994] 2 A.C. 264.

③ [2004] Env L.R. 41.

④ See R. v. Secretary of the State for the Environment, ex parte Watson [1999] Env L.R. 310 (above).

⑤ 同上,第 323 页。巴克斯顿(Buxton)首席法官对于私人妨害索赔中过分敏感问题的附带意见。

害,这是非常容易预见的,根本不需要高度敏感性的问题。

(四) 环境许可证

对于某些特定的工业活动,必须从相应的监管机构获得环境许可证,才能实施。这些许可证规定了活动应如何实施,必须采用何种技术,操作运营的时间等等。长久以来形成的直观信念认为,这种类型的授权,必须在不损害现有的普通法权利的情况下来实施。① 因此,一个许可证并不能保护持证人免于因为授权活动所造成妨害的法律责任。出人意料的是,直到最近,英国法院都还没有机会考虑许可证对妨害责任的影响。

在"巴尔诉比法废物处理有限公司"(Barr v. Biffa Waste Services Ltd)的案例中,被告被授予废物管理许可证以经营一个垃圾填埋场。当地居民就垃圾填埋场带来的苍蝇和恶臭提出妨害索赔。本案取决于环境许可证的地位,以及他们是否能有效限制侵权责任。高等法院②认定环境许可证并不等同于法律授权。然而,有人认为,这样的许可证可以当作行为"合理性"的确凿证据。正如前面已经解释的,妨害责任取决于"合理使用人"的概念;因此,一个人对于因合理利用个人财产所导致的伤害是不需承担责任的。上诉法院推翻了高等法院的判决③,认定许可证并不具有特殊地位,许可证无法使一个原本不合理的活动变得合理。"合理使用人"这个词仅仅是保留了存在于19世纪、关于导致一些不可接受行为情况的一些原则。主张授予许可证就能一下子将土地上的侵权移除是无效的。此外,对于最高法院停止授予许可证持有人法律授权的做法,上诉法院也予以驳回。许可证使一个原本不合理的活动合理化的这种主张,等于是说许可证授权持证人从事一些活动,而在某种程度上,这些活动通常是可诉的。很显然,一个许可证不能授予这样的权力。此外,许可证不能等同于能够改变邻里特征的战略规划决策。

在重建妨害的独立性以及避免进一步蚕食法规责任范畴等方面,比法

---

① See Peter Cane, *Tort Law and Economic Interests*, 392 (Clarendon Press 1992).

② [2011] EWHC 1003 (TCC), [2011] 4 All E.R. 1065.

③ [2012] EWCA Civ 312, [2012] All ER (D) 141 (Mar).

(Biffa)的案例是至关重要的。正如下面将要指出的①,侵权对于那些可能被立法机关或监管机构所忽略的私人利益保护发挥了重要的作用。如果不能持续专注于那些私人利益并与监管机构的应对保持一定距离,那么侵权是无法有效地发挥这些作用。

第四节 "赖兰兹诉弗莱彻"规则

在之前的内容已经提及,"赖兰兹诉弗莱彻"案例中所确立的规则,是源于布莱克本(Blackburn)的同名案例的判决。总之,该规则对于非正常土地使用所发生的任何泄漏都建立了严格责任:

> 我们认为法治就是,一个人由于个人目的将任何如果泄漏将有可能造成损害的物品置于其土地上,并收集和保存,就必须自担风险,将该物置于自己屋内,并且对因其泄漏而造成的自然后果承担初步的责任。②

48   上议院支持这种主张,其中凯恩斯(Cairns)大法官强调的"非正常的"土地使用是责任成立的关键因素。③

这项规则的起源是普通法最大的谜题之一。在其创意性的文章《妨害的界限》④中,纽瓦克提出,这项规则是以妨害的一个分支出现的,其目的是针对突发和意外泄漏建立赔偿责任,而不是持续进行的状态。这个理论并

---

① 参见下文第四章第三节三。
② Fletcher v. Rylands (1866) L.R. 1 Ex. 265,279-280.
③ (1868) L.R. 3 H. L.330.
④ F.H. Newark, *The Boundaries of Nuisance*, 65 L.Q. Rev. 489 (1949).

非无争议的①,而诺兰(Nolan)②提出布莱克本法官实际上是唤起古老的违约责任的立场,也就是"个人行为风险自负"。③ 虽然在 19 世纪 60 年代,基于过失侵权的责任具有优势,但在"赖兰兹"的案例中,法院可能已经认为应保留严格责任以针对某些危险性活动。④ 不论这些保留,纽瓦克的理论已经成为既定的正统的一部分,并在"剑桥水务诉东部郡皮革厂"的案例中,获得上议院的完全支持。⑤ "赖兰兹诉弗莱彻"规则与私人妨害的同化,在某些方面限制了这项规则的应用范畴。鉴于私人妨害是关于土地权益的保护,依据"赖兰兹"规则的起诉将只会针对那些不动产受到损害的个体,前提是个体对土地享有足够的权益。如果将这项规则应用于涉及人身伤害而与产权保护无关时,就会引起质疑。⑥ 此外,鉴于伤害的可预见性是私人妨害的一个组成部分,因此必需证明可预见性,从而依据"赖兰兹诉弗莱彻"规则确立责任。最近,由于新观点的浮现,即私人妨害并不一定局限于一个持续

---

① 参见 W.C.波特(W.C. Porter),《私人妨害法在大气污染治理中的作用》[*The Role of Private Nuisance Law in the Control of Air Pollution*,10 Ariz. L. Rev,107,109-110 (1968—69)];他指出判决没有提及妨害。

② D. Nolan, *The distinctiveness of Rylands v. Fletcher*, 121 L.Q.R. 421 (2005).

③ 同上,第 430 — 431 页。诺兰指出,该索赔被编纂为"类案诉讼"。"类案诉讼"作为一种手段促进了过错责任的发展,过错责任后来逐步形成为过失侵权。然而,诺兰认为,直到 19 世纪 60 年代过错责任仍是例外情形而不是规则,并且不适用于有关不动产干扰的情形。波洛克(Pollock)对"类案诉讼"的分析也很有趣,他做这番分析的时间与该判决的时间很接近。他认为某些有害活动不需要区别活动本身和它实施的方式,或者正如他所说的"将对事实的判决统一成为严格的法律规则"。如此一来只要实施了该行为即为有罪,而不论在实施该行为时采取了多么谨慎的措施。从这个意义上来说,严格责任规则与"类案诉讼"并非完全格格不入。See F. Pollock, *Duties of Insuring Safety:The Rule in Rylands v. Fletcher*, 2 L.Q.R. 52,2 (1886).

④ 了解该案例的历史背景情况将有助于我们对该案例的分析,当时有很多蓄水池崩溃的事件而且该活动的性质也被认为是很危险的。关于这个历史著名事件的记载,参见:A.W.B. Simpson, *Bursting Reservoirs and Victorian Tort Law:Rylands and Horrocks v. Fletcher*, (1868), in *Leading Cases in the Common Law* (OUP1995). See also A.J. Waite, *Deconstructing the Rule in Rylands v. Fletcher*, 18(3) J. Envtl. L. 423 (2006).

⑤ [1994] 2 A.C. 264,esp Lord Goff at 298-299.

⑥ 回顾过去,"赖兰兹诉弗莱彻"规则多次适用于与土地权益保护相关的人身伤害案例中。参见"里德诉莱昂斯事务所有限公司"(Read v. Lyons[1947] A.C, 167)(多数案例都忽略了这样一个事实,即伤害并非关于依附土地的权利,而是与是否存在"泄漏"有关;只有麦克米兰大法官明确提出如果起诉缺乏财产权依据,那么起诉本不应被受理)和"佩里诉肯德里克斯运输有限公司"(Perry v. Kendricks Transport Ltd. [1956] 1 W.L.R, 85)。

49   进行的状态,妨害与"赖兰兹"规则的区别也渐渐模糊。回想一下"卡乐奎斯特有限公司诉道达尔菲纳埃尔夫(石油)旗下英国总公司"的案例①,是一个由于邦斯菲尔德(Buncefield)油库大火所引发的案例,高等法院裁定,妨害没有固定的最短持续时间。因此可以基于爆炸受理妨害诉讼,而不需要援引"赖兰兹诉弗莱彻"规则。②

私人妨害与赖兰兹规则的趋同(就如纽瓦克提出的"二者重新统一")引起了人们对这项规则是否还能发挥作用的质疑。事实上,在"国家输电公共有限公司诉斯托克波特大都会区议会"(Transco plc v. Stockport Metropolitan Borough Council)③的案例中,上议院被要求遵循澳洲法院的判决④,并将该项规则交由历史来评判。虽然上议院也承认这项规则被援引的情形可能会越来越少,但是他们拒绝放弃这项规则。事实上,有可能在某些情况下该项规则能够用于填补其他诉讼理由所遗留下来的空白。例如,"赖兰兹诉弗莱彻"规则所规定的责任对于可预见性的要求程度比在私人妨害中的要求程度来得低一些。"赖兰兹"规则中对可预见性的要求仅限于了解该物质如果泄漏将会造成伤害的知识;并没有必要去证明泄漏本身是可预见的。⑤ 然而,将私人妨害应用于伤害已经发生的情况下,那就有必要去证明有害物质的泄漏和随之而来的伤害是可预见的。还有一种观点认为上面提到的"非正常的土地利用"是这项规则下责任的关键所在,导致了比在私人妨害中更严格的责任。这是因为"非正常使用"的标准与妨害中"合理使用"的概念完全不同。因为在这个地区有许多潜在的有害工业影响,非正

---

①   [2009]2 Lloyd's Rep.1 at 407 – 421.

②   "赖兰兹"规则和妨害中这类损害之间的区别似乎是本能的和直觉的,无法从上述"卡乐奎斯特"案例的判决中获得明确的指导。然而,人们可能会以为,"赖兰兹"规则中的事故排放和工厂常规运营导致的伤害之间有本质的区别。根据这一分析,"赖兰兹"规则不可能适用于发生在"剑桥水务"案中的长期污染。

③   [2004] 2 A.C. 1.

④   在"伯尼港务局诉大众琼斯私人有限公司"(Burnie Port Authority v. General Jones Pty Ltd [1994]179 C.L.R. 520)案中,澳大利亚高等法院认为"赖兰兹诉弗莱彻"规则应被归入过失侵权法,因为危险的土地利用是决定适当谨慎义务的一个方面。

⑤   事实上该规则的本质就是泄漏是非故意的、意外的和不可预见的。参见"国家输电公共有限公司"(Transco)的案例中,霍夫曼大法官的意见。

常土地利用缺乏"合理性"基础。① 然而,我们必须也认识到这个事实,过去的创新活动现在看来已经习以为常,因此非正常使用的清单也不断缩短。② 一个话题性的案例就是关于转基因生物。在英国,这项技术仍然被视为相对新颖和不寻常的。因此,如果转基因作物试验基地的花粉污染了邻近的有机作物或传统作物,则根据"赖兰兹诉弗莱彻"规则,有可能产生责任。③ 50 虽然,有些人提出质疑,这种在一段时期内转基因作物花粉的逐步扩散蔓延是否能认定为依据该规则产生的责任所要求的突然的、意外的泄漏。④

　　虽然经常有很多关于该项规则适用范围的争论,这项规则已经在诸多案例中被美国法院采用。不过,在环境责任中的责任分摊方面,这项规则发挥了重要作用。在"州政府诉凡特隆公司"(State v. Ventron Corp)⑤的案例中,由于一些化工企业的操作运营过程中的汞排放,对潮汐河口地区造成了污染,新泽西州政府试图向这些公司求偿清理和移除汞污染的费用。厂址地下的土地中充满了 268 吨有毒废料,其中大部分是汞化合物。汞与其他元素相互作用产生一种高毒性的化合物,就是乙基汞,这种化合物杀死了小溪中所有的鱼类并耗尽溪水中的氧气。新泽西州最高法院的波洛克法官毫不怀疑地认为,基于"赖兰兹诉弗莱彻"规则,被告对于清理费用应承担完全的责任。

---

①　[1994] 2 A.C. 264, 309B-F, per Lord Goff.

②　参见"英国塞拉尼斯有限公司诉 A.V. 杭特"(British Celanese Ltd. v. A.H. Hunt [1969] 1 W.L.R. 959,963),劳顿(Lawton)法官提出:"在 1964 年,电气和电子元件的制造……人们不认为这算是特殊使用,在金属箔上嵌入和存储也不是什么特殊使用。为服务于社会一般利益,金属箔用于通用商品的制造。"

③　See D. Howarth, *Civil Liability for GM Farming: GM Crops and the Existing Law: Pt2*, 12 (5) Env. Liability 185 (2004).

④　参见 C.P.罗杰斯(C.P. Rodgers),《向环境释放转基因生物的责任:探索损害的边界》[*Liability for the Release of GMOs into the Environment: Exploring the Boundaries of Nuisance*, 62 (2) C.L.J. 371, 377 (2003)]。这个结论是在"霍夫曼诉孟山都加拿大公司"(Hoffmann v. Monsanto Canada Inc)案例中,由萨斯喀彻温的高等法庭(Saaskatchewan Court of Queen's Bench)所得出的。[2005] S.K.Q.B. 225 (See Smith J. at 97).

⑤　Supreme Court of New Jersey, 1983, 94 N.J. 473, 468 A. 2d 150.

　　我们相信,现在正是时候去清楚地意识到侵权责任法已经有了新发展,即土地所有者对于储存在自己财产上的有害废物,流到他人财产上而造成伤害需要承担完全责任。因此,我们采取了最初在"赖兰兹诉弗莱彻"案例中所公布的责任原则。最终的结果是,任何人或许可他人在土地上从事异常危险活动,对于所造成的损害需要承担完全责任。

　　此外,正如波洛克法官所提出,似乎这项规则在很大程度上已经被吸纳到"侵权法第二次重述"中,这与土地所有人对于"极端危险的活动"需要承担完全的责任是相一致的。在决定活动是否应引起这种责任,"重述"陈列了标准供法院考虑,即:

　　(a) 对于人、土地、畜群或其他存在高风险的某种伤害;

　　(b) 可能由其所造成的伤害非常重大;

　　(c) 无法通过采取合理措施来消除风险;

　　(d) 这个行为不属于一般土地利用;

51　　(e) 该行为实施的地点不适当;

　　(f) 它对社区带来的价值大于带来的危险。[1]

　　这些标准比模糊的和不明确的"非正常"使用的概念来得更为具体和严格。回到那个关于转基因作物的话题性案例,考虑到在美国广泛种植转基因作物目前已是通行做法且大部分都不会引起争议的这个事实,很难证明这项活动是十分异常和危险的,足以引起严格责任。[2]

　　尽管,在英国这项规则已经被打折扣了,但"赖兰兹诉弗莱彻"案所阐明的原则仍然意义重大,它提供了一个范例,法院可以采取一项政策决定要求行为人对其行为承担损失,而不论他是否存在过错。换言之,如果涉及一项危险活动,产生风险和从该活动获得一些经济利益的一方也应该承担风险。在后续的章节中可以看到,一项专门的环境责任制度的建立和发展需要立

---

　　① Restatement (Second) of Torts § 520 (1977).

　　② See M.R.Grossman, *Genetically Modified Crops in the United States : Federal regulation and State Tort Liability*, 5(2) Env. L. Rev. 86, 105-107 (2003).

法者就污染环境活动作出如此的决策决定。

<h2 style="text-align:center">第五节　公共妨害</h2>

一、公共妨害的性质

正如上面已经解释过的,公共妨害犯罪的产生源于在阻碍公共道路和阻碍地役权(进入权)之间的误导性类比。[①] 后来,确立了当一个人遭受了超过一般大众所遭受的不便时,将能够以"特殊伤害"的理由要求民事索赔。因此,关于公共妨害的私人诉讼从来就不是所有权的救济。然而,公共妨害与私人妨害的关联,已经导致其扩展到包括了那些在通常情况下是专属于私人妨害的行为,例如,由于邻近土地利用所造成的干扰。这也就在对有限人群造成影响的妨害以及对足够多的土地所有人(其足以构成国家所定主体中的一类人)造成影响的妨害之间作出了一个区别。[②] 在"总检察长诉PYA 采石场"(Attorney General v. PYA Quarries)[③]的案例中,被告采石场的爆破造成了噪声和震动,丹宁大法官制定了以下标准以用于确定活动是否构成了公共妨害或私人妨害:

> 我比较倾向于通过观察事情的原因来判断什么是公共妨害,公共妨害的影 52
> 响范围广泛、对个体没有差异性,因此我们没有理由去期待一个个体可以以一
> 己之力对其起诉而制止妨害,这应该是整个社会大众的责任。[④]

尽管这种损害具有公共性,一类人群中的一个个体或多个个体受到的

---

① 参见上文第二章第三节三。
② 法院不愿直接指定多少人足以构成一类人群。在"女王诉劳埃德"[R. v. Lloyd(1802) 4 Esp. 200]的案例中,认为一家旅馆的三位客人显然不足以构成一类人群。
③ [1957] 2 Q.B. 169.
④ *Ibid.*,190.

伤害或许超过了这类人群整体所遭受的伤害。在这种情况下，可以采取相关的民事损害诉讼或禁令救济。

二、公共妨害和个人伤害

因此，公共妨害在环境领域中的意义重大，因为许多污染物能快速扩散并影响居住在离污染源相当距离的大量人群。[①] 那些遭受特别或特定损失的人，超过广大公众所遭受的一般不便，有可能就该损失寻求私人索赔。应注意到，关于索赔人对于财产的使用和享用受到了不利影响方面，在公共妨害和私人妨害之间有可能存在相当大的重叠。这在"哈尔西诉埃索石油"[②]的案例中有着清晰的阐述，被告的油库及配送仓库排放噪声、污染物和振动。噪声和振动是由厂区内的锅炉（包括厂区自己发电厂的一部分）和油罐货车整夜来来往往所造成的。锅炉排放的酸性煤尘弄脏了晾晒的衣物，破坏了原告停靠在家门外大街上的汽车喷漆。[③] 此外，酸性排放物还伴随着刺鼻的气味弥漫在邻近地区。有人认为，基于这些伤害，原告可以提起私人妨害诉讼，因为这些伤害明确干扰了他对财产的利用和享受。然而，有人认为，噪声和污染物排放亦构成公共妨害，原告所承受的某些伤害可以被解释为是源于公共妨害的特别损害。例如，酸性煤尘沉降可被视为对于公众使用公路的干扰，其中包括停车而不被损害的权利。同样，嘈杂的夜间车辆运输干扰了当地居民的舒适性和便利性，而原告的睡眠损失可被视为特殊损害。因此，虽然只有部分性质的损害可以获得公共妨害的保护，其结果在本质上是相同的。尽管具有很多重叠，"哈尔西"案例的事实突出强调了私人妨害的外部边界以及公共妨害法规作用的领域。曾经一度有人提出，私人妨害必须出自于邻近的土地利用，而公路上的车辆行驶显然并不构成土地

---

① 有关公共妨害在环境领域中现代角色的综述，参见：N. Parpworth, *Public Nuisance in the Environmental Context*, 11 J. Plan. Envtl. L. 1526 (2008).

② [1961] 1 W.L.R. 683.

③ 虽然维尔利法官表示怀疑，在本案中，汽车停在公路上，而不是原告的土地上，私人妨害能否成为合适的起诉理由。在任何情况下，正如上面已经指出的那样，他认为根据"赖兰兹诉弗莱彻"规则的责任，损害仍然存在。See Halsey,[1961] 1 W. L.R. 692.

利用。然而,维尔法官认为,车辆行驶是被告在其厂址上运营活动不可或缺的部分。这与"绍斯波特公司诉埃索石油公司"案例形成对比①,该案中原告的海滩被一艘在海上失事的油轮泄漏的原油所污染。丹宁大法官(时任)认为,私人妨害无法在此适用,因为这种损害是绝对无法与邻近的土地利用关联在一起。他继续说,基于以下理由,虽然这个损害可以被认定为是公共妨害,但公共妨害的主题却并不明确。②

在前述的"卡乐奎斯特有限公司诉道达尔菲纳埃尔夫(石油)旗下英国总公司"③的案例中,考察了公共妨害和私人妨害之间的关系,本案是由在赫特福德郡(Hertfordshire)赫默尔—亨普斯特德(Hemel Hempstead)附近的邦斯菲尔德油库及配送仓库发生爆炸引起的。这里,碰到了这样一个问题,即当有众多类似索赔提出时,是否可以用公共妨害取代私人妨害。2005年12月11日清晨,英格兰东南部的许多地区都被在和平时期欧洲最大的爆炸所震撼。由于一些人为和技术故障,导致邦斯菲尔德仓库的石油储罐满溢而造成的石油蒸气逸出。石油蒸汽被电气设备或汽车引擎所点燃,然后壮观的熊熊火焰接踵而至。庆幸的是并没有致命或严重的伤亡;但是却产生了巨额的财产损失和一定程度的环境影响。④ 大众传媒拍摄到一些巨大黑幕的照片,有些远在伦敦都可以清楚地看见,而在某些地区似乎把白天变成夜晚。这些财产损失导致了许多类似的索赔,其中的损害是被认定为私人妨害。由于损害范围大以及受影响当事人的数量众多也启动了公共妨害。但是,高等法院认为由于涉及众多权利,因此私人妨害和公共妨害并不相互排斥。换句话说,在私人妨害中的索赔并没有被公共妨害纳入其中。⑤

---

① ［1954］2 Q.B. 182.

② 同上,第196页及以下。

③ ［2009］1 C.L.C. 186.

④ 大部分的财产损失是邻近工业区内一些企业的损失。至于更广泛的环境影响包括科恩(Colne)河被80万升含污染物的消防水泵污染,以及饮用水泵站关闭了相当长一段时间,造成损失达220万欧元。尽管其爆炸的情景非常可怕,但大气污染并没有导致重大的公共健康或地面污染问题。在官方报告中详细记述了损害情况,参见:Buncefield Major Incident Investigation Board, *The Buncefield Incident* 11 December 2005 (Report) (2008).

⑤ ［2009］1 C.L.C 186, per Steel J, at 432-434.

这个结论从逻辑上也讲得通,私人妨害所涉及的权利(即使用和享受财产)与公共妨害所涉及的公共利益多少有些不同。

54　　由"卡乐奎斯特"案例所澄清的另一个重要的法律问题是,在公共妨害中纯经济损失是可恢复的。① 这一裁决至关重要,因为有相当多的索赔是由在邻近工业园区内的企业所提出的贸易损失。在这方面公共妨害明显优于过失侵权,在过失侵权情形下普通法严格限制了经济损失的可恢复性。在第三章中,这个问题将会在"可恢复的损失"部分进行更深入的研究。②

　　然而,正如上文所述,当一群人遭受相同的或至少是相似形式的损失时,这一类别中的个别成员就不应该被认为其蒙受的损失可以依据私人妨害提出索赔。在环境领域中,源于"埃克森·瓦尔迪兹号油轮"(Exxon Valdez)灾难的一个案件清楚地展示了这种限制。本案中,大量原油从一个搁浅的超级油轮中泄漏到了阿拉斯加的威廉王子湾。美洲原住民声称他们遭受了特别损失,远远超过了当地阿拉斯加整体人口所受到的影响。③ 总之,他们提出,基于其古老文化上的和精神上的意义以及其生计上对它的依赖,美洲原住民与当地环境存在着一种特殊的关系。然而,法院认为,他们的利益并不能完全从当地居民的整体利益中分离出来,因此,他们根据私人妨害所提出的单独损害索赔没有被受理:

　　　　获取和分享野生食物,享受无污染的大自然,以及在原始的自然环境下发展传统的、文化的、精神的和心理的利益是所有阿拉斯加人所共享的权利。④

　　当然,如果美洲原住民对于被影响的资源是享有直接的专有利益,毫无疑问,基于私人妨害他们可以提起个人诉讼。然而,正如后续章节中将要提到的,关于如何能构成一个对于自然资源的充分专有利益而成立一个基于

---

① [2009]1C. L. C 186,435-465.
② 参见第三章第五节一(二)。
③ re the Exxon Valdez, 104 F, 3d 1196 (9th Cir. 1997).
④ *Ibid.*,1198.

私人妨害的诉讼,传统上普通法采取一种非常狭隘的视角。目前一个发展中的议题就是这个利益应该扩展到什么程度以形成某种形式的公众从环境中平等受益的权利。

三、公共妨害与人身伤害

显然,当行为干扰了对土地的使用和享受时,公共妨害和私人妨害之间存在明显的重叠。但是,公共妨害涵盖的范围极为广泛,包括完全无法与侵害财产权益相联系的危害。尤其是在行为对公共卫生有影响的情况下。例如,1988 年在卡姆尔福德(Camelford),负责运送硫酸铝到"西南水务有限公司"所运营的水处理厂的一个承包商将 20 吨的化学药品投放到错误的储槽,这些化学药品被释放到公共给水系统中。西南水务公司因造成公共妨害被定罪,因饮用受污染的水或使用受污染的水清洗而遭受到不利健康影响的 180 名居民则针对他们的特别损失寻求私人索赔。[①]

在卡姆尔福德诉讼案中,对于公共妨害所导致的人身伤害是否应进行赔偿是毫无疑问的。然而,几年后,在"亨特诉卡纳里码头有限公司"的案例中,霍夫曼(Hoffmann)大法官提出了强烈的主张,也就是在私人妨害中并不存在人身伤害索赔。[②] 这一主张的负面影响可能是,依据私人妨害对于财产使用和享受的侵犯是不可诉的。这与基于财产概念的私人妨害不一致,并可能导致不公平的后果,也就是遭受一样伤害的人可能会面对不同的责任标准。在那个地区拥有财产利益的那些人,将处于有利位置并受益于由妨害所提供的较为严格的责任标准;反之,没有财产利益的那些人则必须证明过失侵权。虽然,这个论证的有力之处就是基于法律学上的理由将这些索赔归于过失侵权的时代可能已经到来,但是,如上所述,这个主张的原

---

① 南西水务承认负有赔偿责任,诉讼集中于赔偿金额的问题(AB v. South West Services Ltd [1993] Q.B. 507)。参阅下面的第三章。

② [1997] A.C. 655,707-708.

则和历史基础一直受到批评。①

霍夫曼大法官并没有提出这个基本原理是否也应该适用于公共妨害的相关问题。鉴于公共妨害与私人妨害只有些许脆弱的关联，同时公共妨害并不是完全专注于财产权利的保护，因此，无从假设霍夫曼大法官也是刻意将人身伤害从公共妨害领域中排除。事实上，上诉法院是在近期"科比集体诉讼"的案例中达成这个结论的。② 这个诉讼案件源于对北安普敦郡科比市(Corby，Northamptonshire)的前英国钢铁厂厂址的再开发。③ 20世纪80年代初，该厂被关闭了，厂址的土地和债务都被科比市议会完全承接。市议会着手清理和重新开发这片土地，工作持续了许多年。索赔人声称，在土方工程过程中释放了有毒化学物质(统称为致畸物)。当地孕妇因暴露其中而摄入，有人提出有毒化学物质导致他们的后代上肢畸形。声称受到这种伤害的儿童根据一些诉讼理由，包括公共妨害，寻求针对人身伤害的损害赔偿。被告未能成功排除公共妨害索赔，而后针对判决向上诉法院提出上诉。戴森(Dyson)首席法官宣读了法院的判决，其中指出，在"亨特诉卡纳里码头有限公司"的案例中，霍夫曼大法官的判决并不代表着他试图将人身伤害排除在公共妨害之外，而且判决的这一部分在任何案例中都是附带意见。在对学术论著进行广泛的研究之后，戴森首席法官强调了公共妨害的独特性质，从历史上看，公共妨害从来没有被用于关注土地权益的保护。因此，针对私人妨害中人身伤害的可赔偿性的限制并不能自动延伸到公共妨害。不过，他意识到有充分的证据表明本案的情形与过失侵权中的损害有很大的重叠。④ 但是，这将由最高法院(其前身为上议院)在未来的诉讼中

---

① 参见：R.C. Palmer, *Personal Injury in Private Nuisance：the Historical Truth about Actionability of 'Bodily Security'*, 21 Envtl. L. Mgmt, 302 (2009)，以及在第二章第三节一(二)中关于该问题的讨论。

② [2009] Q.B. 335.

③ 对于诉讼和法律问题的详细讨论，参见：D. Hart, J. Jolliffe, J & R. Marcus, *Contaminated Land in Corby and Sandridge：Historic Liabilities：Part I：Corby*, 1.7(3) Env. Liability 102 (2009).

④ 科比诉讼案([2009] Q.B. 335)。在这方面，纽瓦克教授的论文《妨害的界限》在判决中多次被引用。

决定人身伤害是否应该排除在公共妨害领域之外。

从环境的角度来看,这个问题非常重要。虽然公共健康与环境保护常常被视为是两个截然不同的问题,而事实上这两者之间存在着不可分割的联系。人类是环境的一部分,人身伤害可能构成环境损害的一个重要方面。对大范围的伤害寻求公共妨害索赔将是针对污染者一项有力的民事救济。① 与过失侵权相比,公共妨害的优势在于,一般而言,公共妨害的责任标准比过失侵权的更严格。但是,这是一个复杂的问题,需要进行更详细的论述。

四、公共妨害:严格责任的侵权

由于侵权行为的来源不同,公共妨害的责任标准可能很难确定;关于侵权是基于严格责任还是过错责任的问题并没有唯一的答案。在某些情况下,公共妨害与明显属于过失侵权领域内的事务有很强的重叠。在这里,法院往往不愿意以公共妨害规避证明过错的要求。② 然而,当私人妨害和公共妨害之间有很强的重叠时,似乎应适用较严格形式的责任。因此,在维根蒙德号货轮(2 号)的案例中,里德大法官认为,索赔人有必要去证明伤害的可预见性;虽然,对于被告提出在他意识到这一点之后,他已经采取合理步骤以防止损坏的说法,我们无法作出回应。③ 正如在私人妨害情况下我们已经看到的,在这方面,我们可以说妨害可能会比过失侵权施加较严格的责任。在"绍斯波特公司诉埃索石油公司"的案例中,丹宁大法官针对公共妨害及过失侵权之间的区别进行了探讨。④ 他认为,在大多数情况下,尽管可以适用紧急避险抗辩,但公共妨害是一种严格责任的侵权。 紧急避险抗辩

57

---

① 有关本判决的环境后果的分析,参见:M. Lee, *Personal Injury*, *Public Nuisance and Environmental Regulation*, 20(1) K.L.J. 129 (2009).

② 在公共道路上的障碍物或危害就构成这样一个例子。因此,在"多尔曼诉希尔曼有限公司"(Dollman v. Hillman Ltd [1941] 1 All E.R.355)的案例中,上诉法院关注的问题是,肉店将滑腻的油脂堆放在门口的路面上,肉店是否存在过错。

③ Overseas Tarikship U.K. Ltd. v. The Miller Steamship Co. Pty. [1967] 1 A.C 717,639-640.

④ [1954] 2 Q.B. 182,197-200.

要求被告有义务证明他的行动具有拯救生命的正当性。因此,正如我们所看到的,本案中关于侵入他人土地的辩论,被告需要证明,为了拯救船员的性命,实有必要将石油倾泻排出,以避免船体断裂。然而,如果油轮的搁浅是因为被告的过失侵权所导致的,那么抗辩就无法成立。在某种程度上,这个问题又被带回到过失侵权上,虽然,过失侵权要求索赔人负有举证责任,而公共妨害中紧急避险的举证责任在被告身上。有趣的是,上诉法院审理这一问题的方式,将过失侵权和公共妨害之间的决定性区别忽略了。至于过失侵权,可以适用"推定被告存在过失侵权"(res ipsa loquitur)的原则,其结果是不论在任何情况下,都将举证责任转移给被告。① 在这方面,关于公共妨害的证据似乎是不必要的。当本案上诉到上议院时,公共妨害证据几乎没有被提及,而仅仅是针对被告是否存在过失侵权的问题。在这个问题上,上诉法院的判决被推翻了,其中认为,就被告而言并没有任何违反谨慎义务的行为。②

正如"科比集体诉讼"案例中的情况指出,最终,它可能成为另一个人身伤害案例,导致新的最高法院认真思考伤害与过失侵权重叠时,是否应维持严格责任。法院将不得不决定这种伤害是否有什么特别之处能够成为严格责任的实质依据,从而作出政策决定将其范围限定以避免过失侵权范围的不断扩大。这个问题将会在第六章中针对严格责任进行更深入全面的探讨。

五、推进公共妨害的边界:气候变化责任

针对气候变化所造成的损害而向电力公司寻求民事诉讼,这种想法似乎有些不可思议。然而,近些年,在一系列关于这类型伤害的索赔案例中,公共妨害已经成为首选工具,尤其是在北美洲;虽然,在本书写作的时候,法

---

① "推定被告存在过失侵权"原则的性质将在后续有关过失侵权的部分进行更详细的讨论。
② [1956] A.C. 218.

院要想以此为基础要求被告担任责任,似乎仍然有很长的路要走。①

一些最初的尝试并不乐观,许多地方法院采取非常保守的方法,同时质疑气候变化议题是否能提出应受法院审判管辖的问题。在"加利福尼亚州诉通用汽车公司等"②的案例中,基于汽车制造商未能减少二氧化碳(CO_2)的尾气排放,加利福尼亚州(以下简称"加州")政府以公共妨害起诉许多汽车制造商。加州政府宣称,这些排放对全球变暖作出重要的贡献,并对加州的基础设施和资源产生过多的压力。美国北区的联邦法院作出裁决,这个案例提出了一些其没有能力解决的政治性议题,而且:

在这种形势下,让法院介入全球变暖这一错综复杂的问题,需要首先制定一个政策决定让政府来处理这个问题中的政治议题。③

这一声明具有特别的启迪作用,它向我们揭示了在提起这些诉讼程序时的法律和政治环境。在这种情况下,联邦地方法院显然不愿踏入一块在政策制定和立法干预方面的处女地。在缺乏决策制定者所颁布的关于他们该如何着手面对这个问题的一些导则的情况下,坦白地说,法院是不准备着手解决"全球变暖"这样复杂的问题。值得注意的是,这个案例是在布什政府时代提起的,④当时的立法部门反对卷入全球变暖的问题中,而且 1970

---

① 有关北美发生的一些案例的总结和分析,参见:J.A. Smith, *A Climate Change Trilogy — Connecticut v. AEP, Comer v. Murphy Oil and Kivalina v. ExxonMobil Corp. — Just the Beginning, or the Beginning of the End?* 4 Envtl. Liability 119 (2009); J.A. Schatz, *Climate Change Litigation in Canada and the USA* 18(2) R.E.C.I.E.L 129 (2009).

关于这类诉讼在英国的可能性,参见:J. Burton, M. Edwards &. S. Tromans, *Climate change: what chance a damages action in tort*, 55 Envtl. Law 22 (2010).

② 2007 WL 2726871 (N.D. Cal. 2006).

③ *Ibid.*, 14.

④ 美国在乔治·W. 布什任总统期间退出了京都议定书;参见 J. 布伦纳(J. Brunnee),《美国和国际的环境法:与大象共处一室》[*The United States and International Environmental Law: Living with an Elephant in the Room*, 15(4) Eur. J. Intl. L. 617 (2004)],"在布什政府执政末期有迹象表明其政策有所转变,开始承认全球气候变暖是一个需要研究和解决的问题。"ENDS, *Bush inches towards a new UN climate deal*, [2007] 389 ENDS Report 4.

年的《清洁空气法案》(Clean Air Act)也不认为二氧化碳是污染物。在这方面存在一个监管真空,而法院并没有准备好予以填补。[①]

　　"加利福尼亚州诉通用汽车公司"(California v. General Motors)案例中所采用的方法,在"康涅狄格州等诉美国电力公司"[Connecticut et al. v. American Electric Power Inc (AEP)][②]案例的一审中立刻被采纳,该案中,一些州政府、纽约市和一些土地信托公司联合对美国最大的电力公司发起诉讼。联邦地方法院再次驳回索赔,其理由是他们没有提出可受法院审判管辖的问题。然而,这一次,诉讼当事人并没有却步,随着冗长的上诉程序的进行,政治和法律环境开始改变。在政界,新的奥巴马政府带来了参与全球气候变暖问题的承诺。[③] 至于法律进展方面,在"马萨诸塞州诉环境保护局"(Massachusetts v. Environmental Protection Agency)[④]的案例中,最高法院作出了一个至关重要的判决,其中宣布,基于《清洁空气法案》的立法目的,二氧化碳可以被视为一种污染物。在此背景下,上诉法院第二巡回法庭裁定,在"美国电力公司"的案例中地方法院是非常缺乏自信。在这种案件中,法院的职责是评估是否存在一些议题并根据这些议题进行裁定,而不是在事后评论针对这个问题立法部门的作为和不作为。针对许多宪法判例法的研究表明,案件中仅事实部分涉及政治问题并不能排除法院的干预。[⑤]的确,可能有人会问,如果不是试图解决尚未由立法部门处理的纠纷,那么法院的作用是什么。在这方面,我们可以看到一种强烈的主张,那就是支持利用普通法作为一种司法立法的形式以补充制定法的不足。[⑥]

　　上诉法院第五巡回法庭在"科默诉墨菲石油公司"(Comer v. Murphy Oil)[⑦]的案例中达成类似的结论,该案例是关于卡特里娜飓风所造成的损

---

① See Smith, 120.

② 406 F. Supp. 2d 265 (SONY 2005).

③ See Environmental Data Services (ENDS), *Obama sets a course for a low-carbon economy*, [2009] 409 ENDS Report 48.

④ 127 S. Ct. 1438 (2007).

⑤ 对于判决这方面的分析,参见:史密斯,第121—122页。

⑥ 参见第四章第三节三中普通法作为监管失灵响应的作用。

⑦ 585 F.3d 855 (5th Cir. 2009).

失。据称,温室气体排放增加了极端天气事件(如飓风)的强度和频率,二者之间的关系是可以测量的。上诉法院再次达成共识,认为地方法院对于政府的立法和行政部门的过度顺从而将本案撤销,其理由是这个案例引起政治问题因而不应受法院审判。法院并没有被禁止处理这些具有"政治意味或政治分歧"①的问题,除非这个事件已经通过宪法手段或国会手段被明确地从司法舞台上移除。关于气候变化,并没有采取这样的措施,因此,这些法院就可以针对这些事件作出裁定。事件可审判性的问题是关于分权或是其他的宪法问题,这与法官的能力、智力、知识、专业技能或培训无关,也与将要解决的问题的固有难度、复杂性、新颖性或深奥性无关。②

　　因此,至少在美国,现在看来很清楚,基于公共妨害的目的,气候变化引起了应受法院审判的问题。尽管已经跨越了重要的法律上和概念上的障碍,但未来的路还很长。在这方面,值得注意的是,并非所有的北美洲法院都根据可审判性理论而放弃管辖权。即便在较高级别法院关于可审判性的裁定下达之前,至少有一个法院已准备接受这个问题,并针对索赔的本质进行更深层次的研究。但其结果对于寻求污染者为气候变化所造成的损害承担责任的其他人来说,并不意味着好兆头。在"基瓦利纳内的原住民村落诉埃克森美孚公司"(Native Village of Kivalina v. ExxonMobil Corp)③的案例中,村民们,其中许多人是土著伊努皮亚特爱斯基摩人,对一些美国能源企业就其在阿拉斯加的活动提出诉讼。据称,能源企业对气候变化的贡献已经导致了海冰融化和海平面上升,并威胁到原告的生活方式。村民针对村落搬迁成本提出索赔。这是一个政治问题,如果驳回索赔很可能变得无法收拾,法院试图寻找是否有现成的普通法框架能够解决如此的问题。法院指出,《侵权法重述(第二版)》中,要求法院根据一些因素,包括伤害的严重性和行为的公共性,来判定被告活动的合理性。这项工作只有在气候变

60

① 585F. 3d 869-870 (5th Cir. 2009).
② 同上。
③ 663 F.Supp.2d 863 (N.D.Cal. 2009).

化问题符合"在司法上可探索或可管理标准"时才能进行。① 在这方面,法院从其他复杂的环境案例中很难获得帮助。一般的环境案例涉及的地理区域有限,污染源数量明确,而气候变化问题源于"遍布全世界的无数污染源……影响着整个星球和它的大气层"②。此外,法院无法确定什么样的排放水平是有害的以及不合理的。法院推断,法院和普通法根本没有解决问题的工具,基于这个理由,此事应转移到立法领域。③

在"基瓦利纳"(Kivalina)的案例中所遇到的大多数问题,在本质上是因果关系难以确定,而这些困难在"康涅狄格州"和"科默"两个案例的上诉法院中也被确认。所不同的是,在基瓦利纳的案例中,法院被认为"本末倒置"。如果诉讼案件获准进行,法院已经预见到法院将要面临的困难;而后得出结论,认为这些困难是不可逾越的,因此认为该问题属于立法部门的事务。在"康涅狄格州"和"科默"两个案例中,上诉法院同样明白原告将要面对巨大的因果关系论证困难,但都认为,仅仅那个因素并不是否决这个案件的理由。去除政策障碍以推进这类索赔,有赖于未来的诉讼程序来决定因果关系困难等等是否能够得到解决。这些因果关系的困难,将在下一章中进行深入的探讨。

第六节 过失侵权

一、侵权的关键要素

过失侵权源于诉讼形式,被称为"类案诉讼"(或简称类案),主要是用于

---

①   663F. Supp. 2d 873 (N. D. Cal. 2009).

②   *Ibid.*,875.

③   *Ibid.*,877.

对过失侵权所造成的损害提供救济,而不是故意的和强制的行为。① 这种
类型的索赔无法形成侵入他人土地,因为其关注于间接的和后续的伤害。② 61
最早的令状只能适用于被告做了将为原告提供服务的一些"事先承诺"的案
例。③ "事先承诺"标准最终扩展成为一个隐含承诺,其所从事的活动不会
造成邻居的损失,所谓邻居意味着所有过失侵权的可预见受害者。④ 起
初,"过失侵权"这个术语仅仅用于描述"过错"概念的一系列副词之一。
当过失侵权和其本身的原则被确认为一种特定的起诉理由,其他术语就
被淘汰了。

　　目前,在人身伤害和个人财产损害领域中,过失侵权占有主导地位,已
经取代了以是否存在过错判断责任的侵害。⑤ 需要特别注意的是,在过失
侵权中,过错是侵权的精髓,然而在妨害和侵入他人土地中,当根据情况来
决定责任时,过错可能或多或少只是一个因素。

　　早在 18 世纪,侵权的基本要素已被确定下来,当时布勒(Buller)⑥提出
了一个定义,其精髓仍存在于今天的定义中。自布勒以来,通过判例法这个
定义已经被细化,现在该定义可以说包括三个要素,即谨慎义务,违反谨慎
义务,和因为违反谨慎义务而造成其他人的损失。谨慎义务是针对一项活

---

　　① 令状最早的成功应用,是由法富特(Fifoot)发现的,是关于"沃尔登诉马歇尔"(Waldon v.
Marshall〔1367〕Y.B. 43 Ed. 3, f. 33, pi. 38)案,该案中一匹马由于兽医手术过失侵权而死亡。See
C.H.S. Fifoot, *History and Sources of the Common Law*: *Tort and Contract*, 75 (Stevens and
Sons 1949).

　　② 同上。因此,在"沃尔登诉马歇尔"的案例中,被告辩称,原告本应该根据普通法侵害之诉
提起的诉讼被驳回了,理由是"马不是因为暴力杀死的,即使他不进行治疗,情况也会这样"。

　　③ See Fifoot, 156.

　　④ 这种发展在 17 世纪已经出现了,一系列关于在公路上和海上碰撞的案件:Mitchil v.
Alestree (1676) 1 Vent. 295 and Mustart v. Harden (1680) T. Raym. 390. See M.J. Prichard,
Trespass, *Case and The Rule in Williams v. Holland*, CLJ 234〔1964〕;Fifoot, 164-166.

　　⑤ 因此,现在是否仍可以根据"过失侵权侵害"提起诉讼值得怀疑。See Letarig v. Cooper
〔1965〕Q.B. 232.

　　⑥ 弗兰西斯·布勒(Francis Buller),《初审法庭的审判》〔*Trials at Nisi Prius*, 25 (6th ed,
Pheney &Sweet 1817)〕:"每个人都应该采取合理谨慎行为,以防止伤害他的邻居;因此,当一个人
由于他人过失侵权受到伤害,即使不是故意的,但由于是过失或愚蠢引致的,法律赋予他追讨损害
赔偿的起诉权利。"

动对承受潜在风险的那些人应尽的;换句话说,他们必须是任何不当行为的可预见受害者。在"多诺霍诉史蒂文森"(Donoghue v. Stevenson)的案例中,阿特金(Atkin)大法官制定了著名的邻近性检验,以帮助确定可预见的受害者:

> 行为人必须采取合理的谨慎以避免作为或不作为,并能够合理地预见有可能对其邻居造成伤害。那么,在法律上,我的邻居是谁呢? 答案似乎是——紧密地和直接地被我的行为所影响的人们,当我指引我的意志采取被质疑的作为或不作为时,我应该合理地将这些被影响的人们考虑其中。①

至于会造成违反义务的行为,奥尔德森 • B.(Alderson B.)在"布莱思诉伯明翰市自来水公司"(Blyth v. Birmingham Waterworks Co)的案例中,提出了一个时至今日仍在沿用的客观标准:

62

> 过失侵权是指一个通情达理的人,在当时情况下根据法律所应达到的注意标准,因为疏忽大意从事了某项行为,而一个谨慎理智的人不会作出这样的行为。②

被告的行为是否合理,都必须参考案件的情况,包括行业标准③、风险的大小④和通常"一个理智的人应如何思维"⑤。后者要求意味着一个理智的人处在这样一个位置,应该能够预见如果他不能实践应有的注意所将导致的损害。这样做的理由是,在"避免不可预见的伤害"的考虑下,人们是无法从事活动的。⑥

---

① [1932] A.C, 562, 580.
② (1856) 11 Ex. 781, 784.
③ Wither v. Wessex Area Health Authority [1987] Q.B. 730.
④ Bolton v. Stone [1951] A.C. 850; Paris v. Stepney Borough Conncil [1951] A.C. 367.
⑤ Glasgow Corporation v. Muir [1943] A.C. 448,at 457, per Lord Macmillan.
⑥ Roe v. Minister of Health [1954] 2 Q.B. 66.

二、过失侵权和环境

(一) 财产损害

在因为污染所引起的诉讼中,侵害和妨害已经发挥了最重要的作用。这是因为大多数已知的污染形式都会对邻近财产造成妨碍。在土地侵权之外,请求过失侵权已经成为一种惯例,虽然在土地侵权方面,土地所有人通常都有较高的机会能够取得胜诉。其主要的原因是,虽然已有了"剑桥水务"案例的判决,似乎,在侵害和妨害中的责任比过失侵权中的更严格。

就被告需要证明存在过错的部分往往非常困难。"绍斯波特公司诉埃索石油公司"的案例中,除了寻求侵害和妨害赔偿之外,还要求过失侵权赔偿。[①] 上议院驳回了上诉法院认为该案可以采用"推定被告存在过失侵权"原则的裁决。换句话说,事实已作出解释,在没有解释的情况下,仅仅事故的发生就是足够的过失侵权证据。[②] 仅仅"转向舵发生故障"其本身并不足以"推定被告存在过失侵权"。实有必要针对维护或安装中的缺陷进行举证,而这正是原告未能做到的。[③] 针对船长在明知转向舵已经发生故障的情况下,就不应该让船只继续在狭窄的航道上航行的指控也被上议院驳回。天气条件持续恶化,任何打算转向或起锚的行为都是危险的。船长在选择航向避难水域之前,已经衡量过风险。在作出这项决定的过程中,他没有表现出任何缺乏谨慎注意或缺乏技能。本案意义重大,因其涉及海上石油污染损害赔偿。最近发生在墨西哥湾的事件说明,这仍然是最重要的环境问

63

---

① [1956] A.C. 218，240.

② 围绕"推定被告存在过失侵权"原则,以及其本身是否构成真正的法律概念存在很多争论。当然,现代法庭都非常敌视这一原则,它实际上颠覆了因果关系举证原则。See Carroll and Others v. Fearori and Others；Barclay v. Dunlop Ltd [1999] E.C.C. 73，[15] (Judge L.J.).

③ [1956] A.C. 218，237 (Earl Jowitt).

题之一。① 有趣的是,在这个诉讼结束的短短几年后,出现了一个国际共识,针对这种尺度的问题,要求责任成立必须先证明存在过错是一个不可接受的障碍。这就引起了一个新的国际油污损害赔偿计划,这会在以后的章节中进行讨论。②

在"剑桥水务诉东部郡皮革厂"③的案例中,过失侵权的问题被高等法院免除了,并且在上诉中也没有作为一个重要的问题(或至少是仅限于过失侵权是否是妨害的一部分)。由于,在事发当时四氯乙烯作为原料,在非常低浓度时不认为是有害的,"东部郡皮革厂"并没有采取措施以防止任何泄漏的发生。④

在"格雷厄姆和格雷厄姆诉瑞凯国际"的案例中,也尝试针对被告建立过失侵权。据称,焚化炉的运行方式无法达到由环境保护局(Environmental Protection Agency, EPA)和国家污染督察团(Her Majesty's Inspectorate of Pollution, HMIP)所建议的温度,以确保能够消除多氯联苯(1050℃—1100℃)。在这一点上,原告所提出的主要证据是,窑炉的大门通常是敞开的,从而使温度下降。焚化设备制造商提供的证据表明,废料实际上通过五个独立的燃烧室(称为"单元格"),每个单元格都有锅炉。最后单元格的温度至关重要,因为它的作用是一个"安全网",被设计来消除未被其他四个单元格的锅炉所消除的多氯联苯分子。福布斯法官指出,事实上,第一单元格的门仅在装载和清灰的过程中打开相对短暂的时间,而且只是微微开启,这并不足以影响到第五单元格的温度。⑤ 不论如何,由美国环境保护局所提供的进一步科学证据证明,即便温度比这个标准

---

① 2010 年 4 月 20 日,英国石油公司的承包商"越洋公司"(Transocean)所有并运营的"深水地平线石油钻井平台"发生爆炸,造成大规模的石油污染。这起事件是迄今为止工业发展史上最为广泛报道的臭名昭著的污染事故。由此产生的赔偿责任问题将在下文第三章第五节一(二)中讨论。

② 参见下文第五章第五节一。

③ [1993]Env, L.R. 116.

④ *Ibid*.,142 (Kennedy J).

⑤ [1996] Env. L.R. 158,186-189.

有相当幅度的下降,多氯联苯还是能被消除的,而这个建议温度本身就带有一定程度的安全阈值。① 此外,拉夫缪特焚化厂对于废料的燃烧时间比一般时间较长,这足以弥补温度稍低于建议温度的影响。

如上面所说,在因果关系论证的基础上此事得到解决,在这个案例中,过失侵权的问题并不是至关重要的。尽管,前有"剑桥水务"案例的判决,然而,它进一步表明,建立过失侵权的责任比建立妨害的责任要更困难些,因为除了损害的可预见性之外,还需要证明违反谨慎义务。如上所述,对于妨害索赔,没有必要审查工厂的运营方式,主要的问题是关注于是否知晓损害实际上是由工厂所排放的污染物所造成的。

尽管如此,针对环境损害活动提起过失侵权诉讼偶尔有些成功的案例。一个明显的案例就是"塔腾诉 A.D. 沃尔特有限公司"(Tutton v. A.D. Walter Ltd)②的案例。被告是一名在西萨塞克斯种植油菜籽的农民。夏季的某天,他对自己的农作物喷洒被称为三唑磷的杀虫剂,该物质对蜜蜂有害。其结果造成在被告田地觅食的原告饲养的蜜蜂大量被毒死。基于该化学品的使用方式已经违反了农业和咨询服务机构所发布的建议以及制造商所发布的产品说明,原告提出了过失侵权的诉讼。根据所推荐的建议和产品说明,为了减少伤害蜜蜂的风险,本化学品应在较凉快的天气或者傍晚时刻使用,但绝不能在农作物开花的时候使用。

在高等法院,为了确定原告是否是化学品误用的可预见受害者,丹尼斯·亨利(Denis Henry)御用大律师应用了里德大法官的邻近性检验。当事人双方对前一年农药喷洒事件曾有通信往来,因此被告人明确知道养蜂人的存在。由于农业和咨询服务机构的建议和化学品包装桶上的使用说明,被告对于化学品的有害性质也是非常清楚的。鉴于这些事实,法院认为,当对农作物喷洒杀虫剂时,被告理应将原告列入考虑中。法官接着将问题转向被告是否违反了其义务。权衡农药对蜜蜂存在的威胁,化学品相关

① [1996] Env. L. R. 180-181.
② [1985] 3 W.L.R. 797.

的使用建议和说明并不能算是强加的繁重要求。因此,不遵守使用说明很显然违反了对养蜂人应尽的谨慎义务。在美国,过失侵权的作用近似于邻近性检验问题。因此,在"肖克利诉赫斯特塞拉尼斯公司"(Shockley v. Hoechst Celenese Corporation)①的案例中,法院很容易就发现,在故意将泄漏的有害废物包装桶运送到厂址的被告和厂址附近的居民之间,存在足够的邻近性。

(二) 个人伤害

当损失与侵扰土地利益毫无关系时,过失侵权就成为唯一可以起诉的原因。在这方面,在环境领域中,侵权已经变得越来越重要。科学的进步已经开始在疾病和某些污染物之间建立了关联,因此,由于污染所引起的人身伤害诉讼将有可能会增加。例如,在"马杰森诉 J.W. 罗伯茨有限公司"(Margereson v. J. W. Roberts Ltd)②的案例中,由于原告的孩童时期在被告工厂装货间玩耍从而暴露在石棉粉尘中,后来发展为间皮瘤。自 1925 年起石棉的风险就为公众所知,然而孩童却被允许在紧邻工厂的地区玩耍,那么可预见的是他们将暴露在肺病的风险之中,J.W. 罗伯茨有限公司被认定负有责任。由于本案是第一个这样的索赔案例,因此意义重大,其中的谨慎义务已经扩大,不仅包括工厂的员工还包括紧邻工厂围墙外的邻居。

一旦污染物扩散到更广阔的环境中,影响了当地居民和路人,这个问题就成为环境暴露之一,而该类别的潜在诉讼当事人可能会显著增加。有毒化合物的环境暴露造成的人身伤害,是旷日持久的"科比集体诉讼"案例的核心。如上所述,诉讼源于在科比区的前英国钢铁厂址的场地修复。据称,土地修复工程将各种有毒化合物(统称为致畸剂)释放到大气中而被孕妇摄入,进而导致了他们的后代出现上肢畸形。在高等法院对"科比集体诉讼诉

---

① 793 F. Supp. 670 (D.S.C. 1992), affd in relevant part, 996 F. 2d 1212 (4th Cir. 1993).

② Joined cases: Hancock v. J. W. Roberts Ltd; Hancock v. T. &. N. Plc [1996] Env. L.R.(4) 304. See J. Steele and N. Wikely, Margereson v. J. W. Roberts Ltd, 60(2) M.L.R. 265 (1997).

科比区议会"①案例的判决中,不论在确认风险的程度以及采取措施以降低风险的两个方面,阿肯海德(Ackenhead)法官都发现了过失侵权的许多例子。至于最初的风险评估,由于没有对未出生婴孩所形成的危险进行评估,原告主张可以援引"推定被告存在过失侵权"原则;这被称为"事实本身证明过失侵权"。②　阿肯海德法官并没有针对"推定被告存在过失侵权"原则的适用性作出评论,因为,如上所述,其法律后果具有争议性。法官认为有必要审查事发当时的科学知识状态,这一事实表明法官并不认为上述假设成立。如果这种风险是不可预见的话,那么就不能假设,没有进行这样一个评估就构成过失侵权。在这方面,基于科学知识的助益去揭示问题很容易,而对于被告来说,有可能在事发当时并没有这些科学知识。③　然而,即使考虑那时候科学知识状态有很大的局限性,法官仍然能够发现,被告应该已经知道有毒粉尘会对未出生婴孩造成危害。此外,在这方面,伤害的可预见性不应该过于狭隘,而且并不需要证明被告能够预期伤害的"明确"类型。④　其他过错包括,调查报告和土壤采样技术不充分,没有采取足够的手段来减少粉尘的浓度。例如,运输土壤的卡车没有苫盖,大部分厂址都没有轮胎冲洗设施。法官也很快免除了任何论证,其结果就是主要的过失侵权在于由科比区议会所雇用的独立承包商,而地区主管单位不应该担负连带责任。虽然,人们一般不会对独立承包商的侵权担负连带责任,但是关于造成他人"特别危险"的活动则是一个例外。⑤　尽管,哪些活动属于"特别危险"并没有适当的定义,但阿肯海德法官毫不犹豫地发现污染场地修复工程就属于

66

---

①　[2009] EWHC 1944 (TCC);[2010]Env. L. R. D2.

②　*Ibid*.,[702].

③　正如丹宁大法官在"罗伊诉卫生部长"(Roe v. Minister of Health[1954] 2 Q.B. 66, at 84)的案例中提到,"我们不能用 1954 年的眼光来看待 1947 年的事故。"同样,在"科比"案例中,法院必须要小心,不能用 2010 年的眼光来审视 20 世纪 80 年代的污染场地修复。

④　Corby [2010] EWHC 1944 (TCC) [683].

⑤　See Salsbury v. Woodland [1970] 1 Q.B. 324.

这一类。①

　　高等法院对"科比集体诉讼"案例的判决是索赔人的一项重大胜利,本案还获得了媒体的广泛关注。② 然而,由于判决中对于重要的因果关系问题仍悬而未决,使得这项胜利变得意味索然。③ 基于流行病学的证据,法官已经做好准备,以找出在出生缺陷和暴露于有毒粉尘之间因果关系存在的表面证据。④ 这项证据本应在后续的诉讼程序中进行测试,每个索赔人都应根据他的或她的个人情况证明因果关系。但结果是,被告已同意庭外和解,而写作本书时,谈判仍在进行。⑤ 如果要求索赔人证明因果关系,他们可能发现这是一项吃力的任务。

　　事实上,当污染物扩散到较广阔的环境中,由于毒理作用造成负面的健康影响而被指控,通常要确立因果关系非常困难。例如,在美国的"斯特林诉维尔斯科尔化学制品公司"(Sterling v. Velsicol Chemical Corporation)⑥的案例中,原告无法提供让法院信服的证据以证明某些特定的疾病是由于饮用了被垃圾填埋场渗滤液所污染的饮用水所导致的。在下一章中将会回

---

　　① Corby [684]. 事实上,这一判断的正确性是值得商榷的,因为只有当风险大于"特殊危险"这个词所指代的含义时,监管部门才能决定不承担替代责任规则的例外。在"霍尼韦尔与斯坦因诉拉金兄弟"(Honeywell & Stein v. Larkin Bros [1934]1 KB102)的案例中,提出该活动应当"具有特别的危害性或危险"。此案备受诟病,参见 G.威廉斯(G. Williams),《独立承包商的责任》[*Liability for Independent Contractors*,14(2) CU 180 (1956)],因为对于要求比"特别危险"更大的风险是什么并没有明确的定义。在"比法废弃物服务公司诉海塞机械制造有限公司"(Biffa Waste Services v. Maschinenfabrik Ernst Hese GmbH [2008] EWCA Civ 1257,[2009] 3 WLR 324)的案例中,上诉法院对于什么类型的活动可以被视为属于这一类设置了很高的障碍。事实上,就这个判决来说,很难想象独立承包商的任何合法的活动可以视为"具有特别危害性",从而成为不承担替代责任原则的例外。

　　② See for example, Frances Gibb, ' *Toxic soup* ' *Families Win Right to Sue Council over Birth Defects*; *High Court says Corby Liable after Waste Removal*, The Times, News 25 (London July 30,2009).

　　③ Corby [867]. 集体诉讼令只限于要求证明任何相关违约责任"是否有可能造成指控中提到的上肢和/或下肢缺陷",而不是要求每个案件都证明这一问题。

　　④ *Ibid.*,[885].

　　⑤ See ENDS, *Corby Agrees Steelworks Compensation* [2010] 423 ENDS Report 8; ENDS, *Birth Defect Children to Receive Payouts*, The Times, News 34 (London Apr. 17,2010).

　　⑥ 855 F2d 1188 (6th Cir. 1988).

到这个问题上探讨更多的细节。

第七节　违反法定义务

　　许多行业和部门都受到法令监管,法令制订了其需要遵守的义务,当违 [67]
反这些义务时,将施以刑事制裁或行政制裁。虽然,这些法令的主要目的并
不是针对因为失职而遭受损失的人提供救济,但某些法令却可以成为私人
起诉的理由。这就是所谓的违反法定义务的侵权;值得一提的是,它是一种
独立的侵权形式,形成了自身的判例法体系。[①] 因此,关于责任的适用标准
必须通过参照制定义务的相关法令来决定,而不是与其他的侵权,如过失侵
权,进行比较。[②]

　　少数法规除了规定违反法定义务的侵权,还制定了专门的私人侵权索
赔的条款;还有一些法规正相反,明确排出了由于失职所引起的私人赔偿索
赔。在这种情况下,违反法定义务恰恰是在独立的过失侵权诉讼中,行为人
违反普通法谨慎义务的证据。[③] 当一个私人起诉权在法规中既没有明确规
定,也没有被排除的情况下,法院已经发展出一些检验方法以确定法规中是
否隐含了支持私人诉讼的目的。[④] 对于那些制定了明确民事责任条款的法

---

　　① 在美国和加拿大的一些州与其他地区有所不同,在这些地方它只是作为违反谨慎义务的
有力证据或将谨慎义务"具体化"。

　　② 参见"L. P. T. B 诉厄普森"(L. P. T. B v. Upson [1949] A.C. 155,168－169),怀特
(Wright)大法官:"对违反法定义务侵权的损害索赔,目的是保护处于原告地位的当事人的特定普
通法权利,在本质上不会与过失侵权索赔相混淆 …… 我曾希望研究这些立法,以厘清在我的判决
中应如何处理这一问题,以及违反这些法定义务侵权的索赔的成败与过失侵权无关。但是,如果索
赔不够具体,或是与过失侵权索赔相混淆的话,那么违反法定义务侵权的索赔就得不到应有的重
视。"

　　③ See Lochgelly Iron &Coal Co. v. M'Mullan [1934] A.C. 1.

　　④ 对于在什么情况下暗示着私人侵权的存在,在判例法体系中缺乏一致性。一般情况下,如
果某项法规的立法目的是为了保护某一类人,那么这可能成为一项私人诉因:"罗荷有限公司诉壳
牌石油有限公司"(第 2 号)(Lonrho Ltd v. Shell Petroleum Co. Ltd. (No. 2) [1982] A.C. 173)。在
这种情况下,该法案中包含如刑事处罚等独立的执法措施并不必然排除私人诉因。Groves v.
Wimborrie [1898] 2 Q.B. 402.

令,我们应明确,根据条款的性质,某些条款可能完全取代既有的普通法义务,或者能在不损害既有的普通法权利的情况下运作。

由于这类侵权在相当大程度上是由法令所规定,因而能适用的普通法原则很少。但基于判例,还是可以识别出一些索赔人必须证明的要件。总之,义务必须是原告应尽的;[①]伤害必须是法令试图预防的那种类型;[②]被告必须是违反了由法令制定范畴之内的义务;[③]而失职必须已经造成了损害。[④]

在环境领域中,一个重要的案例是由一个法定条款所引起的违反法定义务侵权的诉讼理由,其主要是关注 1965 年《核设施法案》(Nuclear Installation Act 1965)的第 12 条。该条规定,任何人遭受了因为违反本法案第 7—10 条所规定的任何义务所造成的伤害或损害,都有权利要求补偿。该法案第 7 条针对核设施许可证持有人强加了一项义务,即在厂址所在地,避免由于具有放射性、毒性、爆炸性或其他危害性物质的释放,而对除了许可证持有人之外的任何人造成财产损害或伤害。第 8—10 条强加了类似的义务,避免上述同样的事件对监管当局、皇室和其他特定外国运营商造成财产损害或伤害。在下一章中将会看到,有许多案例试图根据第 12 条关于核设施释放电离辐射的指控提出民事索赔。[⑤] 同时,这些案例也暴露了第 12 条责任范围的局限性;这是一个值得关注的问题,因为这项条款是"完全排除普通法适用的一项义务"的一个重要例子。任何一项法定义务,如果其适用范围太窄,而且排除了其他诉讼理由,那么其风险可能是相关当事人得不到应有的救济。

与环境相关的另一个重要例子是 1990 年《环境保护法案》(Environ-

---

① Hartley v. Mayoh & Co. [1954] 1 Q.B, 383.

② Gorris v. Scott [1874] L.R, 9 Exch. 125.

③ Chipchase v. Titan Products Co. [1956] 1 Q.B. 545.

④ Ginty v. Belmont Building Supplies Ltd. [1959] 1 All E.R. 414.

⑤ Merlin v. British Nuclear Fuels plc [1990] 2 Q.B. 557; Blue Circle Industries v. Ministry of Defence [1999] Ch. 289; Magrwhard v. United Kingdom Atomic Energy Authority [2004] Env. L.R19.

mental Protection Act 1990)的第73(6)条。这项条款规定,任何人违反管理制度所规定的取得许可证的要求而储存受管制废物,将负责偿付由此所引起的任何人身伤害或是财产损害。主要义务载明于第33(1)条和34(1)条,其中还包括刑事责任。第33(1)条主要针对那些从事废弃物管理的当事人(如废弃物处置或回收公司),规定了导致或故意允许违反管理制度储存废弃物将被定为犯罪。第34条针对控管废弃物或将废弃物转运给他人的人强加了一个首要的谨慎义务,这将包括任何个人为了将废弃物转运给废弃物经营者而将废弃物储存在其财产上。一个典型的例子就是一个工厂,其必须储存废弃产品直到这些废弃物被废弃物管理公司运走。第34条 69 的义务则要求废弃物的持有人必须采取合理措施以确保在其保管期间,废弃物不会从他的控制中泄漏。此外,当废弃物已经转移给废弃物经营者时,义务并没有结束,因为移交人必须采取合理措施以确保这些废弃物不是以违反第33(1)条之义务的方式被处置。如果没有检查其经营资质,工厂就粗心地将废弃物转移给信誉不好的废弃物处理者,造成后续的非法倾倒废弃物,这将会导致违反第34条的义务。然而,值得注意的是,第73(6)条仅仅适用第33(1)条的犯罪,这表明管理制度所规定的违反法定义务侵权仅是针对那些直接从事非法储存或处置废弃物的那些人(在我们的案例中,是行为不当的废弃物经营者)。

　　然而,基于独立的过失侵权索赔的目的,第34条也可以被援引,以作为对他人应尽的谨慎义务性质的证据(如将废弃物转移给先前所说的行为不当的经营者)。在"C(代表一个儿童)诉帝国设计有限公司"[C (A Child) v. Imperial Design Ltd]①的案例中,被告(厨房用品制造公司)的雇员或代理人,将一个装有废溶剂的桶置放于邻近工厂的一个开阔空地上,以便于被告的废弃物管理承包商将废物运走。原告在玩耍时,偶然看见了这个废料桶,并将其点燃而后导致爆炸,造成其个人严重烧伤。案件审理认为被告违反了第34条所规定的谨慎义务,由于废弃物的危害性质意味着在被运走之前

---

①　[2001] Env. L.R. 33.

废弃物应该被安全地储存。上诉法院认为高等法院错误地将违反第 34 条义务作为构成第 73(6)条的违反法定义务,后者条款并不涉及一般的谨慎义务。然而,为了普通法之下的过失侵权责任,该条款被视为界定了谨慎义务的性质和范围。① 无论如何,由于孩子的年龄足以知道风险存在,而且他的朋友对他的愚蠢行为提出过警告,因此,由于其本人存在过失侵权,他的损害赔偿金减少了 50%。在前述的"科比集体诉讼"的案例中也援引了废弃物管理义务,该案中,高等法院毫不迟疑地认定,地方当局并没有采取足够的谨慎以确保安全处置废弃物。② 基于此,认定违反了第 33(1)条所强加的"直接义务"和第 34(1)条之下的"一般义务"。至于第 34 条,似乎高等法院再次犯错,将违反第 34 条的义务认定为违反法定义务的独立侵权。③ 尽管如此,对于普通法之下的过失侵权有普遍的认同,这将不会对案件的结果产生任何影响。

在"帝国设计公司"、"科比"两个案例中,就如同波特首席法官在"帝国设计公司"④案例中所说的,法定义务巩固了或者"支持"了普通法的诉讼理由。然而,法定义务也是建立在过错基础上的,因此它对于过失侵权的普通法诉讼理由补充不大;因此,索赔人仍然面临要证明被告违反谨慎义务。在这种情况下,人们可能会问"违反法定义务的侵权"是否产生了任何"附加价值"。答案是,法令厘清了应尽义务的性质和范围。例如,《环境保护法案》第 33(1)条,似乎或多或少地强加了比过失侵权更为严格的谨慎义务标准。此外,虽然第 34 条的本身并不会产生独立的违反法定义务侵权,但它为谨慎义务的性质和范围提供了一个明确的指引。因此,管理制度明确地指出,当废弃物已经移交给废弃物处置经营者时,谨慎义务并没有结束。

70　　如果这个事件需要通过适用过失侵权来解决,那么我们不清楚法院会

---

① See Arden L.J. at [48-53].

② "科比集体诉讼原告诉科比区议会"([2010] Env. L.R. D2);参见第 692—697 页关于 1990 年《环境保护法案》规定的义务的适用性。

③ See R. Lee, *Old iron: birth defects litigation and the Corby steelworks reclamation*, 25 (4) J. of Prof. Negl. 174, 182-184 (2009).

④ Imperial Design, [31].

采取何种立场。无论如何,某些法定义务可能会以更严格的义务来取代基于过错概念的损害;也就是 1965 年《核设施法案》第 12 条的情况。该案中,证明责任成立的主要障碍已经消除了,但正如我们将会在以下看到的,在索赔的道路上还可能会有其他的重大障碍。

第八节　小结

这再一次证明了普通法强大的和全面的功能,一些古老原则,最初是由针对平凡的问题(例如,猪舍和牛脂制造场所散发出来的臭味)所作的回应所演化而来,至今仍然可应用于由当代许多重大环境议题所引发的争议的最前沿。最引人注目的是,在气候变化争议和公众对于转基因生物扩散的焦虑中,普通法已经发挥重要的作用。最早的侵权,即侵害和妨害,是在保护私人土地利益的背景下出现的。因此,当环境损害与受到私权保护的私人利益被侵犯同时产生时,侵权就得以被应用。这也许是基于侵权的传统救济的最大局限性;除非发生损害并影响个体,否则,要援引这些权利并利用必要的手段对污染者提出诉讼将会是非常困难的。然而,美国针对气候变化的公共妨害诉讼代表着利用基于侵权原则以追求较为广大公益目标的一种手段;尽管,诉讼当事人仍然面临着艰巨困难,如同以下的概述。基于财产侵权所引起的其他问题还包括其受保护利益的范围较狭窄;然而,正如我们已经看到,反对人身伤害赔偿的可补偿性这一长期存在的原则性争议,目前正面临着挑战。

过失侵权的发展远远晚于侵害和妨害,它是在应尽谨慎情况下行事的默示义务。由于它不囿于物权法的桎梏,过失侵权提供了比基于财产的侵权更多方面的救济措施。过失侵权的重要性越来越显著,并成功地渗透到在主题上具有明显重叠的其他侵权领域之中。各类侵权之间最显著的重叠就在于发生有形损害的情形。因此,一个户主由于有害污染物排放造成健康影响,可以同时享有过失侵权和妨害的诉讼理由,而居住在同样的土地上

的家庭成员,由于不享有房屋的产权利益①,只能局限于过失侵权。② 对于
这种不合常理的情形,有人认为,当存在有形损害时,应建立一个统一的基
71 于过失侵权的责任标准。③ 这将使基于严格责任的妨害局限于没有任何有
形损失的情形,而且争议的性质是纯粹的所有权。④ 德国早已经采用这种
方法。⑤ 然而,这样做的效果是限制了在财产侵权中适用严格责任标准的
情形。这也影响了侵权作为一种环境保护手段的作用。

　　总的来说,依靠一个专注于私人权利保护和争议中个体行为的体系,要
想确保公益目标实现,例如环境保护,将是很困难的。尽管,就如在后续章
节中将要论证的,这两个目标并不一定是格格不入的。此外,还有一系列其
他的困难限制侵权作为一种环境保护手段的功能,包括因果关系,以及一大
堆其他因素。这些困难和限制将会在下一章进行深入的讨论。

---

　　① 侵权诉讼的诉讼资格要求在第三章中进行讨论。

　　② See Newark, 489.“居民区烟囱排放硫化物造成妨害,不是因为它造成房主咳嗽和坐卧不
宁,而是因为它妨碍了房主在花园中休憩。”

　　③ See C. Gearty, *The Place of Private Nuisance in a Modem Law of Torts*, 48(2) Cam-
bridge L.J.214(1989).

　　④ 参见法律委员会,“危险物品和活动的民事责任”[*Civil Liability for Dangerous Things
and Activities*, 25 Law Commn. No 32 (1970)]。在针对被告寻求强制令以防止正在进行的损害的
情况下,“考虑责任的严格性是不合适的——所有法院都关心的一个问题,‘应该去告知被告停止侵
犯原告的权利吗?’不论被告是否知道其排出的异味、噪声或其他妨害,从什么时候开始侵害到原
告;至少当原告向法庭起诉时,被告是知道的。”

　　⑤ 根据《德国民法典》(Das Bürgerliches Gesetzbuch：BGB)第 906 节,针对“不可称量的颗粒”
所带来的干扰可以提出妨害诉讼。这些不可称量的颗粒包括:气体、蒸气、气味、烟雾、烟尘、热、噪
声和震动。根据“冶炼炉”(Kupoloferi BGHZ92,143[1985])案例的判决,就财产或人身伤害等物理
损害所提出的诉讼应采取完全的注意义务。载于《德国民法典》第 823 节。See B.S. Markesmis,
The German Law of Torts, 880-881 (3d ed,Clarendon Press 1994).

第三章　环境损害赔偿责任的成立：主要问题

第一节　引言

环境损害民事责任的成立面临诸多困难，因此，目前限制了其在环境保护领域中发挥作用。在许多有关污染的案件中，原告面临过高的诉讼成本，即"交易成本"，诉讼成本是证明被告法律责任的诉讼费用。交易成本会因许多因素而增加，例如，需要证明过错和因果关系；正如以下将要阐述的，在涉及环境损害的案件中，这些成本可能会特别高。

另一个限制环境损害民事责任应用的问题是前一章结尾提到的——侵权法主要关注于私人权益的保护。这就产生了两个问题：首先，个人所遭受的损失可能反映不了对环境造成的所有损害；因此，判给原告的赔偿金可能不足以支付清理污染的费用。其次，由于侵权法与个人权利和利益的保护紧密联系，从而使起诉资格受到限制；因此，在没有受害人的情况下，关心环境保护的组织不能代表环境行使其权利进行民事索赔。

第二节　过错成立的必要性

前面的章节初步讨论了被告过错成立的必要性。再重申，在过错构成原告起诉理由的实际基础中，过失是唯一的侵权行为。然而，在涉及因先前行为而导致交叉污染的情形下，过错责任融入了诸如妨害等其他侵权行为。在前一章的结尾曾指出，在发生人身伤害，或对动产或不动产造成有形损害的情况下,过失应作为责任的统一基础,这个观点得到越来越多的支持,并已经在德国得到实施。[①]

采取这一做法肯定会起到正本清源的作用。然而,从环境的角度看,在任何情形下,证明过错成立的要求对原告无疑是一个沉重的负担。概括来说,在妨害中,只要能证明被告人应当知道,有害物质的排放是由他的活动造成的就足够了。原告无需证明被告未能治理污染的过错。因此,在"格雷厄姆和格雷厄姆诉瑞凯国际"[②]的案例中,如果格雷厄姆夫妇能够证明因果关系,他们就能在损害赔偿中胜诉,因为有充分的证据表明,瑞凯国际知道多环芳烃是从他们的工厂排放出去的。因此,在当时,科学无法证实到底是哪个化学过程导致了有害气体排放与妨害是否成立无关,与排放的有害气体相关的知识已经足以确定责任。然而,在过失侵权的情况下,除了要证明被告知晓排放,还要证明他没有采取必要的措施消除污染。例如,在"格雷厄姆和格雷厄姆"的案例中,要想证明被告过失侵权,就有必要证明瑞凯国际能够防止排放却没有如此操作。这就需要证明瑞凯国际知晓导致污染的化学过程;显然,在没有弄清污染原因的情况下,是无法采取治理技术的。

由于造成污染的许多过程在科学上比较复杂,尽管鉴于现有科学知识,污染是可以预防的,但要证明这些问题对于索赔人来说非常困难。

第三节　因果关系

一、证明环境损害因果关系的困难

妨害或过失侵权行为造成的损害构成间接损害的一种形式。因此,如果存在其他因素或可能的原因,致害行为与所谓的间接损害后果之间的因

---

① 参见第二章的最后一个脚注。

② [1996] Env. L.R. 158.

果关系很容易被打破,或者受到质疑。工业革命导致开发活动迅速发展,从而使土地所有人在确定哪些邻居应对他所遭受的损害负责时,变得越来越困难。以前可能只有一个可能的污染源,工业革命后期,土地所有人会发现自己被烟囱包围了。在对有毒蒸气专门委员会作证中,罗伯特·杰拉德(Robert Gerard)说:

> 我可以解释为什么我没有对圣海伦斯的碱厂起诉,原因一直都很简单:我以我的律师资格保证,除非我可以确切地指出真正的起诉对象,否则没有任何胜诉的机会。当有 12 个或 20 个工厂同时排放蒸气时,即使尽我所能,我也不可能确切地指出真正的起诉对象。①

当在同一区域中有若干不同工业的组合,每个工业生产不同的物质,这些物质混合在一起时,问题就更为复杂了。通常,科学知识无法分离各个元素并追踪他们各自的来源。在对同一个委员会作证时,迈克尔·加维(Michael Garvey)大律师陈述说,几乎不可能确定责任,因为:

> 选择任何一种废物并追踪其来源,以便通过法律证据把它送回给制造商,非常困难。我们总是在这一点上失败。②

追踪污染物来源的科学技术无疑进步了很多,但是要确立因果关系仍然困难重重。在 19 世纪和 20 世纪初,通常只针对明显的污染如烟尘,烟雾和废弃物提起索赔。随着科学知识的进步,潜在的有毒物质和各类危害之间日益复杂的联系被发现。但是,发现潜在的联系是一回事,而为了使责任成立而提供充分的证据以证明其联系则是另一回事。由于科学知识的进步,健康问题与环境有害活动之间可能存在的联系得以建立,有关人身伤害

---

① Report from the Select Committee on Noxious Vapours (HL 1862,486-IX),Minutes of Evidence 17 [161].

② *Ibid*.,189 [2027].

的过失侵权索赔有可能会增加。而证明因果关系的困难在于，一种有毒物质往往只是某种特定疾病可能的致病因素之一。然而，即使很小剂量的某种有毒物质也可能会使某些疾病的发生率增加，这被称为"随机效应"。正如下面将要看到的，这些进展已经给目前为建立因果关系而存在的司法检验带来了压力。

二、证明环境损害因果关系

在普通法管辖范围，按照英美法的传统，在权衡各种可能性的基础上，原告有义务证明损失是由被告造成，或被告对损害结果有"实质性贡献"（material contribution）。[①] 在一个案例中，英国上议院似乎承认，当被告的行为实质性地造成所发生危害的"风险增加"时，可以推定因果关系成立。[②] 然而，后来该种情况仅限于对致病因子的性质或来源没有争议的案例，唯一的问题是被告的何种过错造成暴露而导致损失或伤害的发生。因此，当有与被告行为无关的其他污染活动存在时，则无法作出因果关系推定。[③] 事实上，由于在工作场所的暴露而涉及与石棉相关疾病的案例中，这种实质性增加风险的方法得到进一步发展。[④] 如果雇员曾经为不同的雇主工作，每个雇主都对这个雇员暴露于石棉纤维存在过失，那么由于每个雇主都增加了同一风险，则每位雇主应承担共同连带责任。[⑤] 然而令人怀疑的是，基于石棉的独特性质，这些案例是否仅仅成为了一般性原则的一种有限的例外。间皮瘤和石棉肺只能由石棉引起；因此，尽管对"致病纤维"在哪里被吸入可

76

---

① See Bonnington Castings v. Wardlaw [1956] A.C. 613.

② See McGhee v. National Coal Board [1972] 3 All E.R, 1008.

③ See Wilsfier v. Essex Area Health Authority [1986] 3 All E.R. 801.

④ See Fairchild v. Glenhaven Funeral Services Ltd [2003] 1 A.C. 32; Barker v. Corus UK plc [2006] 2. A.C. 572.

⑤ 同上，虽然在"贝克诉康力斯"（Barker v. Corus）的案例中，上议院的立场比在"费尔柴尔德"（Fairchild）案例中的立场作出了让步，认为可以调整损害赔偿以反映雇员为一个特定雇主的服务时间。换句话说，雇主可以各自承担责任而不是承担共同连带责任。这种做法可能导致原告得不到赔偿，因此，国会介入并制订了 2006《赔偿法案》第三节。这一做法有效恢复了石棉案例中连带责任，并释放了明确的政治信号，对于多年来违反石棉行业操作规程导致的损失，雇主应负共同责任。

能存在疑问,但致病因子的身份是可以确定的。此外,由于这些雇主的失误,使原告暴露于同一危害,主张某种形式的共同责任也是合理的。然而,正如我们将在下面的分析中看到的,在大多数环境暴露的情形中,通常有害元素的性质和来源具有很大的不确定性。例如,在石棉的案例中,我们可以主张,使原告暴露于损害之中的雇主与其造成的危险之间的联系。在环境暴露的情形中,可疑物质的潜在来源与损害之间可能不存在这种唯一的关联。

迄今为止,大多数产生因果关系问题的都是涉及医疗过失或职业疾病的案例,只是在最近几年,关于环境损害的一些案例才被要求解决因果关系问题。下面讨论的这些案例中,显然,如果工厂附近的污染浓度很高,原告在建立因果关系的问题上不会有很大的困难。然而,一旦进入环境中,污染物与业已存在环境中的其他物质相结合,而致使损害途径不再清晰,就不太可能厘清污染物的影响与其他可能致病因子的影响。在这种情况下,可能无法建立可以被法院采信的因果关系,因为必须证明被起诉的行为对一个特定案例中损害的发生作出了实质贡献。在环境损害而导致人身伤害的案例中,由于人体的复杂性以及基于一个特定情况的理由而作出的各种解释,所以这个问题是特别的尖锐。

(一) 只有一个已知原因的案例

如上所述,当污染物质的成分和来源不存在争议时,原告证明因果关系不存在较大困难。在这方面,前面提到的石棉问题就是一个很好的案例研究。正如我们所看到的,职业暴露的案例中建立因果关系已取得较大进展。关于环境暴露方面,也就是工作场所以外接触有害物质,其进展尚不明确。最近一个有关石棉的案例,"显克维奇诉格雷夫(英国)有限公司"[Sienkiewicz v. Greif (UK) Ltd][1],其中同时涉及了职业暴露和环境暴露。在这个案件中,原告被要求证明职业暴露大幅地增加了罹患间皮瘤的风险,已超出了当地居民受到环境暴露的风险。上诉法院认为,2006 年《赔偿法

---

[1]　[2010] W.L.R. 951.

案》(Compensation Act 2006)第三节①保留了普通法因果关系规则,亦即风
险增加18％就足以确定责任。关于当地的环境暴露是否是职业暴露以外
一个独立的原因,这个判决回避了这个实质性问题。如果是这样的话,其他
当地居民也可以针对石棉有关的疾病提起诉讼,而不论他们是否从事了相
关的工作。

其实,这样的索赔在早先的"马杰森诉J.W. 罗伯茨有限公司"②案例中
就曾经被提出,其中曾住在石棉厂附近的两名女子,因为罹患间皮瘤癌症而
成功地获得过失侵权损害赔偿。在20世纪30年代,工厂附近的居民曾暴
露于极高浓度的石棉粉尘中。在冬天,孩子们常常聚集在排气筒外边取暖,
浑身沾满粉尘。周围地区房屋中的家具被厚厚的灰尘覆盖,甚至都可以在
上面写字。审判法官评论说:"我无法明显地将百鸟路十三号的情况与工厂
内的情况区分开来⋯⋯被告知道或者应当知道其粉尘排放造成了这样的情
况。"③不过,法官也指出:

> 我所反对的是,主张将职业暴露以外的所有暴露都归结为"与环境有关
> 的",而其暴露与工厂内的暴露相比,其潜在危险明显偏低。我毫不怀疑这个事
> 实,但是,在被告住所的附近,就粉尘排放而言,各处的情形都与厂内情形极其
> 相似,因此应当预见到长期暴露可能导致的潜在伤害。④

78   然而,当污染实际上被认为"与环境有关的"情况下,建立因果关系的困
难将显著增加。如上所述,一旦污染物已扩散到较大范围的环境中,其他原
因的数量将成倍增加。在前述"显克维奇"的案例中,石棉的环境背景值似
乎已经有所降低,又因多重来源而升高,但不是所有的来源都能被确定。在

---

① 2006年《赔偿法》第三节明文要求,在工作场所石棉诉讼中,雇主们应分别承担共同以及个
别责任。国会制定了政策决定,要求整个石棉行业应就全行业的过错而导致的石棉损害承担行业
共同责任。

② [1996] P.I.Q.R. P154.

③ *Ibid*., 183 (Holland J).

④ 同上。

这方面,几乎与石棉职业暴露案例没有任何"共同点",因此,不能援引风险实质性增加的手段来涵盖这类暴露。当致病因子的身份存在争议,并且对动物和人类的毒性暴露同时存在的情况下,问题更为复杂。

(二) 与农业有关的案例

在"格雷厄姆和格雷厄姆诉瑞凯国际"①的案例中,原告在证明因果关系过程中面临额外的困难,因为,造成他们损失的原因有不止一个可能的解释。人们还记得,该案例中格雷厄姆夫妇主张,被告在拉夫缪特的有毒废物焚烧炉所排出的废气毒死了他们的奶牛。原告主张,牛只表现的症状与多卤代芳族碳氢化合物(PHAH)中毒的情形吻合,可能是由于牛只摄入了被二噁英和呋喃污染的草。瑞凯国际辩称,这些症状其实与患有肥胖母牛综合征(FCS)的牛只所表现的症状,或其他原因导致的症状具有相似性,与他们没有任何关系。

福布斯法官认为,当危害可能由不止一个原因引起时,这足以证明被告的行为造成了原告的损失,或对原告的损失作出实质性的贡献。② 福布斯法官还提到里德大法官在"麦吉"(McGhee)案例中的判决,里德法官指出,足以证明该活动大幅增加了伤害发生的风险。③ 至于在"威尔舍"(Wilsher)案例中上议院的判决所造成的影响,福布斯法官总结说,里德大法官关于风险构成的实质性贡献检验再次获得肯定。④ 在他看来,判决中唯一被否定的部分是关于威尔伯福斯大法官所提出的意见,威尔伯福斯大法官认为在某些情况下,里德大法官所提出的实质性贡献检验将导致举证义务的倒置。似乎福布斯法官赞成应当由原告来证明焚烧炉排放的废气实质性增加了牛只的健康风险。他礼貌地提出法官在这个法律点上犯了错误,因为他没有参考布里奇大法官在"威尔舍"的案例中,针对该案的事实和"麦吉"案例的事实所作出的区别。"格雷厄姆和格雷厄姆"案例的事实更接

---

① [1996] Env. L.R. 158.

② Ibid.,171-172.

③ 同上。

④ 同上。

近于"威尔舍"案例中焚烧炉的情况。然而,这个问题对案件的结果没有影响,因为原告连这种对实质性贡献检验的宽泛解释都无法满足。

经过证据审阅,福布斯法官确信,牛只所表现出的症状是更典型的肥胖母牛综合征而不是多卤代芳族碳氢化合物的中毒。尤其是,他提到细胞间脂肪沉积的存在表明是肥胖母牛综合征的发作,而与多卤代芳族碳氢化合物的中毒完全没有关系。此外,牛只表现出与免疫力降低密切关联的许多症状也显示为肥胖母牛综合征。在 1984 年,牛只开始患病后,肥胖母牛综合征已经被兽医诊断出来,因此对于"格雷厄姆夫妇"的案例而言是证据确凿。兽医开出了包括改变饲料等处方的疗程,起到了疗效。格雷厄姆夫妇并没有继续对牛只进行治疗,因为他们坚信,有毒废物焚烧炉才是造成伤害的真正原因。有人提出,格雷厄姆先生"对牛只健康改善的征兆视而不见,而且很快地放弃了挽救牛群的任何希望"。[①] 福布斯法官评论道,"由于格雷厄姆先生执着地坚信瑞凯国际应该对他的问题负责,格雷厄姆夫妇的牛群最终被牺牲掉了。"[②]另外,肥胖母牛综合征也可能由其他一些辅助原因所综合造成的,而这些原因与焚烧炉运行毫无关系。例如,人们发现,这些牛群患有铜和硒缺乏症,这可能是由于放牧的土地本来就缺乏这些元素导致的。此外,还发现到牛群患有维生素 A 和 E 缺乏症,这些也都与多卤代芳族碳氢化合物的中毒完全无关。

这一判决可以与加拿大"琼斯诉美孚石油加拿大有限公司"(Jones v. Mobil Oil Canada Ltd)[③]的案例(阿尔伯塔省高等法院)进行很好的对比,后者这个案例也是关于在靠近污染源附近放牧导致牲畜受到伤害的问题。然而,在该案例中,对被告不利的旁证很多。索赔人的牲畜在靠近被告的石油和天然气装置附近放牧,导致十年期间因为各种疾病死亡或不能繁殖。原告主张,由于被告未能妥善将其生产地区装置围栏或控制污染物的扩散,因此牲畜摄取了大量被污染的草并饮用受污染的水。现场有许多污染源,包

---

① [1996]Env. L.R.,176.

② *Ibid.*,177.

③ 72 Alta. L.R. (3d) 369, [2000] 1 W.W.R. 479, 248 A.R. 1, 1 W.W.R. 479.

括一个被填满的燃烧坑,直到它被发现并将污染土壤移除之前,牲畜一直在此放牧。① 在其他场合,原告还发现他的牲畜在由作业井口渗漏出来的溢流所形成的池塘中饮水,还会舔舐围栏的栏杆,这些栏杆上都是经过通风筒排放的废气。而且,由于被告没有对其设施进行适当的围挡,牛群还可以自由进入重污染区域。因此,牲畜长期暴露于各类有毒物质,包括碳氢化合物、钠、氯化物、铁、铅、硼和铬等。在与美孚公司多年谈判无果的情况下,琼斯先生针对牲畜遭受的伤害以过失侵权和妨害来起诉美孚公司。美孚公司针对因果关系的控诉辩称,牲畜所表现的症状与肠病毒性腹泻(BVD)和硒缺乏症的症状也相符合。

根据就美孚石油公司环境管理不善的非常明确的证据,阿尔伯塔省高等法院的罗曼(Romaine)法官,针对因果关系问题采取了"有力的常识法"途径,他提出,尽管证明过失侵权和妨害导致或实质性地造成了伤害的发生是原告的义务,"因果关系并不需要用科学精确地确定,在本质上它是一个事实问题,可以通过应用普通常识就能回答"。② 因此:

> 琼斯先生不必确凿的证明暴露于污染物或摄入污染物而导致了畜群的病症:因为,检验就是"对各种可能性的权衡"。在缺乏确凿证据时,应该能够得到一个推论而不是猜想。而且如此的推论必须是合理的。然而,专家无法给出一个确切的诊断或者就诊断达成一致,这对推论来说并不是至关重要的,在判断推论是否合理时,所有的证据都必须考虑在内。③

根据有关暴露于高浓度污染物的牛只案例的详细记录④以及美孚石油公司方面所存在的诸多问题,均足以证明基于本案事实的推论是正当的,而

---

① 琼斯(Jones)先生举证说,一名推土机操作员,参与了火焰坑受污染土壤的移除清理工作,由于吸入了挖掘过程中所释放的烟雾而导致神志不清和头晕;参见上注第32页。
② 同上,第161页。
③ 同上,第168页。
④ 在争议期间,琼斯先生一直保留着每个事件的详细记录,这在法庭上起到了很大的作用。参见琼斯案第169页。

且法院很快地免除了美孚石油公司其他原因的辩护理由。至于肠病毒性腹泻病毒，调查发现代表美孚石油公司所进行的检验结果是"零星分散的"，而且就已经得到的结果来看完全没有任何 BVD 的证据。在缺乏证据支持的情况下，基于肠病毒性腹泻的原因说，似乎只是猜想而且肯定不足以反驳因果关系的推论："我觉得肠病毒性腹泻的证据没有说服力，充其量只是猜测。"[①]硒缺乏症的辩护理由要强一些，因为牛只的确有过这种情况，但是，这一理由受到驳斥，因为当污染物被清除以后，尽管牛只还存在一些问题，但其健康状况好转很多。[②]

因此，虽然毒理学家不能从科学上准确的判定死亡动物体内发现的痕量化学物质是否是导致伤害的原因，由于暴露在油田污染以及美孚石油公司违反法定义务等旁证，使天平牢牢地偏向于原告。[③]

同样地，英国高等法院在"克利夫顿诉鲍尔根"（Clifton v. Powergen）[④]案例的判决中，旁证也非常重要，该案是关于电厂排放废气对农作物造成损害的。本案例中，原告诉称，他们种植的卷心莴苣、青菜和球芽甘蓝等作物上的焦黄斑与附近里奇伯勒电厂排放废气的影响相吻合。事实非常明显，当发电厂拿出储备燃料，并转换燃烧一种被称奥里乳化油的燃料时（奥里乳化油是"沥青液滴在水中完全扩散形成的乳化液"），上述伤害就会发生。[⑤]原告诉称，这种燃料燃烧会产生被称为"奥里乳化油粉尘"的细颗粒，这些细颗粒沉积在作物上发生酸性反应导致焦黄斑。代表原告方面的专家在实验室和田间试验都进行了实验，他们将奥里乳化油粉尘施用于农作物上从而成功地重现了作物受害情况。被告试图用其他原因反驳这些证据，被告辩称这些伤害与一种细菌性疾病也吻合。然而，法庭接受了原告专家证人的证词，损害的模式更像是暴露于某种有毒化合物，而不是细菌性疾病。尽管

① Jones [170].
② Jones [175].
③ Jones [166].
④ QB (T&CC), Aug. 1,1997.
⑤ *Ibid*.,[5].

如此,法院认为原告有义务证明因果联系,而不是在被告对其主张无法提供令人信服的证据的情况下进行简单的推理：

> 被告正确的指出,他们没有义务去提出原告主张的理由以外其他的原因：原因可能无从知晓或无法证实；除非能在权衡各种可能性的基础上,对其主张建立因果关系,否则原告将败诉,原告仅仅证明其主张的原因比其他原因的可能性更大是不够的。[①]

因此,在"琼斯诉美孚石油公司"的案例中,法庭考虑了是否有旁证指向里奇伯勒(Richborough)是污染源。事实上,几起事件有据可查,周围地区发现黑色油性沉积物对停放在发电厂停车场上以及附近一个汽车经销商院落里的车辆的喷漆造成了损害。在更远处,距离发电厂烟囱 2 公里处的菜地里也发现了沉积物。工程师的工作日志报告了个别设备故障时而导致了排放,然而有证据也表明,该发电厂的整体运营方式也易于导致粉尘排放。总之,人们发现,冷却的尾气凝结在排气管道上,粘上颗粒物后形成黏稠的沉积物,沉积物掉落后排出了烟囱。[②] 然而,最简单但可能是最有力的证据,是在判决的结尾给予简要的说明,更像是后来的补充。简单地说,即损害的发生时间与发电厂燃烧奥里乳化油的时间完全吻合：

> 当奥里乳化油开始在里奇伯勒发电厂大量燃烧时,损害开始出现,而且持续到 1995 年冬季,在这期间那里一直燃烧奥里乳化油,然后损害停止了……根据我的判断,这种一致性进一步证明了在 1991 至 1995 年间原告的卷心莴苣、青菜和球芽甘蓝等作物遭受的损害是由里奇伯勒发电厂排放的酸性聚合物造成的。根据全部的证据,我觉得那是造成损害的原因。[③]

---

① 　QB(T & CC),Aug,1,1997[54].
② 　*Ibid.*,[143].
③ 　*Ibid.*,[392-393].

　　这样看来，当存在有力的旁证指向一个特定设施时，法庭不会允许一个仅仅是理论上可能的其他原因打败原告的诉求，单单是因为不可能反驳具有科学确定性的其他解释。

　　爱尔兰的"哈拉汉诉默克夏普和多梅公司"（Hanrahan v. Merck Sharp and Dohme）[1]案例有力地支持了这一观点。该案例中原告诉称一家化工厂建在距离其农场仅一英里处，对其牲畜的健康和农作物造成损害。在化工厂和原告所遭受的损失之间建立科学的因果关系是不可能的。然而，鉴于损失是在工厂开工后相对较短的时间内发生的这一事实，而且事实上也没有其他的合理解释，法院准备推定，伤害是由于工厂排放所致。亨琪（Henchy）法官指出，建立因果关系要坚持科学确定性：

　　　　如果让科学理论来取代事实以处理这一诉求……那么科学理论会提出"事实上在这种情况下没有证据可以证明人或动物受到的损害与从被告工厂排放的任何化学物质有科学上的联系"…… 对于牲畜疾病和畸形最可信的解释就是工厂排放的有毒物质所导致的。[2]

　　然而，到目前为止，以上讨论案例的一个共同特点是，法院都是依据明确而具体的事实作出的判决。基于科学事实，对于争议的污染物能够造成危害是毫无争议的。法院要解决的问题是，在案件的特定情况下，而且在平衡各种可能性的基础上，被告的行为是否是造成伤害的最可能的解释。这样的决定可以通过参考旁证作出。因此，在"琼斯诉美孚石油公司"的案例中，索赔人可以引证有案可查的实例，包括牛只饮用受污染池塘的水，舔过受污染的栅栏栏杆，并穿过维护不善的围挡而误入高污染地区。在"瑞凯国际"的案例中，由于所涉及污染物的浓度很低，格雷厄姆夫妇面临的举证义务就困难得多。然而，事实情况清楚地指出拉夫缪特并非是导致伤害的原因。基于牛只针对肥胖母牛综合征的治疗取得了疗效，以及某些症状与肥

---

　　① [1988] I.R. 629.
　　② *Ibid.*,645.

胖母牛综合征更为吻合，而不是多卤代芳族碳氢化合物中毒所致的等事实，在法庭中是毫无疑点的。

（三）公众卫生及有毒微污染物案例

要建立有毒微污染物及其对人类健康所带来的风险之间的法律推理仍然是一项较大的挑战。由于这些污染物质与受体之间复杂的交互作用，其影响很难量化。为了估计这些污染物对原告所遭受损害的贡献大小，而想要将这些污染物的影响与环境中其他物质的影响区别开来几乎是不可能的。因此，在一个案例中，想要在污染物和损害之间建立明确的生物学关系，即便不是完全不可能，也是极其困难的。核设施辐射损害赔偿诉讼的案例就很好地说明了在这种情况下建立因果关系的困难程度。

"梅林诉英国核燃料有限公司"（Merlin v. British Nuclear Fuels PLC)①的案例是有关违反 1965 年《核装置法案》所规定的法定义务的指控。原告们居住在塞拉菲尔德核废料再处理工厂附近，原告认为，被告工厂所排放的放射性核素污染了他们的房子。经过追踪，污染源可能是一个废弃的通向大海的废水排放管道。房屋内灰尘样品送给不同专家进行了分析。美国雷德福（Radford）教授的分析结果引起了居民的关注，其结果显示 α-射线放射性物质钚和镅的水平，远远超过全国平均值。根据这一调查结果，居民们决定搬家以避免对孩子的潜在健康风险。但是，电视纪录片公开了这一情况，这些居民无法卖出他们的房产，而最终在拍卖会中，被迫以低于市场价的价格出售。因此，他们针对原来的要价和最终在拍卖会中的卖价之间差价，提出索赔要求。

根据大量的科学辩论，高等法院得出结论，认为与自然界中的氡气所产生的辐射相比，这些房屋中所检测到的钚和镅并没有造成辐射量的显著增加。一般认为，这些污染物质的水平虽然超过了全国平均值，但并不代表一定会造成伤害。因为，钚和镅是人造物质，平均值只有在核武器测试时才被引用，而事实上这个平均值非常低，并不像自然产生的辐射那么显著；自

---

①　[1990] 3 W.L.R. 383.

然产生的辐射提供了一个更为可靠的基准以用于监测辐射的增加。盖特豪斯(Gatehouse)法官指出：

> 本案例中所涉及的放射性核素—钚的同位素和镅—是 α 射线发射体。这些物质并不能从外部对人体或是财产造成任何显著的损害；但是如果吸入、摄入，或者因其他方式进入人体，将可能但并非一定会导致癌症。在每一个人都暴露在自然和人造放射性源双重影响的风险之下，这些存在于人体呼吸道、消化道、甚至血液中的 α 射线发射核素仅仅是增加了癌症的风险，他们本身并不会造成伤害。①

84　　　为了克服在单一案例中建立生物性联系的困难，在"雷伊和霍普共同诉英国核燃料有限公司"(Reay and Hope v. British Nuclear Fuels Plc)②的案例中，则试图依靠流行病学的证据。第一原告伊丽莎白·雷伊(Elizabeth Reay)，诉称她的女婴于 1962 年死于白血病，主要原因归咎于她的丈夫自 50 年代到 60 年代初期，在英国核燃料有限公司(BNFL)塞拉菲尔德工厂担任装配工，长期暴露于辐射线之下。基于 1956—1970 年的《致命事故法案》(Fatal Accidents Acts 1956—1970)以及 1934—1970 年的《法律改革（多方面条款）法案》[Law Reform (Miscellaneous Provisions) Acts 1934—1970]，她要求关于她女婴死亡的损害赔偿。此外，基于对她本人所造成的伤害，以及女儿逝世对已故丈夫生前造成心理创伤的伤害，她要求损害赔偿。第二原告，薇薇安·霍普(Vivien Hope)，同样声称她的癌症（在本案中是淋巴瘤）是由于她的父亲在任职于英国核燃料有限公司期间，暴露于不可接受的高剂量辐射。虽然，她已经恢复了很多，但是由于治疗，导致了她的部分残疾和不孕，因此，损害赔偿主要是关于她的残疾以及她所承受的疼痛与苦难的。英国核燃料有限公司承认他们的确违反了 1954 年《原子能管理

---

① [1990] 3 W. L. R. 396 E-G.

② Elizabeth Reay v. British Nuclear Fuels Plc and Vivien Jane Hope v. British Nuclear Fuels Plc [1994] Env. L.R. 320.

法案》(Atomic Energy Authority Act 1954)所规定的法定义务,其中要求
操作员:

> ……要确保没有电离辐射是源于厂址内任何场所上的任何事物,或者是源
> 于以任何形式排放的废弃物,或者是源于在厂址内囤放废弃物的任何场所,以
> 避免会对任何人造成任何伤害或对任何财物造成任何损失,不论他或者这些事
> 物是否位于厂址内的任何地方或者其他地方。①

　　这个案例的问题取决于在违反法定义务和原告诉称损失之间是否存在
因果关系。这两个案例中,原告诉称,由于父亲在塞拉菲尔德工作而暴露在
辐射之下,导致他们的孩子罹患癌症,这个病因机制是极其复杂的。这个证
据的基础主要是根据加德纳(Gardner)教授所提出的假设,被称为父亲孕前
照射(PPI)。这个假设提出,暴露于辐射可能会导致父亲精子的基因突变,
并将导致其后代子孙在遗传上具有突变致癌的先天倾向。虽然有人论证,
认为突变致癌的遗传倾向可以通过生殖细胞传递给孩子,但是,导致这种过
程发生的确切病因机制仍是未知的。这种主张的主要证据是,通过这种机
制能致使一个人具有罹患白血病的遗传倾向,其他病征,例如唐氏综合征
(Down's Syndrome)和布卢姆综合征(Bloom's Syndrome)等,也将可能通
过生殖细胞传递给孩子。

　　为了克服由于建立发病过程中确切病因机制所伴随的困难,加德纳教授 85
的研究所援引的流行病学证据表明,父亲孕前照射和塞拉菲尔德工人子女发
生癌症之间有很强的关联性。② 流行病学是一种统计工作,主要是依赖大量
的案例研究以确定在某一类型人所表现的病症和可能的致病原因之间是否

---

① 争议中被称为"反应堆"的设施,自 1950 年开始运行,用于生产钚。人们现在普遍认为其
建设很差。的确,就已有的证据,负责反应堆建设的一位工程师对于这些反应堆的评价是"我们最
初无知的纪念碑"。See Reay, 328.

② M.J. Gardner et al, *Results of a Case-Control Study of Leukaemia and Lymphoma among
Young People near Sellafield Nuclear Plant in West Cumbria*, 300 Brit. Med. J. 423 (1990); J.A. Mor-
ris, *Leukaemia and Lymphoma among Young People near Sellafield*, 300 Brit. Med. J 676 (1990).

存在相关性。① 如果有较高比例的一类人群暴露于同一元素,那么存在一种统计概率,也就是他们的病症可归咎于同一病因。② 加德纳教授的研究在塞拉菲尔德工人和他们子女的癌症发生率之间建立了一个关联性。

但是,原告并没有完全依赖加德纳教授的研究,这可能是因为原告意识到报告中存在一些瑕疵,而事实上这些瑕疵后来被法官指了出来。肿瘤学家认为,包括白血病和淋巴瘤在内的癌症,有多重诱因,可以由两个独立的事件或"冲击"所触发的。基于原告的立场,有证据认为婴儿出生时具有突变致癌的遗传倾向,而"第二次冲击",也就是真正触发癌症的因子,很可能是由于暴露在环境中的背景辐射之下。原告诉称,塞拉菲尔德附近地区的背景辐射量已被塞拉菲尔德装置所排放到环境中的氧化铀的辐射所提高。然而据称,这种增加的背景辐射水平与被告无关,主要是由其他因素造成,例如核武器试验、切尔诺贝利事件和自然发生的氡气等所造成的。

弗伦奇(French)法官应用布拉德福德—希尔准则(Bradford-Hill Criteria)来检验流行病学研究的可靠性,这个标准是 1965 年由在这个领域非常著名的教授所制定的。③ 在这个案例的检验结果中,标准中的两项即一致性和生物学可靠性被证明是特别显著的。

---

① 上议院同意,这样的证据可以用来建立"霍斯顿诉东伯克郡卫生局"(Hotson v. East Berkshire Health Authority [1987] 2 ALL E.R. 909, 913)案例中的因果关系:"在某些情况下,特别是医疗过失案件,因果关系被神秘笼罩,法庭只能推测统计上的可能性。"(布里奇大法官)

② 一位专家证人麦克马洪(McMahon)教授就这个问题给出了一个简洁的解释,弗伦奇法官在他的判决中引述:"最终,我们必须认识到,致病原因是一个概率上的概念。我们能确定因果关系存在的情形极少,当我们把各方面的证据拼凑起来,足以证明并让大多数理智的人相信,对这些联系是因果关系的判断是一种谨慎行事,而不是假定。证据累积到何种程度我们才能作出这样的判断,在很大程度上取决于作出另一种判决结果所可能导致的后果。"[1994] Env. L.R. 320,336. 在一些案例中,法院已经接受单独使用流行病学证据。See Loveday v. Renton, The Times,(Mar. 31, 1988)。

③ 判决的标注将标准总结如下:(一)经研究证明较强的关联性;(二)生物梯度,即在剂量反应关系中剂量与反应的一致性;(三)时间关系,即致病原因必须总是发生在结果出现之前;(四)本研究与针对同种物质的其他类似研究结果的一致性;(五)生物学可靠性——即辐射可能引起或导致疾病发生存在一个可信的或合理的生物学途径;(六)一致性——这个标准关注假设原因与已知事实的相容性;(七)实验证据——本案没有应用这一准则,因为没有开展相关的人体实验;(八)类推——例如,如果化学品可以产生类似的结果,就可以作为类推的例子;(九)疾病与暴露之间的特异性——本案中不是非常有用,因为辐射可以导致多种疾病。See Reay, 323.

弗伦奇法官认为该研究并未能通过一致性检验,理由是其结果与其他 86
关于辐射受害孩童方面领先的流行病学研究的结果并不一致。特别令人感
兴趣的是一项针对投在长崎和广岛原子弹的受害者的后代子孙的详尽研
究;这项调查研究进行了多年,被法官形容为"有史以来,规模最大、最彻底
的流行病学研究"。① 在长达 45 年间,这项研究追踪了超过 70000 对夫妻
的 30000 个后代子孙。而其研究结果表明与加德纳教授的研究结果完全不
一致,相比于原子弹研究②和较小规模的动物实验③中的基因突变率,因暴
露在塞拉菲尔德辐射之下所导致的基因突变率远远超过预期规模。此外,
在其他针对父亲孕前照射的流行病学研究中,并未发现暴露辐射与后代子
孙癌症之间有任何关联。④

　　这些矛盾和不一致性,使我们对加德纳报告中所提出的,在塞拉菲尔德
和孩童癌症发生率之间的关联,事实上是否真应归咎于塞拉菲尔德产生质
疑。因此,注意力都集中在生物学可靠性检验上。此举的理由可以解释如
下:通过父亲孕前辐射,如果在塞拉菲尔德和受害者之间确实能科学地建立
可信的损伤途径,就可以表明,即便与其他研究结果不一致,由塞拉菲尔德
所产生的辐射有可能会造成或促使该地区的高癌症发生率。在这样的情况
下,基因突变率与其他研究结果不一致的这个事实也就显得不那么重要了;
在塞拉菲尔德地区可能存在一些科学上还未认知的独特情况,从而为这种
差异性提供了合理解释。在本案中,即便可以接受父亲孕前辐射的假设并
非是不可能的,但是,对于这个过程的发生,科学上尚未建立一个合理的病
因机制。虽然弗伦奇法官同意,不应该基于僵化的理由而排除一个因果关
系,但考虑到加德纳研究的结果与其他研究的结果完全不一致的事实,因
此,有必要证明他们之间存在因果关系而不仅仅只是一个理论的可能性:

---

① See Reay, 351.
② *Ibid.*,365.
③ 同上。小鼠实验是将小鼠暴露于辐射,以确定对其后代的影响。
④ 同上,第 361—363 页。这些研究包括对加拿大铀矿矿工孩子的研究;唐瑞的雇员(CO-MARE, 1988, and Urquhart, 1991);塞拉菲尔德在盖茨黑德和北亨伯赛德的雇员(McKinney, 1991);暴露于诊断辐射的患者,如 X 射线(Graham, 1966 and Shu, 1988)。

87   这些证据得到了相当的重视。根据我的判断,这些证据的确表明了,不应
      该因为纯粹的僵化理由而将父亲孕前辐射和子一代(直接后代)罹患白血病之
      间的因果关系予以排除,尽管,显然还应进行更深入的研究。根据我的判断,他
      们并没有做到的是,基于目前的知识,锡斯凯尔集群(Seascale cluster)是能够利
      用生物机制来对其进行数值化的阐述,而生物机制正是他们研究的主题。①

          原告方认为,加德纳的研究结果和其他各种研究结果之间的差异,特别
      是日本原子弹的研究结果,是由于塞拉菲尔德地区独特的环境状况与其他
      地区都截然不同。他们特别提到,父亲孕前辐射可能与其他来源的辐射之
      间产生协同作用。正是这种协同作用形成了"第二次冲击"而触发了癌症。
      弗伦奇法官在判决的前面部分驳回了"排放到大气中的氧化铀显著增强了
      塞拉菲尔德附近地区辐射"的这种论证。原告最初诉称,大约 400 千克氧化
      铀排放到大气中,然而被告声称实际上只有 15-20 千克排放到大气中,并
      引用权威的科学报告以支持这一结论。结果,为了节省时间和金钱,原告决
      定接受这些具有科学依据的证据。他们转而针对支持英国核燃烧有限公司
      二氧化铀排放量估算的证据的可靠性提出质疑。例如,原告的律师提出,国
      家放射防护委员会(NRPB)所提出的报告支持英国核燃烧有限公司的数
      据,但在编制报告时未采取公正立场。根据在交叉询问的过程中对证人的
      印象,弗伦奇法官认为没有任何理由怀疑证人的可靠性。②
          原告似乎承认了这一点。然而,原告辩称,"第二次冲击"到底是由氧化
      铀所引起的还是由其他来源的背景辐射所造成的,是无关紧要的。精子的
      基因突变率显著高于其他研究中所表明的结果,表明了父亲孕前辐射与其
      他因素产生了协同作用的假设是合理的,而且这些因素在原子弹等其他研
      究中是没有的。如果是这样的话,也可以满足"实质性贡献检验",因为其足
      以表明父亲孕前辐射为诱发癌症创造了必要的条件。然而,弗伦奇法官也

      ----

      ① See Reay, 367.
      ② Ibid.,334.

驳回了这一论证,其理由是这主要是原告的猜测且预先假定的现象,用以解释为什么在加德纳的研究结果中,基因的突变率远远高于其他的研究结果。①

综上所述,虽然弗伦奇法官同意,加德纳的研究满足了"布拉德福德－希尔准则"的第一条(经研究证明具有较强的关联性),因为其表明了"一种表面看来具有很高的数字关联性"②,但这本身不足以免除举证义务。不同的研究结果使法官确信,癌症的集中爆发本身不能证明他们有共同的原因。③据此,还必须满足"布拉德福德－希尔准则"中的其他准则,以便在平衡各种可能性的基础上建立因果关系。在本案中,一致性和生物学可靠性的准则被证明是决定性的;而在这方面,前文所提到的加德纳的研究结果并未能够通过这两种准则的检验。

因此,威尔金森(Wilkinson)④指出,根据法律过去的立场以及规定,而事实上它也成立,在"雷伊和霍普"(Reay and Hope)的案例中,法官依据塞拉菲尔德集群以推定父亲孕前辐射与癌症之间存在因果关系是不合适的。然而,弗伦奇法官也受到批评,因为在本案例中他过分的专注于对危害需要建立一个合理的生物学解释。⑤而根据常识法则,一旦在疾病发生率和危害的潜在原因之间已经建立了一种较强的关联性,则没有必要去进一步鉴别危害的原因与其影响之间精确的科学联系。霍尔德(Holder)认为,这种常识法则已经建立了权威性。

对判例的审查表明,上级法院还没有发现,一旦关联性在初步被证实以后,对于一个关联性的因果关系,由于缺乏科学性"解释"而导致原告诉求败诉的情

---

① See Reay, 366.
② Ibid., 361.
③ Ibid., 356-359.癌症集中爆发可能是由异常的人口统计情况和族群混居所造成的,特别是在农村社区,因为附近地区的产业发展而受到涌入人潮的影响。金兰(Kinlen)的研究结果对法官特别有说服力,即在敦瑞核燃料后处理厂(Dounreay nuclear reprocessing plant)附近的白血病集中爆发,就是由于这个现象而不是父亲孕前辐射造成的。
④ See D. Wilkinson, Reay and Hope v. British Nuclear Fuels plc, 5W. L. 22 (1994).
⑤ 同上。

形。皮尤和戴①对此的评论是"当科学认知不完整时,使用常识法则来填补空白",并认为该方法"有一个非常值得尊敬的法律谱系"。②

布里奇大法官在"威尔舍"的案例中所提出的附带意见也支持这一观点,他认为,没有必要在科学上证明因果关系:

> 当医生告诉一般人,砖灰附着在体表的时间越长,患皮炎的危险越大;虽然,医生不能科学地确定因果关系产生的过程,但基于常识法则得出这样的推论似乎没有什么不合理,亦即当砖灰持续地附着于体表将可能会产生累积效应导致皮炎。我相信,基于一般性路径的这一推导性论证的过程成为了"麦吉"案例中大多数判决的基础。③

此外,霍尔德认为"雷伊和霍普"案与"威尔舍"案是有区别的,因为在"威尔舍"的案例中,替代原因是能够单独造成危害,然而在"雷伊和霍普"的案例中,替代原因只表现出累积作用或协同作用。④ 因此,可以合理地推断,被告的活动一定以某种方式促成了伤害的发生。

这种观点的问题在于,能够与其他物质产生协同作用的物质也可能单独发生作用。在"雷伊和霍普"的案例中,弗伦奇法官看不出有任何理由为什么癌症不能完全由替代原因引起,也就是原告所假定的与父亲孕前辐射产生协同效应而触发癌症发生的那个原因:

> 它(协同理论)不能证明,由父亲遗传的一个潜在的辐射诱发的突变与"X因子"协同或共同导致儿童白血病的必然性;为什么"X因子"不能单独产生作

---

① Charles Pugh & Martyn Day, *Toxic Torts*, 52 (Cameron May 1992).

② J. Holder, *Causation in Environmental Law*, 47 (2) Current Leg. Probs. 287, 299 (1994).

③ [1988] W.L.R. 557, 567.

④ Holder, 302.

用呢?①

　　虽然,这条意见隐藏在判决中不易被发现,但实际上却是对原告的致命一击。起诉能够成立的前提是,统计上的相关性能够成为协同效应必然发生的充分证据。在这方面,可以认为塞拉菲尔德的辐射实质上促成了伤害的发生,从而满足标准的"若非"检验,例如,如果不是父母受到塞拉菲尔德辐射,其后代也不会发生癌症。然而,上述提到的弗伦奇法官的意见明确表示,法院驳回了这一主张。尽管有产前暴露,但癌症也可能由独立原因所引起。在这种情况下,流行病学证据只能证明产前暴露实质性增加了伤害的风险。然而,原告并没有进一步提出实质性增加风险的诉求。这并不奇怪,因为事实上,正如我们在石棉案例中看到的,实质性增加风险的方法被严格限制在致病因子不存在争议的情形下。

　　"科比集体诉讼"的案例中也提出了因果关系的问题②,该案是有关有毒元素(致畸物)的环境暴露的。③ 事实上,这些案例关注的基本法律问题主要包括公共妨害的适用性,以及是否存在违反普通法注意义务和法定义务的情形。至于因果关系,高等法院将其限制于证明有毒元素是否可能引起出生畸形,以及因被告过错造成的暴露是否可能造成这一伤害。在未来的诉讼程序中,将确定在每一个案例中是否存在有毒暴露实际地造成了危害。如前面章节所述,由于庭外和解,使得原告免除了这一艰苦的过程。然而,根据法官就这个问题所作出的评论,可以获得一些线索,如果这一过程不能避免,那么因果关系的论证将如何展开。高等法院从科学事实的角度来看接受了争议的化学物质可能造成了如此的伤害;④由于被告过错导致的环境暴露类型是否足以引起伤害的发生,这引发了不确定性。有趣的是,90

---

① Reay, 366.

② Corby Group Litigation v. Corby District Council [2009] E.W.H.C, 1944 (TCC).

③ 同上,第753页。致畸物是由产前暴露导致儿童出生缺陷的一类化学物质的总称。科比钢厂厂址存在的致畸物包括多环芳烃、二噁英、呋喃和重金属。

④ See the review of the toxicological evidence at [743]—[770].

埃肯黑德(Akenhead)法官提到索赔人引用了很多关于石棉的案例,包括"费尔柴尔德和巴克诉科罗斯"(Fairchild and Barker v. Corus)①的案例。这是为了支持实质性增加风险的方法可以应用于致病因子不存在争议,但是具体违反哪个法定义务而导致损失还不明确的情况。法官指出,被告针对清污工作是有毒元素暴露的唯一途径的主张没有提出质疑。由于索赔人无须证明到底是违反了哪一个具体法定义务的行为导致损失,因此,只要证明每个违反法定义务的行为都实质性增加了损害发生的风险就足够了。

然而,法官对因果关系的评论非但没有给出答案,反而倾向于提出了更多的问题。如果诉讼真的进行下去,毫无疑问被告将针对因果关系问题大做文章,那么原告将面临一场艰苦的斗争。首先,必须在致畸物的排放数量和出生缺陷率之间建立"计量—反应"关系。如果排入环境中化学品的一般背景水平不足以造成损害,那么就要证明受影响的后代的母亲是否曾经暴露于极高水平之中。② 判决中的一个部分涉及了一位母亲曾在现场担任保安员,并工作过一段时间。③ 另一位母亲曾在一家酒吧工作,酒吧经常有现场工作的工人光顾。④ 这些情况让人想起了"显克维奇诉格雷夫(英国)有限公司"⑤案例的判决,在该案中,石棉的职业暴露放大了环境暴露。另一个居住在距离现场非常近的母亲的情形,让人想起了"马杰森诉 J.W. 罗伯茨有限公司"⑥的案例,在该案中,紧邻工厂附近的情况与工厂围墙内的情况其实被认为是一样。最重要的是,尽管被告没有提出其他可能造成出生缺陷的原因,但这并不代表着如果一旦进行关于因果关系事实的全面审理,他们将不会这样做。⑦ 如果除了由清污工作所排放的致畸物之外还存在其他致病因子,那么原告就不能引用"费尔柴尔德"方法。概括来说,在这种导

① 参见"科比集团诉讼案",第 690 页。
② 同上,第 769 页。参照环境中这类化学品的一般背景水平。
③ 同上,第 867 页。
④ 同上。
⑤ [2010] W.L.R, 951.
⑥ [1996] P.I.Q. R, P154.
⑦ 参见"科比集团诉讼案"(第 768 页),有人指出某些疾病和感染也会引起这种畸形。除此之外,某些药物、化学药品或遗传因素也会造成畸形。

致损害的物质不存在争议的情况下,而且是由于在处理这些物质时发生了
过错而导致只能在特定地点接触到这些物质的情况下,法院只是依据实质
性增加风险这一原则来确认责任。如果,法院面临着需要证明清理工作排
放的致畸物是导致畸形的最可能的原因,则还必须检查流行病学的证据。
埃肯黑德法官认为,1989 年至 1999 年间,在科比地区及周边的病例爆发具
有统计上的显著性[①],虽然,其相关性还不足以排除其他原因。[②] 此外,还有
生物学可靠性的证据,因为实验室的实验已经证明,老鼠和其他动物等的肢
体畸形可以通过致畸物暴露而诱发。在各种致畸物中,发现由镉所导致的
症状会特别令人想起"科比"案的情形。[③] 不过,从判决可以清晰看出,这一
证据并不明确,因为,实验室条件涉及小型哺乳动物的情形,能在多大程度
上重现人类受到的环境暴露的情形,这点总是存在质疑。[④]

　　这并不意味着,索赔人无法克服这些被要求提供证据的困难。不过,毫
无疑问,这些证据将引起旷日持久的科学论战。[⑤] 在环境领域中,在适当的
时候可以考虑是否有充分理由以减轻索赔人的举证责任。换句话说,当有
明确的违反法定义务的情形存在,并且违反法定义务的情形与损害存在一
致性时,要到何种程度被告怎样才能通过提出既不能被证明也不能被反驳
的替代原因,以逃避法律责任呢?

----

①　参见"科比集团诉讼案",第 884 页。

②　同上,第 715 页。

③　同上,第 764 页。

④　同上,第 758 页。埃肯黑德法官承认,实验室结果在何种程度上可以应用于人体还存在不
确定性。由于无法对人类胎儿做实验,致畸剂对人体影响的唯一大规模研究都集中在美军在越南
战争期间使用橙剂(一种落叶剂,使森林落叶)的影响(见第 761 页)。然而,在本案例中,由于暴露
方式迥然不同,很难看到这些研究对本案例有任何帮助。

⑤　参见 F. 多米尼克等(F. Dominic),《流行病学在法律中的作用:毒害侵权诉讼案》[*The
Role of Epidemiology in the Law: A Toxic Tort Litigation Case*, 7(1) L, Prob. & Ris. 15
(2007)]。多米尼克等人分析了在有毒物质侵权案例中流行病学证据的使用,该案例是关于洛杉矶
附近一个易爆性废弃物处置设施附近出生儿童神经母细胞瘤高发问题的。据指出,该案例繁重的
举证责任表明,法院就布拉德福德—希尔准则的事项上采取了特别僵化的方式。他们辩称,布拉德
福德—希尔准则应该作为一个"明智的或合理的标准,以在实践中支撑因果关系,或当因对某种疾
病认识不足时作为政策理由"而使用。这种常识法则并不要求在每一个案件中要满足每个准则。
根据实际情况,有些准则可能比其他准则更重要。See Dominic et al, 30.

（四）气候变化诉讼：将因果关系推到极致

正如我们在本书前文已经看到的，在有关气候变化问题上，使用公共妨害作为一种分摊责任手段的争论中，建立因果关系是诉讼当事人面临的主要障碍之一。特罗曼斯（Tromans）等人的结论是，根据现有的普通法原则，索赔人面临的因果关系困难似乎是无法克服的。[①] 很难反驳这种主张，因为英格兰和苏格兰法院极少有放宽因果关系检验的情形。全世界的温室气体有 60 亿的人为排放源和无数的非人为来源，即使是最大的排放源也不足总排放量的 1%。正如特罗曼斯等人所说的那样，需要找一个"乐观的"律师来证明温室气体增加 1% 会实质性促成危害发生或实质性提高海平面上升的风险或发生极端天气事件的风险。[②] 石棉案例标志着目前法院可以扩展因果关系检验到何种程度的边界。任何人都可以放心地说，气候变化问题是无法适用于由石棉案例创制的责任"口袋"（pocket）中。在这些石棉案例中，显而易见，是以一种非常特殊的方式来应用实质性增加风险检验这一原则，以克服建立与石棉暴露关联的特定因果关系的困难。什么物质造成了伤害是毫无疑问的，由于长期连续的雇佣关系，被告们也被明确界定，并与原告建立了一种紧密的关系。唯一的证据空白是究竟哪个雇主让原告暴露于"有罪的纤维"。由于，每个雇主都有过失，而且这些雇主都使原告暴露于同一类型的风险，因此，假设每个雇主都实质性增加了风险，从而弥合这一证据缺口显然是合理的。这个推理过程是由一个难以掩饰的政策论证所支撑的，即整个行业应当对过去数十年不当处理石棉的过失承担共同责任。[③]

因此，主张气候变化案例不能适用石棉案例建立的例外情形，似乎不会引起争议。然而，特罗曼斯等人认为，仅因为这个原因而不再考虑气候变化诉讼的确不得要领。他们认为，在费尔柴尔德案例中，上议院"为了实现正

---

① S. Tromans, J. Burton & M. Edwards, *Climate Change: What Chance a Damages Action in Tort*, 55 Env. L. 22 (2010).

② *Ibid.*, [46].

③ *Ibid.*, [48].

义,将因果关系发挥得淋漓尽致"。^① 这样做的结果是创造了一种职业病案例的口袋,成为应用传统的因果关系原则的例外。事实上,这已不是上议院为维护司法公正而"将因果关系发挥得淋漓尽致"的唯一领域。在"切斯特诉阿夫沙尔"(Chester v. Afshar)^②的案例中,以一种完全非传统的方式应用因果关系,而且这被认为是落实外科医生告知其病人有关即将进行手术的所有风险之义务的唯一途径。特罗曼斯等人认为,尽管,气候变化的案例无法适用于由职业病案例所创制的一种改进的因果关系原则来处理;这并不意味着,在未来的某个时候,法院不会考虑创制一个新的例外以处理这类诉讼。然而,强有力的政策理由与石棉案例中所证明的结果具有相等的力量,迟早将会浮现以修改因果关系原则,以落实防止或减缓气候变化影响的责任。他们认为,这一点是可以预见的:

> 如果气候变化的后果真的以更加毁灭性的形式开始出现,坐在新的最高法院里的那些法官大人们会不会就气候变化问题达成一个相似的结论呢? 并认为要求那些导致大量温室气体排放的人为其带来的损害买单是正义的呢? 暂时性的结论是,虽然这样的结果在目前是不可想象的,但在未来几年,情况很容易发生改变。^③

特罗曼斯等人没有详细叙述这些变化将如何发生。由于普通法是以渐进的方式发展,法院通常必须找到一些手段以补充现有的方法。为此,必须认真思考,在目前约束性的因果关系处理方法与可以应用于气候变化问题的创新手段之间,是否有弥合二者差距的概念性方法。科学家们目前正在

---

① S. Tromans, J. Burton & M. Edwards, *Climate Change: What Chance a Damages Action in Tort*,[55].

② [2005] 1 A.C. 134. 此处,举证困难在于,在任何情况下,患者都会在手术后死去,只是稍有延迟罢了。未进行告知的过错绝不会影响手术结果,虽然如此,勉强过半数的上议院议员认为因果关系已经成立。据此,提出因果关系假设,即如果在另一天进行手术则伤害就有可能不会发生,尽管,事实上风险是一样的。

③ Tromans et al. [55].

致力研究"归因"问题,这需要在气候变化与其成因和影响之间建立一种数学相关性。例如,一个发电厂对于气候变化的贡献程度,以及其在多大程度上增加了诸如洪水和飓风等极端天气事件的风险。这些计算完全依靠数学模型和计算机模拟,而没有物理方法可以检验这些假设。而就医疗过失的情况,法院也承认"在某些情况下 ……因果关系被神秘笼罩,法院只能估计统计可能性"。[①] 因此,对于那些无法利用物理实验加以证实的事物,采用纯数学的概率方法并不存在概念上的障碍。然而,任何方法,必须在科学界获得广泛认可,而且能够获得令人信服的结果。

假设能够开发出这种模型,[②]那么主要存在的困难就在于如何以法庭可以接受的方式呈现这些数据。任何这样的模型,所作的工作就是针对某一排放源对于极端天气事件或海平面上升的贡献量,计算出一个以百分比表示的概率。基于平衡各种可能性的原则,当结果低于50%时,则不能证明被告的活动是构成损害的原因。但是,一般不太可能计算出这样的结果。电力公司对损害的贡献应该还是以实质性增加损害发生风险的方式来表达。然而,根据现有的理论原则,这正是我们将要面临的证据障碍。正如我们已经看到的那样,石棉案例标志着目前法院在放宽实质性增加风险方法所允许达到的极限程度。而且也没有迹象表明,法院可能将这一方法延伸到致病因子存在争议的案例中。这就引出是否存在概念上的可能性,可以在气候变化的案例上使用统计学证据来弥合证据空白。

实质性增加风险的检验目前是英格兰和苏格兰法律中根深蒂固的一部分,人们甚至忘记了它本身就是因果关系处理模式发生重大转变的产物。它是在职业病的案例中,基于追求正义以防止行为不当的雇主推卸责任的必要性而产生的。在这方面,之前有一个先例,突破了观念上的障碍而实现

---

① Hotson v. East Berkshire Area Health Authority [1987] 2 All E. R. 909,913 (Lord Bridge).

② 要详细了解气候变化归因以及在法庭上能够被接受的方式提出相关证据的挑战,参见:M. Alien,et al, *Scientific Challenges in the Attribution of Harm to Human Influence on Climate*, 155(6) U. Pa. L. Rev. 1353 (2007).

飞跃，从而标志着对于循序渐进方法的突破。认为某一行为实质性增加损害发生的风险的主张与该行为真正地造成危害的主张是不一样的。在"显克维奇诉格雷夫（英国）有限公司"①的案例中，被认定为，石棉的职业暴露使罹患间皮瘤的风险增加了18％。这相当于说，这样的危害（间皮瘤）更可能是由一般的环境暴露所引起的，而不是由工作场所暴露引起的。然而，工作场所暴露所带来的风险的增加被认为是不可接受的。实际上，实质性增加风险方法重新设定了雇主的义务，也就是将过去的使其雇员免受伤害的义务，转变为不应该实质性增加一个存在的伤害风险的义务。这就提出了这样一个问题，是否有可能构建一种关于气候变化的诉讼，这类诉讼是根据某一排污者对全球变暖的贡献量，从而导致洪灾等灾害的发生风险的增加程度而提起的。法庭需要厘清的问题是风险提高的程度而不是行为是否真正地导致了危害的发生。然而，在石棉案例和气候变化诉讼之间还是存在着本质性的区别。在石棉案例中，损害只可能是由特定行业排放到工作场所或大环境中的特定物质所造成。而气候变化的问题在于某一特定事件可能由一系列与人为排放毫无关联的因素所引发。尽管如此，在这种情况下，将任何基于实质性增加风险的方法予以排除是没有科学依据的。这是因为，无论是源于其他行业的原因还是自然现象，都改变不了风险实质性增加的事实。因此，将实质性增加风险方法局限于某一类职业病的案例是基于政策而不是明确的科学论证。② 话虽如此，在侵权行为中，基于政策的限制与基于合理可靠的科学原则或逻辑的任何论证具有同等效力。英国法院是否会扩大实质性增加风险方法的应用范围，以适应基于气候变化的诉讼，而不是采取司法干预的手段，这是值得商榷的。在适当的时候，应考虑是否有

95

---

①　[2009] EWCA Civ 11S9，[2010] Q.B. 370.

②　类似的观点还有法院是基于什么样的理由将医疗过失与职业病案例区分开来，以防止实质性增加风险的方法扩展到前者。在职业病案例中，通常只有一个致病因子，而在医疗过失案例中，通常会有一个其他自然原因。然而，从科学的角度来看，侵权的原因行为对风险的影响是不变的，不论其他原因到底是由什么侵权行为引起，或是非侵权行为原因如自然现象导致的。See C. Miller, *Causation in Personal Injury: Legal or Epidemiological Common Sense?*, 26(4) Leg. Stud. 544 (2006), As regards the policy reasons for making such distinctions see J.R. Spencer, *Damages for Lost Chances: Lost for Good?*, 64(2) Cambridge L.J. 282 (2005).

必要建立某种形式的替代性赔偿制度。

至于其他普通法的司法管辖领域,应该注意的是,并非所有地方都遵循英国所采取的实质性增加风险的方法。以澳大利亚为例,除非在"特殊情况"下,法院尚未采取超越实质性贡献方法的做法。① 澳大利亚司法部门的普遍看法是,增加风险只不过是一种可能性,毫无意义,除非你能证明这种风险已经作出了实质性贡献。英国的法院通过作出一种假设,即风险增加必然导致实质性贡献,试图将实质性增加风险的情形与实质性贡献的情形予以合并。② 然而实质性增加风险与实质性贡献还是有区别的,因为前者表示的仅仅是一个可能性,而后者则表示是一个已经证明的真正原因。换言之,必须证明增加的风险应当是造成危害的原因事件实际被触发的催化剂。澳大利亚法院并不打算模糊二者的区别,同时声称,不能假设在某一特定案例中,增加的风险可以作出实质性贡献。③ 这可能会成为气候变化问题中不可逾越的证据障碍。如上所述,在概念上,主要的困难是在衡量各种可能性的基础上,将风险从需要证明实际原因的情形中分离出来。这只能在一种情形下实现,即诉讼所针对的是不增加现有风险的一项义务。杜兰特(Durrant)认为,澳大利亚法院离接受实质性增加风险原则为时尚早,更不要说将其与实质性贡献和实际原因区分开来的构想。④

如前面所指出的,尽管一些有关气候变化的案例正在美国进行,但在本书撰写过程中,没有一个案例达到可以针对因果关系问题进行直接质证的阶段。类似的困难也出现在目前的因果关系检验原则无法与气候变化问题引起的让人望而生畏的举证困难相协调。⑤ 与英国的情况一样,美国也制

---

① See N. Durrant, *Tortious Liability for Greenhouse Gas Emissions? Climate Change, Causation and Public Policy Considerations*, 7 Queensland U. Tech. L, & J. 403, 418-419 (2007).

② See S.H. Bailey, *Causation in Negligence: What is Material Contribution?*, 30(2) Leg. Stud. 167(2010).

③ See Durrant, 418. The relationship between material contribution and material increase in risk was considered in Seltsam Pty Ltd v. McGuiness (2000) 49 N.S.W.L.R. 262.

④ Durrant, 419.

⑤ See M. Duffy, *Climate Change Causation: Harmonizing Tort Law and Scientific Probability*, 28 Temp. J. Sci. Tech. & Envtl. L. 185 (2009).

定了一些特殊规则用以处理非常特殊的因果关系难题。例如,在某些类型的产品责任索赔诉讼中,采用了市场份额分析方法,用于处理可替代性产品问题,例如药品许可证被授权给几个制造商的情形。在医疗过失的案例中,某些法院已经接受了"机会损失"方法。机会损失方法重新构建了有关被告在何种程度上降低了原告对于避免伤害发生的预期。英格兰法院也考虑过在医疗过失的案例件中使用"机会损失"方法,虽然最终被驳回。[①] 不过,有趣的是,在"哈特森诉东伯克希尔地区卫生管理局"(Hotson v. East Berkshire Area Health Authority)的案例中,麦凯(MacKay)大法官主张,机会损失方法只不过是实质性增加风险换了一种说法。[②] 指责被告的行为降低了原告避免危害发生 25％ 的机会,其实也就等于说伤害发生的风险增加了 25％。事实上,在美国,"机会损失"方法是由《侵权法重述(第二版)》第 323 条调整的,侧重于风险增加问题。即如果未能降低风险则等同于增加风险。然而,达菲(Duffy)认为,在这方面的思想较混乱,而且法院还没有厘清风险概念或是他所谓的"因果关系概率",与因果关系的"若非"检验。"若非"检验只能应用于判断伤害是否是由被告实际造成的问题上。这就要求有超过 50％ 可能性的门槛以满足权衡各种可能性的标准。正如已经指出的关于英国的情况,基于风险分析的任何证据很少有可能跨越这么高的门槛;尤其是关于气候变化问题,多重因素都在其中发挥作用。将概率性证据与"若非"检验合并为一个"临界值"因果关系检验('collapsed' causality test)[③],必然会导致原告不能证明其诉求。在这方面,达菲的说法让人想起了前文提到的英国判例法的情形,即在某些案例中,必须承认一种独立的、不使风险增加的义务。

　　达菲承认,这些方法中任何一个都不可能单独成为气候变化案例中因果关系问题的解决方案。然而,一些特殊规则已经演进成为处理特殊问题

①　See Gregg v. Scott [2005] 2 A.C. 176.

②　[1987] A.C. 750,786B-C.

③　See Duffy,219-223.

的一种手段,这表明因果关系并不完全是墨守成规于一套顽固不化的原则。① 简而言之,在关于气候变化方面,他主张一种新的因果关系检验应包括现有规则中的一些元素。② 在许多方面,这种方法类似于英国所采取的实质性增加风险的方法,但正如我们所看到的,在英国,这种检验被严格地限于职业病案例。重要的是,达菲所建议的模式还结合了一直被局限于产品责任案件中的市场份额方法。这将导致相对于连带责任之外的个别责任,这将使原告不能就工业活动造成的所有损失获得赔偿的可能性提高的。③ 然而,这样的做法也有其重要的意义,可以避免让一个排污者过度承担其无法承受且可能是没完没了的责任。在涉及替代产品问题的一些美国产品责任案例中,例如,药品许可证被授权给几个制造商的情形,责任通常根据制造商的市场份额分摊。市场份额方法可以适用于气候变化问题,即评估一个经营者对温室气体排放的贡献率。④ 必须承认,这种做法极具争议性而且需要复杂的计算。⑤ 例如,关于历史排放应该如何考虑的困难问题。此外,有证据表明,由于"反馈效应",一定数量的温室气体的环境影响被放大,从而可能已经达到了一个"临界点"。例如,冰帽融化使暴露的"黑体"水域面积增加,这些水域吸收更多的辐射,从而加快了升温速度形成恶性循环。另外,温室气体排放的速度远远高于地球所能吸纳的能力。因此,工业排放将在大气中停留更长时间,使其浓度不断增加。这就是通常所说的"浴缸"效应,即对于一个浴缸,如果水的流入速率超过了流出速率,则多

---

① See Duffy,216.

② *Ibid.*,216-230.

③ 在"贝克尔诉科恩斯"的石棉案例中([2006] 2 A.C. 572),上议院所持立场相比在"费尔柴尔德"案例中的立场有所倒退,其认为每个雇主责任的大小应当与原告接受其雇佣时间长短相称。这种个别责任形式会提高赔偿不足的可能性,因为某些雇主已经不存在了。出于这个原因,国会通过制定 2006 年《赔偿法》(Compensation Act 2006)第三节,其中明文要求在工作场所石棉诉讼中,雇主们应分别承担共同以及个别责任,立刻推翻了上议院这一部分的裁决。国会制定了政策决定,要求整个石棉行业应就全行业的过错而导致石棉损害承担行业共同责任。鉴于气候变化案例中更加广泛的本质,这样的做法将会导致无法承受的责任。

④ Duffy,225-230.

⑤ 同上。

余的水将溢出。如果诉讼一旦进行到这一阶段,那么关于如何针对这些影响建模并解释这些影响的质证过程肯定是复杂而又漫长的。①

总之,诉讼当事人想要证明损害赔偿责任是由于工业活动引起的气候变化相关事件所造成,将面临巨大的举证困难。然而,在观念上已经迈出了决定性的一步,因为这类诉讼现在已被视为非常困难而非不可想象的或不可能的。

第四节　侵权诉讼中的诉讼资格要求

侵权诉讼中享有诉讼资格的仅限于那些遭受某种形式损失的人,例如由于财产损害和人身伤害,或者,其土地权益所赋予的权利和利益受到干扰的人。因此,对于过失侵权,损害赔偿只能由遭受损失的个体(individual)或法人获得,或者,在出现死亡事故的情况下,由家属获得。

至于妨害行为,必须证明当事人享有土地权益②,同时,包括自由保有地产权和租赁权,但不包括在某一物业中居住的单纯的许可证或允许。"马隆诉拉斯基"(Malone v. Lasky)的案例常常被引用以支持这种主张,该案例中,原告是以被授权人的身份住在她丈夫雇主的房子中。由于被告房屋内运行的发动机发出的振动使得支架脱落,击中了妻子的头部,导致妻子受伤。戈雷尔·巴恩斯(Gorell Barnes)爵士说:

> 在辩论过程中引用了很多案例,其中认为,当一个人的财产权利因为妨害行为受到损害,则妨害之诉可以成立,但没有权威性的典籍可以引用,在我看来,也没有任何法律原则可以论证;当一个人对财产不享有权利,且从适当的概念意义上来说也无占有权的情况下,可以针对相邻房屋中机器运行产生的振动

①　Duffy, 225-230.
②　参见"里德诉莱昂斯事务所有限公司"([1947] A.C. 156, 183),"土地所有权或其他土地权益遭受侵犯时,享有独立的合法赔偿要求。"(西蒙兹大法官)

引起的妨害提起诉讼。关于这一点,我认为原告败诉,就其所声称的妨害而言,她的起诉理由不成立。①

对于这种一般性原则已知的唯一例外情形是,虽然原告未必能够证明土地所有权,但他对土地享有独占权。② 上议院在最近"亨特诉卡纳里码头有限公司"③的案例中,再次重申了这一法律解释,而该案例是关于卡纳里码头大厦建设所造成的电视信号干扰、粉尘、噪声等妨害之诉。由于许多原告除了经过房东允许可以在其间居住外,对受影响的物业不享有任何权利,因此其中一个需要解决的问题是本案例中他们的利益是否足以提起妨害之诉。戈夫大法官④对于纽瓦克教授关于妨害起源⑤的创始性文章留下了深刻印象,文中强调,妨害的出现是为了保护源于土地所有权益的某些权利的一种手段。纽瓦克教授的历史分析,引导他得出结论,为了成立妨害之诉,必须建立一种源于该财产法定权益的对权利的干涉:

> 在有关妨害的真实案例中,原告被侵犯的权利不是人身安全,而是在其土地上可以充分行使其权利的自由。一个住宅区内的硫磺烟囱并不是因为它使住户咳嗽或呼吸急促才成为一种妨害,而是因为烟囱妨碍了居民在他们的花园里放松休闲。正是由于这个原因,原告在妨害之诉中必须提出某种房地产所有权证据。⑥

戈夫大法官指出,无论是在英国还是在英联邦的各级法院,在不同时期都曾尝试放宽这一诉讼资格的要求,以允许那些享有次要财产权益的人可

---

① [1907] 2 K.B. 141, 151.

② 这是因为第三方权利不能作为妨害之诉的辩护。See Foster v. Warblington Urban District Council [1906] 1 K.B. 648.

③ [1997] 2 W.L.R. 684, at 693B-C, per Lord Goff.

④ *Ibid.*, 691D-H.

⑤ F.H. Newark, *The Boundaries of Nuisance*, 65 L.Q. Rev. 480 (1949). 参见第二章第三节一(一)。

⑥ F. H. Newark, 488-489.

以提起妨害之诉。① 这些当局促使上诉法院作出以下结论②，认定一个人只要对于财产享有"实质的利害关系"就足以提起妨害之诉。然而，大法官们 99 断然拒绝了这一方法，其理由是这将会割裂妨害与物权法之间的联系，而且毫无疑问地将导致一些情况的发生，例如，雇员可以就无法忍受工作场所的不适而提起妨害之诉。这将使侵权失去理论支撑，并且：

> 这将使对土地的侵权转变为对人的侵权，一些没有人身伤害那么严重的损害可以得到补偿，而责任的标准将不是根据过失，而是根据邻里使用土地的利益之间取得平衡。③

然而，库克（Cooke）大法官持异议判决，他坚称这项限制性做法与人权法理学的发展不协调，为了实现正义，人权法理学的发展采取了一种更宽容的做法。他提出了基于索赔人占用的所处房屋是否为家庭住宅以作为一种新的检验标准。④ 事实上，在判决送达的同一年，英国也通过了人权法案，其中将《欧洲人权公约》（European Convention on Human Rights，ECHR）转化为国内法。尽管，人权法案针对公共领域，而侵权则针对私人领域，但两者之间存在一定程度的重叠。因此，《欧洲人权公约》第 8 条，关于个人和家庭生活的保护权，曾被援引以作为向国家或国家的化身提出索赔的一种

---

① 参见"马瑟韦尔诉马瑟韦尔"[Motherwell v. Motherwell (1976) 73 D.L.R. (3d) 62]和"Khorasandjian 诉布什"(Khorasandjian v. Bush [1993] Q.B. 727)。在这两个案例中，家庭成员寻求强制令，以阻止骚扰电话。判决援引了前述的"福斯特诉沃灵顿都市区议会"（Foster v. War-blington Urban Distric Council）案例，其中提出，如果足以证明"实质性的居住"就能据此提出主张，亲近的家庭成员虽然没有房地产所有证，仍然有机会获得法令救济。戈夫大法官驳回此种方法，理由是其误解了这个案例的判决（这个案例只是关于第三方权利的问题，不应该被作为一般性主张），并期望"通过走后门"的方式建立骚扰侵权。在 1997 年的骚扰法案（Harassment Act 1997）颁布实施后，没有必要以这种方法来发展相关的法律。See Lord Goff，[1997] 2 W.L.R. 648，693-695.

② Hunter v. Canary Wharf Ltd. [1996] 1 All E.R. 482 (C.A.)，494-498.

③ [1997] 2 W.L.R. 684，696F-G.

④ *Ibid*.，712.

手段,这让人对妨害之诉有强烈的联想。① 鉴于这类索赔不受到"财产权资格"的约束,而且法院必须以与人权法理学相适应的方式来解释普通法,在尽可能的范围内,有人认为,需要针对此事项进行重新审查。据此,在"麦克纳诉英国铝业有限公司"(McKenna v. British Aluminium Ltd)的案例中,纽伯格(Neuberger)法官拒绝将居住在英国铝业有限公司(位于北威尔士的安格尔西岛)附近的儿童所提起的妨害索赔予以驳回。② 其中,所提出的妨害包括噪声、有毒气体排放和不利于健康的影响。根据上述人权法的进展,纽伯格法官认为:

> 有一种现实的可能性,法院会作出如此的结论,根据不同的情境,也就是说第 8.1 条款现在已经成为我们法律有效的一部分,即便在公约还不是英国法律的一部分的情况下,实有必要扩展或修改法律;上议院绝大多数对此不以为然。③

上议院未能再有机会在"麦克纳"诉讼案中讨论这个问题。2009 年,工厂由于与本案无关的经济因素倒闭了。④ 虽然,针对"亨特诉卡纳里码头有限公司"案例的判决遗留下一些不确定性,但从居民的角度来看,问题得到了解决。不过,作为上议院一项多数票赞成的决定,在亨特案中所采用的传统做法仍具有无可替代的权威性,直至新的最高法院有机会再重新审视这个问题。鉴于最高法院无法掌控哪些案例将会被带到最高法院,因此,即便有的话,也无法确定要等到什么时候。

在其他普通法的司法管辖领域中采取过类似的限制性方法。在加拿大

---

① See Lopez Ostra v. Spain (1995) 20 E.H.R.R. (1) 277. 讨论见于下文第四章第三节二,环境的公共利益。

② [2002] Env. L. R. 30.

③ 同上,第 52 页。对人权影响的分析,参见:M. Wilde, *Locus Standi in Environmental Torts and the Potential Influence of Human Rights Jurisprudence*, 12(3) Rev. Eur. Community Intl. Envtl. L. 284 (2003).

④ BBC News, *Final Shift at Anglesey Aluminium* (Sept. 30, 2009), http://news.bbc.co. Uk/l/hi/wales/north_west/8281699.stm (Mar. 8, 2011).

"德文木材公司诉麦克尼尔"(Devon Lumber Co. v. MacNeill)①的案例中，曾为了放宽传统做法的狭隘性作出了认真的努力;该案是关于邻近锯木厂的锯木屑对附近家庭造成不利影响所形成的妨害。斯特拉顿(Stratton)法官认为，排除健康受到不利影响的儿童的起诉权是"毫无意义的歧视"。②然而，在后来的判决中，并没有采用这种更开明的观点;而且由于对基于财产的妨害的狭隘理解，该判决并未获得"亨特"案例过多的关注。美国"埃克森·瓦尔迪兹号油轮"③案中，埃克森·瓦尔迪兹油轮的石油泄漏造成损害，许多阿拉斯加的原住民部落试图就对所谓的"无主的环境"造成的损害而提起民事索赔。简而言之，他们认为，他们与这片土地在古老文化上的历史上的关联，使得他们有别于后来的欧洲移民。美国上诉法院(第九辖区)驳回了这个理由，原因是打猎、捕鱼和享受当地景观是所有阿拉斯加居民的共同权利。在这方面，阿拉斯加的原住民所遭受的损失并没有特别之处。④这个案例提出了一些有趣的问题，包括产权的本质，以及在何种程度上是，或者应该是，享受"无主的环境"的一项公平权益。在适当时候，将对这个问题进行更深入的讨论。⑤

　　侵入他人土地亦构成一种与保护财产权有关的侵权行为，即独占权。一般来说，享有一块土地独占权的人可以依赖于侵权而排除他人。⑥ 这并不一定是该土地的所有人，只要有租赁协议(而不是许可证)，那么在该协议期限内独占权将归属于承租人。⑦ 与妨害相同，尽管一个人不能证明他具有所有权但仍可依靠侵权，除非另一个人可以证明他具有更优先的产权。⑧

　　因此，从环境的角度看，侵权的一个主要缺点就是它不能独立地被用于

101

---

①　(1987) 45 D.L.R. (4th) 300. See Wilde,287.

②　MacNeill，[14].

③　(1997) 104 F.3d 1196. See Wilde,289.

④　Re the Exxon Valdez, 1198.

⑤　参见下文第四章第三节二。

⑥　See Radaich v. Smith (1959) 101 C.L.R. 209, 222 (Windeyer J.).

⑦　关于协议是否构成许可证或是租赁的问题，必须参照协议的实质内容才能确认，而不仅仅是由其标题来决定。See Street v. Mountford [1985] A.C. 809.

⑧　Jones v. Chapman (1849) 2 Exch. 803.

保护环境,责任视损害而定,而损害与个人遭受的损失相当。当然,即便是环境受到的破坏与这样的损失相一致,也不能保证相关的个人会选择跟进此事。例如,一块荒地属于一个远方的房地产开发商,直到开发时机成熟之前,他可能对此财产并不感兴趣,而这可能需要很多年。与此同时,这块地可能变成非正式的废弃物倾倒场,被各种污染物所污染;为了处理这种情形,实有必要制定相应的管制措施。① 或者,相关的个人也许愿意提起民事诉讼,但却可能缺乏必要的资源。

因此,侵权的诉讼资格要求引起了关于实现正义的重大问题。在某些极端的案例中,污染可能会导致许多类似的人身伤害索赔。集体诉讼命令(Group Litigation Order,GLO)②提供了一种手段以合并这样的索赔并降低成本。在环境领域,集体诉讼命令在"科比"诉讼案中,起到了很好的效果。③ 然而,在环境退化和大范围的人身伤害之间通常缺乏直接的联系。大部分的污染具有持续性的和长期性的特征,因此,以一种隐蔽的方式对环境造成损害。正如我们所看到的,这种性质的损害通常涉及"财产侵权",包括侵入他人土地、妨害及"赖兰兹诉弗莱彻"规则。但是,当损害不涉及侵犯财产权利,或者,相关的个人缺乏意愿或是必要的资金和手段以提起诉讼时,普通法没有为环保利益团体,例如环保非政府组织(Non-governmental Organizations,NGOs),提供介入并寻求索赔的相关机制。

这与公法领域的发展形成了鲜明对比,在公法领域的司法审查程序中,非政府组织在获得诉讼资格方面已经取得了显著的进展。在这方面,高等法院关于"女王诉绿色和平组织单方申请的污染审查"(第 2 号)[R v. Pollution Inspectorate ex parte Greenpeace (No. 2)]④的判决,助益良多;在该案例中,绿色和平成功论证了它有权对于索普核燃料再处理工厂所获得的

---

① 在污染者或场地所有者或场地占有者未履行义务时,地方政府被授予权力以进行修复工程,并向污染者或场地所有者或场地占有者追回修复费用。See Environmental Protection Act ss. 79—80;Town and Country Planning Act s. 215;Water Resources Act s. 161.

② Part 19.11 Civil Procedure Rules 1998 S.I. 1998/3132.

③ Corby Group Litigation v. Corby B.C. [2009] EWHC 1944 (TCC);[2009] N.P.C. 100.

④ [1994] 4 All E.R. 329.

许可证提出质疑。在更新的显著进展案例中认为，由反对垃圾填埋计划的 ¹⁰² 居民所成立的一个有限责任公司，应被赋予独立的诉讼资格。^①

　　从上面分析可以明显看出，关于诉讼资格的问题，法律对私人损害索赔和司法审查请求之间作出了重大的区分。迄今为止，在公法和私法的各自领域中，关于诉讼资格的区别可以解释为，在司法审查程序中，通常有一个明确的公共利益受到危害。因此，对于那些关注于公共利益保护的团体给予诉讼资格合乎逻辑。而另一方面，侵权法则是专注于保护私人权益。然而，在环保方面，公法与私法领域之间的这种区别是一种法律推定，正如贝特勒姆（Betlem）在对 20 世纪 90 年代中期荷兰体系的分析中所解释的：

　　　　大多数的法律体系试图将一般权益划归于公法领域，并将私法局限于具体的个人权益。但是，这种区别在环境法中被打破了，由于广泛的环境损害与个人的健康权益是密切相关，而个人健康当然是典型的、具体的私人权益。因此，私法救济手段应与司法审查等公法救济手段并存。^②

　　在第四章将要看到的，在荷兰，已经开始尝试将公共利益与私人权益相融合，在由污染引起的私人侵权诉讼中，非政府组织已经被赋予了诉讼资格。然而，我们也将看到，最近在这个问题上出现了一些调整。^③

第五节　环境损害侵权的救济

　　如果索赔人认为存在适当的救济手段，那么他只需尽量去建立起诉理

---

　　①　Residents Against Waste Site Ltd. v. Lancashire County Council ［2007］ EWHC2557；［2008］ Env. L.R. 27.

　　②　G. Betlem, *Standing for Ecosystems — Going Dutch*, 54（1）Cambridge L.J. 153, 154（1995）.

　　③　See H. Tolsma, R. De Graaf & J. Jans, *The Rise and Fall of Access to Justice in the Netherlands*, 21（2）J. Envtl. L. 309（2009）.

由。普通法救济寻求弥补索赔人所遭受的任何损失,防止未来对所有权权益的侵害或纠正任何已经发生的此类侵权所造成的损害。通过一些手段,包括,给予损害赔偿,准予各类形式的强制令,或者是给予损害赔偿以代替强制令等来达成救济。从环境的角度来看,实有必要考虑在多大程度上这些救济措施能够符合环境保护的要求。

一、损害赔偿

衡量损害赔偿的指导原则是"恢复原状",其含义是:

103   当损害将要由损害赔偿金来进行补偿的情况下,在计算损害赔偿金数额时,其赔偿金额应尽可能使受害方或遭受损失方能够恢复到原来的状态,亦即在他没有遭受不法侵害时的状态。①

因此,在"格兰比侯爵诉贝克韦尔城镇区议会"(Marquis of Granby v. Bakewell U.D.C.)②的案例中,煤气厂的操作员将有毒污水排入原告拥有捕鱼权的河中,原告所获得的赔偿金额相当于用其他粮食储备代替食物供应的损失加上河流中种群恢复的费用。

然而,在许多关于土地或建筑物的损害赔偿的案例中,将该产业恢复到其先前状态的费用,与损害导致该产业的市场价值降低的程度完全不成比例。在这种情况下,将根据该产业市值缩减的程度来计算损害赔偿。③ 在环境方面,这意味着,尽管损害赔偿可以补偿原告所蒙受的经济损失,但是可能无法反映清理污染的全部成本。这个问题将在下文中详细阐述。

由于私人妨害与《欧洲人权公约》第8条之间的重叠,致使损害赔偿金估算问题更加复杂,这个问题已经在其他地方论述了。④ 上议院提出反对

---

① Livingstone v. Rawyards Coal Co. (1880) 5 App. Cas. 25,39 (Lord Blackburn).

② (1923) 87 J.P. 105.

③ Jones v. Gooday (1841) 8 M. & W.

④ 参见下文第四章第三节二。

扩大私人妨害诉讼资格的一个理由是,这可能会导致针对同一损害出现多重索赔。因此,可以想象得到,家庭中的每个成员对损害提出类似的索赔。在"亨特诉卡纳里码头有限公司"的案例中,上议院认为,这种多重索赔与关于土地破坏的妨害行为只能针对损害提出一项索赔的事实不符。① 其他任何解决方案将会导致过度补偿并破坏恢复原状的原则。然而,这并没有解决,如果家庭的其他成员根据《欧洲人权公约》第 8 条关于保护住宅和家庭生活的规定而提出单独的平行索赔的这一问题。这种索赔完全独立于妨害索赔,而且是关于索赔人的人身伤害而不是土地本身。因此,原则上没有理由可以说明,在房屋所有人就土地破坏提出索赔之外,为什么家庭的其他成员不应该提出关于人身伤害的索赔。不过,有人也许会提出,尽管有这些技术上的区别,但在很多案例中诉讼的依据是相同的,其结果是多重索赔可能引致过度补偿。

这恰恰是上诉法院在前文所提到的"多布森诉泰晤士水务公用事业有限公司"案例中所面临的问题。② 本案例是关于污水处理厂的臭味和滋生蚊蝇所造成的妨害,受影响的人由于缺乏妨害之诉中必要的诉讼资格,于是根据《欧洲人权公约》第 8 条分别提出索赔。在某些案例中,这是针对同一产业,除了土地所有人提出的妨害索赔之外的索赔。上诉法院承认,人权诉求与妨害之诉不同,但也同时指出,在现实中大部分的索赔源于同一伤害。一般认为,在大多数这类案例中,依据私人妨害判给房主的这一笔损害赔偿应足以提供其他索赔人"合理的满意"(依据 1998 年的《人权法》第 8 条第 3款)。因为,这一笔损害赔偿的判决也反映了家庭所有成员舒适性的损失。可以这样说,房主使用和享受其财产的权利与其他家庭成员以类似的方式享受家庭生活的能力是无法分开的。然而,必须指出的很重要的一点是,上诉法院认为,这个问题必须取决于实际情况。可以想象有可能存在这样一种情况,居住在土地上的其他人提出单独的损害赔偿请求。例如,对于一个

104

---

① [1997] A.C. 655, 706H-707C (Lord Hoffmann).
② [2009] EWCA Civ 28; [2009] 3 All E.R. 319.

由于对财产不享有必要的法律权益而无法提起妨害之诉的索赔人,其所遭受的损失与土地所有人所遭受的损失具有根本性不同的本质。那么,可以想象一个人遭受了特别的伤害,例如过敏症,是可以根据人权法而获得损害赔偿。这种主张还有待检验,但是,如果它是正确的,则意味着在这类案例中,个人可以利用人权法来规避普通法私人妨害中限制诉讼资格的意图。

(一) 惩罚性的损害赔偿金

有一些针对恢复原状准则的例外,如果被告行为是以盈利为目的,其利润超过了应支付的损害赔偿金,或政府雇员存在有压迫式的、专制的或违宪的行为,则允许判决给予超过正常标准的损害赔偿。[①]

在"吉本斯诉西南水务有限公司"(Gibbons v. South West Water Services Ltd)[②]的案例中,针对原告的承包商将 20 吨硫酸铝堆放在公共给水系统这个事件,原告成功地就公共妨害、过失、"赖兰兹诉弗莱彻"规则,以及违反法定义务等提起诉讼。原告请求惩罚性赔偿金,理由是被告曾试图隐瞒这一事件。然而,上诉法院并不认为这种故意持续妨害行为是构成谋取经济利益的计划性意图的一部分。原告还试图利用例外的第二种情形来证明其惩罚性赔偿金请求的正当性,即政府雇员实施了压迫式行为。这一请求也被驳回,理由是法定承包人并不是政府的一部分。[③]

如此看来,在对惩罚性损害赔偿金的判定理由上,法院打算采取狭义的解释。在"吉本斯"的案例中,尽管上诉法院认可被告的行为很专横,但并不打算放宽恢复原状的例外情形以惩罚这种行为。

关于如何证明这种过分行为的程度以支持这种判决的正当性,尽管各国间存在一些差异,但一般来说,美国法院还是更容易接受惩罚性损害赔偿金的概念。"埃克森·瓦尔迪兹号油轮"诉讼案是有关在阿拉斯加威廉王子

---

① Rookes v. Barnard〔1964〕A.C. 1129.

② 〔1992〕4 All E.R. 574.

③ 参见 R. 麦克罗里(R. Macrory),《公害损害赔偿》[*Damages in Nuisance*, 214 ENDS Report 43 (1992)]。麦克罗里指出,欧洲法院无疑会将被告归为国家的附属物,因为事件发生在私有化之前。

湾所发生的臭名昭著的漏油事件，美国阿拉斯加地区法院最初判定 45 亿美元的惩罚性损害赔偿金，后来美国上诉法院第九辖区将其减至 25 亿美元。[①] 后来，埃克森公司就其对惩罚性损害赔偿责任上诉到美国最高法院。[②] 就在什么样的情况下可以判定惩罚性损害赔偿的问题，最高法院承认，与适用普通法的英格兰和威尔士相比，在美国更容易获得这种惩罚性损害赔偿金。此外，各州的法律在这个问题上差别很大，但总的来说，此类损害赔偿主要是适用于最恶名昭彰的行为，不论是故意还是重大过失。然而，最高法院并未能解决在转承责任情形中是否应当判定雇主承担惩罚性损害赔偿金的问题。本案例中的重大轻率行为，就是由船长，即埃克森公司的雇员，所施行的。很明显，在某种程度上，雇主应就所造成的实质性损失承担转承责任，但这是否可以扩展到惩罚性损害赔偿就不太清楚了。埃克森公司辩称，惩罚性损害赔偿应该适用于因为雇主违反了其职责义务而造成了重大过失的案例。美国最高法院的一个奇怪的特色是，当无法就某种情形达成一致判决时，它允许分歧裁决。在这种情况下，尽管没有先例，下级法院的裁定应该被认为是有效的。本案就是这种情况，其结果是埃克森公司无法推翻这一裁决，其中判定埃克森公司必须对其雇员在值班时醉酒的恶劣行为承担惩罚性损害赔偿。不过，埃克森公司成功创造了判罚损害赔偿金记录。在这方面，最高法院认为，为确定性起见，补偿性与惩罚性损害赔偿金应适用 1∶1 的比例，这就使陪审团作出的赔偿判决加倍了。这个比率不是通过任何科学咨询而达成，它只是在分析了各州的典型判例后所给出的中位数平均值。在本案例中，补偿性损害赔偿金总计为 5.075 亿美金，致使上诉法院的裁决超过了实际裁决的五倍，这明显是过度的。这可能会大大降低损害赔偿的威慑力，正如我们将在下一章看到的，在任何情况下，这种明显的功利目标并不是侵权的主要目的。

106

[①]　Baker v. Exxon Mobil Corp. 490 F.3d 1066 (9th Cir. 2007).

[②]　Exxon Shipping Co. v. Baker 128 S.Ct. 2605 (2008).

（二）纯经济损失

作为一项一般性规则，只有有形伤害产生的损失可以通过损害赔偿恢复。① 在当事人之间不存在特殊关系时，纯粹经济损失是无法补偿的。② 因此，必须在当事人之间建立一种关系，纯经济损失的损害才可以补偿，而通常这种关系是由当事人之间的事先承诺所确立的。③ 但是，如果这种关系是由合同确立的，法院通常不会干预当事人之间就责任分配的约定，因为这会破坏合同自由原则。④

在环境领域中，经济损失问题很重要，因为财产的市场价值可能因污染而降低，或仅仅是因为有污染的可能性就会受到不利影响。市场价值的减少可以划归为经济损失，除非这些损失是由于对该财产的有形损害所导致的，否则这类经济损失无法得到补偿。这种区别可以从以下的两个案例予以说明，这两个案例是关于土地受到放射性污染而导致其市场价值减少所引起的索赔。

回顾前述提到的"梅林诉英国核燃料有限公司"案例，被告在塞拉菲尔德的核设施附近地区的辐射水平被公开后，原告物业的市场价值大幅缩水。据称，核设施发生了放射性物质泄漏，违反了 1965 年《核设施法》第 7 条第 1 款所规定的绝对义务。即使原告能够成功地证明从塞拉菲尔德排放的放射性物质增加了他们物业的辐射水平，但似乎其损害索赔已被归类为经济损失，因而无法得到赔偿。市场价值损失的索赔并非源于对物业本身的有形损害；原告曾经主张物业中放射性水平的增加构成了健康风险。盖特豪斯法官认为这并不构成有形损害：

> 人身伤害或财产损失是大家非常熟悉的概念，在我的判决中，如同在其他

---

① Sparton Steels and & Alloys Ltd. v. Martin cS Co. (Contractors) Ltd. [1973] Q.B. 27.

② Hedley, Byrne v. Heller [1964] A.C. 465; Muirhead v. Industrial Tank Specialists [1986] Q.B. 507.

③ 有点类似于中世纪时期，必须有事先承诺，才能提起过失侵权的诉讼。

④ Simaari General Contracting Co. v. Pilkirigton Glass Ltd. (No. 2) [1988] Q.B. 758; Greater Nottingham Cooperative Ltd. v. Cementation Piling and Foundations Ltd. [1989] Q.B. 71.

情境中一样,它是指人身(精神)伤害或对有形财产的有形损害……。原告认为
"财产"包括由(房子)墙壁、屋顶和地板围成的空间;而这一空间由于放射性物
质的存在而造成损害,而降低了房屋作为家的价值,在我看来这种推理过于　　107
牵强。①

　　由于 1965 年的法案没有界定"财产损失",盖特豪斯法官决定采用普通
法的方法。这使他得出结论认为,基于索赔的损失是纯经济性的,并且在当
事人之间没有特殊的关系以及先前承诺,因此就物业市场价值的减少提出
的损害赔偿无法得到补偿:

　　　　我看不出任何理由为什么要将 1965 年法案中的补偿放宽到包括纯经济损
　　失,而这种损失在普通法中是无法补偿的……。被告和原告之间并不存在特殊
　　关系,原告仅仅是生活在塞拉菲尔德地区普通公众的一部分,如此将会引起"赫
　　德利·伯恩有限公司诉海勒及合伙人有限公司"([1964] A. C. 465)案例中同
　　一类型的义务,所以在我看来,按照普通法提起的任何此类索赔必然会败诉:参
　　见,上诉法院的判决,特别是宾汉姆(Bingham)法官对"西马安总承包公司诉皮
　　尔金顿玻璃有限公司"(Simaan General Contracting Co. v. Pilkington Glass
　　Ltd)的判决(第 2 号)([1988] Q. B. 758)。②

　　"蓝圈工业有限公司诉国防部"(Blue Circle Industries Plc v. Ministry
of Defence)③案中的"梅林"裁决非常著名。在比邻奥尔德玛斯顿的原子武
器机构(AWE)处,原告拥有的一个大型地产。由于强降雨,奥尔德玛斯顿
原子武器机构场地中的池塘溢流到原告的土地上,从而导致一小块土地被
放射性材料污染。直到原告打算以 1000 万欧元的价格转让这块土地进行
谈判时,污染才被曝光。消息披露后,预期买家退出了谈判。被告承认了放
射性物质泄漏的责任,并支付 35 万欧元用以去除受污染的土壤。然而,他

---

①　[1990] 3 W.L.R. 383, 394E-F.
②　*Ibid.*, 395G-H.
③　[1998] 3 All E.R. 385 (CA).

们拒绝支付土地市场价值缩水以及出售能力降低的损失。原告希望根据
1965 年《核设施法案》第 12 条和"赖兰兹诉弗莱彻"规则收回这些损失。上
诉法院重申,无论是 1965 法案还是普通法,其中损害赔偿的目的都是指对
有形资产的实际损害。虽然辐射水平不构成健康风险,然而污染相当于一
种实质的改变,对财产的使用功能和价值造成了损害。如果辐射水平超过
了法律限值(1960 年《放射性物质法案》),受污染的土壤不能留在原地;因
此,土地就无法以其本来的目的而使用,除非已经采取了修复措施。① 因
此,对于物业市场价值缩水的损失而言,就不是单纯的经济损失,因为它是
源于有形损害。据此,判给原告的损害赔偿包括全部清理成本加上未能出
售该物业的收入损失(按 25% 的折扣,以反映该物业可能在任何情况下都
无法卖出的可能性);总计为 500 万欧元。

　　在苏格兰的"马格诺哈德诉英国原子能管理局"(Magnohard v. United
Kingdom Atomic Energy Authority)②案例中也得出类似的结论,该案例是
关于敦雷核设施的放射性粒子泄漏。原告公司所有的一片海滩检测到少量
的放射性微粒,对其休闲旅游业务产生不利影响。基于如此有限数量的放
射性微粒所产生的风险是微乎其微,不会引起实际损害,被告提出"法不干
涉琐事"原则。法院不同意这种理由,因为放射性微粒泄漏并出现在沙滩上
属于 1965 年《核设施法案》第 7 条所规定的"事件",而不论该事件对人体健
康及环境所产生的影响是多么无关紧要。无论如何,从原告的角度来看,其
危害是真实的且重大的,因为不得不使用卡车和检测设备开展大范围的监
测和清理行动。

　　这些案例的意义重大,因为它们展示了索赔人能获得污染的损害赔偿
的能力是取决于损害是如何定义的。在"蓝圈工业有限公司"的案例中,有

---

　　① 此处的权利主张是财产被污染但没有实质性地改变其结构,则损害将被视为对财产无法
充分地利用,除非污染已被清除;财产的部分价值是存在于它的可用性之中。See The Ovinia
[1995] 2 LI.L.R. 395 and Hunter v. LDDC [1996] 2 W.L.R. 348.

　　② [2004] Env. L.R. 19. For a detailed analysis of the case .See M.L. Wilde, *Magnohard the
United Kingdom Atomic Energy Authority*: *Paying for the Economic and Psychological 'Legacy'
of Nuclear and Maritime Pollution*, 12(6) Env. Liability 243 (2004).

形伤害是参照辐射水平是否超过监管标准来判定的。在"马格诺哈德"的案例中，较少强调以监管标准作为损害的阈值，事实上，其决定性因素是损害的程度是不是足以证明补救措施的正当性。如果没有这个物理维度，那么损失将被视为单纯的经济损失，因而无法得到补偿。在这些核污染案例中，事实上特罗曼斯揭露了介于实质性与非实质性损害之间的细微界线。特别是他提出，在对房屋墙壁围成空间所造成的污染和对建筑物本身所造成的污染之间划出区别是毫无意义的：

> 这种区别似乎让法律处于一种困境。去除弥漫在房间中的灰尘与去除受污染的表层土壤在本质上是怎样的不同呢？如果真有什么不同，那么，去除屋顶缝隙、地板缝隙等地方的灰尘可能更困难些。①

目前为止，在这些案例中所讨论的损害问题在本质上都是局部性的，因为它发生在相邻的财产之间，并没有扩散开来。但是，如果出现了严重的环境灾难，则距离事故现场很远的地方也可能感受到其经济影响。在这种情况下，经济损失问题以及法院应如何努力建立一个合乎逻辑的分界点，就显得尤为重要。最近，一些海上油轮泄漏灾难及其引发的大量民事诉讼的案例就对这些问题作出了很好的诠释。其中著名的案例包括英国的"布雷尔号油轮"（*Braer*）诉讼案例和美国的"埃克森·瓦尔迪兹号油轮"诉讼案例。

1993 年 1 月 5 日，布雷尔号油轮在谢德兰群岛搁浅并向海中排放了 84700 吨原油和 1600 吨散装燃料。一言以蔽之，这一事件对渔业、海岛的海岸线、野生动物、旅游和地方经济产生了毁灭性的打击。其经济后果远远超出了那些财产被原油污染的人，还包括渔民、渔场、与捕鱼业相关的各类型行业和旅游业等。在苏格兰法院考虑在何种程度上经济损失可以得到补偿以前，一些民事诉讼已经开始了。

源于这个灾难的一个著名的案例是"兰德卡钦有限公司诉国际石油污

---

① S. Tromans, *Nuclear Liabilities and Environmental Damages*, 1(1) Env, L. Rev. 59, 61 (1999).

染赔偿基金"(Landcatch Ltd v. International Oil Pollution Compensation Fund)①案,该案例是关于谢德兰群岛鲑鱼养殖场的小鲑鱼供应商所遭受的经济损失。灾难发生后,实施了一系列的应急管理办法,包括禁止制备、加工或提供来自污染区域中一块特定禁区内的鱼。② 因此,从事鲑鱼捕捞的渔民被迫停业,直到清理工作完成。结果,兰德卡钦公司失去了许多小鲑鱼订单,而且由于没有销路不得不销毁剩余库存。对其产品长期的"不良影响"还将带来进一步损害,换句话说,一旦实施了禁令,由于这些小鲑鱼与谢德兰群岛和"布雷尔号油轮"灾难有关,其市场价值会降低。显然,所有这些损失在本质上都是纯经济性的,因为这些经营活动距离漏油地点很远,③小鲑鱼本身并没有受到污染,原告也不拥有任何被石油污染的可继承的财产。因此,原告面临的困难任务就是在没有任何有形损害的情况下,如何确立其经济损失应予以补偿的理由。假如该事件完全适用于普通法原则,那么是否可以提起诉讼是很值得怀疑。但是,海上石油污染是由一个民事责任的国际协定和石油污染赔偿基金所管辖的,即 1969 年的《石油污染损害赔偿的民事责任国际公约》(简称《民事责任国际公约》)(International Convention on Civil Liability for Oil Pollution Damage, referred to as the Civil Liability Convention, CLC)和 1971 年的《设立国际石油污染损害赔偿的补偿基金国际公约》(简称《补偿基金》)(International Convention on the Establishment of an International Fund for Compensation for Oil Pollution Damage)。原告希望说服法庭,应根据这些国际补偿制度的目的来考虑索赔要求,而且在这些情形下,经济损失赔偿不应过分地被束缚于严格遵守普通法原则。

兰德卡钦公司同时对布雷尔号油轮和其保险人提起了诉讼,根据《民事

---

① [1998] 2 Lloyd's Rep 552.

② Food Protection (Emergency Prohibitions) (Oil and Chemical Pollution of Fish) Order, 1993 [SI 1993 No 143].

③ 事实上,原告的营业地点在阿盖尔(Argyll)的奥姆思锐(Ormsary),距离谢德兰群岛约 500 公里。

责任国际公约》[即 1971 年在英国实施的《商业船舶（油污）法案》(Merchant Shipping (Oil Pollution) Act 1971)]和《补偿基金》[即 1974 年在英国实施的《商业船舶法案》(Merchant Shipping Act 1974)]。① 在苏格兰最高民事法院的初审庭，吉尔(Gill)大法官同时审理这两个诉讼，因为就这两种索赔类型而言，所应用的惯例是相似的。② 总之，根据国际公约和英国国内现行法律的规定，由突发事件所导致的船舶油污持续泄漏，可以就污染损害或就油污泄漏导致的污染而寻求补偿。还可以就防止进一步损害和修复费用而要求特别补偿金。那么，还要确定的问题就是这个定义是否可以被解释为包括纯经济损失。

原告提出的第一个，也许是最不现实的理由是法律没有界定"损失"和"损害"这两个术语，表明其意图是创造无限责任。换句话说，一旦适用"若非"检验建立了因果关系，被告要就源于该事件的所有损失承担责任。正如吉尔大法官所说的那样，这种做法的实质是"反复应用'若非'检验进行成因检验，直至穷尽"。③ 吉尔大法官很快排除了这一理由，因为议会不可能建立这样一个影响深远的开放式的责任体系。任何此类意图应于法律中明示。④ 他同时还驳回了国内法应根据国际公约的总体宗旨和目标进行解读的理由，即国际公约为石油污染损害赔偿提供了一套综合的补偿体系。他坚定的认为国内现行法律在这一点上的规定是清晰且明确的，因此，在这种情况下没有必要求助于国际惯例来帮助解释法律。⑤ 的确，公约原则上应解释为承认对经济损失给予补偿，但吉尔大法官不能接受"该法除了因果关

① 关于国际上治理海上石油污染机制的性质将在第五章第五节一中详述。

② 在裁决中就以下问题展开了一些讨论：对基金提起诉讼是否太仓促，是否应当先搁置，直到油轮船主和保险公司是否应依据民事责任制度承担全部损失的裁定之后再作考虑。这是因为相关法律明确规定，当根据《民事责任国际公约》确定了责任，但无法从船主或其保险人处获得全额补偿时，才可向基金提起追索权：参见基金公约第二条、第一部分和《1994 年商船法案》第四部分第一条和第四部分第五条[Article 2 Fund Convention and sections 1,4(1) and 4(5) Merchant Shipping Act 1974]。吉尔大法官的意见是，这两个诉讼都提出了相同的关于经济损失的问题，因此可以在一个判决中一并处理([1998]2 Lloyd's Rep.552,563)。

③ Landcatch，[1998] 2 Lloyd's Rep 565.

④ *Ibid.*,567.

⑤ *Ibid.* See also Saloman v. CEC [1967] 2 QB 116,143-144 (Diplock U).

系本身之外,还去掉了对于责任范围的限制"这一观点。^①

　　原告提出的第二个理由是,法院应考虑到该基金自身的一些裁决,在这些裁决中,基金的执行委员会曾经似乎针对类似索赔作出过支付。这些裁决有时也被称为"基金法院审判规程"。然而,大法官并不认为该基金执行委员会的裁决可以被视为建立任何形式的紧密关联的先例,当然也不是有约束力的先例。虽然执行委员会竭力达成某种程度的一致性,根据每项索赔的是非曲直,在此基础上作出裁决。总之,在原告从其中寻求依据的这些裁决的备忘录中,其实并不包含任何详细的论证。^②事实上,这些裁决对被告更有利,因为这些裁决证明了一个事实,即执行委员会从未依据一个简单的"若非"检验支付过任何赔偿,而是必须给出额外因素以证明距离上的接近性。^③

　　因此,为了证明接近性,就必须回到公认的普通法原则。如上所述,在普通法中,为了获得损害赔偿,实有必要对受影响的财产证明其所有人权益。当损失为纯经济损失时,索赔人必须额外证明"不仅发生了损失,而且这些损失的发生是可以预见的"。^④这为索赔人提出了一个重大的障碍,因为,他们的营业场所根本不在谢德兰群岛。此外,他们与卖鲑鱼的渔民也没有持续的合同关系,因为小鲑鱼是按需求供应的。^⑤他们转而提出自己的经营活动与谢德兰群岛鲑鱼产业"紧密联系"和"紧密结合"在一起的诉求,但是,吉尔大法官认为这不足以证明必要的接近程度:

　　　　当检视原告所主张的主要事实时,会很清楚的发现,原告只不过是在受污

---

　　① Landcatch, 567.

　　② Ibid., 569.

　　③ 同上。伯爵大人参考了休会期间特设工作组第七会议报告[His Lordship referred to the Report of Seventh Inter-Sessional Working Group (1994), paras. 7.2.25-7.2.30]。

　　④ Landcatch, 570.

　　⑤ 其实,吉尔大法官在第569页中提到,即使原告与鲑鱼渔民之间存在合同关系,也不能在该案中给原告更多的支持。受损财产所有者以外的其他人,如那些与财产有合同利益关系的人,不能由于损害而导致合同的预期经济利润损失而提出索赔。See Candlewood Navigation Corporation Ltd v. Mitsui OSKLines [1986] AC 785.

染地区从事鲑鱼养殖业务的渔民的潜在贸易供应商。①

原告最后的、也许是最缺乏说服力的理由是，法院应遵循"朱尼尔·布鲁克斯诉威驰公司"（Junior Brookes v. Veitchi Co）②案例的裁决，该案例中，尽管不存在能够将当事人联系在一起的额外因素，例如合同，经济损失还是得到了补偿。尽管该裁决尚未被明确推翻，然而在后来的案例中，上议院已经作出与这个裁决明确的区别，并尽力将这一裁决限制于该案的具体事实。③ 虽然，在这个特别案例中，双方没有直接的合同，但原告指定了被告的分包商的事实表明"当事人之间的关系看起来是如此密切到可以省略了实际的合同利害关系"。④

该裁决上诉到苏格兰最高民事法院上诉庭第二分庭作出了维持裁决的决定，⑤但是，作为判决的附带意见，也承认严格遵守经济损失必须依附于 112 实际损害才能获得补偿的概念，将排除渔民提起索赔的要求。麦克拉斯基（McCluskey）大法官认为，在这种情况下，捕鱼机会的损失可以被看作是立即的和直接的实际损害：

> 就我所关注的渔民而言，对于其通常捕鱼水域的污染不是对其人身或其财产的实际损害；石油没有接触到他或属于他的任何财产；没有污染他本人、他的船或者设备。不过，在我看来，他生计的损失可以被恰当地认为是船舶排放或泄漏石油造成的污染进而导致直接的和立即的损害。污染并非通过一连串的事件而最终导致他蒙受损失或损害。恰恰相反，该污染是即时的、直接的，在本案例中也是造成他损失的唯一原因。⑥

---

① Landcatch.

② ［1983］1 A.C. 520.

③ See, for example, D and F Estates Ltd v. Church Commissioners for England [1989] AC 177, 202 (Lord Bridge).

④ Landcatch [1998], 571 (Lord Gill).

⑤ ［1999］2 Lloyd's Rep 316.

⑥ *Ibid.*, 332.

这是因为,对于遭到破坏的资源,渔民可以被认定为具有"直接的经济利益"。因此,对于这一资源的破坏可以被视为是对这种"经济利益"有着直接的影响。麦克拉斯基大法官将渔民和那些为渔业提供设备和燃料的人予以区别。他们的损失仅一步之遥,因为他们的经济利益在于渔业本身,而不是渔业所收获的资源,因此:

为商船提供散装柴油的批发商,或是向经销商销售网具进而销售给渔民的网具制造商,可能由于其市场的破坏而在经济上遭受损害;但他的经济损害或损失并不是直接由石油污染或污染物所造成的。而是直接由交易者决定不购买他所销售的商品所造成的。①

通过这种策略,麦克拉斯基大法官将闸门牢牢地关上。

基于"兰德卡钦"案例的裁决,受溢油事件影响的其他行业所提出的经济损失索赔也都被驳回了。这包括了 P&O 苏格兰渡轮公司由于顾客流失而提出的索赔。② 英格兰上诉法院在"阿尔格利特航运有限公司诉国际石油污染赔偿基金"(Algrete Shipping Co. Ltd. v. International Oil Pollution Compensation Fund)③的案例中,仿效其苏格兰同行的做法,该案例是源于近期发生在不列颠群岛的另一个重大油轮溢油事件,即海洋皇后号油轮在米尔福德－哈文镇外搁浅。该案例中的索赔人经营海螺加工业务,主要出口到远东,其声称遭受了数十万英镑的利润损失。原告试图与"兰德卡钦"案例作出区别,其理由是在"兰德卡钦"案例中的原告只是渔业的产品供应商,而本案例中的索赔人是被污染的产品的预期接受者,因而具有直接的经济利益。就这一点来说,他们的损失更类似于捕鱼业所遭受的损失,就如同上面所说的,由于他们依赖海洋维持生计而被认为处于一种特殊地位。上

---

① [1999] 2 Lloyd's Rep 332.
② P&O Scottish Ferries v. The Braer Corporation and another and international Oil Pollution Compensation Fund [1999] 2 Lloyd's Rep. 316.
③ [2003] 1 Lloyd's Rep. 327.

诉法院驳回了这一理由,因为在一个失意的买家和一个失意的供应商之间的差别太细微了根本无法作出区别。① 此外,鱼类在作为一种自然资源与其从自然环境中被捕获后而作为一种产品之间有本质的不同。各类当事人,包括批发商和餐馆,可能都与鱼类产品有利益关系,但这种纯经济利益与捕鱼业和海洋自然资源之间的独特联系在本质上是完全不同的。②

　　这些判决中关于捕鱼业性质的意见,引发了一个有趣的问题。它们表明,对于受污染的自然资源所具有的经济利益,尽管没有实际所有权,仍然可以被看作与受损害的资源具有联系,并足以提起经济损失的索赔。但这并不是说,这些意见背离了普通法,因为,这些意见明确涉及渔民这类比较特殊的情况,以及渔民与大海的独特关系。③ 然而,这些意见的重要意义在于法院似乎承认如果严格应用普通法关于实际损害的检验,在某些情况下,即便不说是荒谬的结果,也会导致不公。同时,这也表明在专门的环境责任制度中,即后续章节中将要讨论的情况,可能有必要针对经济损失的可补偿性问题考虑一个较为灵活的方式。

　　尽管如此,依照目前的情况来看,很明显,英国法院对于经济损失的补偿仍将采取谨慎的态度。在法定义务和补偿制度中,对经济损失的补偿缺乏明文规定的情况下,法院不会偏离现有的限制性普通法原则。

　　在美国,因为一艘油轮灾难事件,经济损失问题也被凸显出来,而且其损失的规模更大。

　　1989 年 3 月 23 日午夜过后不久,超级油轮埃克森·瓦尔迪兹号正在通过阿拉斯加威廉王子湾一处险峻的海峡。船长是约瑟夫·黑兹尔伍德(Joseph Hazelwood),他曾有一段很长的酗酒史,他的雇主们也都知晓此事。他自己承认事发当天晚上喝酒了,在油轮准备开始执行一个难度较大的转弯之前两分钟,他离开了船桥,留下一个没有经验的三副来执行操控。

---

　　①　[2003] 1 Lloyd's Rep.,[26] (Mance LJ).

　　②　*Ibid.*,[27].

　　③　正如下面将要看到的,在美国,关于海事侵权行为导致的经济损失赔偿的一般禁令,其中一个明文的例外就是针对渔民的。

午夜后不久,油轮撞上了布莱礁(Bligh Reef),船体破裂致使 1.08 千万加仑的石油泄漏,造成有史以来最大的环境灾难。除了下文将讨论的对植物、动物和生态系统的总体影响之外,灾难对当地经济产生了毁灭性的影响。正如"布雷尔号油轮"案例的情况,首当其冲的就是渔业。除了渔民本身之外,其上游行业和鱼类加工厂都遭受了损失。与"布雷尔号油轮"案例更相似的一点就是,这些损失在本质上大多数都是经济性的,因为许多企业均远离污染区域。

　　灾难引发了旷日持久而复杂的法律论战,包括个人诉讼和集体诉讼。① 遭受经济损失的当事人在州和联邦法院同时提起民事诉讼。② 其中一个需要解决的先决问题是应该适用"州的普通法"还是"海事法"。这个问题至关重要,因为就海上侵权行为其经济损失很难得到补偿。③ 霍兰德(Holland)法官在美国联邦地方法院开庭审理中认定,该事项应根据海事法审理,因为本案的情形满足了"属地原则"和"海事关联"检验标准。因此,联邦法院裁定本案应作为海上侵权行为来审理。此外还裁定,海事法优先于过失侵权、侵入他人土地和妨害等普通法侵权行为。此举立即减少了联邦法院所面临的经济损失索赔,而根据海事法,纯经济损失索赔则严格受限于"罗宾斯干船坞"(Robins Dry Dock)规则④。这就排除了海上侵权行为引起的所有的纯经济损失索赔。因此,一般来说,美国的海事侵权法反映了英国普通法在这个问题上的立场,亦即只有那些被油污接触到的人才具有索赔资格。然而,关于渔民所遭受的经济损失则是一个例外,这是 1974 年上诉法院第九辖区作出的裁决。⑤ 然而,即便这是个例外,在联邦法院中,霍兰德法官对

　　① 主要的审判是在美国阿拉斯加州地方法院举行的,从 1994 年 5 月 2 日到 9 月 16 日。See The Exxon Valdez, A89-0595-CV(HRH).

　　② 美国法律制度的一个特点是,联邦法院和各州法院可以就同一事项享有共同管辖权,并且可以得出不同的结论。这种重叠管辖权致使"埃克森·瓦尔迪兹号油轮"的诉讼案例变得复杂而旷日持久。

　　③ 一般来说,根据美国普通法制度的侵权行为,经济损失并不严格限定于那些遭受实际损害的人。相反,法院适用"近因"分析,并不排除对纯经济损失的索赔。

　　④ Robins Dry Dock & Repair Co. v. Flint, 275 U.S. 303 (1927).

　　⑤ Union Oil Co. v. Oppen. 501 F. 2d 588 (9th Cir. 1974).

其的适用是非常严格的,其结果就是只允许渔民针对收成损失索赔。关于渔船和捕捞许可证贬值的索赔并未获受理。①

　　然而在州法院,肖特尔(Shortell)法官得出了一个有些不同的结论,其中指出,除了可以根据州的普通法提起索赔之外,还可以根据海事法提起索赔。然而,随着诉讼的进展,埃克森公司将越来越多的索赔转移到联邦法院管辖下,从而适用于更严格的经济损失补偿规则。②

　　"埃克森·瓦尔迪兹号油轮"诉讼案例凸显了有史以来最大的环境灾难所造成的经济损失补偿问题的复杂性和不确定性。这一事件促使相关立法作出立即的回应,并最终形成了 1990 年的《石油污染法案》(Oil Pollution Act 1990,OPA),该法案力图将制定法和普通法中关于处理此类问题的零散规则加以整理。然而《石油污染法案》并不具有追溯性,这意味着它不能用于解决"埃克森·瓦尔迪兹号油轮"纠纷。直到二十年后,这一法律面临了其最大的考验,一个远超过任何人可能想象到的最坏情景。

　　直到最近,"埃克森·瓦尔迪兹号油轮"案例仍然是美国有史以来最严重的环境灾难的代名词。然而,在 2010 年这个最不受欢迎的称号被"深水地平线"案例所代替了,其漏油规模是"埃克森·瓦尔迪兹号油轮"案例的数倍,从而使后者相形见绌。"深水地平线"是一个可移动的海上钻井平台,其技术非常先进,用于开发埋藏在最深处且难以接近的石油储备。它被租借给英国石油公司(British Petroleum,BP),该公司获得了墨西哥湾深海储备石油的勘探权。2010 年 4 月 20 日钻井平台在墨西哥湾麦肯多油井钻探,距路易斯安那海岸约 41 英里。在那个灾难性的一天,"井涌"引起了爆炸而导致 11 人丧生并彻底摧毁钻井平台。在这种情况下,一个被称为防喷

115

---

①　联邦法院在"经济损失"和"利润损失"之间作出了区别;奥普恩(Oppen)规则被解释为只适用于利润损失的一项例外。

②　虽然,如上所述,州和联邦法院享有共同管辖权,针对联邦法律所关注的某些方面而言,这件事必须移送到联邦法院;参见"赛普龙诉利格特集团"[Cippollone v. Liggett Group, Inc. 505 U.S. 504 (1992)]。埃克森公司的律师很巧妙地识别出与联邦有关的问题,从而能够将很大一部分的索赔转移到联邦法院。在诉讼的早期,他们已经发现相比于阿拉斯加州的地方法官布莱恩·肖特尔,联邦法官霍兰德对于被告的处境是比较同情的。

器(Blow Out Preventer，BOP)的设备应该自动启动封住井口，从而防止石油泄漏。由于设备的设计和维护不良等一系列技术原因而导致这项机制失灵。于是石油勘探史上一个最严重的石油泄漏事件发生了。三个多月媒体铺天盖地的报道所展现的都是石油从油井源源不断流出的照片，只有相对少量的石油能够被海上救援人员抽出。[①] 直到八月初，将一个泄压竖井以一个角度与油井交叉，从而将泄漏点堵住，这在工程上是令人惊讶的壮举。这是利用泵将沉重的钻井泥浆和水泥送入竖井中从而把油井完全堵上。然而，到了这个阶段，石油泄漏已经对该地区的野生动物、渔业、旅游以及其他行业带来毁灭性的影响。[②]

　　作为钻井平台的承租人和开采权的所有人，英国石油公司不可避免的成为愤怒的政客和世界媒体攻击的对象。然而，牵涉其中的其他当事人包括越洋钻探公司，它是英国石油公司的承包商，其拥有并经营钻井平台；卡梅伦国际和哈里伯顿公司的土木工程公司，提供、安装并调试防喷器及相关的基础设施。此外，英国石油公司与美国阿纳达科石油公司(25％)和日本三井物产株式会社(10％)共享开采权，其中英国石油公司享有较多股份。《石油污染法案》的目的是将责任集中于开采权所有人和钻井平台操作者——"责任主体"；这将包括英国石油公司及其合作伙伴和越洋钻探公司。服务及设备供应商通常受到服务合同中保障条款的保护，据此，现场操作方实际承担了所有的损失而不论原因。例如，哈里伯顿公司提供的水泥被指控有缺陷，并导致了防喷器故障。这些保障条款将保护哈里伯顿公司免于承担由于环境损害、经济损失等等所引起的法律责任。然而，这些条款也可能包含一些条件，如果发现有重大过失或故意行为，则不再受到该条款的保护。

---

　　① 据估计，泄漏到墨西哥湾地区的原油惊人地达到 490 万桶(200 百万加仑)，而只有 80 万桶被回收。See *BP Oil Spill：Disaster by Numbers*，The Independant (London，Sept. 14，2010)，http://www.independent.co.uk/environment/bp-oil-spill-disaster-by-numbers-2078396.html# (accessed Mar. 31，2011)。

　　② 关于灾难背景、原因和影响的资料堆积如山。英国广播公司制作的一个纪录片很有参考价值：《关于深水地平线灾难我们知道什么？》(*What do we Know about the Deepwater Horizon Disaster？*，BBC News，Sept. 8，2010)。

在这种情况下，供应商可能会发现自己面临就其对事故的贡献所应承担的全部责任。出于这个原因，初步报告中备受批评的哈里伯顿公司和其他供应商将会对于此类行为的任何指控竭力辩护。[1]

这就是灾难的规模及其直接的环境和经济影响，如果该事件通过法院慢慢地解决赔偿责任，这将是不可想象的拖延。在世界媒体众目睽睽之下，英国石油公司的高管们被召集到华盛顿与美国总统奥巴马举行面对面的会议。[2] 且不论法律责任如何，英国石油公司同意设立一个 200 亿美金的托管账户（或信托基金），用于即时支付庭外和解，并作为其承担最终法律责任的保证。[3] 一些索赔可能比较简单明确，包括根据"奥普恩"例外原则，那些由渔民就其不可恢复的经济损失提起的索赔；其他索赔似乎要复杂得多，可以预期其结果是诉讼将很可能要耗费若干年。如上所述，"埃克森·瓦尔迪兹号油轮"案例的一些诉讼长达 20 年，最后以美国最高法院的惩罚性损害赔偿的裁决而告终。

《石油污染法案》内容广泛，除了涉及石油的运输和配送之外，还包括海上钻探。在澄清"深水地平线"灾难中哪些类型的经济损失可以提起索赔方

---

[1] 经过深入调查事故原因，调查委员会对哈里伯顿公司所提供水泥的成分提出了一些批评，但哈里伯顿公司极力反驳这些调查结果，并将在后继的质询中持续坚持意见。调查报告详见英国石油公司深水地平线石油泄漏事故国家委员会（National Commission on the BP Deepwater Horizon Oil Spill），《深水：海湾石油灾难和海上钻井的未来》[Deep Water: The Gulf Oil Disaster and the Future of Offshore Drilling，向总统的汇报报告（最终版），2011 年 1 月]，参见 http://www.oilspillcommission.gov/final-report（accessed Mar, 23, 2011）。关于哈里伯顿公司对委员会初步调查结果的回应，参见哈里伯顿公司，《哈里伯顿公司对全国委员会水泥试验的评论》（公示版，2010 年 10 月 28 日），参见 http://www.halliburton.com/public/news/pubsdata/press_release/2010/corpnws_102810.html。

[2] See T. Webb and T. Hill, BP to Pay Out USD 20bn after Meeting with Obama, The Guardian（London, June 16, 2010），http://www.guardian.co.uk/environment/2010/jun/16/bp-20bn-trust-oil-spni.

[3] US Department of Justice, Statement of Associate Attorney General Tom Perrelli on Deepwater Horizon Escrow Fund（Press Release, Aug. 9, 2010），http://www.justice.gov/opa/pr/2010/August/10-asg-910.html（accessed Mar. 22, 2010）；BP, BP forms Gulf of Mexico Oil Spill Escrow Fund（Press Release, Aug.9, 2010），http://www.bp.com/genericarticle.do? categoryId=2012968&contentld=7064316（accessed Mar. 22, 2011）。

117　面,《石油污染法案》将发挥至关重要的作用。① 该法第 2702 条规定了可以
获得赔偿的损害的类型,其中包括"由于对财产或自然资源的损害而导致的
利润损失或收入能力的损害"。② 这种性质的损失显然是经济性的,而且,
许多人希望它能够澄清何种类型的经济损失可以提起索赔。由众议院的会
议报告所提供的导则并没有提供什么帮助,但是其中它选用了渔民的例子
来说明可以提起经济损失索赔的类型。③ 鉴于此类索赔在普通法领域已经
获得确认,因此,几乎算不上有什么进步。尽管如此,舆论仍然普遍认为立
法倾向于扩大可以提起经济损失索赔的类型。④ 由此就提出了这样一个问
题,即用什么样的管控机制可以确保闸门不会被扯开的太大,以免行业被沉
重的经济负担所累。佩里的观点是应用"疏远性检验"在不同类型的经济损
失索赔之间作出区别。事实上,在"埃克森·瓦尔迪兹号油轮"诉讼案例中
就使用了这样的做法,以识别根据不同的州法律所允许提起的经济损失索
赔。⑤ 此外,除非发现有重大过失,否则海上钻探运营商的赔偿责任上限为
7500 万美元。⑥ 在撰写本书时,这个问题仍然没有得到解决,而且这个问题
对于英国石油公司的赔偿责任范围来说是至关重要的。尽管在设立 200 亿
美元托管账户时已经考虑了这种可能性,如果英国石油公司被发现存在重
大过失,从而其赔偿责任上限被移除,其结果是英国石油公司的赔偿责任可
能是无限的。

　　就"深水地平线"灾难的规模和其恶名而言,这一事件中《石油污染法

---

　　① 有关在深水地平线灾难中,《石油污染法案》在何种程度上扩大了经济损失索赔范围的分
析,参见 R.佩里(R.Perry),《深水地平线溢油事件及民事责任限制》[*The Deepwater Horizon Oil
Spill and the Limits of Civil Liability*, 86 Wash. L. Rev. 1 (2011)]。
　　② 1002(E)部分。
　　③ H.R. Conf. Rep. No. 101-653 (1990), at 103.
　　④ 参见佩里(第 43 页),在给出这一观点时,他列举了根据该法案提起诉讼的一些早期案例。
　　⑤ 佩里,第 44 页。
　　⑥ 移动式钻井平台被列为船舶,而其运营者的赔偿责任受同一准则予以封顶,参见:OLA §
2704, section 1004 1(a)(1)(A)。这是根据船舶总吨每吨 1900 美元,或者 1600 万美元,以较高者
为准。因此,根据一些初步估计,越洋公司的清理成本可能达到 6500 万美元。除非存在重大过失
或故意行为,海上生产设施运营商作为一个整体,即开采权所有人等,其赔偿上限为 7500 万美元。
参见:OLA § 2704, section 1004 (a) (3)。

案》的适用已经成为很多学术炒作的题材,这一点并不奇怪。其中,佩里提出了一个非常有趣的问题[1],佩里对于"埃克森·瓦尔迪兹号油轮"灾难之后,法律如何分配损害赔偿的做法颇有微词。特别值得注意的是事实上,对经济损失索赔采取相当严格的做法,而在惩罚性赔偿的必要性方面却做了大量工作。根据佩里的观点,限制经济损失而同时却扩大惩罚性赔偿会导致不恰当的结果。限制经济损失补偿的主要理由是避免打开闸门并将赔偿责任限定在合理的范围内。但是,惩罚性赔偿却将问题拉向相反的方向而扩大了赔偿责任,从而抵消了对经济损失采取谨慎态度的稳健做法。此外,它在分配公正方面也有重大影响。判定惩罚性损害赔偿而排除经济损失索赔会导致某些当事人由于其获得的损害赔偿超过其实际损失而获得意外之财,而其他当事人则什么也得不到。

　　佩里认为《石油污染法案》在某种程度上试图纠正这种不平衡现象。事实上,如果存在重大过失,则赔偿责任上限将被去除,那么必须提供的理赔资金就要增加。然而,该法案的相关政策似乎明确指出,这些资金应该用于支付更多类型的索赔,而不应该以一种集中形式作为保障有限当事人利益的惩罚性赔偿金。对于《石油污染法案》,佩里的主要保留意见是其使用"重大过失"作为决定是否应当去除赔偿责任上限的标准。他认为,根据"危害的严重性"作出判断可能会更好。的确,如果发现英国石油公司不存在重大过失,那么赔偿责任上限将严重限制英国石油公司的责任范围,而其应支付的总损害赔偿金将无论如何也不能反映真实的总体损害成本。事实上,由于案件的政治和经济影响,英国石油公司已表示将不会寻求根据该法案的条款对其赔偿责任作出限制。[2] 事实上,设立赔偿基金是种优惠待遇,也不会反映出英国石油公司的实际法律责任。然而,要保证赔偿责任方案足够

---

　　① 佩里,《深水地平线溢油事件及民事责任限制》。

　　② 根据提交给美国联邦休斯敦地方法院的文件。See *BP turns down Legal Right for $75m cap on Gulf of Mexico Liabilities*, The Telegraph (London, Oct. 19, 2010) http://www.telegraph.co. UK/finance/newsbysector/energy/oilandgas/8074593/BP-turns-down-legal-right-for-75m-cap-on-Gulf-of-Mexico-liabilities.html# (accessed Mar. 22, 2010).

全面,同时又要避免采用无法承受的赔偿责任而削弱整个行业,就需要在二者之间取得微妙的平衡。如上所述,在"埃克森·瓦尔迪兹号油轮"诉讼案例中,有可能根据某些阿拉斯加州法律而提起一些经济损失索赔。在这些案例中,法院应用可预见性的方法过滤掉一些比较牵强的和衍生性的经济损失索赔。[1] 但必须承认,损害的预见性掩盖了众多政策方面的考虑,而且必然地会导致在某处必须给出武断的分界点。但是,相比于目前对于经济损失索赔的僵化的"明确界限"规则,它至少提供了一个比较灵活的方式。[2] 至于《石油污染法案》,佩里设想了一个制度,经济损失索赔将根据最直接被影响的受害者为核心,如渔民,来进行分类。其他类别将向外扩展,以涵盖那些非直接被影响的群体,包括捕鱼业的设备供应商、旅游休闲业等。这样,赔偿责任可以直观的表现为一系列同心圆,渔民在中心,其他类别在外圈。[3] 当然,这种做法的主要反对意见认为它缺乏确定性。损害赔偿是否应支付给,例如,一个潜水学校,将取决于灾难的规模,或任何选定的其他标准。这与普通法的做法完全不同,在普通法中,一个人或是有义务不向沿海倾泻石油以避免对潜水学校造成经济损失,或是没有这种义务。从潜水学校的角度来看,不论是由重大过失造成的,还是重大灾难的一部分(而不是一个比较轻微的事故),其损失是相同的。佩里毫不犹豫的提出反驳,对于建立一种更为灵活的补偿制度而言,这种确定性的损失是可以接受的代价,这种补偿制度可以更准确地反映真实的损害成本,并且实现更大的分配公平。他同时还认为,这种方法比惩罚性赔偿的应用具有更大的确定性。然而,这种观点并不适用于英国,正如我们上面所看到的,惩罚性赔偿现在几乎不为人所知。

　　未来几年,在"深水地平线"诉讼案例中《石油污染法案》将如何被解读

---

　　[1]　参见佩里,第 44 页。一个不符合这项检验的索赔案例是关于加州司机抱怨汽油的额外成本的案例。

　　[2]　由于这些原因,埃德蒙-戴维斯法官,在"斯巴达钢合金厂诉马丁公司"(Sparton Steels and Alloys v. Martin[1972]3 ALL ER557,569-571)案例的异议判决中,反对排除经济损失索赔的一项不灵活政策,而倾向于依据伤害可预见性的方法。

　　[3]　在集体诉讼中,索赔都被分为不同的类别。

还有待观察。毫无疑问,许多当事人都希望它会被用于促进扩大经济损失索赔范围,从而突破目前仅限于渔民的狭窄例外案例。的确,在没有法定干预的情况下,在普通法中很难就经济损失给予补偿。即便是在制定法优先于普通法的情形下,英国的判例法表明,由于在制定法中没有明确的专业术语定义的情况下,法院倾向依据普通法中的可补偿损失的概念。对于《石油污染法案》在经济损失问题上是否足够清晰,以至于可以依据前述构想的方式来扩大可补偿性,仍存在一些疑问。经济损失的闸门效应一直是这一问题的核心,这也解释了为什么法院采取谨慎方法的原因。然而,尽管还需要替代的控制机制,如赔偿责任上限或是可预见性检验,但没有任何理由不就此类型的损害而采用一种更灵活的方式。

(三) 无形的环境价值

上述评估环境损害的方法侧重于有形损失,例如恢复资源的价值或环境事件的经济影响。然而,从这种角度出发其实是对环境要素价值采取一种狭隘的观点,因为其专注于对人类的直接价值。但是,环境价值超越了这些直接考量还包括无形因素,例如由野生动物和未受污染的景观所带来的愉悦。这些有时被称为"被动的使用价值",因为它们不涉及对环境有任何实际影响的活动。多年以来,一直有经济方面的争论,主要发生在美国,争议内容包括这些价值是否能够以货币形式被量化,以及他们是否应该成为损害赔偿协议的一部分。

虽然,条件价值评估法(the Contingent Valuation Method,CVM)仍然饱受争议,但是它是最广泛使用的方法。总之,这种方法的目的是确定人们对于改善环境质量的支付意愿(Willingness to Pay,WTP),或者,他们放弃这样的改善从而接受补偿的意愿(Willingness to Accept Compensation,WTAC)。[①] 这种方法依赖于稳健调查技术并包括多个步骤。第一步需要建立"假想市场",例如,研究人员可以虚构一种情景,调查参与者被告知清 ¹²⁰

---

① See N, Hanley, J.F. Shogren & B. White, *Environmental Economics in Theory and Practice*, 384-401 (MacMillan 1997).

理受污染土地并建立自然保护区的计划。当然,他们也被告知这些都需要费用,并有可能会提高地方税。第二步应用问卷调查方法以确定参与者的支付意愿或接受补偿意愿。换句话说,他们愿意为建立保护区支付多少费用,或者,他们愿意接受多少补偿费用,从而将受污染土地弃之不顾或在那里建立另一项污染活动。一旦收集到这些数据,剩下的工作就是简单地计算这些数值的平均数或中位数平均值,即参与者对于环境质量改善的支付意愿或者放弃这种改善从而接受补偿的意愿。① 最后一步,将计算结果外推,计算人群总体对环境质量改善的支付意愿或者承受环境退化的接受补偿意愿。

　　尽管围绕该方法的可靠性争议不断②,在"埃克森·瓦尔迪兹号油轮"诉讼案例中,它获得了法律的认可作为确定无形环境价值的一项合法手段。③ 在审理过程中,埃克森公司的律师试图抹黑这种方法,并将其排除在任何损害赔偿协议之外。著名经济学家组成的一个独立小组对该技术的可靠性进行了评估。在他们的最终报告中,虽然也提出了一些指导方针,但他们对这一方法还是给予了谨慎的认可。然而,就整体的赔偿协议而言,因为,根据埃克森公司营业额计算的惩罚性损害赔偿金占据了损害赔偿金的绝大部分,与其相比,条件价值评估法的结果是微不足道的。关于捕鱼收成利润损失的计算和该地区产业受到不良影响的长期性经济后果,也使条件价值评估法的计算结果相形见绌。

----

　　① 虽然,这是一个过于简化的公式,但其中所涉及的经济理论已经超出了本书的范围。总之,数据经过多种经济学代数公式加以过滤。这些经济学代数公式被设计用以修正在这类调查数据中常常会出现的某些误差和偏见。

　　② 同上。关于该技术的主要困难是如何克服偏差问题。例如,调查发现,很多人总是夸大他们的支付意愿,因为他们知道调查是假设性质的。针对调查工作本身以及数据分析两方面,都采用了不同的方法以修正偏差。但是,这些方法本身也可能是学术争论的主题。

　　③ 其实该方法早已获得认可,根据《综合环境反应补偿和责任法案》(Comprehensive Enviornmental Response, Compensation and Liability Act, CERCLA),在清理受污染土地时,接受该方法作为评估被动使用价值的一种手段。See State of Ohio v. Department of the Interior 880 F.2d432 (D.C.Cir. 1989).

二、强制令

强制令是自由裁量的救济措施，其源于衡平法院的衡平法管辖权。最常颁发强制令的情形通常涉及持续侵入他人土地或妨害，尽管并没有理论依据说明为什么不能针对所有形式的侵权行为来颁发。作为一项自由裁量的救济措施，法院可以考虑多种因素，包括危害的严重性以及颁发强制令可能对原告产生的影响。特纳(Turner)法官在"戈德史密斯诉坦布里奇·韦尔斯市改善委员会"(Goldsmith v. Tunbridge Wells Improvement Commissioners)的案例中，总结了法院应该颁发强制令的情形：

> 并不是对于每种妨害，法院都应干预。我认为，对于那些仅仅是暂时的或轻微的伤害，法院不应干预；但我认为，对于永久性的和严重的伤害，法院应当干预；在确定伤害是否严重时，应考虑到可能由此产生的所有后果。①

(一) 禁止性强制令

这种命令要求停止持续的侵权行为，因此与所有人权益的恢复紧密相连，亦即使用、享有和独占的权利。因此，在实施这种救济措施之前并无需证明实际损害。由于这种救济措施是由法官自由裁量作出，并且要求法院考虑可能由此产生的所有后果，它与土地利用冲突方面的妨害是牢不可分的。这是因为法院必须在原告遭受的损害与要求被告停止侵犯行为的后果之间寻求平衡。通常的情形是能够消除防害而对被告也没有造成显著损失。② 但是，当禁止行为实施可能造成被告重大损失，甚至导致被告工厂关闭的时候，法院可能会针对被告行为的效益和原告对于土地使用权益的一般性保护之间加以权衡。在过去，对于这种做法存在许多强烈的司法上的

---

① (1866) 1 Ch. App. 349.

② 正如新西兰的案例"新西兰银行诉格林伍德"(Bank of New Zealand v. Greenwood [1984]1 NZLR 525)，该案例中由被告出钱，在原告营业场所安装百叶窗，就可以减轻由被告窗户眩光所造成的妨害。

反对意见,例如,在"谢尔福诉伦敦市电气照明公司"(Shelfer v. City of London Electric Lighting Co.)的案例中,林德利(Lindley)法官说:

> 这种违法者在某种意义上是为公众谋利益者的情况……(从未)被考虑为是一项足够的理由以拒绝采取强制令来保护权利受到持续侵害的个人。征用,即使是从财政角度考虑,只有经议会批准才是合法正当的。[1]

因此,有时,法院以牺牲被告的业务为代价颁发禁止性强制令。尤其是"圣海伦斯冶炼公司诉蒂平"的案例。以损害赔偿金代替强制令的做法表明,法院很少采取强制令这一步骤,因此用补偿的手段更可行而且其后果对被告也较温和。

122　　正如下面将要看到的,判定损害赔偿以代替强制令的情形下,法院都面临一个两难困境,即强制令可能会导致一家庞大且成功的工业企业关闭,进而造成失业和经济损害。在"圣海伦斯冶炼公司诉蒂平"的案例中,被告实际将工厂搬迁到稍远处(虽然不是太远的距离),以应对颁给蒂平的强制令。这种解决方法并不总是可行的解决方案。在"法恩沃斯诉曼彻斯特公司"[2]的案例中,法院就面临这种两难困境,该案例是关于新建成的燃煤电厂排放二氧化硫而造成了农作物损害。创新的解决方案是暂停强制令直到进一步研究找到治理污染的方法。判例汇编并没有告诉我们本案的最终结果,然而历史资料表明电厂实际上安装了更高的烟囱以便污染物的扩散。[3]虽然,这种方案解决了眼前农作物损害的问题,但全然未知的是,它可能形成了跨界污染并促进了斯堪的纳维亚地区湖泊和森林的酸化。

(二)预防性强制令

在特殊情况下,当被告的行为如果被允许持续将不可避免的造成原告的伤害,可以申请这种类型的强制令。举一个假设的例子,如果泄漏的化学

---

[1]　[1895] 1 Ch. 287, at 315-316.

[2]　[1930] A.C. 171.

[3]　Roy Frost, *Electricity in Manchester*, 41-43 (Neil Richardson 1993).

物质罐桶堆放在邻近水道的土地上，下游流域河岸土地所有人就可以申请取得强制令，要求在任何化学物质渗入水道之前移除这些罐桶。在实践中，索赔人很少能够满足法院的要求证明所担忧的危害迫在眉睫，[1]以至于这种救济措施很少使用。无论如何，在上面所给出的假设案例中，一般下游流域土地所有人不太可能意识到潜在危害的存在，直到发生时就为时已晚。当行为与可能的危害之间的关系还存在科学不确定性时，这一标准就更加难以达到。[2]

例如，在爱尔兰"绍博诉埃塞特数码通信有限公司"(Szabo v. Esat Digifone Ltd)[3]的案例中，申请预防性强制令的尝试就以失败告终。在该案例中，被告要设置并运行一个移动通信基站，打算将基站安装在斯莱戈郡伊斯基警察局的屋顶上。临近学校的五名未成年人的代表提起了诉讼并申请预防性强制令，其理由是雷达天线的安装可能会对健康产生不利影响。原告的专家证人，费斯滕伯格博士指出，造成的健康问题可能包括注意力缺失紊乱症、失眠症、支气管炎、鼻窦炎和视力问题。此外他还预测，少数儿童可能发生"电敏感症"，进一步可能会导致神经痛和心脏的反应。被告的专家证人，沃尔顿(Walton)教授反驳说，本案例中所争议的辐射类型并非电离辐射。总之，这意味着它不具有足够的能量以破坏人体的分子进而导致癌症。同时，他还指出，学校附近早已存在一些非电离辐射源，而且比拟建的基站功率更大。

关于这个问题的诸多判例[4]使法官毫无疑问要求原告来证明该行为将导致预期后果的可能性极大。他特别提到了爱尔兰上诉法院对"首席检察官(博斯韦尔)诉拉思曼斯和彭布罗克联合医院董事会"[Attorney General

---

① 第五章第二节一中将对跨界污染进行更深入的讨论。

② Att. Gen. v. Nottingham Corporation [1904] 1 Ch. 673；Redland Bricks Ltd. v. Morris [1970] A.C. 652.

③ 未报告的，1998 年 2 月 6 日。案例记录在"5(1) I.P.E.L.J. 35 (1998)"上。

④ 如"首席检察官诉曼彻斯特公司"(Attorney General v. Manchester Corporation [1893] 2 Ch. 87)案中，申请预防性强制令试图阻止兴建天花病医院。

(Boswell) v. Rathmines and Pembroke Joint Hospital Board]①案例的判决，其中，副首席大法官表示：

> 它是一种预防性诉讼：规划中的医院尚未建设，但我们并非完全没有对于其可能产生影响的实验证据……。为了成立强制令，法律要求原告提供证据，以证明对于危害的担忧具有充分的理由，并证明实际且真实的危害——具有很高的可能性，几乎达到确实可靠的程度，也就是如果医院建立，那将是一个可诉的妨害。

在考虑这些关于电磁辐射影响的相互矛盾的科学证据时，葛黑根 (Geoghegan) 法官表示，法官不能形成自己的专家意见。在预防性诉讼中，如果矛盾的结果使法官对损害发生的必然性存疑，他不能推定原告已经完成了证明。法官意识到了原告的证据与过去五十年积累的主要科学证据并不一致的事实。② 因此，就目前的情况，他得出的结论是：

> 考虑到颁发永久性的预防性强制令之前对概率的严格要求，我很怀疑这里存在一个严重的问题需要被审理。

尽管在美国不使用"预防性"这个术语来描述这种类型的救济，也有可能针对预期损害而获得强制令救济。根据《侵权法重述（第二版）》，当预期危害发生具有"危险的可能性"时，原告有权就预期危害申请强制令。③ 这似乎比"确实可靠"的检验要宽松一些，因为其表明，风险不是立即的。

例如，在"威尔森威尔村诉 SCA 服务公司"（Village of Wilsonville v. SCA Services, Inc.）④的案例中，原告就化学废弃物填埋场对公众健康的威

---

① ［1904］I.R. 161.
② 这反映了弗伦奇法官在"雷伊诉英国核燃料有限公司"（Elizabeth Reay v. British Nuclear Fuels Ple）案例中使用的一致性检验。
③ Restatement (Second) of Torts s. 933 (1), at 561.
④ Supreme Court of Illinois, 1981. 86 I11.2d 1, 55 IU.Dec. 499,426 N.E.2d 824.

胁寻求强制令救济。现场处置的物质都有剧毒，包括多氯联苯、固态氰化物、涂料污泥、石棉、杀虫剂、汞和砷。这些化学物质通常用装于钢桶或增强纸袋中，而后放置在大坑中，其间以黏土充填。然后，在其上还要再覆盖约一英尺厚的黏土层，最后，以土壤将大坑填平。

该处有一个地下水源为当地居民提供了包括饮用在内等多重用途，虽然伤害还没有发生，但当地村民和农民担心，废弃物渗入到地下水源只是时间早晚的问题。在填埋场场址的正下方发现了一连串的废弃矿山巷道，煤炭开采时使用"房柱式开采"方法，将煤以柱状物的形态留下作为巷道支撑。时间长了，煤柱如果发生崩塌，填埋场就会发生下陷，从而污染地下水源。

伊利诺伊州最高法院被说服了，事实可以证明除非将填埋场关闭并清理干净，不然存在危害发生的"危险可能性"。被告辩称风险程度不能满足检验的理由被驳回。谈到在美国侵权法的领先工作时，克拉克（Clark）法官指出：

> 我们同意被告的法律陈述，但不同意其要求适用于本案例的事实。此外，普罗瑟教授做了一个简洁的评论。他说，"衡平法上的救济的一个显著特点是，它可以根据还没有发生的损害的威胁来作出。当某一行为极有可能会造成妨害时，被告将可能被限制从事该项行为，尽管如果这种可能性仅仅是不确定的或者视情况而定的，这由损害发生后的救济措施来决定。"［Prosser, Torts sec. 90, at 603 (4th ed. 1971)］这种观点符合伊利诺伊州的法律。

然而，"危险可能性"检验仍然难以满足大多数情况。与克拉克法官意见一致，赖安（Ryan）法官表示，标准不应该是僵化的。他认为，如果由污染所造成的损害可能非常严重，法院应当根据较低程度的概率而给予救济：

> 尽管本案例肯定符合"危险可能性"的标准，但由于被倾倒的化学品的潜在危险性质和可能的灾难性后果，即使事件发生概率远远小于呈现给法庭的事

实,我也会责令禁止该项活动。①

（三）强制性强制令

这种类型的强制令可用于要求矫正已经发生的实际损害。在"雷德兰砖块有限公司诉莫里斯"（Redland Bricks Ltd v. Morris）的案例中,厄普约翰大法官阐明了这种救济适用的情形。第一种情形即损害赔偿金无法完全补偿;这包括最好由被告本人亲自纠正损害的情形。例如,一个承包商在施工过程中对邻近物业造成损害,并且他仍在现场。在"雷德兰砖块"的案例中,除非被告采取预防措施否则原告土地将面临地层下陷的直接威胁。厄普约翰大法官给出的适用这种救济的第二种情形,是被告企图对原告或法院采取先发制人的措施。这种情形下,被告加速完成某一行为,其目的是向法院展示为"既成事实"。最后一点,大法官提到,强制令应尽可能精确地详细说明将采取的补救措施。

从表面上看,这种救济措施似乎提供了一个理想手段,要求被告纠正污染导致的任何持续损害,或清理累积污染以防止扩散,而后一种情形则包括受污染的土地。然而,必须还要考虑到"乔登诉诺福克郡议会及其他"（Jordon v. Norfolk County Council and another）案例的判决②,该案例中,被告购买土地以用于开发。他们错误地认为其购买的那片土地包括了属于原告的废弃铁路路基的一部分。他们的承包商非法侵入该片土地,砍掉其上生长的所有树木并开挖了一条排水沟。原告获得了强制性强制令,要求被告在合理可行的范围内,拆除排水沟并恢复植被以达到原告的专家合理满意的程度。原告的专家设计的工程方案未考虑成本,而且其设计将土地完全恢复到它被侵入以前的状态。这需要取得树围约 60—70 厘米完全成熟的树木,并将这些树木运送到现场,其运输价格非常昂贵,同时为了保证

---

① 赖安法官从《侵权法重述(第二版)》,关于预防性强制令一般要求的评论中找到证据支持这一结论:"即将发生的危害越严重,宁冒风险而判决危害太遥远的正当理由就越少。"[Restatement (Second) of Torts s. 933,at 561, comment b (1979)]

② [1994] 1 W.L.R. 1353.

树木移植成活还要安装复杂的灌溉设施。工程预算费用达到 231000 欧元，而非法侵入行为造成土地价值的降低估计仅为 25000 欧元。被告寻求撤销原决定，采用一个不那么宏大的工程方案，适用树龄较年轻的树木预计费用为 12000 欧元。被告辩称所谓"合理可行"不仅指工程可行性，也应包括财务上的可行性。

唐纳德·尼科尔斯(Donald Nicholls)爵士、副首席大法官认为，"合理可行"应包含成本考量，并且在确定成本时也应当考虑土地的价值：

> 在决定树木、绿篱和灌木应恢复到何种程度时，景观设计师应在成本合理，并考虑土地的性质和价值的限度内，并且只能在这个限度内制定方案。①

本案例中，即使不考虑树木砍伐后土地价值的减损，原告提出的恢复方案所需费用也数倍于土地的价值。因此，该方案不能被视为符合"合理可行的标准"。本案例的做法反映了对损害赔偿的评估，如果损害赔偿金与土地市场价值的减损不成比例，则将不予支持。

(四) 损害赔偿金代替强制令

1858 年的《凯恩斯勋爵法案》(Chancery by Lord Cairn's Act)(衡平法院的修正法案)首次授予衡平法院可以判决以损害赔偿金代替强制令的这个权力，而通过 1981 年的《高级法院法案》第 50 条，现在这个权力已经转归于高等法院名下。这与普通的损害赔偿金不同，因为它们是根据如果没有强制令就可能发生的未来损害而颁发的。

关于在什么样的情形下可以判定用损害赔偿金代替强制令的问题引起了很多争论。主要的问题是，用损害赔偿金代替强制令的裁决无异于强迫购买原告对于其财产不受干扰的使用、享有或独占的权利。这是因为支付损害赔偿金被认为是对于争端的全部最终的解决，其结果是未来如果妨害

① [1994] 1W. L. R. 1358B.

持续发生,原告无法重回法院寻求解决。① 因此,除非谨慎地使用该救济措施,否则它可能会助长极端的自由市场哲学而完全不考虑外部性。法院在相当长的一段时间中早已意识到这个问题。在"谢尔福诉伦敦市电气照明有限公司"的案例中,林德利法官指出,在赋予衡平法庭可以作出以损害赔偿金代替强制令的判决的这个权力时,立法机关并没有:

> 打算把法院变成一个使不法行为合法化的场所,或者换句话说,法院一直反对这样的观点,即仅仅因为违法者能够且愿意赔偿他所造成的损害就允许一个错误继续下去。②

尽管有这一主张,有时法院仍会根据被告需要支付给原告多少钱才能获得继续其行为的权利,来计算损害赔偿金额度。③ 鉴于林德利法官的告诫,A.L.史密斯法官(也参与"谢尔福"案例)制定出一些指导方针来确定法院是否应行使其自由裁量权以判决损害赔偿金来代替强制令:

> (1)如果对原告合法权益损害较小;(2)而且损害可以用货币来衡量;(3)而且以少量赔偿金就可以充分地补偿所受到的损害;(4)而且颁发强制令对被告

---

① 事实上,在过去这一点曾导致法院的决策障碍。在"安佳啤酒厂发展有限公司诉伯克利酒店(码头区发展)有限公司"[(1987) 38 L.R. 87]的案例中,斯科特法官认为损害赔偿金不能使被告处于与某人享有相邻财产地役权的相同地位。因此,从理论上讲,原告可以不断针对进一步损害提起索赔,只要侵入他人土地(如同本案的情形)的状态持续。然而,上诉法院在"贾格尔德诉索耶"([1995] 1 WLR 269,285H-286B)的案例中坚决反对这种观点。米利特法官排除了斯科特法官的观点,认为其"不合理",其理由是,"并不是损害赔偿金的判决而产生了批准被告错误行为的实质效果,而是拒绝强制令救济。此后,被告可能无权以被指控的方式行事,但却无法阻止他这样做。根据我的意见,法院可以适当地就强制令可以预防的未来错误,而给予'一劳永逸'的损害赔偿金。一事不再理的原则阻止原告和他的合法继承人就进一步侵权行为提起诉讼以求偿,即便是象征性的损害赔偿,因为原告已获完全的补偿。"

② [1895] 1 Ch. 287, 315-316.

③ 参见,"布雷斯维尔诉阿普比"(Bracewell v. Appleby [1975] 1 Ch. 406,419G-H):"……我认为为了估算损害赔偿金,他们和在希尔路的其他供役地所有人,就争议中的通行权,尽管不情愿,必须被视为愿意接受一个公平的价格……"(格雷厄姆法官)

来说是压迫性的：那么可以判决损害赔偿金来代替强制令。①

当运用"压迫性"准则时，法院必须特别小心处理，在"贾格尔德诉索耶"(Jaggard v. Sawyer)的案例中，掌卷法官托马斯·宾汉姆爵士指出：

> 应谨记这项检验是"压迫性"准则之一，这一点特别重要。法院不应不自觉地适用一般的"便利平衡"检验。②

这是指，在决定强制令是否会对被告造成压迫时，法院不应卷入判断被告行为的是非曲直。在"米勒诉杰克逊"(Miller v. Jackson)③的案例中，丹宁大法官持异议判决，该案例涉及是否应颁发强制令救济，以保护原告不被板球击中，他赞成这种"公共利益"的做法：

> 在这个案例中，我们的任务是在板球俱乐部在其场地打板球的权利和业主不受干扰的权利之间寻求平衡……。公共利益在于保护环境，在面临日益增加的开发活动之下保护我们的活动场地，并使我们的年轻人享受板球和足球等户外活动的乐趣。私人利益在于确保原告的家和花园的隐私，不被任何人闯入或干扰……。在目前这种新情况下，我们必须重新思考该如何行使自由裁量权……。或者板球俱乐部搬迁：但是天知道要搬到哪里。我并不认为在林茨地区有任何地方可以让他们搬过去。或者米勒太太必须搬到别处。由于他们之间的利益冲突，我认为，公众利益应优先于私人利益。板球俱乐部不应该搬走。④

康明－布鲁斯法官发现了可以支持这一观点的学术研究成果，引自《充满活力的衡平法上的救济》[Spry on Equitable Remedies(1971),365]：

---

① [1895] 1 Ch. 287, 322—323.
② [1995] 1 W.L.R. 269,283B.
③ [1997] 1 Q.B .966.
④ *Ibid*., 981D-982C.

　　"不仅要顾及原告和被告的绝对权利,同时还要顾及周遭环境,以及或多或少涉及其利益的其他人的权利"。所以,当原告表面看来有要求特殊救济的权利,如果有这样的机会,面对如果不给予救济原告将遭受的损失和困难,和给予救济而对第三方或一般公众所造成的损失和困难,衡平法院将在两者之间予以权衡。

　　这个推理被应用于"肯纳韦诉汤普森"(Kannaway v. Thompson)[①]案例的初审中,原告针对使用附近湖泊的一个汽艇俱乐部所产生的噪声妨害寻求强制令救济:

　　　现在的问题仍在于我是否应该发出强制令。我非常认真地考虑了这个问题,以及本案例中的损害是否符合实质性损害的问题。根据我所听到的,我得出的结论是,这个俱乐部具有重要的公共利益,很多人都参加了这个俱乐部,如果我发出了这个强制令,在任何情况下都会是一种压迫,不同于我之前所指出的强制令仅仅会引发进一步的诉讼。[②]

　　在上诉过程中,公共利益的做法受到坚决反对,上诉法院再次肯定了林德利法官在"谢尔福"案例中的反对意见,其认为被告行为的效用应予考虑:

　　　丹宁大法官关于公众利益应优先于私人利益的声明与"谢尔福"案例所阐明的原则背道而驰,也与康明—布鲁斯法官拒绝颁发强制令的理由不相符。我们认为,"米勒诉杰克逊"案例([1977] Q.B. 966)对我们没有任何约束力,这使得我们在"谢尔福"案例中能够作出如是的决定……并对公众利益应优先于私人利益的主张必须根据"谢尔福"案例的判决来解读的这一提议提供了支撑。[③]

　　目前,当决定是否使用自由裁量权的时候,被告的行为似乎是最重要的

---

①　[1981] 1Q.B.88.

②　*Ibid*.,92C.

③　*Ibid*.,93F-G.

因素,在"贾格尔德诉索耶"的案例中,掌卷法官托马斯·宾汉姆爵士认为:

> 如果被告毫不掩饰其行为而且有计划地忽视他们所意识到的原告权利,在权衡上就不利于强制令造成的压迫。①

这就是被告故意的企图而向法庭呈现既成事实的情形,例如,加紧完成一个违反契约合同的建筑。在这种情况下,法院可以决定授予强制令②,然而,如果被告是诚实的,但却误以为其行为合法则不属于上述情形。③

上面指出,当被告是一个大型的盈利企业,提供就业机会并具有广泛的经济影响时,法院常常面临两难的困境。爱尔兰的"贝柳诉赛门特有限公司"(Bellew v. Cement Co. Ltd)案例就是一个著名的案例,该案例中法院打算不顾可能引起的经济损失而颁发强制令。④ 在"贝柳"案例中,强制令颁发导致被告工厂关闭 3 个月,尽管事实上它是爱尔兰唯一的水泥工厂,而且其在建项目是当时国家的优先项目。这就提出这样一个问题,是否可以适用自由裁量权以损害赔偿金代替强制令来作为一个妥协的解决办法,既承认索赔人所蒙受的不法侵害,同时减轻其证明哪种土地用途应占主导地位的负担。上诉法院近期的判决重申了"谢尔福"标准的狭窄性质,并强烈反对"谢尔福"标准应顾及到对被告或公用事业所造成的经济困难的这种见解。在"沃森诉克罗夫特体育用品销售有限公司"⑤的案例中,在废弃机场

---

① [1995] 1 W.L.R. 269, 283D.

② Harrow London Borough Council v. Donohue [1993] N.P.C. 49.

③ 参见米力特(Millett)法官在"贾格尔德诉索耶"([1995] 1 W.L.R. 269,289A)案中的判决:"在考虑发出强制令是否会对被告造成压迫时,应考虑案例方面面的情况。在一种极端情况下,被告的行为可能是公开的、善意的而且并不知道原告的权利,从而在不经意间将自己置于强制令约束下,或者屈服于原告的勒索,或者承受重大损失。"

④ [1948] Ir. R. 61.

⑤ [2009] EWCA Civ 15; [2009] 3 All E.R. 249. See also Regan v. Paul Properties Ltd [2006] EWCA Civ 1391; [2007] Ch. 135. For analysis See W. Hanbury, *Shelfer Stands the Test of Time Again: when a Final Injunction will be Considered 'Oppressive'*, 15(3) Env. Liability 149 (2007).

上建设赛车跑道引起噪声妨害①,上诉法院不理被告的任何辩解,被告辩称强制令将会对其造成压迫,因为建设跑道已经投入了大量资金,还会影响于此设施相关的公共利益。② 然而,一个小小的赛车跑道和发电厂或炼油厂相比简直是微不足道。人们不禁怀疑,在面对可能会造成这种大型工厂关闭时,法院是否仍然愿意适用"谢尔福"标准而使自己陷入困境。事实上,有一个重要案例,其中考虑了使用衡平法的自由裁量权以判决损害赔偿金代替强制令的可能性,以作为一种折中手段来避免这种后果。然而,正如我们将要看到的,这件事最终是基于其他原因解决的,从而使法律处于一个不确定的状态中。

在"艾伦诉海湾炼油有限公司"的案例中,丹宁大法官就面临这样一个两难困境,该案例是关于炼油厂所引起的各种妨害。③ 他的解决方案如下:

> 我知道颁发强制令有一些困难。没有法院愿意向一个大企业颁发强制令从而使其无法正常经营。但这种困难也不难克服。根据 1858 年的《凯恩斯勋爵法案》(《衡平法修正法案》)所提供的解决方法,法院可以判给损害赔偿金来补偿过去或将来可能造成的损害从而代替强制令。④

在上诉过程中,这种论证并未受到足够的重视,本案例转而关注于法律授权抗辩是否适用。上议院并没有对"谢尔福"标准是否应该扩大以适应这种情况给出意见。正如我们在第二章所看到的,法官们裁定,授权法案(1965 年《海湾炼油法案》)可以成立一项法律授权抗辩,尽管事实上这些妨害并没有明确的被授权,但一般认为,隐含式的授权就足够了。这种方法的问题是,尽管事实上这些妨害是真实的和严重的,但它没有留给居民任何救

130

---

① 本案例是在本书的相邻性检验部分进行讨论的,见第二章。

② [2009] EWCA Civ 15;[2009] 3 All E.R. 249,esp.[49]—[51].

③ 关于围绕着本案例的具体事实和情况讨论,参见前文第二章第三节四(二)。

④ [1979] 3 W.L.R. 523, at 532F.

济手段。① 在上诉法院，丹宁大法官敏锐地意识到这一点，他同时也关注到法律中并没有任何条款是关于此类损害的补偿。他提议用损害赔偿金来代替强制令的解决方案，这使得索赔人能够搬迁到一个新开发地区，而同时使得炼油厂可以继续运转。特罗曼斯批评法官们对于法律授权抗辩采取过于宽泛的解释。② 上议院的观点可能是，如果妨害是可诉的，仅仅基于"可能根据《凯恩斯勋爵法案》的上诉"，法庭必然要颁发一项强制令，这可能会导致工厂关闭。③ 这种可能性很可能会影响判决，从而导致法院采取谨慎的态度。法官们显然并不相信丹宁大法官所提出的经济论证足以让法庭行使自由裁量权以判定损害赔偿金代替强制令。

在某种程度上，严格遵守"谢尔福"标准的狭义解释，从环境角度来看似乎是一件好事。从补偿损害或防止未来损害发生的角度来看，很显然损害赔偿金不像强制令救济那样有效。然而，如果没有这种妥协的和解方案，法院可能会找理由作出对索赔人不利的判决，以达到不使用强制令这种"极端选择"的目的。"艾伦"案清晰说明了这一点，尽管法案中没有明确授权公害，也缺乏补偿条款，但法律授权抗辩仍然有效。此外，即便法律授权抗辩失败了，法院很可能发现炼油厂已经改变了当地的邻里关系特征，从而化解了任何公害妨害索赔。④ 正如在第二章里所讨论的，邻里特征检验的问题是，它在有形和无形损害之间作出了任意武断的和不切实际的区别。⑤ 事实上，有些损害虽然没有达到有形损害的标准，但并不意味着其是不严重的或是为社会所接受的。

这并不是说可以轻易的使用自由裁量权以判决损害赔偿金，一旦案例判决后，仍应保留可予以驳回的法律推定，以主张强制令的权利。此外，法院应谨慎对待因为颁发强制令将不可避免地导致企业关闭的辩护理由。我

---

① 参见第二章第三节四（二）。
② S. Tromans, *Nuisance — Prevention or Payment?*, 41(1) Cambridge L.J. 87 (1982).
③ [1981] A.C. 1001.
④ 1013B (Lord Wilberforce).
⑤ [1981] A.C. 1001.

131 们已经看到,强制令不一定会导致这样破坏性的后果。例如,强制令可能会允许被告继续经营,同时要求其采取一定的改进措施。或者,该强制令有可能被暂时中止直到污染治理技术调查找到适当的方法,正如同"法恩沃斯"案例的情形。然而,也有可能在某些情况下,损害赔偿金可能是最佳可行的解决方案,不能因为严格遵守"谢尔福"标准的最严格解释而否定了这种做法。在"艾伦"案例中,沃特斯顿的居民其实是想达成经济和解以便于他们搬迁到别处。但是,关于法院是否能使用自由裁量权促成这种和解的不确定性,导致了这个案件的结果,最后发现妨害是根本不可诉的。正如特罗曼斯在同时期对上议院"艾伦"案例判决的简洁解释所说的,"这个世界上的'艾伦们'为司法坚持付出了沉重的代价,原告什么也没有得到,但没有比这更好的了。"①

在美国的判例法中,对于法院在行使自由裁量权以判定损害赔偿金代替强制令时应考虑哪些因素,也存在类似的分歧。"布默诉大西洋水泥公司"(Boomer v. Atlantic Cement Co.)②的案例清楚地展现了这一分歧,该案例的事实是"贝柳"案例的真实写照。该案例也是关于被告水泥厂产生的烟、粉尘和噪声所造成的妨害,同样是当地居民寻求强制令救济,以防止持续的损害。

在纽约上诉法院,伯根(Bergan)法官接受被告行为导致了居民遭受损害的事实,但是,他觉得无法给予强制令救济,其原因是:

原告财产所受到的总体损害与被告工厂的运转价值以及原告申请的强制令的后果相比都相对较小。尽管,妨害的确存在而且对原告造成了实质性损害,但拒绝颁发强制令的原因是妨害的经济后果与强制令的经济后果之间所存在的巨大差距。

经计算,搬迁工厂的成本将达到 4500 万美金,而居民损失经计算总计

---

① Tromans, 108.
② 26 N.Y, 2d 219, 309 N.Y.S. 2d 312, 257 N.E. 2d870 (Court of Appeals New York, 1970).

仅为 18.5 万美元。在此基础上,法院必然会作出结论,判定损害赔偿金代替强制令。[①] 在这方面,该决定作出了突破,因为现有纽约判例法表明,一旦妨害成立,不论经济后果有多大差距,原告都将有权得到强制令救济。在美国,没有与《凯恩斯勋爵法案》相应的法律以授权法院判定损害赔偿金代替强制令。然而伯根法官认为,法院在这个问题上不遵从先例是适当的,由于:

> 在这些案例中,一字不漏地按照这些规则,将有可能导致立刻关闭工厂。本庭一致同意应避免这种立即的极端救济手段,存在分歧的是如何能以最好的方式避免这样做。

他总结道,在类似的案例中,应在法院的衡平法管辖权范围内,判定永久性损害赔偿金代替强制令。

正如上面所提到的有关英国的立场,在某些案例中,法院强制性的经济和解方案可能是最好的解决方案。然而,也有人指出,使用自由裁量权以判决损害赔偿金代替强制令应作为最后的手段,因为该解决方案可能无法触及问题的核心。在"布默"的案例中,伯根法官似乎使用自由裁量权作为解决问题的首选。法官显然以绝对论的眼光看待强制令,因此他担心颁发强制令会导致企业关闭。这使他根据狭隘的经济标准来衡量竞争性土地用途的价值。这种直接成本比较,也就是以货币价值来计算土地利用的价值,所存在的问题是对价值采取了一种狭隘的观点。如同"布默"案例所表明的,在大多数的案例中,这种做法将不可避免地得出工业用地优先的结论。原因很简单,工业活动的效益,例如对经济的贡献,比环境保护的必要性更容易用货币来量化。经济学家们试图设计一些方法来为保护性土地利用定价

① 这一决定的突破在于,在美国没有相应的《凯恩斯勋爵法案》允许判定损害赔偿金代替禁制令。

以寻求公平对待。[①] 但是,工业活动的经济效益似乎总是超过这些价值。[②]
针对这种方法还有一个根本的反对意见,其涉及环境领域中侵权的核心目
的。对自然资源定价将使它们转变成为可以买卖的商品,并可用适当的价
格购买。这种方法引发了对侵权行为的经济分析,基于某种原因(将要在下
一章中讨论),这样做并不总是有利于环境保护。正因为如此,法院应放慢
行使自由裁量权以判定损害赔偿金代替强制令,虽然不得不承认,在某些案
例中,这种结果虽然不能令人满意但也无法避免。

　　"法恩沃斯"案表明,不应该以绝对论的眼光看待强制令,强制令可以作
为说服污染者解决问题的强制手段。"布默"案贾森(Jasen)法官的判决异
议中可以清楚了解"法恩沃斯"方法的基本原理。显然,贾森法官并不认为
强制令作为一种极端手段必然会导致一些有价值企业的关闭。因此,他避
免根据狭隘的经济标准,使用"成本效益分析"方法得出结论。这使他可以
从更宏观的角度来观察竞争性土地利用的是非曲直和一些利害攸关的问
题。贾森法官考虑了水泥厂的环境影响,而不只是单纯地专注于原告的私
人损失以及如何与被告的潜在损失相平衡:

　　[①]　某些环境成本相对容易量化,例如农作物受损导致的市场价值损失或清除受污染土壤的
成本。然而无形的环境效益,如景观给人带来的愉悦是很难量化的。经济学家在过去30年已经实
验了许多不同的估值技术。享乐定价方法研究不同污染程度地区其房地产价格应应付租金水平的
差异。因此,物业附近的环境危害是被认为造成房地产市场价值损失的原因。条件价值评估法依
赖于详细的调查,其设计用来确定人们对环境质量改变的支付意愿。这些方法的综述,参见:S.
Navrud & G. J. Pruckner, *Environmental Valuation — To Use or Not to Use? A Comparative
Study of the United States and Europe*, 10 Envir. Resour. Econ. 1 (1997); I.J. Bateman R.K. &
Turner, *Valuation of the environment*, *Methods and Techniques*, in, *Sustainable Environmental
Economics and Management* (R.K. Turner ed., Belhaven Press 1993); M.H. Clayton & N.J. Rad-
cliffe, *Sustainability*: *A Systems Approach*, 109-111 (Earthscan Publications 1996).

　　[②]　在美国,开展了许多条件价值评估法的研究,其目的是确定人们对保护性利用自然资源的
重视程度。研究成果已由《ERM 经济学》(1996)编辑(*Economic Aspects of Liability and Joint
Compensation Systems*: *Valuation of Environmental Damage*, European Commission DGXI)。一
项研究(Brookshire et al,1982)指出,为了将空气质量从差提升至良,一个居民每月愿意支付约
14.54—20.31美元。因此,在"布默"案例中如果要使用这种计算方法计算原告的土地利用价值,这
个数字将被乘以卷入争端的居民人数。显然,由于涉及居民人数偏少,这一数额不可能达到被告行
为的价值。

　　有趣的是,水泥生产最近被确认是哈德逊山谷颗粒物污染的一个重大来源。这类污染,由于非常细微颗粒物的排放并停留在大气中,被认为是对人体健康危害最大的空气污染类型。因此,我们面临一种妨害不仅使原告遭受损害,而且很明显地有害于公众健康。

　　因此,在他看来,不能将当事人的私人权利独立于环境保护的广泛公共利益目标之外进行考虑。在适用"法恩沃斯"方法的同时,贾森法官认为,最好的解决办法是授予强制令,但暂缓18个月实施,以便被告改进污染治理措施。尽管法官承认被告已经安装了最好的设备,但他提出,"这并不意味着在所给予的污染治理期限内不会制造出更好的、更高效的防尘装置"。

　　总的来说,在什么情况下法院应行使自由裁量权以判定损害赔偿金代替强制令的这个问题,引发了"在环境领域中侵权的作用"这一根本问题。从爱尔兰"贝柳"案例和美国"布默"案例的比较中,可以得出一些有益的结论,两个案例都是关于水泥厂污染的。两个案例从不同角度说明了专注于某一方狭隘的利益而不顾更广泛的问题所带来的困难。在"贝柳"案例中,法院被批评对于授予强制令所造成的广泛经济影响没有给予足够的重视。在"布默"案例中,大部分判决都受到批评,因为其过于功利主义的做法,允许企业欺凌受害居民的私人利益。正如我们所看到的,贾森法官采用的方法给予他更大的自主权,以超越狭隘的经济利益的视野来考虑公共利益问题。然而,这提出了一个重要问题,即在何种程度上,可以用侵权(主要关注于私人纠纷的解决)来解决更广泛的问题,例如环境恶化等。这个问题将在下一章详细讨论。

第六节　小结

　　以上所讨论的,关于环境损害侵权责任成立的困难,严重限制了民事责任制度在环境领域中的作用。在某些案例中,必须证实被告存在过错;在过

134

失侵权情况下,必须证明被告不只是明知其行为所产生的危害,而且没有采取足够的措施来消除危害。可能导致污染的许多工业过程的复杂性,使得索赔人很难证明被告没有采取这些步骤。此外,在某一特定案例中,不论是否有必要证实存在过错,索赔人都必须证明被告行为与损害结果之间的因果关系。一旦污染扩散到环境中,将很难追踪从污染源到影响后果之间的损害途径。在关于有毒微污染物的案例中,由于这些有害物质是看不见的而且其影响往往是潜伏的,这将更加困难。证实因果关系的现行的普通法标准在识别因果关系方面未能跟上现代科学技术的发展,例如辐射和各种癌症之间的关联。因此,需要证实过错和因果关系的要求,将使索赔人面临很高的成本,通常被称为"诉讼成本"。这些成本的明显效果是使潜在索赔人放弃提起诉讼。

侵权法的另一个主要限制是,它关注于个人遭受的损失而不是环境遭受的损失。因此,虽然判定的损害赔偿金可以反映索赔人个人的经济损失,但可能无法提供足够的资金进行全面的环境修复。此外,事实上赔偿责任是根据个人损失而定的,代表着当不存在这类损失时,可能没有人有资格提起诉讼程序。目前环保组织,至少在英国,还没有被赋予代表环境寻求民事救济的资格。因此在这样的情况下,必须完全依靠监管措施。

因此,似乎使用侵权作为保护环境的手段将会是极其有限的,除非,侵权保护的重点发生根本性的变化,即从当事人的利益转移到环境利益。在接下来的章节中,将考虑是否可能在概念上发生变化,以及这样的发展是否可取。

第 三 篇

侵权作为一种
环境保护手段的作用

理论视角和立法创制

第四章　环境领域中侵权的作用

第一节　引言

证明侵权责任成立的程序方面的困难,以及侵权关注个人损失而不是环境损害的事实,使人们不得不考虑侵权在环境领域的民事责任方面是否能发挥作用。偶尔地主张私人权利,可能会也可能不会产生任何附带的环境效益,这样是不会对工业有显著影响的。由于普通法的局限性,环境保护在很大程度上被认为是监管的问题。在美国"布默诉大西洋水泥"的案例中,伯根法官指出,试图在解决私人争端的过程中附带解决公共利益事项是没有意义的。[①] 因此,他认为,在本案例中,针对公共政策的考虑是完全不合适的。他认为私法和公法涉及完全不同的领域,私法不应以任何方式涉足于公法领域。伯根法官清楚地认为,环境政策事宜应当属于公法范畴,而关于私人权益的干涉当然属于私法范畴。因此,柏根法官似乎认为,一个人的私人利益,例如,土地可以从环境保护的公共利益中分离开来。然而,正如下面将要看到的,公法与私法的目标并不一定是相互排斥的,在环境政策实施中二者都有重要的作用。

[①]　26 N.Y. 2d 219, 309 N.Y.S, 2d 312, 257 N.E. 2d 870 (Court of Appeals New York, 1970).尽管政府充分动用了公共和财政权力,如何有效控制空气污染仍然是一个远未解决的问题。很大程度上是由于合适的技术还有待开发,而部分已经开发的技术在经济上是不可行。似乎很明显,空气污染的改善将依靠更深入的技术研发,依靠对严格监管的经济影响和对公众健康的实际影响之间进行谨慎平衡的考虑。它很可能需要大量的公共开支,地方政府根本无法解决这些开支,还必须依靠区域的和州际间的协调控制。法院不应试图仅凭一己之力将这个问题作为私人诉讼的附带结果来处理,显然司法制度既不能通过宣布任何判决来消除空气污染,也不能制定和实施任何有效政策来消除空气污染。这已经超出了私法诉讼的范畴。这是政府的直接责任,不应作为业主们和哈得逊河谷众多工厂中的一个水泥厂之间的争端来解决。

本章的目的是研究如何在环境监管体系中发挥侵权的作用,而这一领域传统上主要是由公法所调整的。这就需要考虑两个主要问题。首先,很重要的是从侵权作用的理论角度来考虑,从而决定利用私人机制追求公共利益目标在概念上是否可行。如果答案是肯定的,那么下一步就要探讨设置专门的环境民事责任的可行性。

第二节　侵权作用的理论视角

为建立统一的侵权行为目的理论(一元论),已经进行了很多尝试,目前可以确定有两种一元论学说。[①] 侵权经济学分析的支持者认为,该法的目的应该是确保资源的有效分配。而比较传统的观点认为,侵权法是建立在"矫正"正义原则基础之上,其中体现了一个人对其所造成的他人损失给予补偿的道德义务。与一元论者相反,多元论者摒弃了追求理论的纯粹性,他们认为侵权具有多面性,不能用一个单一的统领一切的原则来解释。

一、侵权的经济学分析

经济学家和律师对于侵权的功能持不同意见,大多数律师所关心的是矫正个人所遭受的损害,而经济手段的支持者则认为,法院应努力确保最终达成的解决方案在经济方面是有效的。正如以下将进一步详细解释的,律师认为侵权的作用应该是保护某些权利免受损害,而某些经济学家认为侵权提供了一个框架,在这个框架下应由市场来决定这些权利是否值得保护。

139　　　根据一些极端的侵权经济分析的支持者的看法,社会的主要目标之一是实现"财富最大化",也就是通过个人之间的自愿交易将资源分配到其最

---

① See Izhak Englard, *The Philosophy of Tort Law*, 30 (Dartmouth Publishing 1993).

有价值的用途来实现。既然财富最大化是经济手段的核心，那么有必要引用波斯纳关于这个概念的定义：

> 我所说的"财富最大化"是指试图使全部商品和服务的总体价值最大化的政策，无论这些商品和服务是在正式的市场中交易（通常是"经济性的"商品和服务），或者不是在这样的市场中进行交易（也就是"非经济性的"商品和服务，例如生命、休闲、家庭和免于痛苦和折磨）。"价值"是由商品和服务的所有者愿意以多少钱卖出，或者是非所有者愿意支付多少钱而获得，二者中较大值来确定的。"财富"是所有"经济性的"和"非经济性的"商品和服务的总价值，并且在可行的范围内将这些商品和服务分配到其最有价值的用途，以实现最大化。①

波斯纳认为侵权法应反映这一目标。② 当然，这种方法的问题在于，买卖双方通常是基于利己动机，而一般来说是不会考虑交易对第三方所产生的影响。这样就产生了被经济学家称为"外部性"的现象，即构成了由自由市场运作产生的不需要的副产物；而污染是外部性的一个典型例子。③ 因此，房地产开发商和工业企业达成协议以建设一个新的工厂对于协议双方都有利，然而，它可能以污染的形式将成本强加给附近的居民。

经济学家们早就认识到这个问题。然而，他们提出了完全不同的解决方案。有一学派认为应该对市场进行监管，惩罚那些没有考虑外部性的市场主体。例如，庇古（Pigou）④提出对污染开征惩罚性税目；直到今天，这种

---

① R.A. Posner, *Wealth Maximization and Tort Law：A Philosophical Inquiry*, in *Philosophical Foundations of Tort Law* (Clarendon Press 1995).

② 同上。

③ 参见波斯纳（R.A, Posner），《法律的经济分析》[*Economic Analysis of Law*，343（Little Brown & Co. 1986)]。"垄断、污染、欺诈、错误、管理不善以及其他市场的不良副产品，传统上被视为市场自我调节机制失败的产物，因此，视为公共监管介入的适当时机。"

④ Arthur Cecil Pigou, *The Economics of Welfare* (first published 1920), Transaction Publishers 2009.

税收通常被称为"庇古税"。然而,另一派更为激进的经济学家"芝加哥学派"的观点正相反,他们赞成减少干预措施,让市场针对这样的问题自己找到解决方案。他们的学说因为科斯所发表的著名的社会成本论文而得到很大的发展,该论文的主要观点现在通常被称为"科斯定理"(Coase theorem)。[1] 这似乎为通过最少的法律干预,以市场化解决方案来解决外部性问题提供了一个理论框架。总之,所谓的"定理"[2]指出,只要没有讨价还价的障碍(或交易成本),不论法院采用哪种解决方案,双方都会达成协议使资源得到最有效的配置。

　　从字面意义来看,该定理似乎完全不切实际,因为它依赖于一个条件,即交易成本为零的情景,而这在现实中根本不存在;[3]因此,多年来该定理不断受到攻击。[4] 然而,正如科斯本人竭力指出的,不能仅从字面意义上看待这一定理,通过在零交易成本的世界中法律根本不起作用的例子[5],科斯希望说明的是,在交易成本高昂的世界中法律所发挥的重要作用:

　　　　零交易成本的世界被描述为科斯世界。没有什么比这更不切实际的了。这样的世界……我希望能说服经济学家们离开……

　　　　……在交易成本为零的情况下,该方法可以证明,无论法律地位如何,资源

---

① R.H. Coase, *The Problem Social Cost*, 3 J. L. & Econ. 1 (1960).

② "定理"这个词在科斯的论文中非常含糊。科斯在多个场合指出,他从来没有真正使用过"定理"这个词;实际上是后来获得了诺贝尔经济学奖的芝加哥学派的经济学家乔治·斯蒂格勒(George Stigler),他创造了"科斯定理"这个术语,并在其著作《价格理论》(*The Theory of Price*, Collier MacMillan 1966)中使用,从而广为人知。See S. Medema, *A Case of Mistaken Identity*: *George Stigler*, '*The Problem of Social Cost*,' *and the Coase theorem*, 31(1) Eur. J. L. & Econ. 11 (2011); R. H. Coase, *Law and Economics at Chicago*, 36(1) J. L. & Econ. 239, 249 (1993).

③ 该定理作出了若干假设;例如,它假设没有信息成本。正如前面章节的讨论中所阐明的,在许多涉及环境损害的案件中,索赔人为了证明因果关系必须进行昂贵的调查。因此,为了获得这些信息会产生高昂的信息成本。

④ See for example, D. Q. Posin, *The Coase Theorem*: *If Pigs Could Fly*, Wayne L. Rev. 89 (1990-91).

⑤ See Antony W. Dnes, *The Economics of Law*, 180 (International Thomson Business Press 1996).

配置一直保持不变,同时也表明,在交易成本为正时,在决定资源如何被使用中,法律起着至关重要的作用。①

    在实践中,强制令救济的目的问题使经济方法具体化。按照经济学观点,侵权法的功能是在改善谈判地位,例如,受到噪声或废气影响的邻近居民,通过侵权法使他们与污染者达成和解。因此,强制令救济的补救措施被视为对当事人讨价还价的指示,而不是一劳永逸地禁止该污染行为的持续。换句话说,它只是用来防止污染者不顾邻近居民不受干扰地享受其财产的权利,而不先给予补偿。其基本假设是,邻近居民打算接受的和解价格可以反映出他对资源的使用价值。因此,用兰德斯(Landes)和波斯纳的话来说,强制令救济的效果是将交易推向市场。②

    威尔简诺斯基(Veljanowski)曾在"贝柳诉赛门特有限公司"③的案例中,运用这个分析方法,我们可以回忆起在该案例中,法院颁发了强制令,禁止水泥厂排放粉尘和噪声,尽管在当时建筑业是全国优先发展的领域:

        针对妨害法的批评文献常常指出,强制令是一种生硬的工具,因为它冻结了土地用途,而且这种僵化的做法并没有充分考虑被告行为所带来的效益。这种最极端的情形就是"贝柳诉赛门特有限公司"的案例,其中,法院授予原告一项强制令,致使爱尔兰共和国唯一的水泥生产企业停工,而当时建筑业是一项紧迫的公共项目。似乎法院在这些基于权利的侵权行为中,往往不会采取隐含经济因素的"衡平比较原则"。但是,这种做法忽略了一个事实,即在许多此类情形下,当事人在诉讼前后都能够讨价还价。法官的决定,并不是加诸当事人的可能带来一系列不可改变后果的最终解决方案,而是争议当事人进行谈判的

① R.H. Coase, *Notes on the Problem of Social Cost*, in *The Firm*, *the Market and the Law* (University of Chicago Press 1988).

② William M. Landes & Richard A. Posner, *The Economic Structure of Tort Law*, 31 (University of Chicago Press 1988).

③ [1948] I.R. 62.

出发点。许多妨害法可以被视作谈判的框架,如果法律规定清晰则可以进行预防性谈判,否则可以在强制令颁发之后进行谈判。正如很多法律方面的讨论,如在"贝柳"案中,争议的利益是如此的不成比例,被告面临非常巨大的损失却不去与原告讨价还价,如此的做法真是幼稚。①

　　然而,人们也认识到,当法院作出损害赔偿金判决的情况下,当事人不可能就强制令进行讨价还价。这通常发生在污染范围广、受害者人数众多的情形下。在这种情况下,期望污染者与每个受害者达成个别和解是不切实际的。② 当争议涉及的少数当事人"坚持主张"时,也可能会对谈判造成障碍,即当污染者具有非常高的利益时,受害者中的一人可能会"坚持主张"一项和解,远超过污染者承诺给其他受害者的补偿。③ 即使在只有两个当事人进行交易的情况下,即一名受害者和一个污染者,当受害者拒绝以任何价格来达成和解时,就产生了"双边垄断"的问题,仍然无法保证双方将会进行谈判。④

　　美国的"布默诉大西洋水泥"⑤案例经常被用来进行案例分析,以说明
142 法院在实践中应如何应用这一方法。人们可以回想起,这个诉讼也是针对水泥厂所排放的噪声和粉尘而引起邻近居民申请强制令救济。伯根法官就水泥厂搬迁的成本和原告搬迁的成本之间进行了成本/效益分析,因而不可避免地得出这样的结论,基于被告的成本远远高于原告的成本,应拒绝颁发强制令。当局同意本案例的法律经济分析的结果,但不同意作出此结论的理由。⑥ 最后达成的共识是,鉴于法院并不擅长对竞争性土

① C. Veljanowski, *Legal Theory*, *Economic Analysis and Tort*, in *Legal Theory and Common Law*, 229-230 (W.L. Twining ed.,Basil Blackwell 1986).

② See Robert D. Cooter and Thomas Ulen, *Law and Economics*, 171 (Addison-Wesley 1997).

③ See Landes and Posner, *The Economic Structure of Tort Law*, 45.

④ *Ibid.*,34.

⑤ 26 N.Y. 2d 219,309 N.Y.S. 2d 312, 257 N.E. 2d 870 (Court of Appeals of New York, 1970).

⑥ Cooter and Ulen , 176; Landes and Posner, 45.

地用途之间进行成本效益分析,因此,所作出的判决应该根据当事人之间是否能通过谈判而达成任何和解的可能性作出决定。同时,应该根据交易成本的高低(人们可能还记得,就是在这一点上构成了谈判的障碍)而作出判决。本案例中,兰德斯和波斯纳都认为,交易成本很高,因为风险较大,因此可能存在"坚持主张"的情形。所以,使用损害赔偿金代替强制令是合适的方法:

> 各方当事人都是尽量在讨价还价中获得尽可能多的利益,由于成功的谈判可能带给当事人丰厚的收益,因此,双方都会投入大量时间和金钱以进行艰苦的讨价还价。而法院判决的模式则避免了这些交易成本。①

作为经济分析的支持者也承认,这种方法的实际效果就是在几乎所有案件中,法院都会以损害赔偿金代替强制令而结案。② 一个邻居如果珍视其不受干扰享用其财产的权利超过了污染者根据这个分析所愿意支付的任何赔偿,将会被视为一个无耻之徒,其试图从污染者那敲诈过分的价钱,以换取污染者不受强制令的威胁。因此,这将导致法院判定损害赔偿金代替强制令,理由是他利用了"双边垄断"的情形。兰德斯和波斯纳认为这一结果是正当的,因为,如果一个解决方案将导致经营者不得不以巨大的代价关闭或搬迁工厂,那么这是一个无效率的解决方案。③ 在前面的章节中也认可,在某些情形下以损害赔偿金代替强制令可能是最好的解决方案。④ 然而,在这一点上,"坚持主张"的情形不应该作为主要标准,同时它当然也不应该被用来作为支持损害赔偿金代替强制令的默认理由。如果太容易判定损害赔偿金,那么污染者就会缺乏进行讨价还价的动力。毫无疑问地,在"曼彻斯特公司诉法恩沃斯"⑤的案例中,比起花钱以减少危害,电厂运营商

---

① Landes and Posner, 45.
② *Ibid.*, 45—47.
③ 同上。
④ 参见上文第三章第五节二(四)。
⑤ [1930] A.C. 171.

143　宁愿支付农民赔偿金。然而,暂停的强制令就像挂在被告公司头上的达摩克利斯之剑,最终为问题带来了工程的解决方案。

当找不到工程解决方案时,法院可能面临着严峻的选择,判给损害赔偿金并允许污染继续发生,或者颁布强制令或导致工厂关闭或以巨额成本搬迁工厂。卡拉布雷西(Calabresi)和梅拉米德(Melamed)①提出了一个新方法以减少这种结果所导致的低效率,简而言之,他们认为,工厂运营商因为工厂关闭或搬迁而可以获得补偿。这种方法"扭转局势",因为保护性利用土地者将有效地购买未受污染环境的权利,而不是工厂运营商购买污染权。然而,并不明确法院在实践中将如何作出这样的决定,因为其采取在当事人之间进行责任分配的方法,这通常与强制令救济是不相关的。强制令的授予通常是用来维护索赔人的权利。一项命令结果使原告不但遭受不法伤害而同时还要他承担被告的守法成本,这似乎与其初衷相矛盾。尽管如此,还是有一个极不寻常的案例常常被美国法律经济学方面的文献引用,该案例中法院似乎采用了这样的解决方法。在"斯珀工业公司诉德尔·E.韦伯发展公司"(Spur Industries, Inc. v. Del E. Webb Development Co)②的案例中,德尔·E.韦伯公司是亚利桑那州凤凰城西部一个退休社区的开发商。项目开工几年后,社区逐渐扩展而接近一个牲畜饲养站;以前,这个饲养站与小镇有一段距离。根据判决中所提供的统计数据,该饲养站每天喂养30000头牛,每头牛产生35—40磅湿粪,其产生的恶臭引来成群的苍蝇,进而对当地居民的健康构成潜在的威胁。毫不奇怪,德尔·韦伯的销售遭受了严重损失,希望寻求强制令救济使牲畜饲养站搬迁。在美国,普通法的立场与英国普通法的立场有些不同,如果新来的居民故意地"主动接近妨害",则造成妨害的一方通常可以据此抗辩。由于牲畜饲养站先于房地产开发活动几年就已建成,人们可能假设法院会以此为理由而拒绝救济。在亚利桑那州最高法院,卡梅伦(Ca-

____

① G. Calabresi & A. D. Melamed, *Property Rules*, *Liability Rules and Inalienability*: *One View of the Cathedral*, 85 Harv. L, Rev. 1089 (1972).

② Supreme Court of Arizona, In Banc.1972. 108 Ariz. 178,494 P.2d 700.

meron)代理首席大法官就同意通常会是这种情况：

> 在所谓"主动接近妨害"的情形中，法院认为，如果住宅土地所有者明知邻近区域是被保留为农业用途，还故意进入该地区从而招致损害，那么他不应获得救济……如果韦伯公司是唯一的受害方，我们觉得有正当的理由去坚信，"主动接近妨害"的学说将会成为韦伯公司申请救济的障碍，而在另一方面，如果斯珀的饲养场设置在靠近城市郊区的位置，如果城市的发展是朝向饲养场，那么斯珀必须承受减缓妨害的成本，因为人们定居在不断扩大的城市中。

然而，法院采取了不寻常的做法，基于购买物业的当地居民的权益，授予了强制令救济；尽管他们并不是诉讼的当事人：

> 本案例中，对于斯珀公司和其位于马里科帕郡西部的前身而言，在当时并没有任何迹象表明，在饲养场旁边将会出现一个新兴的、充分发展的城市，也不知道城市的开发者会因为新兴城市而要求法院判决斯珀公司搬迁。斯珀公司被要求搬迁不是因为斯珀公司本身有什么不当行为，而是因为法院对于公共权益适当的、合理的考虑。

　　因此，卡梅伦代理首席大法官似乎是要平衡相互冲突的利益，并得出如此的结论，即更广泛的公共利益应优先于饲养场的商业利益。回想一下，这正是贾森法官在"布默诉大西洋水泥"案例的异议判决中所建议的方法。然而，这个判决的新颖之处，就在于德尔·韦伯应赔偿斯珀公司用于搬迁的费用，此举与卡拉布雷西和梅拉梅德的解决方案在这种情况中之所以有效是相一致的。因此，德尔·韦伯被要求"买下"斯珀公司对这块地的所有权益。这是判定损害赔偿金代替强制令的反向案例，因为，通常在这种情形下是由污染者获得许可购买居民的权益。
　　然而，由于本案例的特殊事实，很难推定一个普遍适用的原则。或许是由于德尔·韦伯的不当行为才促使法院采用这一解决方案；①卡梅伦代理首席大法官指出：

> 开发商在农村地区可以以较低的土地价格获得大片的土地，以用来建设、开发新市镇，因此对于一个开发商来说，要求他们赔偿那些被迫搬迁的人似乎并不苛刻。

145   如果由居民们自己寻求强制令救济，则结果会有所不同。居民们不太可能面临赔偿斯珀公司的处境。这将使法院在颁发强制令时面临更大的困难，因为，其根本没有办法补偿斯珀公司的成本。法院将会面临着和"布默"案例中所突显出来的类似困境：在何种程度上，对于洁净环境的公共权益可以优先于一个经济效益较容易量化的污染活动？然而，正如将在适当的时候加以讨论的，应该比表面看上去有更多的空间平衡这些权益；只有在最极端的情况下，强制令才会导致企业完全关闭。在考虑这些问题以前，有一个问题很值得讨论，即北美的侵权行为的经济分析在何种程度上已经渗透到其他普通法的司法管辖区。

有时，授予强制令救济的经济理由会在英国的判决中给以阐述。例如，

---

① 评论法学派一直努力为这一判决寻找可靠的学理解释，但仅仅能从判例法中找到很少的先例。See Osborne M.,Jnr Reynolds, *Of Time and Feedlots*：*The Effect of Spur Industries on Nuisance Law*，41 Wash. U. J. Urb. & Comtemp. L. 76 (1992). 为证实法院的做法是正当合理的，许多相关理论被提出，从不正当得利到赔偿原则，不一而足。后者是最有说服力的，其思想基础是一个人履行了本应由他人履行的责任，则他享有衡平法的权利，向真正的责任方追索履行责任的成本。斯珀公司搬迁饲养站从而向居民履行其责任，所以有权要求德尔·韦伯补偿其履行责任所发生的费用，因为德尔·韦伯对于造成这种形势应负主要责任。实际上，对于法律的解读方式，使得斯珀公司有权对德尔·韦伯提出反诉，因为伤害并不是完全由斯珀公司所造成的。这样的做法与现代民事诉讼程序的观念相左，当被告针对他的索赔提起"反击"的能力有限时，被告可以寻求逃避责任。然而，由于普通法和衡平法之间在学说上和程序上的严格区别，历史上衡平法作为一种"反击"手段已经有着悠久的传统。因此，普通法诉讼程序中被起诉的一方可以依据衡平法提起一个独立的诉讼，以衡平法理由击败普通法索赔。参见，"威廉斯和其他人诉泽西岛的伯爵"[Williams and others v. the Earl of Jersey (1841)41 E.R. 424；Cr. & Ph. 91]，该案例中，泽西大法官基于普通法对铜冶炼厂提出的损害赔偿索赔，在衡平法院开始的衡平法诉讼程序中被视为无效。结果发现，泽西大法官采取了拖延诉讼的行为。

在"贾格尔德诉索耶"的案例中,米利特(Millett)大法官对于强制令救济的效果是这样描述的:

> 授予强制令只能使当事方恢复原状,即在侵害开始之前他们各方已经享有的讨价还价的能力。①

这样当然好,除非谈判失败,法院不得不再次介入采取进一步措施作出判决,例如判定损害赔偿金以代替强制令。在作出这一决定时,法庭应避免采用过于市场导向的分析,因为这种方法有一些危险。侵权行为的市场分析将会助长一种情形,即人们享有其财产的权利被定价并转换成可以买卖的利益,有可能被法院强迫出售。正如彭纳(Penner)对"吉林汉姆区议会诉梅德韦(查塔姆)码头有限公司"[Gillingham Borough Council v. Medway (Chatham) Dock Co. Ltd]案判决的分析中所指出的:

> 法律经济学将妨害法塑造成为调整竞争性土地利用争议的法律,这一方面起到了先锋作用;使用权可以从一般财产权中分离出来,使法院可以根据不同的原因以决定他们之间的冲突,包括:公共利益、整体经济效率等等,而放弃损害的概念。巴克利(Buckley)法官的决定似乎同意,"吉林汉姆"案中的利益冲突就是码头公司与运货商产生严重的噪声干扰了居民在较安静的环境中使用自己财产的权利,由于码头公司获得了规划许可,因此附近地区的噪声标准有利于码头公司和运货商的使用方式。②

上述经济分析方法的主要问题是,他们认为效率是法律的唯一目的,但显然并非如此。大多数经济学家认为,为了追求一些更高的目标,市场手段应限制在某些领域中。著名的经济学家 C.A.E. 古德哈特(Charles A. E. ¹⁴⁶

---

① [1995] 1 W.L.R. 269,288E.

② J.E. Penner, *Nuisance and the Character of the Neighbourhood*, 5 J. Envtl. L. 1, 22 (1993).

Goodhart)对波斯纳的研究提出批评,认为波斯纳的研究很少考虑正义和公平的理念:

> 我觉得波斯纳的论证不能令人信服……因为他们往往与我们个人对于公平的信仰和对于是非曲直的信仰相悖……①

同样,针对波斯纳关于法律的主要功能是财富最大化的主张②,古德哈特指出:

> 针对这个定义我所注意到的是,其所提出的论述中没有参考被认为是关于公平和正义的法律。的确,财富最大化对于社会及其中的法律体系而言都是一个合适的目标,但是,我们能够而且应该为追求这一目标而不顾社会对公平和正义应有的尊重吗? 我对此表示怀疑。③

此外,在《侵权的经济分析》中,兰德斯和波斯纳仅在前言中,顺便引用了那些基于相似理由针对侵权的经济分析提出批评的文献;④但并没有试图回答这些批评。

古德哈特总结到,经济学家必须认识到不能将他们的效率方法应用到人类活动的所有领域中,因为这种做法并不总是符合社会的最佳利益。某些目标,例如道德,不能被定价也不能包含在成本/效益分析中。古德哈特以肉刑作为一个极端的例子。根据经济分析,监禁的成本是很昂贵的,肉刑比监禁更具成本效益,但是,正如古德哈特指出的:

---

① C. A. E. Goodhart, *Economics and the Law*: *Too Much One-Way Traffic*?, 60 The Modern L. Rev. 1, 13 (1997).

② 波斯纳:《功利主义、经济学和法学理论》(*Essay on Utilitarianism*, *Economics and Social Theory*),载于《正义经济学》[*The Economics of Justice*, 74-75 (Harvard University Press 1983)]:"财富最大化不仅为权利理论和救济理论提供了基础,它还是法律本身的基础。"

③ Goodhart, 16.

④ Landes and Posner, 9.

根据标准的经济准则,鞭笞和切掉人体的某一部分比判处徒刑更有利于社会财富最大化。然而,一个允许鞭笞和断肢的社会并不是我想拥有的。当涉及谁应该被允许对我们的身体作出什么行为时,我们经济学家将不得不接受我们的权威是有界限的。[①]

德沃金[②]更进一步地批评了财富最大化方法,并怀疑在对资源进行价值评估时这个概念是否真的能提供有益的指导。该方法的一个明显缺陷是,卖方对资源的估值往往比买方更高,然而,非出于必要却被迫放弃这些资源。使用德沃金的例子,一个穷困潦倒的人不得不把一本对他具有情感价值的书卖给一个富人,而这个富人只是心血来潮决定购买这本书,"可能有一天会读这本书"。[③] 在这种情况下,提出这项交易使得资源转移到给予其最高评价的人那里的论证将会是荒谬可笑的。这突显了一个事实,即除了货币价值,财富最大化方法无法为资源附加任何其他价值。的确,这使法律/经济分析广受批评,认为它是受到政治自由市场意识形态的驱使,旨在排除交易当事人除了经济利益以外其他任何因素的考虑,而没有达到其本来设想的客观性。德沃金认为,其错误在于将个人财富等同于社会的整体福利。[④] 通过私人交易实现的资源再分配所获得的任何收益,可能会远不及对其他社会利益造成的损害。[⑤] 我们可以回想,这就是为什么经济学家庇古赞成通过征税的手段惩罚那些在交易中没有考虑环境影响的人。

在环境领域中,市场行为应受到限制,因为财富最大化不能等同于公共利益,例如,生活品质可能会受到损害,自然资源可能被耗尽;斯蒂尔(Steele)认为,经济分析的缺陷在于:

没有人注意到这样的事实,即在某些情况下,改善环境介质,例如空气的质

---

①　Goodhart,17.

②　R.N. Dworkin, *Is Wealth a Value*?, 9 J, Leg. Stud. 191 (1980).

③　*Ibid.*,200.

④　*Ibid.*,194.

⑤　*Ibid.*,201.

量,实际上是可行的;或者更确切地说,为了维持人类的福利是必要的。在某些情况下,真正的"可持续性"可能还包括将"资源"不分配给任何请求方,尤其是以"使用"之名行"污染"之实,或者存在物种灭绝或资源耗竭之风险时。基于偏好的成本/效益分析,通过解决所有权或权利争议而实现资源配置方案,并没有留出足够的空间以考虑这些问题。因此,这样的做法难以服众,健全的环境政策要求环境质量向好的方面改善,而不是污染程度的不同,或者是保护哪里的问题。①

波斯纳最终承认这个事实,根据市场准则实现资源配置的方法可能对环境造成损害。他同意"财富的非金钱维度也是很重要的"。② 他也同意,由于财富最大化方法依赖于产权转让,因此交易取决于这些权利的货币价值。③ 他赞同德沃金的观点,一个人对某种资源的支付意愿和他愿意以什么价格卖出这一资源之间是存在差异的。④ 此外,这些价格可能没有办法反映交易当事人对这些资源所赋予的价值:

148
　　　　一个穷人可能无法为免于污染而付钱,而一个富有的人可以要求天价以放弃他享有清洁空气和水的权利(如果这是他的权利)。⑤

不针对这些问题提出解决方案,波斯纳却选择"不考虑这些基本问题,转而研究侵权行为的财富最大化问题,这类比较常见的不太尖锐的问题"。⑥ 从他的话中似乎可以看出,波斯纳也同意在环境领域中,如同古德哈特所陈述的,经济学家必须接受他们的权威是有限制的。

---

① J. Steele, *Remedies and Remediation: Foundation Issues in Environmental Liability*, 58 (5) M.L.R. 615, 633-634 (1995).

② R.A. Posner, *Wealth Maximization and Tort Law: A Philosophical Inquiry*, in *Philosophical Foundations of Tort* 99 (D.G. Owen ed, Clarendon Press 1995).

③ 同上。

④ R.A. Posner, 100.

⑤ 同上。

⑥ 同上。

　　然而众所周知,有时判定损害赔偿金可能是最佳的整体解决方案;在上一章中深入讨论的"艾伦诉海湾炼油公司"①案例,②就是最好的证明。但是,法律不应该轻易剥夺他或她的财产权利。尽管已经重申多次,但仍需再次强调,判定损害赔偿金代替强制令应该是解决问题的最后选项而不是首选。

二、矫正正义与分配正义

　　鉴于经济方法的局限性,在环境领域中,实有必要考虑侵权的使用是否应以正义的理念为基础。然而,在这一点上,我们面临着一个复杂问题,就是亚里士多德的矫正正义和分配正义之间的区别。

(一) 矫正正义

　　当代,矫正正义的一个主要支持者是温睿博(Weinrib)③,他专注于个体之间的关系,以及一方就其对另一方造成的损失而给予补偿的道德义务。④ 因此,根据这种观点,侵权法的唯一目的是恢复双方之间的原状。普通法早期的发展显然牢牢植根于矫正原则,其诉讼形式的设计也是旨在恢复原告被不法强占的权利。⑤

　　从环境的角度,矫正正义的这种狭隘的观点不能提供一个令人满意的理论依据。主要原因是,它排除了对于公共利益目标的考虑,例如,环境保护就是这样一个目标。社会的分配目标被视为是公法的范畴。因此,正如恩格拉德(England)所指出的,根据温睿博的矫正方法: ¹⁴⁹

> 　　原告起诉的目的在于矫正对他施加的不法行为。他或她并不是公共利益

---

① 　[1981] A.C. 1001 (HL).

② 　参见前文第三章第五节二(四)。

③ 　E.J. Weinrib, *Understanding Tort Law*, 23 Val. U. Rec. 485(1989).

④ 　温睿博与大多数矫正方法的拥护者一样,将这种道德义务建立在康德学派的原则的基础上,即一个人为了自己的目的而利用他人是不对的。See E.J. Weinrib, *Law as a Kantian Idea of Reason*, 87 Colum. L. Rev. 472 (1987).

⑤ 　参见上文第二章。

的私人执行者。①

　　前面的章节曾论述过,在环境保护领域中侵权的主要局限性之一就是它关注个人所遭受的损失;这可能与所造成的环境损害没什么关联。因此,为了使其在环境保护领域中更有效率,必须找到用侵权法调整公共利益的理论依据。为此,实有必要考虑侵权在何种程度上可以调整分配问题。

(二) 分配正义

　　19世纪的工业化及其所造成工业意外事故、污染和妨害增加的结果,致使许多人怀疑社会是否能够支撑得起一个纯粹基于崇高道德原则的侵权体系。② 因此,注意力从理论转向实践,以及在多大程度上侵权可以被用于追求社会目标。③ 最近,约瑟夫·埃塞尔(Josef Esser)认为,亚里士多德的矫正正义和分配正义之间的区别可作为侵权之公共利益模型的哲学基础。④ 埃塞尔指出,侵权法涉及分配问题,它决定损失应由被告承担而非原告的情形。侵权行为并不是存在于真空中,它必然是吸纳了分配这些损失的社会偏好。而这些偏好则反映在决策者所采用的准则中⑤:

　　　　因此,分配正义是指根据一定价值标准以指导在人们之间如何分配某一标的物,这些标准的内容则取决于决策当局的道德和政治哲学等一系列因素。⑥

　　例如,在某些领域中,严格责任原则的发展代表着向分配方法发展的趋

---

① Izhak Englard, *The Philosophy of Tort Law*, 46 (Dartmouth Publishing 1993).
② *Ibid.*,98.
③ 同上,第97页。恩格拉德指出,早在1889年,德国法学家奥托·冯·基尔克(1841—1921)在维也纳的一次演讲中发表了论文,《私法的社会功能》(*Die soziale Aufgabe des Privaterechts*,Julius Springer 1889)。文中他嘲笑将纯粹的、抽象的、教条式的和个人主义的私法从人民群众的社会需求中分离出来的倾向。
④ Josef Esser, *Grundlagen und Entwicklung der Gefährdungshaftung* (2d ed., C.H. Beck 1961).
⑤ 这将包括法院或立法;法院决定争议的结果,而立法决定是否修改现有的普通法规则。
⑥ England,11.

势,其中,如果实施某一行为,它所考虑的是"谁会有风险",而不是意外是由"谁的错误"所导致的。①

自上个世纪以来,保险市场快速增长,也增强了侵权的分配作用。基于侵权涉及损失分配的事实,因此,一个重要的问题就是由哪一方来承担损失是最好的。在这方面,保险的可用性显然是一个重要的考虑因素。有一段时间,法院坚定地认为,被告是否投保应该对案件的结果没有任何影响。② 然而,法院现在对于保险存在的态度是较为矛盾的。在许多场合中,丹宁大法官的一些判决是公开地以已投保的当事人能够更好地承担损失的事实为基础的,至少是部分地。③ 大多数法官不像丹宁大法官如此前卫激进,不过,似乎保险的可用性可能会给束缚侵权行为人责任的枷锁提供"一点额外的弹性"。④

有人认为,保险的存在与侵权的矫正功能并不相容,它代表另一种赔偿体系的发展方向,例如社会保障计划。⑤ 这种方法完全以分配原则为基础,切断了当事人之间的双边关系,而且"违反了个人责任的道德基础"。⑥ 至

---

① See J.A. Jolowicz, *Liability for Accidents*, 26(1) Cambridge L.J. 50 (1968).

② 参见,西蒙兹勋爵在"李斯特诉罗姆福德冷冻储存有限公司"(Lister v. Romford Ice and Cold Storage Ltd [1957] A.C. 555,576—577)案中所述:"在决定 A 和 B 之间的权利时,不应考虑二人中谁投保了保险。"

③ 参见"内特尔希普诉韦斯顿"(Nettleship v. Weston [1971] 3 All E.R. 581)。该案例是关于驾驶学员是否应被认定为具有合格驾驶员相同程度的能力。丹宁大法官认为即使是对驾驶学员,法官也将采用较高的技能标准,因为每个驾驶员都要求投保第三方责任险;因为"一个人被机动车所伤,不应该由他自己来承担损失,应该由保险基金来赔偿。该基金比他本人有更好的承受能力"。因此,丹宁大法官的结论是,"在法律的这个分支,我们正逐渐远离'无过错即无责任'的概念,我们开始应用'风险应该由谁来承担'这项标准。驾驶学员在道义上没有过错,但在法律上她负有责任,因为她是被保险人,风险应该由她承担。"丹宁大法官还在其他一些判决中作出了类似的决定,包括"兰姆诉卡姆登 LBC"(Lamb v. Camden LBC[1981] Q.B.625);"斯巴达钢材公司诉马丁"(Spartan Steel v. Martin [1973] QB27)和"R.H.威利斯及其子诉英国汽车拍卖有限公司"(R.H. Willis and Son v. British Car Auctions Ltd [1978]2 ALL ER392)。

④ Executor Trustee and Agency Co. Led v. Hearse [1961] S.A.S.R.51, 54(Chamberlain J.).

⑤ See R.V.F. Heuston & R.A, Buckley, *Saimond and Heuston on the Law of Torts*, 28 (20th ed, Sweet & Maxwell 1992)."一旦承认保险致使赔偿损失成为损害赔偿金的唯一目的,那么侵权诉讼本身变得更容易受到攻击,因为有很多方法可以补偿受害者所遭受的损失——有些可能比侵权更公平且在行政管理上更便宜。"

⑥ England, 13.

于其原因将会在适当的时候进行讨论,完全依赖于赔偿基金的制度是不能令人满意的,由于它降低了进行风险管理的激励机制。然而,保险与侵权之间的关系并不一定要放弃所有矫正正义的观念,它仍保留了一定程度的个人责任。例如,一个粗心的人很可能会承担较高的保险费,在极端情况下可能被拒绝全保。此外,保险政策可能只支付被保险人所发生的部分费用;在某些情况下,还存在一个议定的保险上限或封顶。[1]

三、侵权的多元论观点

151   鉴于侵权不能纯粹地作为一项矫正机制或分配机制,实有必要考虑是否有某种理论依据可同时容纳分配目标和矫正目标。越来越多的人们认识到一个事实,即侵权目标具有多面性而且不能单由经济效率或矫正正义等一元论理论来将其涵盖。爱泼斯坦(Epstein)认为:

> 试图用单一价值或原则来解释一个复杂法律体系的完整结构是不明智的也确实是徒劳的,无论这种单一价值或原则是自由或是效率。[2]

尽管如此,矫正理论的某些支持者仍然认为社会的分配目标应该由完全不同的机制来实现。[3] 然而,侵权的矫正观点仍然根深蒂固的忽视严格责任和保险的存在。如同恩格拉德所提出的,这些因素引入了有效的损失分配的问题:

> 温睿博坚持完整的理论纯粹性,严格地追求单一价值……不能解决问题。严格责任领域已经成为侵权法根深蒂固的部分,并且保险存在的现实也不能与

---

[1]   See Peter Cane, *Tort Law and Economic Interests*, 479-81 (Clarendon Press 1996).

[2]   R.A. Epstein, *Causation and Corrective Justice: A Reply*, 8 J, Leg. Stud. 477, 503 (1979).

[3]   根据温睿博的观点,损害成本要么由加害人根据建立在矫正原则之上的侵权规则来补偿,要么由根据分配原则建立的赔偿基金来补偿。因此,在他看来,并不存在两个原则可以合并的中间地带。See E.J. Weinrib, *Aristotle's Forms of Justice*, 2 Ratio Juris 211,214 (1989).

侵权裁决分隔开来。侵权法不应该完全排除有效的损失分配的思想,即使它与康德学派的自治和道德责任的原则并不相符。[①]

在理论方面,这种"多元论"的方法似乎不尽人意,它缺乏一元论方法的纯粹性。为了克服这种缺陷,恩格拉德建议将侵权法的多元观点建立在"互补性"的理论之上。[②] 这种想法来源于物理学家尼尔斯·博尔(Neils Bohr)对量子力学所产生的异常现象进行的哲学解释。总之,这种理论认为,相互矛盾的理论如果分开来看可能无法调和,然而,当从整体的角度观察时,它们可能构成一个统一的整体[③]:

　　如果每一种说明都无法针对所讨论的事物提供一个全面的描述或解释,而这些说明结合起来则可以完整地描述这一事物,那么对这一事物的这些说明都是互补的。[④]

因此,在某些情况下,"对立的原则构成了和谐的整体。"[⑤]正如恩格拉德指出,这种理念贯穿于哲学和宗教。[⑥] 的确,博尔主张,该理论可以扩展到物理学以外的许多领域,包括文化、艺术和音乐等。[⑦] 恩格拉德认为,互补性与侵权的多元观点也是一致的。

152

---

① Itzhak Englard, *The Idea of Complementarity as a Philosophical Basis for Pluralism in Tort Law*, in *Philosophical Foundations of Tort*, 185 (D.G. Owen ed., Clarendon Press 1995).

② Englard. See also R.G. Wright, *Should the Law Reflect the World?: Lessons for Legal Theory from Quantum Mechanics*, 18 Fla. St. U.L. Rev. 855 (1991).

③ 参见杜格尔·默多克(Dugald Murdoch),《尼尔斯·博尔的物理哲学》[*Neils Bohr's Philosophy of Physics* (CUP 1987)]。在量子力学中可以用粒子或波解释物质和辐射(波粒二象性)。尽管这两个概念是不相容的,实验结果可以指向一个或另一个的存在。从各自的角度,这两个概念可以解释某些现象,而二者结合在一起可以解释所有现象。

④ Englard, 188.

⑤ *Ibid.*, 190.

⑥ 同上。

⑦ See for example, N. Bohr, *Natural Philosophy and Human Culture*, 143 Nature 268 (1939) and N. Bohr, *Unity of Knowledge* (1958) in *Atomic Physics and Human Knowledge* (First published 1961, Dover Publications 2010).

这种方法可以赋予多元化方法一定程度的理论精确性。然而在实践中,是否能够在单一的具体法律规则或法院判决中体现相互矛盾的目标则是另一回事。恩格拉德认为这种方法是可行的,并指出事实上在很多案例中,法院所采取的解决方案往往是体现相互矛盾目标的妥协方案。因此,他举了一个刑事处罚的案例,其中,根据惩罚理论应判处两年监禁,而根据威慑理论则应当判处十年监禁,法院可能最后判决刑期为五年。[1]

恩格拉德的分析似乎为将侵权应用于环境领域中提供了一个可行的解释,在环境领域中,协调分配和矫正问题的困难特别尖锐。我们可能会察觉到,在前面章节中所探讨的一些普通法规则中就应用了多元方法。例如,妨害中"邻里特征"检验[2]的发展,作为是否造成损害的阈值,可以被解读为一个多元化方法的例子。该检验明显地引入了分配因素,因为它允许先前不被接受的行为继续下去。然而,它同时保留了损害原则,因为如果损害超过了阈值则仍是可诉的;这就保留了矫正正义的元素。

在"赖兰兹诉弗莱彻"的案例中,布莱克本法官针对土地所有者不合理使用其财产所造成的损失应该由谁负担这个问题给出了明确的处理。[3] 在这种情况下,根据严格责任原则,应由土地所有者承担责任,这是一项符合良知的判决。然而,严格责任也保留了矫正正义的元素,当面临完全超出土地所有者所能控制的事件时,包括第三人行为[4]、天灾或不可抗力,则土地所有者通常可以提出抗辩。[5]

153　使用强制救济也为法院提供了可以采取多元化方法的一个领域的例子。从表面上看,授予强制令救济的判决显然代表着纯粹的矫正方法,从而排除了分配问题的考虑。然而,这种看法的基础在于强制令必然会导致企业关闭或被强加无法承担的成本。相反,值得注意的是,强制令并不一定是

---

① Englard,194.
② St. Helen's Smelting v. Tipping (1865) 11 H.L.C. 462.
③ (1866) L.R. 1 Ex. 265,279-280.
④ See for example, Northwestern Utilities Ltd. v. London Guarantee and Accident Co. Ltd [1936] A.C, 108;Rickards v. Lothian [1913] A.C. 263.
⑤ See for example, Nichols v. Marsland (1876) 2 Ex. D. 1.

僵化的工具,只是为了实现某种土地利用方式而排除另一种土地利用方式。强制令能有效地迫使污染者研究更清洁的技术,以期在最小的环境成本情况下,其生产活动能够继续。迈凯伦认为,生产者往往不愿意主动采取这种措施:

> 毫无疑问的,企业家往往无视于现实技术的发展,并抵制为了污染控制而对其生产过程进行调整,除非他们被迫去思考和行动。[1]

为了证明这种主张,他引用了对一个污染防治设备制造商的采访摘录:

> 我们发现很难让工厂安装使用我们的设备,主要是因为企业不肯在这件事上花钱。企业治理废水的态度非常消极,而且他们觉得这是在为不能给他们带来利润的方面花钱。因此,除非被迫这样做,我认为他们会继续拖延,要么利用政治条件或者否认有任何可用的污染治理设备。[2]

迈凯伦认为,强制令是迫使企业主采用更清洁技术的最有效手段。一旦判决企业可以支付损害赔偿金,那么污染可能继续有增无减,然而,强制令让法院可以影响工厂的经营方式:

> 选择强制令清楚地表明,法院对待原告诉讼请求的问题根源的处理是非常认真的。此外,当法院授予强制令救济,那么法院承担着监督作用,以监督该强制令的条款被确实执行,从而保证污染者采取相应的措施。[3]

随着技术的进步,企业主越来越难以治理污染技术不存在为借口。事

---

[1]　J.P.S. McLaren, *Nuisance Actions and the Environmental Battle*, 10(3) Osgoode Hall L. J. 505, 557 (1972).

[2]　J.C. Esposito, *Air & Water Pollution: What to Do While Waiting for Washington*, 64 Harv. Civ. Rights - Civ. Lib. L. Rev. 32 (1970).

[3]　McLaren, 577.

实上,早在世纪之交,德威斯(Dewees)针对美国和加拿大二氧化硫排放所引起的侵权诉讼的实证研究[①]表明,强制令在鼓励经营者开发新的减排技术方面,是非常有效的。在美国,法院判处强制令救济优先于损害赔偿金,铜和铅冶炼厂经营者迅速采用了最新可用的减排技术,称之为静电除尘器(Electro—Static Precipitator, ESP)。[②] 德威斯总结道:

> 一般来说,这些冶炼厂所采取的治理措施,在安装的时候代表着最先进的、或者至少是当时的最佳可行技术。这个诉讼以及所导致的强制令救济,似乎是合理有效地推动了治理措施接近当时的最新科技水平。[③]

在某些情况下人们发现,新的减排技术不仅没有增加经营者的负担,实际上还节约了成本;例如,静电除尘技术可以回收金属颗粒,否则这些金属颗粒将随着烟气排出。德威斯引用了另一个例子,田纳西州的冶炼厂主们安装了酸洗设备以去除尾气中的二氧化硫,结果发现作为酸洗过程副产品的硫酸比生产铜更加有利可图。此外,硫酸的主要市场是化肥料生产,因此原本杀死农作物的物质转化成为使他们能够茁壮成长的一种物质。就在几年前,法院曾拒绝禁止田纳西州的冶炼厂排放二氧化硫,因为这会导致冶炼厂关闭。[④] 这个案例说明,很难在相互竞争的土地利用方式之间进行准确的成本—效益分析。

[①] See D. Dewees, *Sulphur Dioxide Emissions from Smelters: The Historical Inefficiency of Tort Law* (University of Toronto 1996); D. Dewees and M. Halewood, *The Efficiency of the Law: Sulphur Dioxide Emissions in Sudbury*, 42 U. Toronto L. J. 1 (1992).

[②] 烟气通过一个除尘室,其中装置着带电导线和带相反电荷的集尘板。带电导线使通过除尘室的颗粒物带电,然后通过电磁吸引力将其吸附到集尘板上。

[③] Dewees.

[④] "麦迪逊等诉达克敦硫、铜和钢铁有限公司"(Madison et al v. Ducktown Sulphur, Copper & Iron Co. Ltd. [1904] 83 S.W. 658, 660);"我们发现……如果颁发了强制令救济,被告将要被迫停产,他们的财产将变得几乎一文不值,他们所进行的巨大的业务活动将停止,同时将被迫从美国市场退出。从前述事项可以推断,美国一个巨大且日益增长的行业将要被摧毁,国家所有宝贵的铜资源将变得一文不值……。如果这些行业受到抑制,成千上万的工人将不得不流浪到别处寻找住所和工作。"

　　此外,还可能在强制令上附加条件,允许生产活动继续的同时,要减少
对原告的不良影响。这些条件可以根据技术可行性而进行调整。① 在美国
"R.L.伦肯诉哈维铝业公司"(R. L. Renken v. Harvey Aluminium Inc)②的
案例中,果农就被告的铝电解厂的氟化物排放对农作物造成的损害寻求强
制令救济。通过电化学过程在电池中生产铝;所产生的气体和颗粒必须在
排放到环境中之前进行处理。通常,清理过程包括几个阶段。本案例中,被
告在电池周围安装了"裙板",以便于在源头收集烟气,并直接送进燃烧器。
所排出的气体先被吸入一个加湿室,并由此处进入"洗涤塔",在"洗涤塔"中
用几层水雾洗涤烟气;这种过程能够捕集废气中的颗粒物和较重的元素。
最后一道工序则是安装在塔顶的除雾器。尽管有这些污染防治措施,每天
仍有 1,300 磅的氟化物被排入大气中。调查发现,由于"裙板"的问题,在排
放源头有 20% 的烟气没有得到收集。余下 80% 的烟气则直接进入燃烧器
和洗涤塔,而其中又有 10% 的细颗粒扩散到大气中。

　　关闭工厂不是一个现实的选择:工厂雇佣了 550 名员工,每年生产 8 万
吨铝以用于工业和国防目的。搬迁即便不是不可能也会是非常的困难,工
厂的建设和发展已经投入大约 4000 万美元。然而,人们普遍认为,可以改
善工厂现行采用的污染治理措施。在电池上面安装防尘罩,可以从源头收
集大部分烟气。此外,上面提到的已经安装的静电除尘器,这种类型的静电
除尘器需要经常地调试,以捕捉那些没被水雾捕捉到的细颗粒。基尔肯尼
(Kilkenny),地方法院法官,很高兴被告能够而且愿意负担采取这些额外措
施的相关费用:

　　　虽然,安装这些额外控制装置的成本很大,但事实上必须对这些有毒气体
　　实施有效控制以防止逸出。比起实质性地剥夺被告使用财产的权利,让其工厂

---

　　① 例子参见"乔丹诉诺福克郡及另一个议会"(Jordan v. Norfolk County Council and another
[1994] 1 W.L.R. 1353);参见第三章第五节二(三)所示。《美国侵权重述》第 941 节注释中提到,
法院可以要求经营者进行替代工艺流程或程序试验以作为减少危害的一种手段。这样就可以在强
制令上附带条件,要求经营者研究清洁生产工艺。

　　② United States District Court, District of Oregon, 1963. 226 F. Supp. 169.

关闭,这样的支出对被告来说也不算很大。虽然,我们无法以这种方式来面对公众,但我们必须认识到,空气污染是现在美国公众面临的重大问题之一。如有必要,安装合适的控制设备的成本必定会转嫁到最终消费者身上。没有理由让公众既遭受实质性损害又要承担矫正措施的巨大费用。

因此,颁发了强制令,但允许工厂的生产继续,前提是判决之日起一年内必须安装防尘罩并对静电除尘器进行调试。

要对一个大型且有影响力的工业企业颁发强制令救济,法院需要有足够的勇气。然而,企业越大越成功,企业就越有可能拥有足够的资源来遵守强制令的条款。当一个企业不能遵守强制令的条款,即使强制令已经考虑了技术可行性和成本等因素,迈凯伦认为这样的企业不值得挽救:

> 如果在最终的分析中,实际的结论是关闭违规运营,那么在笔者看来,就要看污染者及其业界将会以什么样的勇气来面对。普遍认同的是,当代的社会价值观中,致力于改善环境状态比让无足轻重、举步维艰的工业企业继续存在来得更为重要。不说别的,社会,特别是政府,有足够的能力以解决地方上的雇主退出后对社区所造成的不良后果。引进并鼓励建立新的无污染行业。工人可以转入其他行业或搬迁。其后果可以补救。然而,污染,顾名思义,除了从源头限制或治理之外,没有其他解决办法。如果让污染继续,结果肯定是对环境产生更深远也许是无法弥补的损害。①

迈凯伦提出这一主张已过多年,但这一论证今天仍然适用。比起四十年前,法院处于更加优势的地位,以批判的角度来评价那些关于技术成本太高、行不通或无法得到的托辞。自 20 世纪后叶,环境法规呈指数式的增长,导致技术标准和导则指南的激增。例如,欧盟的环保法规以最佳可行技术

---

① McLaren,599.

(BAT)标准为基础①,要求运营商所采用的运营模式应尽可能接近最新科技水平。通过大量的技术规范,使得空泛的标准被具体化了,其中明确规定了每一个工业行业的最佳可行技术。② 有时,在司法复核程序挑战许可证的要求和条件的情况下,法院准备根据相应的规范和导则强制执行相关标准。③ 这样的证据没有理由不在侵权诉讼中使用。因此,当存在明确的技术解决方案时,法庭显然会作出裁决使该项技术得以被应用。如果一个公司不能够采取这一措施,那么根据迈凯伦的观点,尽管这个企业仍有价值也应当允许这个企业关闭。

　　然而,当没有明确的和经济有效的技术解决方案时,情况就变得比较复杂。在这种情况下,法院可能很快发现自己误入政治困境,需要面对应该如何规范整个行业的问题。在这种情况下,使用的强制令,相当于对一个活动进行司法监管,可能会出现很大的问题。这个问题是经由气候变化诉讼问题而突显出来的。在美国,强制令救济的问题与"政治问题"息息相关。关于针对人为因素造成的气候变化强加责任,其本质是否是一个政治问题而不应该由司法机关来决定这个问题上,一直困扰着美国法院。阿巴特④指出,在美国判例法中,当原告寻求强制令而不是损害赔偿时,法院更有可能面临着政治问题。正是由于这个原因,在气候变化公共妨害的"康涅狄格州等诉美国电力公司"案例中,地区法院驳回原告的请求。⑤ 有人认为,判决是否颁发强制令,或者颁发强制令,那么在什么样的条件下将会使法院被卷

---

① See European Parliament and Council Directive (EC) 2008/1 concerning integrated pollution prevention and control (IPPC), O.J. L24/8 (the IPPC Directive).

② 欧盟采用《最佳可行技术目录》(BREF)的形式,该文件由欧盟综合污染预防与控制(IPPC)局(欧盟委员会总部联合研究中心的一个分支机构)根据 IPPC 指令第 17 条制定。在英国,这类标准大多纳入了环境局所颁布的行业规范和指南。

③ See R. (on the application of Rockware Glass Ltd) v. Quinn Glass Ltd (and another) [2006] EWCA Civ 992; [2006] All ER (D) 151 (Jun). 在该案例中,颁发给一个玻璃瓶制造商的工业排放许可证,其中的条款受到质疑,理由是条款中并没有反应出使用行业现有非常完善的最佳可行技术应达到何种排放水平。

④ R.S. Abate, *Public Nuisance Suits for the Climate Justice Movement: the Right Thing and the Right Time*, 85 Wash. L. Rev. 197 (2010).

⑤ 406 F. Supp. 2d, 265 (S.D.N.Y. 2005). See Abate, 216.

入到"识别和平衡经济、环境、外交政策和国家安全利益"①之中,这些,很明显地都是不可裁决的政治问题。然而,上诉法院第二巡回法庭推翻了地区法院将其定义为政治问题的看法,②并且坚决反对这样的概念,即授予强制令将要求"法院应就气候变化问题形成一个全面的且影响深远的解决方案,这明显属于政治体系范畴的一项任务"。③ 然而,本案例的判决应被局限于6个特定电厂的排放限制。④

这种观点是否充分考虑了发电行业的经济现实仍有争论。的确,很难找到比能源政策更具政治争议性的话题。对燃煤电厂强制实施严格的排放限值,可能需要采用碳捕获和封存(Carbon Capture and Storage,CCS)技术。⑤ 然而,碳捕获和封存技术目前还没有达到最佳可行技术的标准,即"技术可行经济合理"。⑥ 采用碳捕获和封存技术要求建立管道、泵站和储存库等国家级基础设施。这并不是某一行业的经营者可以独立完成的。此外,对煤炭强制实施严格的排放限值可能会增加对核能和可再生能源等替代能源的依赖。这将再次引起关于核能安全性和可再生能源可行性等国家能源政策的争议。因此,尽管上诉法院第二巡回法庭对"美国电力"(American Electric Power)案例所作出的裁决,法院仍然需要相当大的勇气,应用强制令这种生硬的手段,闯入政治领域。在这种情况下,最好是根据侵权的多元化目标判处损害赔偿金,同时将复杂的分配问题转移到政治领域。

① 406 F. Supp. 2d, 265, 274 (S.D.N.Y. 2005).
② Connecticut v. American Electric Power 582 F.3d 309 (2d Cir. 2009).
③ Ibid., 325.
④ See Abate, 217-218.
⑤ 碳捕获与封存包含一系列技术,涉及二氧化碳在排放源被收集并压缩成可以运输的形态,通过管道或船舶运送至如废弃的油气田等地下储集层。有关这些技术的法规及其相关的法律意义,参见:M. Schurmans & Van A. Vaerenbergh, The New Proposed EU Legislation on Geological Carbon Capture and Storage (CCS): A First Impression of the Commission's Proposed Framework on CCS, 17(2) Eur. Energy. Envtl. L. Rev. 90, 95-96 (2008).
⑥ 某些国家政府和欧盟已经采取了"技术强制式"的措施,例如财政激励措施,试图通过建立一些示范项目,以证明技术的可行性;然而,进展一直缓慢。英国的示范项目详见英国能源及气候变化政策,英国示范计划。http://www.decc.gov.uk/en/content/cms/emissions/ccs/demo_prog/demo_prog.aspx(2011年6月8日访问)。

在环境领域中,多元化分析为侵权的使用提供了一个可靠的、可行的理论依据。它使责任仍然牢牢的根植于伤害原则,同时还包留了法律兼顾分配问题的能力。关于应该由谁来承担损失的问题,一直以来侵权法都在吸纳社会的和政治的偏好。经济效率只是其应用的标准之一,而且正如波斯纳承认的,在决定保护自然资源意愿方面,经济效率只能起到很小的作用。损失应该由谁来承担的问题必须根据更广泛的标准,包括"决策当局的道德和政治哲学"来决定。

工业事故法提供了一个很好的范例来说明侵权法能以何种方式发展,从而反映关于损失分配的不断变化的社会和政治偏好。在迪亚斯(Dias)和马克辛尼斯(Markesinis)的早期著作中提出,"在保险业刚刚萌发的时期,基于过错的责任适合于维多利亚时代的道德观,并为工业增长提供了缓冲。"①不过最终,"由于让受害的工人承担损失,使得它变得在政治上不可接受。"②此外,由于保险业的发展,以及意识到成本可以通过商品的价格转嫁给消费者,"人们确信最好由雇主来承担损失。"③因此,损失分配的元素被引入到工业事故法中。

现今的政治和社会氛围是,在环境领域中,侵权的重点应该指向于"应该由谁来承担损失"的问题。如果直接应用环境法的一般原则,似乎很明确应该由污染者负担;因此"污染者付费"原则已经成为环境法的一项基本原则。④ 然而,事实上侵权在概念上能够调整这种分配目标并不意味着它必然要增加已经存在的监管措施。这就提出了一个问题,即在环境领域中,侵权法应该发挥什么样的作用。

---

① R.W.M. Dias and Basil S. Markesinis, *Tort Law*, 14 (Clarendon Press 1984).

② 同上。

③ 同上。

④ 参见《欧盟运行条约》(TFEU)第 191 条。

第三节　环境领域中侵权的作用

一、环境标准的私法实施

159　　大部分环境法都包括许可证制度,即允许不得超过某一限值的排放;① 随着污染治理技术的进步,这些限值会逐步趋于严格。② 监管机构③监督这些限值的实施,而当出现违反监管的情形,可能诉诸于刑事处罚。④ 历史上,监管机构一般采取息事宁人的做法,并将起诉作为最后手段。⑤ 然而,在 20 世纪 90 年代,环境局采取了更为果断的执法策略。⑥ 环境局现在会出版执法策略文件⑦,并定期更新。虽然,在初始阶段仍倾向于使用非对抗性的方法,例如提供咨询和指导,但目前的策略绘制了清晰的路线,将不断提高惩罚最终直至刑事制裁。此外,新的焦点在于当严重损害迫在眉睫时采取先发制人的权力。

---

　　① 在英国,长期存在一个环境许可证体系,目前是由环境保护许可制度(Environmental Permitting Regulations 2010 S.I. 2010/675)管辖。

　　② 许可证的条件必须确保证经营者遵循 IPPC 指令中最佳可行技术的要求。See Environmental Permitting Regs reg. 3 and Sched. 7, para. 5.

　　③ 在英国,复杂的或特别危险的活动属于环境局的管辖范围,而地方当局监管不太复杂或危险性小的大气排放。在环境保护许可制度中,这些活动划分为 A 部分和 B 部分,分别由环境局和地方政府监管。

　　④ 在英国,针对违反环境许可证要求的情形,根据环境许可证制度规定的第四部分,监管机构可以采取一系列强制执行措施,包括强制执行通知书和刑事制裁。

　　⑤ See Keith Hawkins, *Environment and Enforcement: Regulation and a Social Definition of Pollution* (Clarendon 1984); R. Baldwin and C. McCrudden, *Regulatory Agencies: An Introduction, in Regulation and Public Law* (R. Baldwin & C. McCrudden eds, Weidendeld and Nicolson 1987).

　　⑥ See O. Lomas & R. Fairley, *The Long Arms of the Environment Agency*, 80 Legal Bus. Supp. 8-9.

　　⑦ 环境局(Environment Agency),《执法和制裁声明》[*Enforcement and Sanctions Statement* (Policy 1429 _ 10) (25/02/11) http://publications. environment-agency. gov. uk/PDF/GEH00910BSZJ-E-E.pdf (accessed 9 June 2011)].

这些进展都很受欢迎,而且毫无疑问也增加了刑事制裁的威慑力,而在过去,这些可能不被认定为是"真正的"犯罪;然而,这种观念现在已经发生变化。[1] 但是,环境监管体系不可能完全依赖一种机制;根据不同的情况,每种方法都有其长处和短处。许可证制度的使用,以刑事制裁为后盾,在其执行的过程中所留下的间隙恰恰可以为侵权发挥作用提供了空间。例如,由于资源有限,在决定哪些情况下应向刑事法院起诉,监管机构必然是有选择性的。[2] 此外,刑事制裁的目的并不在于修复伤害或保障受害者获得赔偿。[3]

侵权的另一个潜在优点是,刑法的证据标准是排除合理怀疑,而在民法中,法院必须满足权衡各种可能性。正如伯内特—霍尔指出: 160

> 为了避免被告受到不公平的刑事指控并定罪,他应该被非常公正地提供完整的证据和其他的程序保障,尤其是明显沉重的刑事举证责任。这种保护措施必然意味着,要么在多数情况下都会被判无罪,要么——毫无疑问这种可能性更大——这一诉讼就永远不应该被提出。[4]

---

[1] 在"谢拉尔斯诉德鲁兹瑞"(Sherras v. De Rutzeri [1895] 1 QB 918)的案例中,赖特法官阐明,行政违法行为"不是真正意义上的犯罪,但其行为是公众利益所禁止的,应予以处罚"。在环境领域中,这个观点在"阿尔法赛尔诉伍德沃德"([1972]2 ALL ER475)的案例中,由迪尔霍恩子爵(Viscount Dilhorne)再次阐明:"这个法案,在我看来,……是处理那些不是真正意义上的刑事犯罪,但是为公众利益所禁止的行为,应予以处罚。"最近,贝尔和麦吉利夫雷发现,针对严重的环境犯罪,司法态度有逐渐强硬的趋势:参见西蒙贝尔(Simon Bell)和唐纳德麦吉利夫雷(Donald McGillivray),《环境法》[*Environmental Law*, 44-45 (7th ed, OUP 2008)]。的确,某些环境违法行为,例如"非法倾倒废物",由于罪犯为谋取利润而公然藐视法律,现在通常会处以监禁。See N. Parpworth and K. Thompson, *Fly-tipping: a real environmental crime*, 9 J, Plan. Envtl. L. 1133 (2009).

[2] 因此,有报告的事件数量和成功检控的案件数量之间不可避免地存在差距。在本书编写过程中,环境局起诉案件的最新统计数据年份为 2008 年。See *Data file: Environmental Offences* 2008, Environment in Business (Jan/Feb) 6 (2010).

[3] 尽管,被处以巨额罚款可能对其他经营者起到威慑作用。迄今,违反英国环境许可制度而被处以最高额的罚款是 25 万欧元,涉及一座水泥厂超标排放粉尘和噪声。See Environmental Data Services (ENDS), *Failings at Castle Cement plant lead to record fine*, 421 ENDS 5 (2010).

[4] R. Burnett-Hall, *Enforcement through civil proceedings*, 2 Amicus Curiae 24 (1997).

当违反严格责任时,这个负担就减轻了,然而,这仅仅涉及被告的心理状态(犯罪意图),仍然需要证明,在无合理疑点的情况下,该损害是由被告所引起的(犯罪行为)。根据民法标准,确定因果关系将会是很困难的;而根据刑法标准,这个任务将会更加困难。①

在英国,由于某些形式的环境损害难以利用刑事程序,因此引入了民事处罚。② 这些操作起来很像是停车罚款,该罚款是由行政法所管辖并确实带有刑事定罪的烙印。从执法角度来看,人们希望该机制实施成本较低而且能够提高执行率。③ 而其相伴而来的是旨在确保清除污染或从源头防止污染的行政执法权力的扩张。④ 因此,监管机构可以要求污染者在造成伤害之前排除危害,或在损害已经发生之后进行修复。如果,受到危害的立即威胁或污染者拖延采取行动,那么监管机构可以亲自采取行动,事后向污染者收回费用。这些措施受到欢迎;然而,它们无法完全替代侵权。调动行政权力还涉及资源问题,也就是说不能在所有情况下都调动行政权力。此外,从受害者的角度来看,个人伤害可能很严重,但可能还达不到调动行政权力

161

---

① 澳大利亚的"环保局诉巴洛"案例[EPA v. Barlow(Unreported, Land & Environment Court of New South Wales, 23 April 1993)]明确地阐释了这一问题。本案例中,似乎无数的初步证据都表明,鱼类死亡是由于农作物喷洒农药所导致,而被告已知喷洒于棉田的农药是对鱼类有害的。在喷洒农药的次日发现了鱼死亡现象,对死鱼标本化验结果显示存在该化学品的痕迹。然而,法官判定被告无罪,理由是,虽然不大可能,但存在一种可能性,即该污染物可能是从上游的另一个种植场冲洗下来的。海明斯认为,如果根据民法标准,证据可能已经足够证明因果关系存在。参见N.亨明斯(N. Hemmings),《南威尔士的新实验:通过刑法的替代方案来保护环境的优缺点》[The New South Wales Experiment: The Relative Merits of Seeking to Protect the Environment through the Criminal Law by Alternative Means, 19(4)Cmmw. L. Bull. 1987 (1993)]。这当然是上议院在"麦吉诉国家煤炭局"(McGhee v. N.C.B. [1973] 1 W.L.R. 1. Recall)案例中所持的立场。回想一下,当不能确定是否是一个特定的违反义务行为而导致了损害,只要致病因子不存在争议,那么就可以推定因果关系的存在。在"环保局诉巴洛"的案例中,毫无疑问在这一地区只有棉花产业使用这种化学品;因此,在这种情况下,民事法庭可以推定因果关系存在。
② 根据2008年的《监管执法和制裁法案》(Regulatory Enforcement and Sanctions Act 2008).
③ See R. Macrory, Reforming Regulatory Sanctions — a Personal Perspective, 11 (2) Env. L. Rev. 69 (2009).
④ European Parliament and Council Directive (EC) 2004/35 on Environmental Liability O.J. L143/56; implemented in England and Wales by way of the Environmental Damage (Prevention and Remediation) Regulations 2009 (S.I. 2009/995).

所需要的重要性门槛。而且,由于污染事件而遭受的个人损失,例如人身伤害,可能不属于这类措施的保护对象,即超出了环境损害所定义的范畴。[①]

二、私法与环境的公共利益

以上提到,在以矫正原则为特征的侵权责任体系中,原告不能被视为公共利益的私人执行者。然而,后来解释说,存在一个健全的理论基础使得法院可以利用现有的许多侵权规则和救济方法将公共利益问题融入其中。是否有可能采取进一步的行动并且允许私人主体代表公众提起关于环境损害方面的诉讼,这是一个非常重要的问题。

这样的做法会大大地增加环保标准强制执行的参与者数量并减少必须依靠执法机关采取主动的依赖性。一个污染事件如果只影响少数个体,就可能不会促使监管机构采取行动。然而,从个人角度来看,这一事件可能非常重要,致使他们会主动提起诉讼。因此,当监管机构受限于人员短缺、政策因素和有限的资源,而使他们被迫对可能采取的行动进行选择时,民事责任可以超越监管措施渗透到更广泛的行动中。

那些规定了因违反法定义务而判处民事责任(除刑事处罚以外)的法规,在一定程度上促进了私人执法。如同罗杰斯(Rogers)所提出的:

> 公众参与的规定,特别是那些由于不法行为而遭受特别损失或损害的人的参与,可以确保保护环境的公共利益不因过失、政治压力或财政紧缩等政府的不作为而妥协。这一领域中,在没有进行立法改革的背景下,违反法定义务的普通法侵权将确保执法过程的公众参与。[②]

162

"合法捕鱼协会"(Fish Legal)[③]为侵权诉讼如何能够导致环境标准的

---

① 参见 SI 2009/995 中第四条规定"关于损害的定义"。这个定义将损害限定于某些受保护的物种或栖息地、水污染超过一定阈值以及土地污染导致对人体健康有显著威胁。

② N. Rogers, *Civil Liability for Environmental Damage*: *The Role of Breach of Statutory Duty*, 2 (5) Env. Liability 117, 118 (1994).

③ See www.fishlegal.net (accessed July 3, 2011).

私人执法,提供了一个有用的案例研究,这个组织的前身是成立于 1948 年的钓鱼者合作协会(Anglers Cooperative Association,ACA)。① 合法捕鱼协会是一个非营利性组织,其成员主要包括遍布英国的钓鱼俱乐部。该组织帮助其成员就污染事件导致的渔业资源损害提起法律诉讼。还记得前文所讨论的,在提起妨害之诉前,必须证明业主对土地的所有权权益。鉴于此,该组织建议其成员与河岸所有者取得租约。该计划取得了巨大的成功,而由"合法捕鱼协会"及其前身所支持的绝大多数诉讼中,钓鱼俱乐部都获得了胜利。在多数案例中,都颁发了强制令要求运营商清理污染。②

合法捕鱼协会是一个非常特殊的案例,因为该计划的参与者们都找到了一种手段可以证明他们对于寻求保护的资源存在所有权权益。然而,合法捕鱼协会就其诉讼资格所采取的策略对大多数环境利益团体可能并不适用;除非那些真正拥有自然保护区或野生动物保护区的团体。③ 因此,为了扩大侵权作为私人执法的一种手段的作用,就必须赋予这些团体诉讼资格。在这一点上,有必要考虑是否存在允许这样做的概念基础。这就需要建立相当于某种形式的所有权权益的环境公共利益。

在 20 世纪后期,出现了"环境权"概念的萌芽。1972 年斯德哥尔摩联合国人类环境会议决议的原则 1 提到:

> 人类享有在一种确保有尊严和舒适的环境中,获得自由、平等和适当的生活条件的基本权利,同时承担着为当代人和后代子孙保护和改善环境的神圣职责。

大约二十年以后,联合国环境和发展会议里约宣言中的原则 1 声明:

---

① 关于钓鱼者合作协会的相关工作,参见 R.贝特(R. Bate),《水污染防治:一种妨害方法》[Water Pollution Prevention:A Nuisance Approach,14(3) Econ. Aff. 13 (1994)]。"合法捕鱼协会"的网站上有关于最新的胜诉和相关活动的消息,参见上述网址。

② 同上。

③ 参见,"反残酷运动联盟诉斯科特"(League Against Cruel Sports v. Scott [1986] Q. B. 240),该案例中追踪一只雄鹿的猎犬非法侵入"反残酷运动联盟"拥有的保护区。

人类是可持续发展关注的中心。人类有权过上健康和富足的生活并与自 163
然和谐相处。

此外,近年来欧洲人权法庭已开始将某些"环境权"纳入到《欧洲人权公
约》,虽然该公约中并没有给出任何明确的与之相关的概念。在"洛佩斯·
奥斯特拉诉斯佩恩"(Lopez Ostra v. Spain)①的案例中,请求人居住在新建
成的废液处理厂邻近地区,该厂处理该地区许多制革厂所产生的副产物。
由于开工时的故障,排放的烟气、令人厌恶的恶臭和污染物对附近居民造成
了妨害和健康问题,使得他们必须搬迁。据透露,该工厂的运营商 SA-
CURSA 没有获得许可证,此外,监管部门也没有采取任何措施以强制执行
许可证的相关要求。由于在国内法院针对 SACURSA 提起的各项诉讼收
效甚微,洛佩斯·奥斯特拉夫人针对国家提出了人权争议,其理由是由于疏
忽②,国家已经违反了《公约》,尤其是第 8 条,其规定如下:

　　1.人人都享有使自己的私人生活和家庭生活、住宅和通信得到尊重的
权利。
　　2.公共机构不得干预上述权利的行使,但是,依据法律规定的,以及民主社
会中基于国家安全、公共安全或者国家的经济福利的利益考虑,为了防止混乱
或者犯罪,为了保护健康或者道德,或是为了保护他人的权利与自由而有必要
进行干预的,不受此限。

法院支持这一理由,其原因是:

　　当然,严重的环境污染可能影响许多人的福祉,对他们的私人生活和家庭

---

①　(1995) 20 E.H.R.R.(1)277.
②　欧洲人权法院确认,国家除了有义务不违反人权,该《公约》还要求各国有积极义务保障人
权以免受他人侵害。See Marckx v. Belgium (A/31); 2 E.H.R.R. 330, [31]; Young, James and
Webster v. United Kingdom, Applications Nos. 7601/76 and 7806/77, Series B, No. 39, [168]; x
and y v. Netherlands (A/91); (1986) 8 E.H.R.R. 235, [23].

生活产生不利影响,使他们无法享受他们的家园,尽管还没有严重危害他们的健康。①

这一决定的最有趣之处在于,具有侵权问题特征的争议被转换成一个权利问题,并针对国家提出。在这方面,"洛佩斯·奥斯特拉"的案例证明了是有助于环境权概念的演变。② 然而,并不总是有可能将私人纠纷转换成涉及国家的权利问题;如欧洲人权法院的判例法表明,必须证明国家在保障有关争议的权利方面存在疏忽。此外,人权范围有限,这意味着它们不能用于针对追求纯粹商业利益的私人机构;除非,类似供水这种重要的公共服务已经私有化。这就提出了是否存在任何手段可以将这些所谓的"环境权"纳入私法范围的问题。

在"洛佩斯·奥斯特拉"的案例中,有趣的是公法机制被用来有效地将某些私人利益剥离出来,并将它们与人权联系起来,这使得公法得以适用。为了要扩大侵权在这一领域的适用范围,将要做的则正好相反;也就是将环境权剥离出来,并使之与私人利益同化,从而使私法机制得以适用。尽管可能需要重新评估在这种情况下如何看待所有权的概念,但这种方法在理论上是可行的。这就需要扩大所有权的概念,以赋予人们某种形式的环境的所有权权益。

1964 年赖克(Reich)写的一篇文章为这一辩论提供了有益的出发点。③ 赖克对于美国公民的福祉和生计越来越依赖于政府"慷慨赠予"的这个事实感到深切的忧虑。慷慨赠予包括国家福利、政府合同、提供在公共部门就业的机会、提供从事贸易或专业工作的许可证等。④ 不过他指出,这些福利被视为特权,可以在没有充分理由的情况下予以撤销。因此,许多人被无谓地

---

① At [51].

② 关于"洛佩斯·奥斯特拉"案例之后的环境权发展分析,参见:O.W. Pedersen, *A Bill of Rights, Environmental Rights and the UK Constitution*, (2011) P.L.577.

③ C.A. Reich, *The New Property*, 73(5) Yale L.J. 733 (1964).

④ *Ibid.*,734-739.

剥夺了他们的生计和地位。在某些情况下,这导致了对公民自由的粗暴侵犯。①

赖克认为财产权是自由的一个重要组成部分:

> 《人权法案》只在发生冲突和危机的特殊时刻才发挥作用,而财产权则能在一般生活事务中提供经常性的保护。②

然而,在工业革命时期,基于财产权的自由思想逐渐变为归属于有形资源本身;对资源利用的社会约束则被取代。因此,一个人可以在其土地上做其想做的任何事情,即便以牺牲邻居的利益为代价。③ 赖克认为,由于这种滥用,在 20 世纪初期,权力逐渐被从私人转移到公共部门。④ 然而,政府本身也犯了同样的滥用错误:

> 政府作为雇主或者财富分配者,所采用的理论就是通过发放津贴来主张管理权力,就如同资本家所主张的一样。此外,企业将自身与部分政府权力体系结成联盟,或者实际接管了部分政府权力体系。今天,形成了政府和企业的联合权力,以压制每一个个体。⑤

赖克作出总结,保护由政府授予的基本福利的唯一办法就是针对这些利益建立所有权。他还提出,这种做法并没有任何概念上的困难。所有权的概念是社会的一项发明,并且可以随着社会的需要进行调整。⑥ 因此,政

---

① 对于"弗莱明诉内斯特尔"的案例[363 U.S. 603 (1960)],赖克尤其感到不安。内斯特尔于 1913 年来到美国,1955 年退休后,符合养老补助金的发放条件(他的雇主已定期缴纳费用)。然而,随后被揭露,他有不符合补助金发放条件的情形,于是他被驱逐出境,支付给他妻子的福利才终止。最高法院认定,福利构成退职金,国家对此不存在合同义务以保障其发放。See Reich, 768—769.

② See Reich, 771.

③ *Ibid.*, 772.

④ *Ibid.*, 775.

⑤ 同上。

⑥ Reich, 771-772.

府可以针对这些福利赋予所有权权益①,并规定享受这些福利的条款:

> 一旦所有权不再被视为一种自然权利,而是作为旨在满足特定功能的结构,那么,在决定应该施加多少监管时,它的起源就不再具有决定性。附属于获得、享有和使用权的条件并不依赖于财产权从何而来,而是取决于它能起到什么样的作用。②

因此,根据这种观点,所有权归属于与资源使用相关联的权利和义务,而不是资源本身。麦克弗森(Macpherson)认为,最初,所有权的概念很广泛,除了独占拥有权利之外,还包括"不能被排除使用和享有已经被社会宣布为共同使用的事物——公共用地、公园、道路、水域等的个人权利"③。因此,独占拥有土地的权利就必须与其他权利相平衡,例如,他人的放牧权。

同赖克一样,麦克弗森认为,自从自由市场经济发展以来,财产权的概念已经被局限于资源本身,以及排除他人的权利:

> 随着市场取得优势地位,所有个人的实际权利、自由、个人自由发展的能力和发挥其潜能的能力变得如此依赖于其所拥有的有形资产,这使得我们可以很实际地将个人财产与其有形资产等同起来。④

因为,如果权利不被排除就不能买卖,它"几乎会从公众的视野中消失"。⑤

在早期,对于一些社会所珍视的资源,所有的个体都享有某种形式的所有权权益,那么,任何一个个体都不能独占这类资源,并且不能排除其他人

---

① 赖克指出,不动产权利最终归属于国家,其最初由王权(女王)授予(美国独立之前)。在英国情况也是如此,没有任何人能证明所有权的无主财物,最终将归还到王权。See Reich.

② *Ibid.*,779.

③ C.B. Macpherson, *Human Rights as Property Rights*, 24 Dissent 72, 73 (1977).

④ *Ibid.*,74 – 75.

⑤ *Ibid.*,75.

从中受益,麦克弗森指出,在市场经济出现前的社会中,存在着这样的规则"法定权利不仅是为了生命本身,也是为了使生命更具品质"。因此:

166

> 不同顺序或层级的权利,行会师傅、雇佣工、学徒、仆人和工人;农奴,自由民和贵族;议会代表中的第一、第二和第三等级的上议院成员。所有这些权利都是基于一定的生活标准,由法律或习俗来强制实施,不仅仅是针对物质生活,同时还包括自由、特权、荣誉和地位。而这些权利都可以被看作是财产权。①

因此,日益发展的人权问题中的一些利益,例如,享受一定生活质量的权利,都可以被视为财产权。此外,麦克弗森指出,这更多体现的是财产的民主观念,而不是仅仅专注于排除其他人对资源使用的权利。

这些观点似乎非常理论化,但是,格雷②指出,至少在美国,在某些领域中,这种产权概念有回归的迹象。例如,他引用了准公共场所概念的发展③,例如,购物中心和公园,尽管这些地方由私人拥有,但某些试验性案例已经确认,公众有不被不合理排除在外的权利。④ 因此,土地所有者负有某些义务,且是由这些义务的受益者来强制执行的,其结果是公众获得某种形式的"对资源拥有衡平法上的所有权"。在环境法中正在发生的一些变化就是例证,格雷认为:

> 基于被所有公民合理共享的条件下,为了保护环境质量,有越来越多人认为,地球上的重要生态资源应该被视为受信托的监管。这样,就可以开始引申出赋予广大公众对于具有重要战略性的环境资产的集体受益权。⑤

---

① C. B. Macpherson,77.

② K. Gray, *Equitable Property*, 47(2) CLP 157 (1994).

③ *Ibid.*,172-181.

④ See , for example, Robins v. Prune Yard Shopping Center 592 P2d 341 (1979), afd sub nom Prune Yard Shopping Center v. Robins, 447 US 74, 64 L Ed 2d 741 (US Supreme Court 1980).

⑤ Gray, 189.

在著名的"塞拉俱乐部诉莫顿"(Sierra Club v. Morton)案例中,道格拉斯(Douglas)法官的异议判决里就出现了"代管"(stewardship)概念。① 塞拉俱乐部是从事保护工作并推广户外活动的一个组织,而该案例则涉及塞拉俱乐部是否具有诉讼资格,从而申请强制令以阻止在加利福尼亚州北部的内华达山脉的矿金峡谷进行对环境有害的商业开发。大多数法官拒绝赋予其诉讼地位,但是,在道格拉斯法官的异议判决中,他提出应该存在一种生态资源的公共信托理论。他认为,那些与这些自然资源有"特殊意义"或"亲密"关系的人,例如,那些在矿金峡谷上远足、垂钓、打猎、露营、时常出入的人,甚至那些仅仅是独自静坐在其中而为之惊叹的旅行者,都具有资格为自然资源的价值代言。② 除非通过派生诉讼以某种手段赋予代表生态资源的间接诉讼资格;"这些美国的无价之宝(如山谷、高山草甸、河流或者湖泊)[将]永远消失或……或成为我们都市环境中最后的碎片。"③道格拉斯法官在这一点上似乎同意斯通④所主张的一种激进做法,斯通认为,构成环境的要素本身,如动植物等,应该被视为自身享有诉讼资格,而利益相关团体能够以一种指定监护人身份的资格来行使这一权利:

> 虽然,那些生态系统中不善于表达的成员无法表达意见……但是那些经常进出这些地方且熟知他们价值和奇迹的人可以为整个生态社区代言。⑤

这种做法开启了一个哲学辩论,然而,派生诉讼不论被视为是维护生态资源的公共利益还是维护自然资源本身的利益,其实际结果是一样的。然而,道格拉斯法官似乎也认识到,他所列举的自益权可能非常分散并且难以量化。例如,一个徒步旅行者需要访问一个地方多少次才能被认为对这一

---

① 405 US 727, 31 L. Ed 2d 636 (1972).

② *Ibid*.,648f.

③ 同上。

④ C. Stone, *Should Trees have Standing? — Towards Legal Rights for Natural Objects*, 45 S. Cal. L. 715.Rev, 450 (1972).

⑤ PerDougals J, 653.

资源享有自益权？正是由于这个原因，道格拉斯法官赞成对于环境有特殊利益的团体给予其诉讼资格，例如，塞拉俱乐部。

最近，在美国最高法院的一个重要判决中，授予了非政府组织诉讼资格，其理由正反映了道格拉斯法官在"塞拉俱乐部"案例中的推理。在"地球之友诉莱德劳环境服务公司"(Friends of the Earth v. Laidlaw Environmental Service)[①]的案例中，被告买下了一座垃圾焚化设备和相关的污水处理厂。他们从南卡罗来纳州的健康和环境控制局获得了许可证，可以将其处理后的废水排入北泰格河。一段时间后，发现排入河中的某些污染物的浓度超过了许可证规定的限值，其中包括汞。一些环保压力团体，包括地球之友，依据 1972 年《清洁水法案》的公民诉讼条款而提起私人诉讼，其中由最高法院来决定的一个问题，就是根据《清洁水法案》，地球之友是否具有提起诉讼的资格。

金斯伯格(Ginsburg)法官指出，如果一个社团的成员基于其自身权利而具有诉讼资格但不需要直接参与诉讼，则这个社团应具有诉讼资格。因此，这个问题转而成为确定是否有任何个别成员遭受了可诉的损失。根据法院较早在"卢汉诉野生动物保护者"(Lujan v. Defenders of Wildlife)案例中的推理[②]，这将要求原告证明：

(1)他已经遭受"实际伤害"即 (a) 伤害是具体和特定的,(b) 伤害已经发 [168] 生或迫在眉睫，而不是猜测或假设的;(2)伤害明确地可追溯到源于被告被指控的行为;(3)很可能，而不仅仅是推测的，获得有利的判决后，这种伤害将能够获得救济赔偿。

金斯伯格法官的判决最重要的方面体现在他对"伤害"采用较广泛的观点。社团中的个别成员由于居住在该地区并不需要证明他们遭受了传统形式上的可诉损失，例如财产损失或人身伤害。相反，金斯伯格法官指出，只

---

① 　(98-822) 149 F.3d 303 US (2000).

② 　504 US 555 (1992).

要证明这些成员使用和享受的周遭环境已经受到损害就足够了。例如，一个叫安吉拉·帕特森(Angela Patterson)的成员：

> 她提出证词，她住在离该设施两英里远的地方。在莱德劳经营这一设施之前，她常常沿北泰格河野餐、散步、观鸟和涉水，因为该地区的自然景色非常美丽；后来，她就不再在河里或河岸附近从事这些活动，因为她担心所排放的污染物所产生的有害影响；本来，她和她的丈夫想在河流附近购置房产，但现在已经不再打算这样做了，部分原因就是莱德劳的排污活动。

金斯伯格法官毫不怀疑，基于《清洁水法案》中公民诉讼条款的目的，这种对河流的休闲娱乐用途的干扰可以构成一项可诉的危害。

> 我们认为以下这个主张没有什么"不可能"，一个公司持续的肆无忌惮的向河流中非法排放污染物将造成附近居民失去利用该水体休闲娱乐功能的权利，并使他们受到其他经济的和审美的损害。
> ·····

正如我们所看到的，在普通法司法管辖区，一个人有权不受干扰地使用和享受其周围环境的范围仅限于其拥有充分所有权权益的区域。值得注意的是，在"莱德劳案"(Laidlaw)中的判决将这一区域从原来的个人财产边界扩大到一般环境。这种方法有效地创制了对周围环境享有的集体自益权，并且获得法律的保护。

因此，基于公法中所认同的，每个人都享有一个无污染环境的权利，因为这是生活质量的一个重要方面，这一点也反应了美国的私法发展，其中认可公众应该拥有衡平法中的所有权权益以维持一定程度的生活质量。利用私人机制来保护通常被认为属于公法领域的权利可能显得有些激进。然而，正如麦克弗森所指出的，这种做法有历史上的先例。此外，在一个依照产权概念主导和控制的社会里，唯一有效的保护这些权利的方法就是将这些权利与产权体系同化。格雷清楚地很表明，他支持利用产权体系作为保

护基本权益的一项手段,他解释(借鉴麦克弗森的工作成果):

　　当然,如果被问到为什么在新的衡平法的财产权中,所代表的利益不能成 169
为人权或公民权。答案必须是麦克弗森教授给出的:"我们造就了财产权处于
社会的中心地位,任何事物和任何权利只要与财产无关就只能屈居次位了。"①
在采用衡平法的财产权这一术语时,我们深深受到"这是我的"这种原始诉求的
潜移默化的强大影响,并且我们驾驭这种诉求以用于更具建设性的社会目的。
当人类社会的重要资产受到威胁时,我们能够用集体的力量发言,"你不能这样
做:这些资产是我们的。"当你污染了我们的空气、河流,或蛮不讲理的把我们拒
之于旷野和开放空间之外的时候,通过你夺走了一些属于我们的财产的这一主
张,我们可以动员财产权归属所拥有的巨大象征意义和情感的影响。②

　　因此,格雷总结,在公法和私法之间并没有"不可逾越的鸿沟"③,在概
念上可以利用私法作为保障公共利益目标的一种手段,如保护环境。他继
续指出:

　　不断对"财产"范畴施以社会的和道德的限制,必然使得私有财产不可能成
为真正的私有。对财产权的排他主张可以阻止对更基本的人身自由的侵犯,这
一直是一个文明社会的基本特征之一。④

　　然而,衡平法的财产权的权利观念可以扩展到什么程度仍是个问题。
如前所述,"莱德劳"案体现了从诉讼资格的传统观念的禁锢中解脱出来,
原告不需要证明其对受影响的资源具有正式的所有权利益。然而,必须
指出的是,本案例中损害发生在本地小范围区域,原告们就是一个小且明
确的群体。污染扩散得越远,受影响的利益越分散,要想应用财产权类比

---

① Macpherson, *Human Rights as Property Rights*, 77.
② Gray, 210.
③ *Ibid.*,211.
④ 同上。

方法以产生合理结果就越困难。在"莱德劳"的案例中,援引了法律中的公民诉讼条款以提出诉求,这不禁让人想起妨害。但本案不能引用妨害法,因为危害还没有侵犯到原告们家园的边界。然而,由于环境破坏使他们在当地享受生活的权利受到损害。在这个意义上,"莱德劳"案例的判决有效地模糊了家园和外部环境之间的界限。从英国人的角度来看,这是一个非常重大的事件,因为它打破了一个世纪以来普通法在这个问题上的区别。回想一下"奥尔德雷德"①的案例,一个土地所有者无法就其房屋外的景色提起诉讼。无论乡村遭受了怎样的掠夺,也不管因此而毁掉了多少生活的乐趣,除非这些感觉受到有形元素的攻击,即便是像一阵短暂的恶臭也可以,否则就没有诉讼理由。"莱德劳"案例的判决跨越了这个边界,因此的确意义非凡。不过,从环境保护的大背景来看,其他地方的人对"莱德劳"案例就没有那么印象深刻,也不认为"莱德劳"案例是"游戏规则的改变者"。② 尽管,居民的投诉更多是带有妨害性质的,出于上述原因,这些投诉无法使用传统的物权法制度来解决。当危害范围更大而且受害人的数量也可能很大的情况下,应用妨害类推的方法就更困难了。这不可避免地把我们又带回到气候变化的问题。我们对于这个星球享有平等权益的这个理念只不过是一个口号而已,因为,没有实用可行的方法能将这一理念以条文形式表达。正如曼克(Mank)所说的那样,在全球变暖的背景下,伤害了所有的人就变成没有伤害任何人。③ 以衡平法的权益为基础的财产权理念,当然可以用来证明扩大环境权益范围的正当性,这正是其价值所在。但是,我们永远无法完全逃避的现实是,侵权是取决于对于资源的利益必须是可确定的这个基础上。在气候变化的背景下,这需要证明一个特定的个人(或一群人)遭受到特殊性的危害,而

---

① 77 E.R. 816;(1610) 9 Co. Rep. 57.参见上文第二章第三节一(一)。

② See H. Elliott, *Congress's Inability to Solve Standing Problems*, 91 Bos. U. L. Rev. 159, 165, fn 26 (2011).

③ See B.C. Mank, *Standing and Global Warming*: *Is Injury to All Injuiy to None*? 35 Envtl. L 1 (2005).

不同于共同性的危害,并且可以归因于特定的污染者。[1]

　　这并不是说,在有关气候变化的法律制度范围内,可诉的伤害的概念和必要的诉讼资格要求不能扩展。事实上,在命运多舛的《美国气候变化法案》[2]的早期版本中,包括了一个公民诉讼条款草案,其中极大地扩大了由于全球变暖所产生的损害赔偿的范围。这一条款的具体性质将在侵权的诉讼资格和可诉伤害的定义等适当部分再予以讨论。一言以蔽之,有人担心该项条款走得太远,而且将会很快从法案中删除。[3]

三、侵权法作为监管失灵的一种反应

　　到目前为止,大部分的分析都围绕于在多大程度上,侵权可作为用于增强环境法律执行的一种手段。这种方法的最终体现是将民事责任的部分纳入环境法规中。因此,违反环境标准不仅会受到行政处罚或刑事处罚,还会因违反法定义务而引起损害赔偿。[4] 然而,这种明显地对侵权工具主义的应用与普通法侵权的功能截然不同。[5] 普通法的主要功能是保护私人权益,而不考虑这样做是否与公共物品,例如环境保护是相一致的。

　　在这方面,普通法作为补偿监管失灵的一种手段起到了至关重要的作用。例如,不管如何严格管理某项活动,始终会有发生事故的可能性,并导致人身伤害、财产损失或妨害。然而,普通法并不限于处理这些意外伤害的后果。重要的大型新建项目,例如高速铁路和电厂,其建设和营运肯定会对邻近的利益造成一些破坏。规划系统试图预测和管理这些开发活动必然产生的危害。当危害不能被最小化,或降低到可接受水平时,可能就要根据各种法定制度进行补偿。不过,某些危害的性质和范围可能无法准确估计,因

---

　　① See B. C. Mank, 80-81.

　　② 即 2009 年《美国清洁能源和安全法案》草案,本来要在 1970 年的《清洁空气法案》中加入一个新章节,公民诉讼条款(336),其中就归因于气候变化的某些伤害,赋予个人一个诉讼理由。

　　③ See Elliott, 184-185.

　　④ 参见上文第二章第七节"违反法定义务"。

　　⑤ See P. Cane, *Tort Law as Regulation*, 31(4) C.L.W.R. 305 (2002).

此可能没有考虑到某些当事方的利益。如前所述,在"艾伦诉海湾炼油有限公司"①的案例中,围绕诉讼的周遭情况就为这个问题提供了一个经典的例证。② 在各个阶段,都没有针对项目的环境或健康影响进行全面的调查,也没有针对接踵而来的危害应给予的赔偿作出任何规定。然而,前述已经提到的关于这个案例的一个情况,因为对法律授权抗辩的宽泛解释,海湾公司被授予豁免权,使其免于赔偿这些危害。因此,由于法律学说的发展,普通法针对这种监管失灵的补救能力已经被削弱了,事实上是法院自己造成了这种失败。

正如在本节一开始提到的,某些法规除了行政处罚和刑事处罚之外,还针对违反法定义务创制了私人的起诉理由。这就提出了这些明显"工具主义的"③侵权与现行普通法侵权之间的相互重叠关系的复杂问题。在某些案例中,尽管在诉讼标的方面有一定程度的重叠,法定责任与现有的普通法侵权并驾操作。④ 的确,从监管失灵的角度来看,存在一个有力的观点赞成保留现有的普通法救济。在制定法体系中,对于构成诉讼理由的危害的类型,倾向于给予狭义的定义并将其与监管标准关联起来。然而,个人危害的发生与是否还构成违反监管标准毫无关系。出于这个原因,对于那些在某种程度上将取代现有普通法侵权的法定义务,立法者应该放缓起草。一个典型案例是英国 1965 年《核设施法案》,正如上面提到的,其中,明确地排除了普通法对这一领域的适用。⑤ 该法就核"事件"所引起的损害规定了一个诉讼理由。但是,这仅限于与核事故有关的财产损失和人身伤害等。在该法案起草的时候,并没有预见到⑥大多数的核污染具有长期性的特征,例如

172

---

① [1981] A.C. 1001.

② 参见上文第二章第三节四(二)。

③ See Cane.

④ 参见上文第二章第七节。

⑤ 同上。

⑥ 从是否需要在 1959 年的《核设施(许可证和保险)法案》中制定核事故责任的专门条款的议会辩论记录文件中,可以推断出来(此 1959 年法案是 1965 年法案的前身)。参见:HC Deb. vol. 599 cols. 862-938 (9 February 1959).

低水平长期暴露所导致的妨害问题。① 然而,该领域的制定法完全取代了普通法,而且规定仅限于与核事故相关的有形损害,因此有效地阻止了普通法在填补这一监管空白中发挥作用。②

第四节 保险对侵权作用的影响

如上所述,不可能不顾及保险问题而孤立地考虑侵权的作用;从历史上看,保险的出现影响了侵权的发展。因此,侵权作为保护环境的一项手段,在何种程度下能发挥有效的作用,部分依赖于是否存在环境损害的保险。不过,提供这个领域的相关保险也存在一些特殊的问题。

一、公共责任保险和"污染除外条款"

污染索赔通常通过公共责任保险[美国的综合性一般责任险(Comprehensive General Liability,CGL)]获得赔偿。然而,自 20 世纪 70 年代早期,污染索赔快速增长③,美国的保险公司寻求将污染排除在综合性一般责任险的保单之外,除非是由"突然的和意外的泄漏"所造成的。④ 1991 年英国保险协会(ABI)建议英国的保险公司效仿美国,并提出了一个标准的批单,如下:

> 本保单不包括所有关于污染或污染物的责任,除非污染是由一个突然的、明

---

① See M. Lee, *Civil Liability of the Nuclear Industry*, 12 J. Envtl. L. 317 (2000).
② See M. L. Wilde, *Magnohard Ltd v. The United Kingdom Atomic Energy Authority*: *claiming for the economic and psychological 'legacy' of nuclear and maritime pollution*, 12(6) Env. Liability 243 (2004).
③ See S. Clark, *Pollution gives general insurers cold feet*, 34 I.C.L. 25 (1994).
④ ISO 污染除外规定:"本保单并不适用于…… 由于烟尘、蒸汽、煤烟、废气、酸、碱、有毒化学物质、液体或气体、废弃物或其他刺激物、污物或污染物的排放、传播或释放或泄漏而进入或在土地、大气或任何河流或水体中所造成的财产损失,但这一除外规定不包括突然的和事故性的排放、传播、释放或泄漏。"有关在美国如何解释这种除外规定的综述,参见:A. Nyssens, *Pollution Insurance: The page of American Influence*, 4(1) Env. Liability 11 (1996).

173　　　确的、非故意的意外事故所引起的①,并且发生在保险期内的特定时间和地点。②

　　20年来,这种除外条款已经成为一种规范,而且目前大多数具有侵权性质的环境责任都由这一条款管辖。③ 因此,关于公共责任,一般的情况是,只有意外和暂时性的事件造成的损失,如爆炸④,才可以根据保单的该条款获得补偿。在美国,某些法院偶尔发现“突发性”是指任何意外事件而不是暂时性的事件,从而对除外条款提出质疑。⑤ 然而,这些判决都是一些例外情形,而且认为这些事件应该具有暂时性特征的观点目前已经被广泛认可。⑥

----

　　① 应该指出,在保险法中,意外是指从被保险人的角度来看的任何突发事件;这并不一定意味着诸如撞车等灾难性事件。例如,在“米勒诉史密斯(辛克莱为第三方)”[Mills v. Smith (Sinclair Third Party)(1964) 1 Q.B. 30]的案例中,发现不断生长蔓延的树根所造成的损害构成了事故——财产保险的对象。在“特里区学校管理委员会诉凯莉”(Trim Joint District School Board of Management v. Kelly [1914] AC 667)的案例中,提出以下检验标准:“如果就所争议的财产而言,发生了意外灾难并造成损害的,被保险人应获得赔偿。”See R.M. Merkin and A. McGee, *Insurance Contract Law*, London, [B.10.6] (Kluwer 1990).

　　② ABI, Ref: g/250/065 (23 July 1990).

　　③ See V. Fogleman, *Plugging the Gap in Cover for Environmental Liabilities in UK Public Liability Insurance Policies*, 17 (1) Envtl. Liability 11 (2009).

　　④ See Staefa Control-System＝s, Inc. v. St. Paul's Fire & Marine Insurance Co, 847 F. Supp. 1460, 1468 (N.D. Cal. 1994), [T]he 'sudden accident' exception applies only to events that occur quickly, such as an explosion.

　　⑤ 参见“杰克逊小镇市政公用事业管理局诉哈特福德事故和赔偿公司”[Jackson Township Municipal Utilities Authority v. Hartford Accident and Indemnity Company, 451 A. 2d 990 (N.J. Super. Ct. Law Div. 1982)]。本例案中,原告就一个垃圾填埋场渗滤液污染水源所造成的损害负有责任。尽管事实上保单排除污染责任,除非是由突然和意外泄漏造成的,而且污染已经发生了超过十二年,但法院仍然认为原告可以根据其保单收回损失。

　　⑥ N.B.兰尼(N.B. Ranney)和S.阿尔迪松(S. Ardisson),《除污染之外,加利福尼亚市近年来在“突发性和偶然性”方面的发展》[*Recent Developments in California in Respect of the 'Sudden and Accidental' Exception to the Pollution Exclusion*, 2 intl. J. Innovation Learning 123 (1995)]。主要观点认为,突发的和意外的意味着一种暂时的性质。参见“特瑞科公司诉旅客赔偿公司”[Trico Industries Inc. v. Travellers Indemnity Company 853 F. Supp. 1190 (C.D. Cal. 1944)]。本案例中,原告公司的场地由于其先前所有者的行为造成化学废弃物污染,根据超级基金计划,原告公司对此负有一般责任,原告公司根据一般责任条款向保险公司寻求保险赔偿。特里科指出,“突然”这一术语义不明确,应该将其解释为“意外的”。然而,法院驳回了这一论点,理由是“最近的判决…… 表明形成的多数原则认为‘突然’包含了一种暂时性要素”。将这一观点应用于本案争议的事实,发现“现场发生的十余年的持续污染不是突然的、快速的或即时的。既然这种污染不是突然发生的,原告所支付的和解费用不能根据 INA 保单获得赔偿……”。

在英国,在"米德尔顿诉威金斯"(Middleton v. Wiggins)的案例中,这种类型的除外条款获得支持。① 本案例中,一个废弃物处置公司被发现必须就垃圾填埋场所排放的甲烷气体积聚而导致的爆炸承担责任,该公司于是根据公共责任保险向保险公司提出索赔。保险公司试图根据批单中的除外条款排除保险赔偿责任,该条款规定"被保险人以最终处置为目的之方式来处置废弃物所造成的损害赔偿责任,除非索赔是由于处置过程中的事故所导致的"。在上诉法院中,哈奇森(Hutchison)大法官认为,事故不是发生在"处置过程中",因为,这个不可预见的事故所造成的爆炸是发生在废弃物已经被最终处置之后。② 麦考恩(McCowan)大法官对此持异议,他认为,产生甲烷气体的腐败和降解过程应被视为处置过程不可分割的一个组成部分。③

然而,除外条款不可能使保险公司摆脱"长尾效应"(long tail)的风险。灾难性事件,如爆炸,可能会立即造成财产损失和人身伤害,此外,被释放的化学物质可能导致周边地区的长期污染。污染的影响可能多年后才得以显现。正如大多数保单都是以"事件发生"为基础来签署的,不论保单是否已过期,保险公司都有义务支付在保险期间内发生事故而导致的任何索赔。④因此,他们可能会发现自己必须承担不可预见损害的责任。在美国,例如,一个故意行为所导致的不可预见的长期后果被发现构成了由保险污染除外条款的例外情况所承保的意外事件。⑤ 在英国,这已经形成了石棉诉讼的"定时炸弹",因为由于在 20 世纪 60 年代到 70 年代期间对该物质的不当处

174

---

① 〔1996〕Env L.R. 17.

② *Ibid.*,24-25.

③ *Ibid.*,28.

④ Knight v. Faith(1850) 15 Q.B. 649, 667 (Lord Campbell C.J.); Daff v. Midland. Colliery Owners' Indemnity Co (1913) 6 BWCC 799, 820 (Lord Moulton). See generally, E.R. Hardy-Evamy, *General Principles of Insurance Law*, ch. 37 (Butterworths 1993).

⑤ 在"废弃物管理公司诉皮尔利斯保险公司"〔Waste Management Inc v. Peerless Insurance Co, 340 S.E.2d (N.C. 1986)]的案例中,被保险人获得了赔偿,因为,尽管向垃圾填埋场排有毒物质是故意行为,但后来对饮用水源所造成的污染是意外的、非故意的。

理所造成的人身伤害仍持续显现。①

　　美国的某些保险公司曾经试图将环境损害的赔偿责任完全排除在综合性一般责任险的保单之外。② 尽管，由于欧盟的竞争规则禁止保险公司形成垄断联盟，欧洲保险公司集体采取这一步骤将会更加困难。③ 自20世纪90年代初期，全面退出承保环境损害赔偿的威胁日益消失，并且从那时以来市场已经发生相当大的变化。这在很大程度上是由于判例法和制定法的发展澄清了环境责任的性质和范围。在英国，例如，"剑桥水务诉东部县皮革"④的案例非常重要，因为该案例在确定历史污染的污染者的责任范围方面起到了至关重要的作用。然而，有关保险市场吸纳环境侵权责任的能力方面还存在一些不确定性。很显然，公共责任保险仍将继续处理特定事件所引起的大量保险索赔，例如爆炸或化学品突然且意外地排放到河流中。不过，正如前文所述，自1991年以来，英国保险协会强烈建议其会员将所有的环境责任从公共责任保险中排除，仅保留具有突然和意外特征的损害赔偿。这就排除了具有慢性特征的污染损害赔偿，亦即由日常运行的持续性低浓度排放污染物所导致的伤害。因此，在"剑桥水务诉东部县皮革"案例

---

① 在英国的不同判决中，法院认为，关于雇主对石棉索赔的责任，事件发生应被视为在工作场所的石棉暴露。因此，有关的保单应该是索赔人暴露于石棉期间，雇主当时所持有的责任保单。参见"博尔顿都市自治市议会诉市政互助保险有限公司"[Bolton Metropolitan Borough Council v. Municipal Mutual Insurance Ltd (2006) EWCA Civ 50，(2006) 1 W.L.R. 1492(CA)]和"达勒姆诉BAI有限公司"[Durham v. BAI (Runoff) Ltd (2008) EWHC 2692. (2009) 2 All E.R. 26 (QBD)]。这就催生了一大产业，涉及追查四五十年前的保单，以及在这期间，保险业因多次的收购和合并，这些责任现在应由谁来承担。See Fogleman, 15.
② 奈森(Nyssens)发现了法院完全支持除外条款的有两个判决，即"泰坦控股集团公司诉基恩市"[Titan Holding Syndicate Inc v. City of Keene, 898 F.2d 265 (1 Cir. 1990)]和"俄亥俄州工业公司诉家庭赔偿公司"[Park-Ohio Industries Inc v. Home Indemnity Co, 975 F. 2d 1215 (6 Cir. 1992)]。路易斯安那州最高法院在"中南贝尔电话公司诉路易斯安那市乔恩食品店和其他"(South Central Bell Telephone Co v. Ka-Jon Food Stores of Louisiana Inc and Others, 93-CC-2926, May 1994)的案例中驳回了除外条款，但是，这主要是由于保险公司误导被保险人同意并签署批单。
③ 雷亚德(Layard)认为，英国保险行业作为一个整体采取协同一致的立场，影响了其他团体的竞争力，足以构成滥用"……其在欧共体市场中或在欧共体市场的重要部分中，具有的优势地位"，违反了《欧共体条约》第82条（现为《欧盟运行条约》第102条）。See A. Layard, *Insuring Pollution in the UK*, 4 (1) Env. Liability 17, 18 (1996).
④ [1994]2 A.C. 264.

中,所争议的这类损害赔偿就是基于这个理由被排除的。① 假设大多数的环境损害赔偿都以这种形式呈现的话,很显然的,单靠公共责任保险是不能吸收所有由环境伤害所引起的侵权责任。然而,保险行业一直试图用一系列专门保险来填补这一空白。

二、环境损害责任

本书第一版出版时,专门的环境保险市场尚处于起步阶段,对于这个市场是否能够吸纳日益扩大的环境责任范围仍存在不少臆测。只有少数几家公司所提供的产品是面向于被排除于公共责任保险之外的环境退化的修复。而在今天,只要在互联网上粗略的搜索一下,瞬间就可以找到几百个提供这种保险的经纪人和保险公司。② 保险市场已经掌握了环境危害的问题,并已经设法把它变成一个利润丰厚的市场。在这方面,保险市场一直是由不断扩大的环境责任范围推动着,而不是相反。然而,应该指出的是,新的责任主要源于运用清除污染的行政力量的不断扩张,而不是侵权作用的扩张。③ 然而,事实上市场的容量以这种方式获得了提升,可能会导致侵权责任的任何扩大都将是不予以投保的,因此也是不可持续的。

这些保险往往更加昂贵,因为它们并不是"现成的"立即可用的,必须根据具体场所的环境危险性质来量身定做。④ 为此,寻求参加保险的当事方

---

① 虽然应该注意到,如果东部县皮革本身被发现其应承担责任,则其保险公司可能不得不根据公共责任保险的条款支付保险赔偿,因为保单生效的实际时间要早于除外条款。此外,鉴于该保单主要是基于事件发生才生效的,导致了保险公司应该承担责任,尽管事实上该保单早已过期。

② See, for example, the EAGLE environmental liability insurance product offered by Allianz: Allianz, Public Good: Environmental Liability Insurance , http://www.agcs.allianz.com/insights/expert-risk-articles/public-good-environmental-insurance-l/(accessed Apr. 16, 2012).

③ 参见,例如 1991 年《水资源法案》的第 161 和 161D 部分,欧洲议会和环境责任理事会关于环境损害的预防与修复的指令［O.J. L 143/56 (30 April 2004)］,以及英国 1990 年《环境保护法案》的第三篇中规定的受污染土地管理制度。

④ 参见 R. 马歇尔(R. Marshall),《环境损害保险展望》[*Environmental Impairment — Insurance Perspectives*, 3(2/3) R.E.C.I.E.L., 153, 156 (1994)],需要考虑的特定因素包括活动的类型、使用的材料、现场地质情况、水道的流量、盛行气象条件、政治氛围(例如,媒体报道、压力团体的活动)、管理层的态度、索赔历史、法规遵守等。最近几年,基本方法并没有改变,最近的发展,参见:Fogleman, 15.

176

必须填写一份详细的调查问卷,以回答一些关于其活动的性质及场地的历史等相关问题。然后,保险公司可能会委托环境顾问公司,由未来可能的被保险人出钱,进行现场勘察并提出一个详细的报告。根据这些资料,风险工程师将提出是否提供保险的建议;如果是有利可行的,承保人将起草保单。

然而,环境损害责任保险在英国并不是可以用来负担无限损失的"空白支票"。因为保险公司选择了"索赔"触发而不是更常见的"事件发生"触发。[①] 因此,被保险人只有在保单流通期间或保单到期后一段时间内提起的索赔才能寻求赔偿。这使得保险公司避免了"长尾效应"的风险问题。尽管,根据英国法律,基于索赔的保单是合法的[②],但在某些欧洲司法管辖区却已经被视为非法或者必须由制定法控制。[③] 这些限制适得其反,因为在英国和美国,环境损害责任市场的发展,很大程度上是归因于索赔的保单的合法化。[④]

另一个限制是被保险人只能寻求意外泄漏的赔偿,而不是无法避免的泄漏的赔偿。这就排除了在没有任何违反有关法规的情况下正常运行过程中所造成的隐藏性损害。为此,环境损害责任保单中就规定了一个标准条款,该条款排除了:

> 在考虑到被保险人正常经营活动的累积效应,以及被保险人对污染物或刺激物的有害特性已经知晓或应当知晓的情况下,仍无法避免的环境损害所引起的责任。[⑤]

---

① Marshall (1994) 154-155;Fogleman(2009) 15.

② Pennsylvania Co for Insurance on Lives and Granting Annuities v. Mumford [1920] 2 K.B. 537;Maxwell v. Price [1960] 2 Lloyd's Rep. 155. See Hardy-Ivamy 405.

③ See R.G. Lee, *Claitris-Made Policies*:*European Occurrences*,4(1) Env. Liability 25 (1994).

④ See Lee and Marshall 154-155.

⑤ 参见马歇尔,第 156 页。在像"剑桥水务"这样的案例中(暂且假设在保险期间内有可能可以提出索赔)除外条款并不会排除剑桥水务的赔偿。我们回想,后来发现在当时人们并不知道被泄漏的化学物质的危险性质。

　　这与英国法律的一般原则一致,即被保险人不能用保险公司的赔偿金购买继续造成妨害的权利。①

　　尽管有这些限制,相比于根据公共责任保险的污染除外条款中突然的和意外的豁免所提起的索赔,环境损害责任保险仍然为与污染损害有关的损失补偿提供了更多的空间。这是因为他们是为意外事故性污染提供赔偿专门设计的。例如,可以回想,在"米德尔顿诉威金斯"的案例中对污染除外条款的豁免就作出了一个非常严格的解释。因此,被保险人不能就垃圾填埋场所造成的持续性危害提起索赔。但是,由瑞士再保险公司所提供的专门的"承保垃圾填埋场的环境损害责任保险"中,这种损失是被承保的。这项保险所提供的承保范围包括废弃物倾倒期间("主动"期)和填埋场封场后 10 年以内("被动"期)。② 如果在"米德尔顿诉威金斯"的案例中有这一保险,尽管事实上该场地已关闭,运营商也会获得赔付。

三、保险对风险管理的影响

　　保险的存在并没有破坏与侵权责任相关的个体责任的部分。保险主要是为了给意外的事件,例如事故,提供保障而设计的。为了减少此类事件发生的风险,保险公司可能会对经营者施加很大影响以减少事故的风险。关于环境损害责任保险承保条款,肯定是这种情形。如上所述,必须进行详细的现场审计,而在提供承保之前,任何缺陷都要改正;通常,之后还要进行年度评估,这是保单续签程序的一部分。此外,采取某些污染防治措施也是承保条件之一。③ 因此,保险公司并非在解除污染者的责任,而是可能会有助于要求污染者减少他们活动的风险。如一家大型保险公司的首席执行官

----

① 科尔宾诉佩恩(Corbin v. Payne),载于《泰晤士报》(The Times),1990 年 10 月 11 日。

② 参见马歇尔,第 157 页。被保险人的保费和额外的一揽子费用是被存放在一个基金中的。在被动期阶段产生的任何责任都可以用基金支付。如果没有发生责任,则一揽子费用将在保单到期时返还。

③ 英国和欧洲的保险公司主张为环境保险建立一套环保合规条款。See D. Lewis-Kirk, *Deterring Pollution*, 29(15) Business Insurance 23 (1995); J. McDonald, *Financial Responsibility Requirements: Liability Insurance as an Environmental Management Tool*, 4(1) Env. Liability 2 (1996).

所说：

> 我们觉得保险和损失预防措施与积极的环境保护是相辅相成的。从经济的角度来看，动员资源预防污染比支付保险索赔更有利可图。①

迄今为止，根据标准公共责任保险中的突然和意外泄漏的保险条款，还没有附带类似环境风险管理的激励机制。然而，基于经济必要性考虑，保险公司将很快地引入上述类似措施以纠正这种情况。

然而，现有的公共责任保险确为被保险人的限制污染后果提供了一种激励，因为事实上被保险人有减轻损失的一般义务。"约克郡供水服务有限公司诉太阳联盟和伦敦保险公司"②的案例很好地展示了这个说法，该案是有关排入河中的污水所造成的损害。污水影响了英国化学工业公司的化工厂，有点讽刺的是化工厂发现自己成为了污染的受害者。约克郡水务与英国化学工业公司达成了 30 万欧元的赔偿和解，并根据公共责任保险以寻求获得同样数目的补偿。此外，索赔还包括约克郡水务还就其为限制污水扩散而采取减缓措施的相关费用。约克郡水务认为他们应该就这些费用获得补偿，因为他们减轻了保险公司的损失，否则保险公司将不得不支付这些费用。上诉法院驳回了这一论点，认为保单中并没有相应的隐含条款以针对这些费用给予补偿。尚未发生的损失是无法予以量化的。

因此，被保险人的行为和保险的可用性之间具有密切的联系。保险合同的可行性很大程度上取决于被保险人能够减缓传递给保险公司的损失的能力。因此，在这方面，虽然保险引入了分配正义的理念，它还与侵权行为的矫正功能相吻合，因为它与个人责任是一致的。当被保险人没有机会将其应承担责任的任何成本予以内部化时，这就限制了保险的可用性，也限制了侵权作为一种环境保护手段的作用。这个问题在历史性污染的情形下尤为严重。

---

① A. Konswold, quoted in Lewis-Kirk fn. 41.
② [1997] 2LLoyd's Rep.21.

四、历史遗留污染的问题

过去,曾对侵权是否能在历史遗留污染责任分配问题上发挥作用进行过讨论。例如,在回应下议院污染土地专委会报告中,英国政府提到:

委员会提出建议,对于污染造成的损害赔偿责任应该有一个清晰的立场,现在应迫切关注的问题是创制法定赔偿责任的可能性。委员会发现,显然在英国并没有关于将普通法原则应用于受污染土地的案例报告,于是提出这项建议。

……政府的基本观点是,只有在证明这些普通法原则的确不合适时,才可以将这些牢固的英国普通法传统撤销。因此,法定赔偿责任的问题首先必须依赖于对法院目前的通行原则的相关检验。特别是"赖兰兹诉弗莱彻"案例,以其对于污染问题的应用,产生了广泛的影响。①

此后不久,在"剑桥水务诉东部县皮革"②的案例中,上议院特别明确地指出,在要求经营者承担历史遗留污染责任方面,普通法没有应用前景。采用这种方法有良好的政策原因,同时也有一些理论价值。以溯及既往的方式运用责任将剥夺侵权的矫正功能,并将它转换成一个纯粹的分配工具。因为污染已经发生,而责任主体不可能再将任何损失予以内部化。此外,由于这是基于"事件发生"的保单,而且事实上这个危害应该受 1991 年渐进性污染的除外条款之前的旧保单所管辖,保险公司应该就这些绝对的污染首先承担责任。这毫无疑问会导致保险公司全面排除承保任何形式的污染损害赔偿。③

179

---

① Department of the Environment, *Government Response to First Report of the House of Commons Environment Committee. Contaminated Land*, (Cm. 1161, 1990) para. 4.13.

② [1994] 2 A.C. 264.

③ 在上诉法院判决"剑桥水务诉东部县皮革"案例之前,英国保险协会发表了一份新闻稿指出,如果法院支持剑桥水务,那么其成员将被迫集体撤回对污染的承保。See A.Layard, *Insuring Pollution in the UK*, 18.

剑桥水务案例的裁决方式化解了历史遗留污染责任的定时炸弹,否则就会如同先前提到的石棉定时炸弹般地爆发出来。历史遗留污染问题被引向行政管理领域,并且由 1990 年《环境保护法案》(写入 1995 年《环境法案》)第 IIA 部分中的专门的受污染土地管理制度所管辖。大多数其他国家都采用了类似的方法。

将侵权与历史遗留污染问题脱钩被证明是促进保险业发展新型保险的重要一步,着眼于以一种可控的方式来面对未来的责任而不是节约现有的资源以应对过去遗留的不确定责任。正如 20 世纪 90 年代初期马歇尔指出的,当问题尚未完全解决时,"特别是当人们只关注过去和今日的问题时,是否有什么激励机制刺激买家购买保险投资未来呢?"①

第五节   小结

利用私法追求公共利益目标在概念上是可行的。或许是建立在英格兰对于互补性原理的解读的基础上,侵权的多元观点为将侵权应用于环境保护中,提供了良好的哲学基础。特别是自 19 世纪以来,侵权的发展方式表明要将私人纠纷与社会分配目标隔离开来是不再可能的。然而,同样的,要根据狭隘的财富最大化准则来确定这些分配目标也是不切实际的。就如同波斯纳现在似乎也承认,市场可能不再被视为自然资源价值的一项可靠指标。现在,要确定这些价值必须参照更广泛的标准,包括占主导地位的道德和政治哲学,这显然包括对于环境保护愿望的认同。

侵权法可以通过给予每个社会成员参与监管环境的能力而强化监管措施。目前,这还取决于个人或组织,是否能够就受影响的资源证明直接的所有权权益。然而,正如赖克、麦克弗森与格雷所建议的,可能还可以将这种方法更向前推进一步,并赋予每个社会成员某种形式的环境的"衡平法上的

180

---

① Marshall, 158.

财产权"。这将为代表公众的环境利益团体开展派生诉讼打开方便之门。

尽管侵权可以实现分配目标,然而,必须始终牢记它的矫正功能才是重要的目的。与侵权有关的个人责任要素为风险管理提供了激励机制。但如果将侵权责任延伸到无法将损失内部化的领域,例如历史遗留污染问题,那么保险将变得无法运作,而费用也将是无法持续的。

尽管存在这些限制,而针对在多大程度上能够利用侵权以追求公共利益的环保目标且不会破坏其矫正功能并使其成为一项直接的损失分配的手段,已经进行了许多尝试。一些个别国家已经出台了特别的环境责任制度,一些欧洲的和国际的机构也积极考虑采用基于侵权原理的超国家环境责任制度。

第五章 欧洲及国际维度

第一节 引言

　　如在前面的章节中深入探讨的,在应对社会新出现的问题时,普通法必须逐渐演变,这也是普通法最大的限制因素。当法院在全力面对如何适应以及如何给予古老原则(许多世纪前发明的古老原则中是否有我们今天所面临问题的任何概念)重新诠释时,不可避免的会有时间的延迟。

　　然而,近几十年来,跨界污染问题逐步显现,不言而喻污染是绝不会被国界所限制的。这个问题首次在特雷尔冶炼厂(Trail Smelter)仲裁案的事件中很清晰地展现,在该案例中,位于美加两国国境线北部的加拿大冶炼工厂排放的污染物在美国境内导致了沉降污染。最近的科学研究已经证明,某些污染物可以被带到几千英里以外,远远超出相邻两国之间的直接边境地区。蒙受跨界污染所造成的损失的个人已经作出反应,试图寻求侵权赔偿。由于不同国家的责任规则具有差异性,这立即引起了管辖权问题和法律冲突问题。这就引申出了是否应进行某种程度的协调问题。

　　就引入专门的环境民事责任制度问题的早期创议,欧盟(其前身为欧共体)一直走在最前沿。然而,在引入以特殊的侵权为基础的环境责任制度方面,并没有开展实际的立法活动。欧共体(其当时的名称)没有将民事责任制度设计成用于扩大侵权中的私人权利,而是选择根据《环境责任指令》(Environmental Liability Directive, ELD)扩大了污染防治和救济的行政权力。虽然,出于欧盟统一市场的利益,认为有必要针对私法机制进行某种形式的协调的观点仍然普遍存在,然而这一问题仍悬而未决。由于一些成员国已经自行推进了其国内的制度设计,欧盟需要重新审视这个问题可能会变得更为迫切重要。显然,如果由于这些制度使得在不同成员国内的经营者所面临的责任存在重大分歧,那么将会对统一市场产生影响。

除了迄今还一筹莫展的欧盟创议之外,在有限的领域中还开展了基于侵权的环境法律的国际合作,包括核污染、海上石油污染等问题,还包括在较小的范围内由转基因生物扩散引起的跨界污染问题。此外,为了跨界环境损害,国际法委员会还曾尝试制定较广泛的基于侵权的责任规则制度,但没有成功。

除了针对由不同责任规则所引起的法律冲突问题进行分析之外,本章还全面综述了在欧盟层面和国际层面所出现的不同类型的创议。对在何种程度上这一制度有能力可以扩大环境损害民事责任的范围而不损害侵权的矫正功能的问题给予了特别关注。在后续的章节中还会讨论在这些创议中涌现的一些主题,例如严格责任,这已经反映到国内层面的法规和政策中。

第二节 国家间环境损害问题:污染输出

由于污染不受限于国界,因此环境责任问题具有很强的国际性特征。随着工业化生产规模不断增加,污染物的触角也到处蔓延。这个问题最明显的表现就是跨界污染,也就是一个国家排放的污染物由风、潮汐和海流带到其他国家。这引起了法律冲突的问题,即有关一个受害方就位于另一个国家管辖区内的设施所造成的损害寻求私法救济的能力。正如我们将要看到的,这在很大程度上取决于有关国家之间是否存在共同签署的国际条约或公约。然而,现代商业活动可以使污染以比较隐蔽的方式"出口"。许多大型跨国公司在子公司企业的保护下在全球各个角落开展工业活动。在某些情况下,企业可能利用当地更为宽松的环保法律以从事在其母公司所在地可能根本不允许开展的工业活动。因此,可能会对工厂周围环境和当地居民的利益造成严重的损害。这就构成了一种污染输出形式,其中,"肮脏"企业的成本(或外部性)被强加在那些当地居民身上,而不是最终产品的消费者或企业组织的主要"所在地"国家的居民身上。当受害国的责任机制薄弱时,受影响的各方在国内法院针对污染者寻求救济将会是极其的困难。此外,跨国公司可能在"公司的面纱"之后寻求庇护,其结果使索赔人无法在标准可能更加严格的母公司"主场"对其展开攻势。这就催生了"外国人侵权"的概念,以及在何种程度上,根据其母国的法律,跨国公司要就其在世界其他地方所造成的损害承担责任。

183   跨界污染和外国人侵权提出了极其复杂的和技术性的法律问题,因此我们只能针对这一领域进行简要概述以便建立起二者与私法领域的环境责任问题的关系。我们的重点集中于更宏观的问题,即在何种程度上,在"全球公共领域"中可以通过采用共同的标准和法律机制以减少这种管辖权冲突。正如我们将要看到的,国家在这些问题上非常关注主权的保护,因此退一步说,就某些环境损害建立责任机制的进展非常缓慢而分散。

一、跨界污染

自 20 世纪早期,跨界污染问题逐渐浮现成为一个严重的环境问题;主要是在美国和加拿大之间,关于加拿大矿产冶炼行业的跨界排放所造成的旷日持久的争端。在 20 世纪的 20 年代和 30 年代,加拿大不列颠哥伦比亚省的特雷尔小城成为了这场纷争的焦点,其距美国边境只有 11 英里。[①] 边境线对面的美国华盛顿州的农民抱怨,由于加拿大联合采矿和冶炼公司的特雷尔冶炼厂排放到大气中的二氧化硫(及其他有害元素)导致了处于下风处的大量农作物受损。美国通过外交渠道提出交涉,国际联合委员会(International Joint Commission,IJC)与加拿大政府达成协议,参与对此事的调查活动。国际联合委员会由美国和加拿大共同建立,最初是为了促进有关共同管理跨越两国漫长边境的五大湖泊地区和水道方面的合作。1931年,委员会的报告提出了赔偿方案,并对特雷尔冶炼厂减少排放提出了各种

---

①　参与该案的一名律师对特雷尔冶炼厂纠纷的详细叙述,参见:J.E. Read, *The Trail Smelter Dispute*, 1 Can.Y.B. Int. L. 214 (1963).

建议。但是,美国方面不接受和解协议的条款,各方同意签订一个新的协定以成立一个特别法庭来解决此事。这个过程被称为"特雷尔冶炼厂仲裁案"(Trail Smelter Arbitration),迄今为止这仍然被认为是跨界污染国际合作的一个早期成功案例。直到 1941 年,当第二次世界大战的乌云笼罩北美时,法庭才作出最后的裁决。① 法庭作出的裁决包括一个更慷慨的补偿方案,并提出对于该行业未来管理的进一步要求。其在国际法发展方面最重要的贡献体现在,法庭宣称:

　　……当具有严重后果,而且其损害被确凿的证据所证实的情形下,任何国 184
家都无权如此使用或允许如此使用其领土,使其废气对其国内或对他国领土或
领土上的财产或生命造成损害。②

　　这段话几乎准确地表达了私人妨害格言"在不损害邻居财产的原则下使用你的财产",并直接将其转换应用于国家间的情形。邻国之间妨害类型问题被视为侵犯主权权利的一种形式,其方式与个人之间的私人妨害被视为干扰财产权的一种形式是同样的。正如我们下面将看到的,这一原则现在已经成为国际习惯法的一部分。

　　最近,美国上诉法院(第九巡回庭)在"帕科塔斯诉泰克·康明科金属有限公司"(Pakootas v. Teck Cominco Metals Ltd)③案例的判决中有一段关于特雷尔冶炼厂仲裁案的附言,而本案例是关于特雷尔冶炼厂所在地现在的经营者。在过去不太文明时代的现场生产活动所造成的污染,至今仍持续引起跨界损害。这个案例,不可避免地被冠以"第二特雷尔冶炼厂",数十年来特雷尔冶炼厂将炉渣堆弃在河道中并被带到下游地区,进而造成哥伦比亚河的污染。尽管泰克公司与美国环保署即将达成关于清理河道的协

---

①　Trail Smelter (U.S. v. Can), 3 R.I.A.A. 1905 (1941).

②　*Ibid.*, 1965.

③　452 F.3rd 1066 (9th Cir. 2006). 这个判决实际上已经有效地被美国最高法院确认,并驳回 2008 年 1 月的上诉[128 S Ct. 858 (U.S. 2008)]。

议,科尔维尔保留区部落联盟援引美国《综合环境反应补偿和责任法案》（Comprehensive Environmental Response Compensation and Liability Act，CERCLA）的公民诉讼条款提起诉讼,加速了问题的解决。《综合环境反应补偿和责任法案》的目的是对土地和水体的历史遗留污染提供救济。该法案要求可能的相关责任方承担场地治理费用的责任,包括场地现在的所有人以及造成污染的责任方。如果泰克公司位于美国境内,那么很明确它就应该是《综合环境反应补偿和责任法案》所规定的责任方。然而,事实上泰克公司是一家位于美国境外的加拿大公司,这就产生了一个问题,即《综合环境反应补偿和责任法案》的管辖是否可以延伸到境外。地方法院[①]认为,"效果原则"(effects doctrine)可以适用于《综合环境反应补偿和责任法案》;"效果原则"是一项国际法原则,其法律含义是当危害出现在哪里就由哪里的管辖权管辖。然而,第九巡回庭的上诉法院对法规的解释不认为本项争议涉及任何跨界因素。哥伦比亚河底的炉渣和沉积物不断浸出污染物并进入水体。《综合环境反应补偿和责任法案》中对"设施"的定义非常宽泛,其中包括废弃物"贮存、处置或放置,或坐落"的场所。[②] 鉴于这些物质仍然存在于河床上,并仍然浸出污染物,它们可以被视为是一项"设施"——如果原本没有这个词,那么这一定是个英语语言中的杂交词汇！通过这个可疑暧昧的手法,第九巡回庭提出本案的污染完全是国内问题,从而排除了跨界因素。然而,正如巴蒂斯塔（Battista）和斯特威尔（Stedwill）所指出的,这一裁决可能对寻求跨界污染救济的能力产生长期的影响。[③] 尽管原来的特雷尔冶炼厂仲裁案已经打下了基础,但在公法领域中跨界污染的问题并没有什么进展。国家不会同意任何有损其主权以及以其认为适当的方式来监管其产业的权利的法律。特雷尔冶炼厂涉及两个共同拥有世界上最长的

---

① 35 Envtl. L. Rep. 20083 (E.D. Wash. 2004).

② CERCLA § 9601(9).

③ G.J. Battista & H.R. Stedwill, *Choosing Pragmatic over Polite: Should International Transboundary Pollution be a Matter for Courts or Consul? The Case of Pakootas v. Teck Comiorico Metals, Ltd*, 16(2) Env. Liability 35 (2008).

国境线,以及悠久的历史和共同价值观的友好国家。即使这样,特雷尔冶炼
厂事件导致了必须通过一项新的协定,建立一个特别法庭和大约十五年的
调查和审议。泰克公司案例的意义在于,由当地部落所提起的诉讼,将这个
问题从国际外交事务转移到私法领域。这大大加快了诉讼程序,虽然只有
当事国之间就司法管辖权具有高度的互相承认和具有共同法律价值的情况
下,才能成功地应用国际私法。

　　在欧洲,由于相邻的工业化国家数量众多,跨界污染也是一个特别严重
的问题。大气污染物不会受限于国界,也不需要扩散很远就可以穿越欧洲
的边境。此外,许多欧洲国家有着共同的水道,可以将污染物携带进入下游
沿岸国家的领土上。其中最严重的事件发生在1986年瑞士巴塞尔附近,山
度士公司拥有的农用化学品仓库发生火灾,用来灭火的消防水径流将30吨
化学物质冲进莱茵河,包括荧光染料和有机磷杀虫剂。该事件导致大量鱼
类死亡,并影响河流沿岸400公里的生物。[1] 事实上,这是引起欧盟委员会
对环境责任问题关注的灾难性事件之一。[2] 一些欧盟成员国曾就共享的水
道达成他们自己的区域性协议,[3]但是这些协议往往难以执行。[4] 因此,这
种性质的跨界污染,有时会引起邻国私人主体之间的民事诉讼,其中一个著
名的案例是莱茵河(Rijnwater)诉讼。[5]

　　这个耗时漫长的纠纷源起位于阿尔萨斯的钾矿每年向莱茵河倾倒
1200万吨盐。污染被带到荷兰并对饮用水安全造成威胁。为此,荷兰政府

---

　　[1]　See Robin Clarke, *European Environment: The Dobris Assessment: An Overview* (Earthscan Publications 1994).

　　[2]　O. McIntyre, *European Community Proposals on Civil Liability for Environmental Damage—Issues and Implications*, 3(2) Env. Liability 29, 50-31 (1995).29.

　　[3]　例如,莱茵河委员会成立于1950年,负责协调沿岸国家之间的排放限值和法规。然而,迄今为止也只制定了两个公约,即《莱茵河化学品公约》和《莱茵河氯化物公约》。

　　[4]　尽管莱茵河委员会设立了解决纠纷的强制性单方仲裁程序,但该机制很难得到利用。

　　[5]　还有些案例是关于比利时工厂向河流中排放多环芳烃造成荷兰环境损害的。这导致了非政府组织针对比利时工厂在荷兰法院提起诉讼。相关讨论,参见 G.贝特勒姆(G. Betlem),《跨界水污染:两个典型的荷兰案例》[*Cross-border Water Pollution: two Paradigmatic Dutch Cases*, 4(2) Eur. Rev, Priv. L, 159 (1996)]。荷兰环境损害的民事诉讼中,非政府组织诉讼资格逐步增多的发展趋势将在第八章中讨论。

不得不采用昂贵的净化措施。由于对农作物造成损害,最终促使种植者针对钾矿提起民事诉讼。审理过程使人不禁联想起特雷尔冶炼厂仲裁案,荷兰法院认为,沿岸国的居民,因另一个沿岸国家的非法排放而遭受损失,对于污染者具有诉讼理由。即使这个责任还不能说已经达到国际法习惯原则的地位,但"在不损害邻居财产的原则下使用你的财产"这条格言可以作为一般法律原则适用,即文明国家认可的《联合国国际法院规约》第 38 条第 1款第(c)项:

> 如果以上考虑的内容适用于上述假设的情况,这将导致以下结论:[a]文明民族认可的一般法律原则对公民具有约束力;[b] 已证明损害由盐排放所造成的;[c] 伤害已经由明确和令人信服的证据证实;[d] 根据对其具有约束力的一般原则,即"在不损害邻居财产的原则下使用你的财产",在本案例中,依据国内法所成立的一个法人向国际河流排放含盐废弃物构成违规。[①]

这个推理过程让人强烈的回忆起在上文描述中,特雷尔冶炼厂仲裁案所使用的方法。

尽管在这种情形下可以使用某些国际公认的原则,但管辖权冲突或"法院挑选"的问题依然存在[②],特别是事实上某些国家在加紧推进比别国更严格的制度。在这方面要特别提到的是奥地利根据《核事故损害第三方责任法案》(Atomhaftungsgesetz 1999,AtomHG 1999),所引入的辐射泄漏所造成的损害赔偿责任体系。

---

① Case 4320/74 Handelskwekerij G.J. Bier BV & Stichttrig Reinwater v. Mines de Potasse d' Alsace SA and Case 3789/77 Handelskwekerij Firma Cebr. Strik BV & Handelskwekerij Jac. Valstar BV v. Mines de Potasse d' Alsace SA [1979] E.C.C. 206.

② 根据 1968 年的《民商事管辖权与判决执行的布鲁塞尔公约》第 5(3) 条,大大地减少了欧洲管辖权冲突的范围。该条规定,在非合同责任的情况下,这个事件可以由法院按"损害发生地"行使属地管辖权来进行审讯。从环境的角度看,贝特勒姆(第 161—164 页)指出,这条规定的一种可能的限制是,它被狭义解释为把即将迫近的伤害排除在外。这将使原告无法寻求类似预防性强制令等的预防性救济。

　　该法案引入了特别严格的责任制度,这远比《巴黎公约》[①]和《维也纳公 ₁₈₇
约》[②]等国际公约的要求更加严格。这看起来有些奇怪,因为奥地利并没有
任何核能发电设施;事实上,根据奥地利法律核电是被明确禁止的(奥地利
人民对核能安全性持怀疑态度而采取的措施)。然而,正如佩尔泽(Pelzer)
所提出的解释,似乎该法案通过的主要目的是帮助由于邻国活动对奥地利
国内造成损害的民事诉讼。[③]根据其中第 23(1)条,发生在奥地利境内的损
害所引起的非合同索赔,根据申请人的请求,应按照奥地利法律处理。外国
经营者在奥地利的任何资产和奥地利公司为外国公司提供的设备和技术服
务等都可以作为判决执行的对象。此外,根据该法案,还有可能在其他管辖
区执行奥地利法院的判决。

　　由于这些原因,该法案一直极具争议性,并引起对有关问题的关注,它
可能限制了奥地利供应商参与为国外经营者提供合同服务的能力。尽管各
国都没有推广使用核能的国际义务,但显然任何国家都没有权力阻止周边
国家使用核能的权利。[④]在欧盟层面,任何限制核技术和设备在成员国之
间流动的做法都可能构成违反《欧洲原子能共同体》(Euratom)所规定的成
员国义务。正如佩尔泽指出,《欧洲原子能共同体》第 192 条中要求缔约方
履行义务,"放弃可能危及该条约目标实现的任何措施"[⑤]。如条约的序言
中所陈述的,条约的目标专注于通过核技术及其组件的自由市场的建立以
鼓励和平利用核能。因此:

　　简单的或许过度的利用国内法手段以阻碍其他《欧洲原子能共同体》条约

[①]　Paris Convention on Third Party Liability in the Field of Nuclear Energy, 29 July 1960, re-
vised 28 January 1964 and 16 November 1982 (UNTS vol.956, 251).

[②]　Vienna Convention on Civil Liability for Nuclear Damage, May 21, 1963 (UNTS vol.
1063, 266).

[③]　N. Pelzer, *Focus on the Future of Nuclear Liability*, 17(4) J. Envtl. & Nat. Res. L. 332,
344-348 (1994).

[④]　参见 1968 年《核能武器非扩散条约》的第 4 条(UNTS vol. 729, p. 161),其中声明"以和平
为目的开展核能的研究、生产和使用是所有缔约方不可剥夺的权利"。

[⑤]　Pelzer, 348.

的缔约方和平利用核能,是否符合《欧洲原子能共同体》条约所规定的义务,这个问题是值得商榷的。[①]

跨界污染在欧洲是引起复杂的司法管辖权问题的一个尖锐的问题。可以理解像奥地利这样的国家,由于其地形因素使其特别容易受到跨界污染的伤害[②],希望采取积极主动的姿态。然而,这些手段,就如国际义务,本身具有潜在的分歧性和争议性,又成为进一步冲突的来源。因此,跨界污染问题为同化责任规则提供了强有力的理由。

二、跨国公司、法律冲突和外国人侵权

正如本节引言中提到的,由于适用于不同的环保标准,因此通过在其他国家(通常是发展中国家)设立子公司,经营者可以有效地将污染输出到世界上的其他地区。主要是因为他们充分利用公司的特权,即子公司有自己的法人资格,而且根据当地法律,子公司必须为他们自己的行为负责。这种商业行为严重损害了西方企业的声誉和形象,并导致了将污染的外部性予以输出,而不是将此成本予以内部化。在许多情况下,如果这些环境损害发生在母公司所在国家,那么将会成为侵权诉讼的理由。然而,在损害发生地国家,要针对子公司提起这样的索赔可能会是非常困难的。在某些情况下,当地的法律可能根本无法发挥作用,以追究这些行业的责任。更常出现的情形是,由于缺乏民事索赔的公共基金,缺乏拥有各项资源可以给诉讼当事人提供建议的"公民社会"和非政府组织,以及法院系统内部的腐败、效率低下或能力不足等,可能导致对提起索赔形成程序上的障碍。这就引发了一个问题,关于这些"外国人侵权"的索赔在什么情况下可以被"带回到"其母公司所在的司法管辖区。近年来,英荷企业壳牌公司在尼日利亚开发活动

---

① Pelzer, 348.

② 阿尔卑斯山的地形使大气污染滞留在这一地区并对其扩散形成屏障。此外,茂密的植被和高山森林特别容易被污染物所伤害。See E. Brandi and C. Schmelz, *Environmental Civil liability Schemes: Do they make sense for Austria?*, 3(1) Eur. Pub. L. 1 (1997).

的故事,使这一问题突显出来。

位于尼日利亚南部的尼日尔河三角洲地区拥有丰富的石油和天然气储量,西方国家的石油行业在此开发了几十年;自 20 世纪 50 年代起,壳牌公司一直活跃在该地区。在该区域的石油勘探和生产是由在尼日利亚注册的子公司,即尼日利亚壳牌石油开发公司(Shell Petroleum Development Company of Nigeria,SPDC)所运营。在这个地区,壳牌已成为环境管理不善的同义代名词,常常发生溢油事故,对当地的环境以及当地居民的健康和福祉都造成了毁灭性的影响。[①] 多年以来,对壳牌在尼日利亚的子公司提起了许多诉讼,其结果大相径庭。由于上述提到的程序性障碍,很难保证在尼日利亚法院可以获得救济。[②] 但是,在英国和美国法院提出此类索赔已取得了很多进展,并获得了不同程度的成功。

在国际私法中有两个问题需要判定,即哪个国家应该享有管辖权以及应适用哪一部法律。关于第一个问题,所有欧盟成员国都适用 2001 年的《民商事管辖权与判决执行的布鲁塞尔规则》[③],该规则替代了同名的 1968 年《布鲁塞尔公约》(Brussels Convention)。在英国,欧盟的要求被纳入其国内法,1982 年的《民事管辖权和判决法案》(Civil Jurisdiction and Judgments Act)(曾在多次场合中进行重大修订)。在大多数情况下,管辖权是在被告的居住地;因此,如果被告在另一个国家实施侵权行为后回到本国,索赔人可以在被告人本国提起诉讼。针对跨国公司(Multinational Corporations,MNCs)的情况,这个问题就会导致一些不确定性,因为跨国公司结

189

---

① 联合国环境规划署(UNEP)曾针对污染最严重地区(奥贡尼兰德)的油污损害程度开展了一项影响广泛的研究;UNEP, *Environmental Assessment of Ogoniland*,(UNEP 2011) available for download at http://www.unep.org/nigeria/ (2011 年 9 月 8 日访问)。

② See K.S.A. Ebeku, *Judicial attitudes to redress for oil related environmental damage in Nigeria*,12(2) Rev. Eur. Community. Intl. Envtl. L. 199 (2003).

③ Regulation (EC) 44/2001,[2002] O.J. L12/1. 1968 年《布鲁塞尔公约》是依据《欧盟宪法条约》第 220 条 [后来的第 293 条,现在的里斯本条约(《欧盟运行条约》)]制定的,其目的是协调判决的承认和执行。为了欧盟内部市场的正常运行而进行这种性质的干预很有必要。例如,针对发生在欧盟以外地区的一个行为,原告获得了英国法院的判决,而德国法院以该事件不属于其管辖为由拒绝参与判决的执行,那么会导致执行上的困难。更详细的背景,参见:A. Briggs, *The Conflict of Laws*,56-58 (2d ed, OUP 2008).

构复杂,常常涉及子公司、母公司及总公司。索赔人可能希望绕过表面上负责日常经营活动的当地子公司,而直接在其母公司的本国追究母公司的责任。或者,在母公司所在地的管辖权内要求子公司承担责任。然而,由于母公司与子公司各自都具有独立法人资格,母公司可以辩称其没有参与侵权行为。同样地,该子公司可以辩称,因为它与索赔人的居住地在同一国家,所以母公司所在国的法院不能要求管辖权。在这一点上,有必要根据法律的详细规定进一步厘清"居住地"的含义。1982年《民事管辖权和判决法案》中规定一个居住地在英国的公司是指在英国注册,或者其核心的管理和控制都是在英国运作。① 事实上,该定义中将这两项检验标准设定为可替代的方案是至关重要的,因为,这意味着一个公司尽管事实上是在海外注册,但其居住地可被认定在英国。判例法规则指出,凡母公司对子公司行使高度控制权,则核心管理和控制可被视为处于母公司居住地管辖权。② 因此,索赔人可以就其与侵权行为有直接牵连而起诉母公司;或者,基于母公司居住地才是子公司真正居住地的理由,在母公司本国起诉子公司。至于法律的选择,基本规则是应当适用损害发生地国家的法律③,尽管在某些案例中,当事人可以自由协商应该适用哪部法律。④ 因此,如果一家坐落于靠近德国边境地区的波兰冶炼厂造成了德国的农作物损失,应该适用德国法律,除非当事人之间另有约定。

　　至于欧洲的立场,从前面提到的针对石油巨头壳牌公司在尼日利亚南部尼日尔河三角洲开发油田的持续诉讼中,可以看出这些原则正发挥作用。目前,正在英国法院进行的诉讼源于2008—2009年发生在奥贡尼兰德的博德,由于管道破裂造成的两起重大石油污染事件。据估计,泄漏了1000万

---

① 参见第42条。

② See James Fawcett & Peter North, *Cheshire and North's Private International Law*, 172-173 (13th ed, OUP 1999).

③ See European Parliament and Council Regulation 864/2007 on the law applicable to non-contractual obligations (Rome II) OJ. [2007] L 199/40, Article 4; as regards the UK section 11 of the Private International Law (Miscellaneous Provisions) Act 1995.

④ *Ibid.*, see Rome II Regulation, Article 14.

加仑原油,对环境和当地渔业生计造成毁灭性的破坏。① 针对荷兰皇家壳牌公司(Royal Dutch Shell,RDS)和其尼日利亚子公司——尼日利亚壳牌石油开发公司发起了包括 69000 名索赔人的集团诉讼。2011 年 8 月达成了一项协议,其中,尼日利亚壳牌石油开发公司根据尼日利亚法律同意承担责任,但提交英国法院管辖。作为回报,针对荷兰皇家壳牌公司的索赔被中止。② 依照上述国际私法的分析,经过怎样的法律辩论才达成这种和解方案是个有趣的问题。法律选择的问题相对简单,由于损害发生在尼日利亚,因此应适用该国的法律。反倒是令人比较惊讶的,尼日利亚壳牌石油开发公司,作为负责尼日利亚石油开发设施运行的荷兰皇家壳牌公司的海外子公司,要求提交英国法院管辖。正如上面提到的,如果母公司行使高度控制权,那么外国子公司可以被视为其居住地在英国。然而,为了削弱母公司和子公司相互独立的身份,必须证明母公司全面参与子公司的经营活动。例如,直接参与设施的管理,而不仅仅是参与公司治理事务,如任命董事、股份资本管理等。如果壳牌公司拒绝英国法院的管辖权,则荷兰皇家壳牌公司对尼日利亚壳牌石油开发公司的控制程度就要在法庭上接受仔细审查。人们只能猜测壳牌公司接受英国法院的管辖权主要是根据荷兰皇家壳牌公司全面参与尼日利亚壳牌石油开发公司事务的令人信服证据;或者,以这种方式解决问题的决定纯粹是基于经济、政治和公共关系等方面考虑的一个务实决定。

鉴于跨国公司的力量和影响力,以及他们经常卷入其从事业务所在国家政治的程度,有观点认为跨国公司应该为违反国际公认的人权承担责任。③ 这将是一个非常显著的进展,因为这将极大地扩大《外国人侵权索赔

---

① See R. Hall, *Shell admits liability for huge oil spills in Niger Delta*, The Independent (Business News) (Aug. 4, 2011) http://www. independent. co. uk/news/business/news/shell-admits-liability-for-huge-oil-spills-in-niger-delta-2331551.html (accessed Sept. 8, 2011).

② 同上。

③ See B. Mostajelean, *Foreign Alternatives to the Alien Tort Claims Act: the Success (or is it Failure) of Bringing Civil Suits Against Multinational Corporations that Commit Human Rights Violations*, 40 The Geo. Wash. Intl. L. Rev. 497 (2008).

191　法案》(Alien Tort Claims Act，ATCA)中所规定的美国法院的司法管辖权。[①] 该法案具有深远的意义，因为它赋予美国法院对违反基本人权行为的司法管辖权，如生命权，而不论当事人的居住地和事件发生的地方。但是，在将《外国人侵权索赔法案》适用于跨国公司行为之前，有两个关键问题需要解决。首先，就相应的侵权而言必须构成对基本人权侵犯的框架。其次，这种权利和义务的水平范围；换句话说，除了国家本身以外，他们是否可以由个人针对私人公司来执行？ 对于第一个问题，违反生命权[②]或免于酷刑或非法监禁[③]的权利很容易转化成对个人的侵权行为，如袭击，殴打及非法拘禁。可以理解人们也许会质疑这些行为与公司损害环境行为的相关性。然而，这种主张正是针对壳牌公司在尼日尔河三角洲活动所引起的诉讼的核心。在"齐俄贝尔诉荷兰皇家壳牌石油公司"(Kiobel v. Royal Dutch Shell Petroleum Corporation)[④]的案例中，据称壳牌公司参与了侵犯人权的行为，包括监禁、酷刑、甚至杀害抗议造成三角洲地区环境恶化的环保人士。[⑤] 这就引出了第二个问题，即这样的基本人权的水平范围。在"齐俄贝尔"案例中，第二巡回上诉法院驳回了这样的国际惯例可以针对私人公司执行的这一概念，而不是针对国家和国家的化身。换句话说，人权只具有垂直方向的影响而不是同时具有水平和垂直双向的影响。然而，"齐俄贝尔"案例的判决并没有解决这个问题，因为它不同于先前的判决。[⑥] 最重要的是，第七巡回上诉法院在"博伊曼·弗洛姆等诉费尔斯通天然橡胶公司"(Boimah Flomo, et al. v. Firestone Natural Rubber Co. LLC)的案例中，对其进行了严厉批评。[⑦] 据称，利比里亚橡胶种植园的工人们由于不合理的

[①]　28 U.S.C. § 1350 (2006).

[②]　As set out in, for example, Article 3 UN Universal Declaration of Human Rights http://www.un.org/en/documents/udhr/ (accessed Sept. 8, 2011).

[③]　同上，第5条和第9条。

[④]　621 F.3d 111(2nd Cir.2010).

[⑤]　包括尼日利亚著名作家和环保人士肯·萨尔-威华。

[⑥]　Sarei v. Rio Tinto plc 456 F.3d 1069, 1074 (9th Cir. 2006); See Mostajelean at pp. 502-503.

[⑦]　643 F.3d 1013 (7th Cir. 2011).

生产配额而被引诱去招募童工。有人认为没有合乎逻辑的理由将违反人权法的责任仅限定于国家这一主体。理查德·波斯纳法官进一步说明为什么人权法迄今一直被限制于垂直争端,唯一的理由简单地说就是在历史上侵犯人权的行为往往与国家权力的滥用有关。在他看来,从未有过一个有意识的决定,特别排除人权准则的水平范围。此外,很明显地,私营部门可以因违反某些国际习惯法而负刑事法律责任;因此,很难排除民事责任的适用。当顺带提及纽伦堡战犯审判,他断言:

> 如果一个公司参与了纳粹战争罪行,因违反国际习惯法而受到刑事处罚,我们相信这是可能的,那么更不必说,一个公司的董事会指示公司管理者犯下战争罪行,从事盗版,滥用外交特权或使用奴隶劳动,公司可能要承担民事责任。① 192

如果考虑到现在国家权力委托给私人机构的程度,这是一个完全合乎逻辑的结论。此外,大型跨国公司的势力,特别是那些涉及能源生产领域,意味着他们可能在政治舞台上发挥着至关重要的作用。然而,鉴于美国各上诉巡回法庭之间存在明显分歧的事实,因此这件事似乎普遍是由最高法院来考虑。

应该指出,这种极端和公然侵犯人权的行为在环境保护领域中可能并不具有典型性。正如前面已经解释过的,根据《欧洲人权公约》的第8条家园神圣不可侵犯,通常妨害型问题是人权索赔的主题。然而,是否存在一个发展完善而又被普遍接受的有关清洁环境的人权概念仍具有争议性。依照目前的情况,《外国人侵权索赔法案》似乎不大可能适用于与上述极端侵犯人权行为无关的污染事件。正是由于这个原因,"齐俄贝尔"诉讼案是专注于对环保人士的虐待而不是污染本身。

正如本节开始所指出的,关于如何确定跨界环境损害责任这一议题上,

---

① 643F.3d 1019.

如果各国国内法律制度之间能趋于一致,那么诉诸如此复杂的管辖权辩论的必要性就会降低。现有的一些跨界污染的,以及具有国际尺度的其他类型的环境损害的国际协定,很少包括如何解决责任问题的措施。不过,在欧洲和国际层面出现了一些值得注意的发展。

第三节　欧盟和民事责任:
错误的开始和政策演变

　　欧盟(包括它的前身欧洲经济共同体和欧共体)在过去 40 年一直是环保的先锋,对于我们今天的环境法体系的建立与发展功不可没。欧洲经济共同体早期的首要任务是建立共同市场(后来成为单一市场),因此,其早期的措施集中于协调技术产品标准,这一点并不奇怪。其中一些技术标准由于涉及具有污染排放特性的产品,所以与环境相关,例如汽车发动机。[1] 然而,这些标准产生任何环境效益纯属偶然,因为环境保护并不是制定这些标准的主要目标。上世纪 70 年代的初期,作为系列环境行动计划开端的第一个环境行动计划通过[2],环境保护才正式列为欧洲共同体的法定目标。直到 1987 年的《单一欧洲法案》(Single European Act,SEA)将一个新的环境主题嵌入欧共体条约之前,环境保护在实际的条约中不存在体系。这些条款大部分没有变化,仍可以在《欧盟运行条约》的第 191—193 条中找到。

　　自从 20 世纪 70 年代初期,欧盟环境法经历了一系列迂回曲折的发展阶段。很多欧盟环境法中包含了旨在减少向环境排放污染物数量的技术措施和政策。为此,排放限值规定了排放源(例如工厂烟囱)可以排放的特定

---

①　See, for example Directive 70/220/EEC on gaseous emissions from cars with petrol engines O.J. [1970] L 76/1.

②　Council Resolution on the First Environmental Action Programme O.J. [1973] C 112/1.

污染物的数量水平。例如《大型燃烧装置指令》①是控制从化石燃料发电厂、炼油厂、炼钢厂和其他重工业的大型燃烧设施排放的二氧化硫等大气污染物。针对环境危害所作出的技术改进主要包括了环境质量目标的设计，其专注于减少环境中污染物的总量水平。这种方法着眼于特定行业的总排放量，从而制定战略对策以减少排放水平。此外，欧盟一直寻求利用《综合污染预防与控制》(Integrated Pollution Prevention and Control，IPPC)的概念以巩固这些减排策略。② 这一战略的基本要求是特定的工业活动必须有一个许可证制度，而监管机构必须全面地考虑污染问题。因此与大气排放有关的技术要求不应导致其他环境介质污染超负荷，例如水体。按照这种整合性政策，《大型燃烧装置指令》与《综合污染预防与控制指令》将予以合并，同时与其他一系列措施最终构成了一个新的庞大的《工业排放指令》(Industrial Emissions Directive)。③

因此，欧盟环境法已经发展成为一个多元而复杂的系统，它一直在试图努力解决我们这个时代所面临的所有重大污染问题，包括小到河流污染大到气候变化。然而，对于欧盟委员会的环境综合理事会(Directorate-General for the Environment)来说，如何执行这些法律的问题一直都如芒在背。④ 直截了当地说，欧盟委员会根本没有资源以实际和直接的方式来执行这些环境法。⑤ 减少这种执法不力的方法之一就是将执行权交到个人手中。这种授权使个人能够采取行动来保护自己的利益（其中可能与公共

---

① European Parliament and Council Directive (EC) 2001/80 on the limitation of emissions of certain pollutants into the air from large combustion plants [2001] O.J. L. 309/1.

② European Parliament and Council Directive (EC) 2008/1 concerning integrated pollution prevention and control [2008] O.J. L. 24/8.

③ Commission (EC), 'Proposal for a Directive of the European Parliament and of the Council on industrial emissions (integrated pollution prevention and control)' COM (2007) 844 final, Dec. 21, 2007.

④ 对问题的深入分析，参见：Pal Wenneras, *The enforcement of EC environmental law* (OUP 2007).

⑤ 这与《欧盟运行条约》第105条赋予欧盟竞争事务综合理事会的强硬的调查权形成了鲜明的对比，该条规定的臭名昭著的权力包括实施突袭搜查并带走可疑文件。

利益有交叉,如环境保护),而无论监管机构是否有意采取行动。在欧盟法律中,这种"直接实施"的发展是非常明显的,也是这种方法很好的体现。然而,尽管"直接实施"对于成员国的执法不力所造成的问题可以发挥有效的作用,但对于非国家主体之间的横向纠纷方面它的能力有限。在环境制度框架中构建民事责任体系是促进扩展环境法的横向范围的一种手段。

194

20 世纪 80 年代末,欧盟开始考虑在欧洲范围内引入环境损害民事责任制度。其实,这一制度将把民事责任的内容纳入现有的环保措施中。因此,除了行政或刑事处罚之外,个人遭受的损失将被赋予"违反法定义务"的诉讼理由。这当然不是一个新的想法。正如我们已经看到的,关于法定义务,有很多存在已久的现成例子,包括 1965 年《核设施法案》第 12 条①,其中针对违反核安全制度所导致的个人损害,赋予了私人主体提起诉讼的理由。但是,欧共体的管理制度将会使这种机制成为规范。1989 年提出了一个关于废弃物所导致的民事责任的指令建议书②,但并未被采用。在接下来的大约 12 年中,展开了一系列辩论,而后形成了一份绿皮书③,并最终变为了白皮书④,其中考虑了更为普遍适用的环境责任制度。绿皮书和白皮书始终没有通过立法,以扩大侵权作为一种环保手段的作用。反而,欧盟改变策略并颁布了一项指令旨在增加行政权力的使用以作为确保清除和防止污染的一种手段。⑤ 虽然该指令被称为《环境责任指令》,它制定了一个迥然不同的基于侵权体系的"环境责任",与之前讨论的设想完全不同。尽管如此,通过这些讨论还是获得了很多有趣的信息和想法。提出了很多建议⑥,包括严格责任,放宽因果关系检验标准,扩大诉讼资格,细化对损害的

---

① 参见上文第二章第七节中有关违反法定义务的讨论。

② [1989] O.J. C 251/3; as amended by proposal [1991] O.J. C 192/7.

③ Communication from the Commission to the Council and Parliament on Environmental Liability, COM (93) 47 final.

④ EC Commission, White Paper on Environmental Liability, COM (2000) 66 final.

⑤ European Parliament and Council Directive 2004/35/EC on environmental liability with regard to the prevention and remedying of environmental damage [2004] O.J. L. 143/56.

⑥ 针对 2000 年白皮书中建议书的深入分析,参见:M. Wilde, *The EC Commission's White Paper on Environmental Liability: Issues and Implications*, 13(1) J. Envtl. L. 21 (2001).

定义等等,其在一些国内法中占有重要的地位,将在下面的章节中讨论。在这方面,绿皮书和白皮书不仅具有历史价值而且将持续加深对这些争论的理解。另外,虽然《环境责任指令》规定了一个迥然不同类型的责任,但它对某些问题的处理,如因果关系,仍与侵权制度密切相关。无论如何,仍有可能欧盟将重新讨论这个问题并重新使用这些文件。

第四节　欧洲理事会的民事责任公约

在整个欧洲范围内,还需要考虑到欧洲委员会的倡议,即《欧洲理事会 195 关于危害环境的活动而造成损害的民事责任公约》(《卢加诺公约》)。该公约已经开放签署多年,但至今仍未获得使其生效所必需的足够数量的国家批准。① 它正逐渐被尘封起来并且自 1997 年以后再也没有获得新国家的批准。因此,尽管该公约仍然是开放签署的,它是否能正式生效现在看来很令人怀疑。事实上,由于欧洲理事会和欧盟的成员之间有大量重叠,该公约的命运注定要受制于欧盟在这个问题上的政策。的确,当时的欧共体曾经计划采用该公约,而不是起草制定自己的环境责任制度。② 不过,该公约仍然值得关注,因为它提供了一个基于侵权的环境责任制度的模板,并毫无疑问地激发了一些新的倡议,这将在后续的章节中讨论。总之,该公约要求签署国对环境损害采取严格责任制度,除了某些抗辩之外,同时大量地赋予非政府组织寻求索赔的诉讼资格。

---

　　① 《欧洲理事会关于危害环境的活动而造成损害的民事责任公约》,于 1993 年 3 月通过,自 1993 年 6 月 21 日起,在瑞士卢加诺开放签署。到目前为止,塞浦路斯、芬兰、希腊、冰岛、意大利、列支敦士登、卢森堡、荷兰和葡萄牙等国已经签署了公约。然而,还需要 3 个国家的批准它才能生效。关于该公约的历史和批准状态,参见欧洲理事会公约网站:http://conventions.coe.int/treaty/Commun/QueVoulezVous.asp? NT=l50&CL=ENG (2011 年 8 月访问)。

　　② 根据克里斯·克拉克(Chris Clark)先生,欧洲委员会环境综合理事会的一位官员,在 1996 年 9 月 27 日由西蒙兹和西蒙兹法律公司所举办的环境责任研讨会上的发言。根据以下报告:环境数据服务公司(Environmental Data Services, ENDS)、《对环境责任采取的新举措》(*Bjerregaard poised for fresh move on environmental liability*,[1996] 260 ENDS Report 38)。

第五节　环境责任制度的国际倡议

在环境责任问题上想要达成国际共识极其困难。如前所述,国家通常不愿意改变国内责任规则,因为此举可能会导致破坏主权,并使国内产业面临承担额外成本的风险。鉴于这些困难,当人们发现仅仅针对海洋船舶污染和核工业等非常有限的领域建立了赔偿责任制度,也就不足为奇了。虽然,关于转基因生物传播造成损害的民事责任公约已经有了框架协议,尽管进行了大量的研究,这些计划尚未修成正果。下面将分别介绍这些倡议,以着眼于梳理出共同的主题,如严格责任和补偿条款。这将为后续章节中进一步详细分析这些主题提供背景。

196 ## 一、海洋污染

海上石油灾难,从"托里·坎荣"号(Torrey Canyon)油轮海难到"深水地平线"钻井平台等事件,以最极端的方式表现了环境的恶化。水面浮油、受灾的野生动物和被污染的海滩,种种图像现在已经深深的烙印在公众的脑海中,同时业已成为现代工业社会最严重的暴行的象征。这个罪犯照片栏还可以再增加:"阿莫科·卡迪兹"号(Amoco Cadiz),"埃克森·瓦尔迪兹"号,"埃里卡"号(Erika)和"普雷斯蒂奇"号(Prestige)。事实上,将环境问题提上政治议程的过程中,"托里坎荣"号灾难起到了巨大的作用。"托里坎荣"号是容量为 12 万吨原油的新一代超级油轮。它于 1967 年 3 月 18 日沉没于康沃尔郡海岸。水面浮油的规模以及英国皇家空军和皇家海军通过投放炸弹来燃烧石油等徒劳的尝试,引起了全世界的关注和相当多的嘲讽。这一灾难成为环境事务国际合作的第一个典型案例的催化剂。1969 年《石油污染损害民事责任国际公约》(International Convention on Civil Liability for Oil Pollution Damage,ICCOP)(以下简称 1969 年《民事责任公约》)在国际海事组织(International Maritime Organization,IMO)的主持下正式通过。① 公约建立了油污损害的严格赔偿责任,除了某些抗辩情形,同时协调了哪些损害索赔类型和清理成本可能获得赔偿。1969 年公约通过后不久,紧接着出现了 1971 年《设立国际油污损害赔偿基金国际公约》(International Convention on the Establishment of an International Fund for Compensation for Oil Pollution Damage)(1971 年《赔偿基金公约》)。② 这项公约建立了补偿基金以补充 1969 年《民事责任公约》,弥补未能在责任制度下获得赔偿的部分。

该体系本质上由两部分组成,即责任制度和其附属的赔偿基金,直到今天仍在运行。虽然 1992 年,该制度通过两项议定书进行了修订;修订措施被称为 1992 年 ICCOP(1992 年《民事责任公约》)③和 1992 年《设立国际油污损害赔偿基金国际公约》(1992 年《赔偿基金公约》)④。

1992 年的民事责任制度,主要实行严格责任——尽管存在某些抗辩。⑤ 它涵盖了"污染损害",其被定义为船舶以外所造成的损失或损害,虽然,矫正环境损害的有关费用必须通过合理性检验。⑥ 总体而言,针对"污染损害"并没有任何详细的定义,在国内法庭上仍存在很大的解读空间。正如我们在第三章中已经看到的,在英格兰和苏格兰的案例中,对于这个定义是否包括经济损失一直存在很多争论。⑦ 在任何情况下,显然经营者的责任范围将根据船舶在哪个管辖区发生事故而产生巨大的差距;虽然,必须指出,公约为经营者设置了责任上限,这个责任上限是根据船舶吨位计算得

197

---

① 9 ILM (1970) 45.

② 11 ILM (1972) 284.

③ See International Oil Pollution Compensation Fund (IOPC), *Liability and Compensation for Oil Pollution Damage: Texts of the 1992 Conventions and the Supplemental Fund Protocol* (2005 edition), http://www.iopcfund.org/npdf/Conventions%20English.pdf (accessed Sept. 13, 2011).

④ 同上。

⑤ 1992 年《民事责任公约》第 3 条。

⑥ 同上,第 1(6)条。

⑦ 参见前文第三章第五节一(二)。这个问题还将会在后文中提到(参见第十章第四节三),即经济损失在什么情况下应当被视为环境损害一部分的问题。

出的。①

　1992年《赔偿基金公约》的资金筹措是按主体征收的，即每年进口量超过15万吨原油的不论是政府、公共机构、私人企业都必须缴纳。② 这显然包括依赖进口石油的所有国家和私营企业，如依赖于海外原油供应的下游炼油厂。该基金有其自身的管理和执行机制，包括公约缔约方大会和一个执行委员会。③ 2000年修订之后，该基金针对某一特定事件可支付金额上限为2.03亿特别提款权（Special Drawing Rights，SDR）④，大约相当于2.6亿美元。如果有三个或更多的缔约方每年进口超过600万吨（当然，其支付给基金的金额也相应增加），对该基金的贡献就会增大，这个支付上限额度就可以增加。⑤ 于2003年引入了最终"担保"机制，当赔偿责任公约和赔偿基金公约规定的限额都用尽的情况下，设立了第三层次的补偿。针对1992年《赔偿基金公约》的2003年议定书［《2003年补充赔偿基金议定书》（the 2003 Supplementary Fund Protocol）］规定了另一笔资金，虽然有一个总限额，包括在责任制度和两个基金制度下的所有可支付的款项，额度可达7.5亿特别提款权。⑥

　虽然不像超级油轮泄漏事故那样引人注目，船用燃油污染损害（船舶发动机使用的重质燃料油）也会造成重大环境损害。此外，许多污染是源于在海上非法清洗空燃油箱有关的故意排放。意外泄漏一般由于船舶搁浅或沉没所引起。2001年《燃油损害民事责任赔偿国际公约》（International Convention on Civil Liability for Bunker Oil Damages）⑦非常类似于1992年《民事责任公约》，它规定了严格责任，对损害采用了类似的定义，还规定了

① 1992年《民事责任公约》第5条。
② 1992年《赔偿基金公约》第10条。
③ 同上，第16条。
④ 同上，第4(4)(a)条、第4(4)(b)条。特别提款权是由国际货币基金组织（International Monetary Fund, IMF）所发行的一种信用单位；它的价值是由一揽子货币定值方法来决定的，其基本理念是在交易过程中，一方不会由于汇率异常而遭受损失。
⑤ 同上，第4(4)(c)条。
⑥ 同上，第36(4)条。
⑦ 40 ILM 40 (2002).

责任上限。其他特点还包括针对此类伤害的强制保险要求,以及直接向保险公司索赔的权利。

正如本节一开始提到的,最近"深水地平线"的名字被加入到世界上最[198]严重的海上石油污染灾害的名单之中。然而,值得注意的是,石油勘探过程中发生的石油泄漏并不包括在上述的海上油污公约之中。在这次事件中,制度缺位对"深水地平线"事件所引起的责任问题并没有产生什么影响。正如我们所看到的,灾难所产生的政治影响导致英国石油公司同意设立一个赔偿方案,其金额远远超过国内法所设定的上限。[①] 然而,灾难充分证明了深海钻探的风险和潜在的跨界污染。就像"托里坎荣"号油轮事件成为促成了船舶油污赔偿的 1969 年《民事责任公约》的催化剂一样,"深水地平线"事件很可能成为针对石油勘探和钻探所导致损害的民事责任国际协议的一项试金石。[②]

迄今为止,海上石油污染损害责任的国际合作主要集中在石油污染方面。由于这些惊人灾难所导致的石油污染损害往往引起高度关注,这丝毫不足为奇。然而,许许多多其他危险物质,例如化学品和固体废弃物,也被批量化地运往世界各地。然而,只是在最近一段时间才开始对上述物质尝试建立赔偿责任和赔偿基金。1996 年《关于危险品和有毒物品运输相关的责任及损害赔偿国际公约》(《HNS 公约》)[③]正试图填补这个缺口。该公约遵循以上的模式,即建立了责任规则并以赔偿基金作为补充(上限为 2.5 亿特别提款权),由批量危险货物的收件人提供资金,化工行业就是一个明显的例子。

二、核事故责任

"二战"后的一段岁月里,核能被看作是解决世界能源需求的灵丹妙药。

---

① 参见前文第三章第五节一(二)。

② 对"深水地平线"事件所凸显出来的国际石油污染责任制度所存在缺陷的分析,参见:J. Allen, *A Global Oil Stain-Cleaning up International Conventions for Liability and Compensation for Oil Exploration/Production*, 25(1) A. & N. Z. Mar. L.J. 90 (2011).

③ 35 ILM 1415 (1996).

重要的是欧洲经济一体化项目的创始人们认为应该针对核能技术制定一项整体的欧洲原子能共同体条约。[①] 果然,没过多久,该项技术的危险性就显现出来。1957 年,温德斯格尔工厂核反应堆的一场火灾不仅对本地造成了严重损害,还污染了周围的农田,险些造成了大范围的核灾难。[②] 1979 年,发生在美国哈里斯堡附近的三里岛核电站的反应核熔融事件,导致将近 250 万居里的辐射泄漏。[③] 此后,发生了核工业史上最严重的事故,即 1986 年臭名昭著的切尔诺贝利灾难。由于一项将核反应装置处于不稳定状态的实验失败,从而导致核反应堆发生爆炸。爆炸导致大规模的区域性污染和一直延伸到西欧的跨界污染。[④] 最近在日本福岛核电站由海啸引起的灾难,再次突显了如果安全机制失效时,这项技术将带来巨大的风险。[⑤]

在英国,温德斯格尔工厂的火灾对当地农业生产造成的损害突显出建立赔偿计划的必要性。[⑥] 议会很快作出回应,制定了 1959 年《核设施(许可证和保险)法案》,该法案后来被 1965 年《核设施法案》所取代。与此同时,1960 年在经济合作与发展组织(Organization for Economic Cooperation and Development, OECD)的主持下,在巴黎签署的《核能领域第三方责任公约》[⑦][《巴黎公约》(the Paris Convention)],可能在很大程度上也是受到

---

① 欧洲原子能共同体条约。

② See R. Batten, *A Significant Moment in the Development of Nuclear Liability and Compensation: Dealing with the Consequences of the Windscale Fire* 1957, 3 Ex Historia 79 (2011).

③ 不足为奇,存在大量有关该灾难的历史文献和文章,其中有一个特别引人注目且详细的记载,参见:J.S. Walker, *Three Mile Island: A Nuclear Crisis in Historical Perspective* (University of California Press 2004).

④ 迄今为止,关于由切尔诺贝利事故所导致的环境破坏程度最全面的说明,参见:A.V. Yablokov, V.B. Nesterenko & A.V. Nesterenko, *Chernobyl: Consequences of the Catastrophe for People and the Environment*, vol. 1181 (Annals of the New York Academy of Sciences 2009).

⑤ 在撰写本书时,该事件仍有新的进展,相关内容可以从国际原子能机构的主页上进行追踪:国际原子能机构(IAEA),《福岛核电站事件》(*Fukushima Nuclear Accident*), http://www.iaea.org/newscenter/focus/fukushima/ (2012 年 9 月 24 日访问)。

⑥ See Batten.

⑦ 1960 年 7 月 29 日通过,1968 年 4 月 1 日生效[UKTS 69 (1968)]。条约全文和批准情况等,参见核能源局(经合组织的一个分支)的网页:http://www.oecd-nea.org/law/paris-convention. html (2011 年 9 月 20 日访问)。

了温德斯格尔工厂火灾的影响。原先的《巴黎公约》其主要内容包括人身伤害和财产损失的严格责任,以及核电站经营者和核材料运输方的责任追究机制,规定了责任上限①、索赔诉讼的时效期限。此外,还要求核电厂的经营者投保相应的保险。1963 年,《巴黎公约》的补充条约(《布鲁塞尔公约》)设立了一个赔偿基金(由签约国的公共基金提供资金),以满足未能在《巴黎公约》下得到赔偿的索赔。因此,该体系的基本要素与在前文中已经讨论的有关海洋污染的机制是相同的,即以严格责任辅以赔偿基金为基础的责任制度。2004 年,针对《巴黎/布鲁塞尔公约》进行了修订,其目的是大幅度提高责任上限②、扩大损害的定义使环境损害被纳入其中③。值得注意的是,切尔诺贝利核灾难促成了这些改变,但事实上,直到 2004 年相关议定书才获得通过。在本书写作的时候,正值灾难发生的 25 周年,这些改变仍然没有生效。

《巴黎公约》是一个仅在西欧十二个国家间达成的区域性公约。1963年,国际原子能机构通过了向所有其他国家都开放的基础更广泛的公约——1963 年《核损害民事责任维也纳公约》④。最初,该条约专注于在财产损失和人身伤害上,尽管它允许管辖法院可以有一定的灵活性以根据国内法律采取更广泛的定义。然而,由于切尔诺贝利灾难产生的影响,1997年的议定书将损害的定义扩大了,包括死亡、人身伤害和财产损失所引起的

---

① 核电站经营者的责任上限为 1500 万特别提款权,而对于核燃料运输者的责任上限为 500万特别提款权;参见《巴黎公约》第七条。

② 2004《巴黎公约修订议定书》H 段。将核电站经营者责任提高到 7 亿;从事"低风险"核活动的提高到 7000 万;从事核材料运输的提高到 8000 万;参见,经合组织核能源局的网站 http://www.oecd-nea.org/law/paris-convention-protocol.html(2011 年 9 月 20 日访问)。

③ 同上,参见 2004《巴黎公约修订议定书》B 段。

④ 1963 年 5 月 21 日通过,1977 年 11 月 12 日生效[2 ILM 727 (1963)]。条约全文和批准情况等,参见国际原子能机构网页 http://www.iaea.org/Publications/Documents/Conventions/liability.html(2011 年 10 月 6 日访问)。例如,议定书规定,作为《维也纳公约》缔约方的核设施经营者可能对作为《巴黎公约》缔约方的损失负有责任,反之亦然。因此,俄罗斯联邦的核设施经营者(《维也纳公约》的缔约方)将会对发生在芬兰(《巴黎公约》的缔约方)的损害负有责任,反之亦然。应该根据核设施所在国适用的公约来确定责任。

经济损失,以及治理环境损害的相关成本。[①] 事实上,有两个类似的条约管理同样的问题,这一事实显然是不能令人满意的。为了减少重复工作和不确定性,制定了 1988 议定书,其目的在协调相关的条约和澄清管辖权问题。[②] 不过,在《巴黎公约》和《维也纳公约》(Vienna Convention)之间仍然存在一个主要区别,即后者并没有建立赔偿基金以解决那些不能通过责任规则获得赔偿的索赔。1997 年采取了进一步措施,再次在国际原子能机构的主持下《核损害补充赔偿公约》获得通过。[③] 如果它最终能生效,它将会建立一个与《巴黎公约》和《维也纳公约》都联系起来的单一赔偿基金。目前,由《巴黎/布鲁塞尔公约》所管辖的基金,其资金来源是由各国的公共资金所缴纳的。各缔约国向该基金缴纳款项的计算公式比较复杂。总之,缴纳金额的基线是 300"特别提款权/单元装机容量",换句话说,针对核能发电,300 特别提款权/每百万瓦特发电量。

从上文可以明显看出,在应对跨界核污染引起的民事索赔方面,存在一个长期的且在国际上达成一致的体系。然而,很少有证据表明,这些手段对于核事故所造成损失的分配具有重要影响。这主要是由于,能引起跨界污染这种规模的核事故毕竟还是比较罕见的。数十年前发生的切尔诺贝利灾难事件,处于灾难核心的前苏联国家,乌克兰和俄罗斯联邦也加入了《维也纳公约》。在任何情况下,如此规模的灾难不禁令人质疑,目前的责任规则是否能够解决总体索赔中哪怕是一小部分索赔。此外,越来越明显,表面的可见的灾难并不是核电站的最大风险。经验已经表明,许多核污染具有慢性特征,也就是说,通过多年较低水平且逐渐释放所造成的累积。很多核事件责任的立法是基于灾难性事件的情景来制定的,这意味着它不适合处理

---

① 1997 年 9 月 29 日《核损害民事责任维也纳公约修订议定书》,2003 年 10 月 4 日生效[36 I.L.M. 1454, 1462 (1997)]。 See A. Layard, *Nuclear Liability Damage Reform after Chernobyl*, 5 (3) Rev. Eur. Community Intl. Envtl. L. 218 (1996).

② 1988 年 9 月 21 日《关于适用维也纳公约和巴黎公约联合议定书》(维也纳),1992 年 4 月 27 日生效;1988 年《核法律公告 42 号》(Nuclear Law Bulletin)第 56 条。

③ 《核损害补充赔偿公约》(维也纳),1997 年 11 月 12 日通过,还未生效[36 ILM 1473 (1997)]。

这种性质的索赔。这些问题将在适当的时候在民事责任的作用和局限性的部分加以讨论。

三、危险废物跨界转移引起损害的赔偿责任

　　废弃物是一种有价值的商品，经常进行远距离运输，因此会增加发生事故和有害元素泄露的风险。1989 年，联合国环境规划署（United Nations Environment Programme，UNEP）的《巴塞尔公约》（Basel Convention）①旨在控制废弃物跨界转移并建立了事先知情同意制度，以确保所有的活动都被认真仔细地记录并跟踪。1999 年增加了一项议定书，目的是建立一个危险废弃物国际间转移所造成的跨界损害责任和赔偿制度。② 尽管该议定书尚未生效，但其主要特点值得关注。损害被赋予了丰富的内涵，包括死亡、人身伤害以及与受损坏的自然资源有直接利害关系而产生的某些形式的经济损失。③ 此外，预防环境损害的费用④或补救已经发生损害的费用也可获得补偿。⑤ 废弃物运输目的地国当事人应负有严格责任（根据《巴塞尔公约》所设置的事先知情同意制度）。当废弃物运输目的地国的处置方控制了这些废弃物时，责任则从废弃物转运方转移给运输目的地国的处置方。⑥ 此外，有关废弃物处置的其他相关方可能要承担过错责任。⑦ 议定书规定了责任上限⑧，尽管根据议定书所有可能承担损失责任的各方当事人将可 ₂₀₂能采取保险等财政保障措施。⑨ 该议定书没有像石油污染补偿基金那样针

---

　　① 《控制危险废弃物跨界转移与处置的巴塞尔公约》于 1989 年 3 月 22 日通过，1992 年 5 月 5 日生效[28 ILM 657 (1989)]。

　　② 《危险废弃物跨界转移与处置所造成损害的责任和赔偿问题的巴塞尔议定书》，1999 年 12 月 10 日在巴塞尔通过，还未生效[EMuT 989：22/B]。议定书全文内容和批准情况等，参见联合国环境规划署网页 http://basel.int/pub/protocol.html（2011 年 11 月 4 日访问）。

　　③ 同上，第 2(1)(c)条。

　　④ 同上，第 2(1)(e)条。

　　⑤ 同上，第 2(1)(d)条。

　　⑥ 同上，第 4 条。

　　⑦ 同上，第 5 条。

　　⑧ 同上，第 12 条和附件 B。

　　⑨ 同上，第 14 条。

对超过责任上限的损失建立一个新的赔偿基金。而是利用"现有机制"①，根据议定书的解释性文件，也就是依据《巴塞尔公约》所设立的"技术合作信托基金"②。该公约缔约国必须不断检视是否需要进一步的补偿机制。

四、转基因生物和跨界污染

由转基因生物的逃逸所造成的跨界污染是唯一一个已经开始为建立国际公认的赔偿责任规则而采取行动的实质性领域。虽然，正如我们将要看到的，谦虚的说其效果甚微。

2000 年 1 月 29 日，《卡塔赫纳生物安全议定书》(Cartagena Protocol on Biosafety)③获得通过，以作为《生物多样性公约》(Convention on Biological Diversity)的附加措施。简单的说《卡塔赫纳议定书》旨在控制转基因物质的跨界运输，以防止意外释放到环境当中。《议定书》第 27 条要求各缔约方制定责任规则来处理此类意外释放所带来的后果。一个明显的例子就是在一个可能造成跨界污染的地点发生了意外泄漏事故，例如一辆载满转基因种子的货车在国境附近翻车。在对各国的责任规则进行广泛研究的基础上，缔约方大会（负责执行第 27 条的主体）采用了类似于欧盟《环境责任指令》的责任机制。④ 正如前面提到的⑤，《环境责任指令》运用公法机制而不是私法机制，并规定应授权环境监管部门实施污染清理并从污染者那里获得相关费用的补偿。根据《卡塔赫纳议定书》第 27 条所采用的机制被写入《卡塔赫纳生物安全议定书关于赔偿责任与救济的名古屋-吉隆坡补充议

---

① 《危险废弃物跨界转移与处置所造成损害的责任和赔偿问题的巴塞尔议定书》，第 15 条。

② Instruction Manual for the Implementation of the Basel Protocol on Liability and Compensation for Damage Resulting from Transboundary Movements of Hazardous Wastes and their Disposal,17-18.http://basel.int/protocol/instmanual/index.html(accessed Nov.4, 2011).

③ 2000 年 1 月 29 日通过，2003 年 9 月 11 日生效［39 ILM 1027 (2000)］。

④ European Council and European Parliament Directive 2004/35/EC on environmental liability with regard to the prevention and remedying of environmental damage OJ L 143/56.

⑤ 参见上文第五章第三节。

定书》^①。该补充议定书不禁令人想起《环境责任指令》，因为其中要求指定一个主管部门负责处理转基因污染的后果或者立即的风险等工作。主管部门可以自行采取行动并在事后从经营者那里获得补偿。或者，也可以要求经营者自身采取相应的预防性或补救性措施。可以推测，经营者所在国的主管部门被要求与损害发生地所在国的主管部门合作，其着眼于确保这些费用能够获得补偿，尽管这个问题的具体做法并不明确。

　　然而，该补充议定书几乎未谈及民事责任的问题。针对不同国家如何 ²⁰³
处理转基因污染所引起的侵权责任问题已进行了广泛的研究。^② 研究指出，一些国家是根据现行法律中的侵权行为或非合同责任等部分来处理这一问题。还有一些国家则是应用一般环境责任制度来处理这个问题，其中部分国家针对转基因污染问题已经出台专门的民事责任规则。《补充议定书》第12条允许签署国遵照现有的方法以有效地保持现状，而不是针对这些不同的方法进行协调。因此，相关国家可以继续适用现有的法律，包括一般民事责任规则；专门针对转基因污染造成的损害制定新的法规；或者将这两种方法组合使用。总而言之，《补充议定书》至少规定了各国必须采取某种形式的责任机制，以保证受害方因转基因污染带来的伤害可以获得赔偿。然而，正如我们将在下面章节中看到的，不同国家的责任规则在责任标准、因果关系、损害的定义等方面具有巨大差异。在这方面，《补充议定书》无助于减轻法律冲突问题和当事方"挑选法院'"问题，因为各当事人都争取在对其最有利的管辖法院来解决纠纷。

---

　　① 2010 年 10 月 15 日通过，2011 年 3 月 7 日开放供签署（至今仍未生效）：http://bch.cbd.int/protocol/supplementary/（2011 年 10 月 21 日访问）。

　　② Intergovernmental Committee for the Cartagena Protocol on Biosafety, 'Liability and Redress for Damage Resulting from Transboundary movements of Living Modified Organisms' (Report) UNEP/CBD/ICCP/3/3, 6 March 2002. For a more detailed account of the contents of the report see M. Wilde, *Liability Issues Associated with Genetically Modified Organisms: EU and International Developments*, in *Environmental Liability in the EU: the 2004 Environmental Liability Directive compared with US and Member State Law*, 292-298 (G. Betlem & E. Brans eds, Cameron May 2006).

五、国际法委员会的原则草案

在这个领域中还有一个值得关注的进一步手段,也就是国际法委员会(International Law Commission,ILC)的"危险活动引起跨界损害的损失分担原则草案"①。通过上面的分析可以明显看出,目前这一领域的所有创制倡议草案都具有行业特殊性。大约在 2001 年前后,国际法委员会负责针对由危险活动所造成的跨界损害制定一套更广泛的国际责任制度。最初,曾讨论要制定一项新的详尽的条约以落实相关规则。② 然而,考虑到制定国际通行的责任制度的困难,以及该领域的专业性,这个目标从一开始看起来就很难以达到,因此很快就被放弃,转而采用软性法取而代之。

总之,2006 年的"原则草案"(Draft Principles)鼓励各国合作以解决因跨界污染所引起的纠纷,并在必要时调整现有的国内法律。尽管,这种做法还成为在特定领域中制定新的责任制度国际立法的一个范例,但正如我们所看到的,这些创制倡议少之又少。尽管国际协议的前景黯淡,但他们有望成为相邻国家之间双边协议的基础。在许多方面,这些原则只不过是重申了在"特雷尔冶炼厂"问题上早已形成的国际习惯法原则,即跨界污染物排放构成了对损害发生地国家主权的侵犯。然而,通过一些更具体的法律原则规定此类纠纷应如何解决,从而使这一基本义务得到具体化。

"危险活动所引起跨界损害的损失分担原则草案"的主要内容包括经营者承担严格责任和及时有效的补偿机制(包括保险)的条款,设立我们之前所提到的由国家保障的赔偿基金。原则还规定,经营者所在地国家应采取一定措施以确保处在跨界污染风险中的国家收到相关通知,并要求经营者履行其义务。此外,规定受害方除了在损害发生地国家可以获得法律救济之外,还可以从损害来源国家获得法律救济。这无疑为受害者开启了选择

204

---

① International Law Commission (ILC), *Yearbook of the International Law Commission* vol.2 Part 2 (United Nations, 2000).

② 关于国际法委员会立法建议背景的详细说明,参见:A.E. Boyle, *Globalising Environmental Liability: The Interplay of National and International Law*, 17(1) J. Envtl. L. 3 (2005).

最有利于其索赔的法庭之门。但是,我们很难想象在相关方之间没有达成国际条约的情况下该如何得以实现。在这方面,国际法委员会可能会将引用《布鲁塞尔第二公约》(Brussels Ⅱ Convention)①作为一种模式,正如已经看到的,其中,除了损害发生地国家以外,还允许选择另一个国家的法院。

国际法委员会的"原则草案"是否能够带来深远的影响仍有待观察;不过,我们希望,通过对不同国家的法律和政策制定者的影响,他们可能有助于逐渐地消除环境责任领域中各司法管辖区之间的差别。

第六节 小结

侵权责任规则最初乃是针对局地损害所作出的响应。近几十年来,跨界污染的现象日益为人们所熟知,在这样的背景下,很显然必须开展国际合作以协调责任规则。否则,管辖权争议将不断阻碍针对此类伤害寻求救济的尝试。本书的第一版主要集中在欧盟的一些创制倡议,是以 20 世纪 80 年代末 90 年代初关于废弃物所引起的损害赔偿责任指令的建议书为开端的。但必须指出的是,在早期的创制倡议中,单一市场方面的考虑可能会占有较大的分量。接下来的二十年里,欧盟一直推动相关领域的讨论;然而,经过如此漫长的过程最终形成的《环境责任指令》与原先期待的以侵权为基础的责任制度迥然不同。总之,《环境责任指令》采取了公法的而非私法的方法,这种方法以赋予公共当局行政权力的方式发挥作用。但是,这一措施并没有提供解决问题的完整方案,也并未试图去保障受害者获得救济。因此,在这一领域仍然需要加强国际合作。

正如我们已经看到的,国际上针对特定形式跨界环境损害的侵权责任规则进行协调的尝试已经经历了五十年。然而,这些创制倡议的适用范围非常狭窄,且目前仅仅建立了关于核污染及海上石油污染的责任制度。最

205

---

① See Regulation (EC) 44/2001, above, Article 14.

近尝试针对转基因污染赔偿责任规则进行协调,进而形成了一个允许各国适用现有国内法律的缺乏活力的规定。国际法委员会尝试针对跨界损害建立更广泛的民事责任体系,但遭到热衷于保护其主权权利的国家相当大的阻力。要想从这个创制倡议中达成任何新的条约,现在看来很不现实。

因此,似乎在不同的司法管辖区,侵权责任规则将继续在责任标准、因果关系、损害定义等方面存在明显的分歧。尽管如此,一些国家已经在持续推动自身的责任制度建设。关于法律冲突问题,现在似乎已经被广泛地接受,赔偿责任应该根据损害出现地国家的规定来确定。在这方面我们可以认为,这间接鼓励了有关国家改善其国内制度的稳健性。例如,设想一个场景,两个相邻国家,一个拥有特别严格的责任规则而另一个国家的责任规则较松懈。那么处于严格责任规则国家的经营者很可能将其工厂设置在边境附近,盛行风向和水流会将其排放的污染物输送到邻近国家。这样的场景可能会鼓励相邻的国家加强其责任规则建设,避免成为跨界污染的倾倒场。当然,有的国家很少关注它的环境,并愿意将环境监管措施不力作为吸引肆无忌惮的经营者,以获得竞争优势的一种手段。虽然,在欧盟范围内,市场一体化计划的目的就是通过提高所有国家的环保标准来消除这种情况。

无论如何,尽管事实上欧盟的基于侵权的环境责任制度的这些创制倡议至少目前正逐渐消失,但这些问题仍然存在并应予以认真关注。如果成员国间的责任规则继续出现明显的分歧,为了内部市场正常运作的利益,欧盟可能被迫重新考虑这一问题。此外,当许多新的东欧国家正努力重建苏联时代的摇摇欲坠的基础设施时,欧盟的扩大已经使得跨界污染问题突显出来。本书的以下部分将致力于具体责任规则的分析,以及在何种程度下能够调整这些规则使侵权能在环境领域中发挥更大的作用。

第 四 篇

增强侵权作为一种环境保护手段的作用

对某些欧盟成员国实体法及普通法相关规则的比较分析

第六章　严格责任

第一节　引言

正如我们所看到的,侵权责任往往因经营者过错程度的不同而异。从英美法系角度来看,在大多数情况下,过失侵权是法律责任的基础,也是侵权制度的基石。然而,正如前面的分析已经证明,过失侵权增加了索赔人的举证责任负担,从而导致较高的诉讼成本。在某些情况下,侵权制度可以采用严格责任以取代过错责任。当断定保障公共利益和提供充分补偿的需求超过了证明被告道德可责性的需求时,情况尤其如此。例如,对于一个危险活动而言,可以断定造成风险并且从危险活动中受益的当事方应就该活动所产生的任何损失承担责任。正如在前面的章节中所指出的,在英国,"赖兰兹诉弗莱彻"案例的判决确立了针对"非正常"土地使用所采用的严格责任正是出于这种政策考虑。最近,欧盟委员会确定严格责任应该适用于缺陷商品的生产者①,因为相比于消费者而言,生产者处于较有利的地位来承担这种损失。此外,如果让消费者来证明生产者存在过错未能发现新产品的缺陷,对于消费者来说这是难以克服的困难。

出于类似的原因,似乎严格责任通常被认为是任何环境责任制度的自动先决条件。当然,在某些欧盟成员国中,大部分的环境责任制度都实行了严格责任。但是,严格责任决不是一个固定的或者通用的标准。严格责任与绝对责任不同,因为严格责任能够为抗辩提供空间。责任的严格尺度可

---

① Council Directive 85/374/EEC on the approximation of the laws, regulations and administrative provisions of the Member States concerning liability for defective products O.J. L 210/29.

²¹⁰ 以根据抗辩的范围进行调整,正如下面将要看到的,成员国在这个问题的执行上存在显著的差异。更重要的问题涉及严格责任的适用范围,例如,应根据造成损害的活动的性质,还是由损害本身的性质来确定是否启动严格责任? 这些是任何专门责任制度都需要解决的重要问题。

第二节　欧盟成员国
一般侵权法责任的性质

　　大陆法系的民事管辖与普通法系的民事管辖并没有什么不同,一般侵权法可以应用于环境损害问题。过失侵权法(或相应法律)是通行的做法,而且在大多数司法管辖区内,都是默认的救济措施。然而,在现有的法律框架内可以采取更严格的责任形式。在某些情况下,可以较严格的形式来应用基于过错的规则,使之与严格责任间的界限变得模糊。此外,基于财产的侵权行为更少关注于过错问题,其专注于某些土地权利的保护。在其他情况下,一些特殊规则,类似于"赖兰兹诉弗莱彻"规则,可以适用于造成包括污染损害在内的各类损失的危险活动。

　　过失侵权可以适用于污染者违反了其对特定当事人应负注意义务的情形。例如,《德国民法典》(Bürgerliches Gesetzbuch:BGB)第 823 条①针对人身伤害规定了过错责任。德国法律对这种性质的有形损害和《德国民法典》第 906 条规定的暂时性的、模糊的妨害型危害之间作出了严格界限。因此,在"化铁炉"(或熔炼炉)(*Kupolofen*)②案例中,冶炼厂排放的物质对汽

---

　　① "(1)因故意或者过失对他人的生命、身体、健康、自由、所有权或者其他权利造成不法侵害者,对他人由此所产生的损害应负赔偿责任。(2)违反以保护他人为目的的法律者,应负相同义务。如果,根据法律的内容,有可能无过错地违反法律,那么仅在有过错的情形下才应承担赔偿责任。"(官方翻译参见:Bundesministerium der Justiz at http://www.gesetze-im-internet.de/englisch_bgb/englisch_bgb.html, 2011 年 11 月 23 日访问。)

　　② (1985) BGHZ 92, 143. See B. Markesinis and H. Unberath, *The German Law of Torts: A Comparative Treatise* (Hart Publishing, 2002).

车喷漆造成损害,索赔人不得不根据《德国民法典》第238条寻求损害赔偿,其中必须证明被告存在过错。

正如我们已经看到的,在普通法司法管辖区,证明违反注意义务的需求是限制在环境领域中应用过失侵权救济的一个主要障碍。然而,有趣的是,某些管辖区内的法院在现有的侵权法范围内已经减轻了这些困难。例如,在前述提到的"化铁炉"案例中,其中认为在这种情况下,举证责任可以倒置,被告必须承担举证责任以证明无罪。这表明,当由于过量超标排放而造成损害的情况下,存在一种假设就是排放肯定是由失职所造成的。似乎,这种方法采用了明显的政策性理由,主要是基于环境保护的重要性。与产品责任法进行类推,基于被告比索赔人处于更有利的位置以获得证据,因此也采取举证责任倒置。① 在英国,这被视为"司法立法",法院可以基于政策原因拒不执行这种激进的新规则。在英国法律中,可以推定存在过错假设的最接近的相同的原则是"事实自证"(res ipsa loquitur)②,即在某些情况下可以推定存在过错假设。虽然,法院一直在煞费苦心地指出,该原则并非倒置举证责任,只是在没有其他解释的情况下,帮助法院从现有证据中发现过错。除非根据德国的模式倒置举证责任,否则较高标准的注意义务可能会导致事实上的严格责任。亨特里格(Hinteregger)指出,西班牙的情况也是如此,"学者们早已指出过错责任的'客观化'在实际应用中与严格责任非常接近。"③在比利时和法国也有这种情况,当存在违反法定义务的情形时,也就不再要求可预见性,这使得过失责任与严格责任之间的界限变得模糊。④

在侵入他人土地和私人妨害等有关土地的侵权行为中,过错的作用越来越弱化。妨碍了某种土地权益即可引起责任,而无须污染者存在过错。正如已经在关于普通法的案例中所解释的,这种责任的"严格"标准在某些

① 参见亨特里格(M. Hinteregger),《欧盟法律的环境责任与生态损害》[*Environmental Liability and Ecological Damage in European Law*,579-580(CUP 2008)]。亨特里格指出,在奥地利的一个判决中采用了一种类似的方法,而此举在《希腊民法典》中也是有可能的。
② 参见上文第二章第六节二(一)。
③ Hinteregger,579.
④ *Ibid*.,580.

案例中由于需要证明损害的可预见性而已经被淡化了。在大部分的大陆法系司法管辖区内,有许多与普通法中的妨害(因地区不同而有不同的名称,如"邻里法律"或"近邻妨害")①相类似的法律。这些法律反映了普通法的立场,其责任标准要比一般过失侵权法更严格。例如《德国民法典》第906条②规定了妨碍邻居使用土地的法律责任,其前提是这种干扰不是"无关紧要"的。正如上面提到的,在"化铁炉"的案例中排除了人身损害的索赔,并将其导引到根据《德国民法典》第823条过失责任来提出索赔。《德国民法典》中的妨害条款与英国普通法中的妨害非常类似,其中明确指出其依据是所在地区的性质。然而,它与普通法的立场还是存在一个关键性的区别,亦即它承认这样一个事实,即便一个活动符合邻里地区的性质但并不一定就会减少对索赔人的影响。因此,污染者仍需支付补偿金以便能够继续他的活动。③ 另一个重要的方面是,该条款明确地指出,如果工业排放符合法定限值,那么其所造成的干扰不应被视为显著的。在英国法律中,排放限值的实施不能侵害现有的普通法权利。此外,似乎在大部分的管辖区内通常还要求一定程度的可预见性,即行为人知道其行为是有害的或者至少知道其行为具有潜在的危害性。

最后,大多数司法管辖区都有针对危险活动的严格责任规则,其与英国普通法中的"赖兰兹诉弗莱彻"规则非常相似。④ 具有这种性质的特殊责任

----

① 亨特里格,第70、104页(类似法国法律的地位)。

② 参见《德国民法典》第906条[官方翻译见:Bundesministerium der Justiz at http://www.gesetze-im-internet.de/englisch_bgb/englisch_bgb.html(2011年11月23日访问)],"(1)一块土地的所有者不得禁止气体、蒸汽、气味、烟雾、烟灰、热气、噪声、振动和其他来自他人土地的类似影响进入自己的土地,只要这些影响不会干扰其对土地的使用,或者其所产生的干扰并不显著。干扰不显著通常是指,根据这些条款所查明的和估算的干扰并未超出法律或者法令所制定的限值或者标准值。上述规定同样适用于根据《联邦环境影响保护法案》(Bundes-Immissionsschutzgesetz)第48节所颁布的一般行政条款所规定的数值,并代表着当前的技术水平。"

③ 参见《德国民法典》第906条,"(2)上述情况也适用于,他人依照当地通行的方法使用其土地而对土地所有人造成实质性干扰,并且没有经济合理的方法可以防止干扰的发生。虽然根据本条款,受到影响的土地所有人有义务去容忍这种干扰,但如果这种影响损害了土地所有人按当地通行的做法使用其土地,或者对土地收益所造成的损害超出了土地所有人预期的容忍程度,他可以要求另一块土地的使用人给予适当的金钱赔偿。"

④ 参见上文第二章第四节。

规则可适用于污染损害,尽管其损失可能不是侵权所重点保护的对象。例如,《荷兰民法典》(Dutch Civil Code, Burgerlijk Wetboek:BW)第 6:175 - 178 条规定,当行为人出于专业目的而使用危险物质并且该行为造成了损害,则应承担严格责任。① 除了人身伤害和财产损失之外,该条款可适用于寻求更广泛的环境损害的补偿,包括空气污染、水污染和土壤污染等。但是,必须要证明损害是可以预见的,这正反映了上议院在"剑桥水务公司诉东部县皮革"案例中的判决应用了"赖兰兹诉弗莱彻"规则。② 在此可以回想起,上议院没有对赖兰兹施以绝对责任,转而要求该物质的危害性和易泄露性质必须是可预见的。在《法国民法典》(French Civil Code)第 1384 条第 1 款中可以发现类似的条款,其中针对"危险物品"的"监管人"施加了严格责任。③

从上述分析显而易见,多数的欧洲国家都采取过错责任原则,虽然事实上,在某些情况下要求非常高的注意义务可以形成严格责任。严格责任存在于有关邻里纠纷和危险活动的一般民事法律中。然而,尽管这类侵权行为提供了某种手段使污染者对环境损害承担严格责任,但其执行能力是受限的。正如我们在普通法管辖区已经看到的,邻里纠纷一般是由"财产侵权行为"所管辖,并且只适用于对土地享有充分权益的人。有关危险活动的专门的严格责任规则是受限于需要证明被告的活动是不寻常的或是特别的危险。因此,为了建立因日常工业活动引起的广泛的环境危害的严格责任,通常需要制定专门的环境责任立法。消费者保护立法就是这种做法的范例。

然而,严格责任并不是一个一成不变的概念,根据适用伤害的类型以及所允许的抗辩范围,标准的严格程度千差万别。显然,所允许的抗辩越多,标准的严格程度越低。因此,研究欧盟成员国如何在环境责任制度中使用严格责任将是非常有益的。

---

① See Hinteregger, 138-139.
② [1994]2 A.C. 264. 参见上文第二章第三节三。
③ *Ibid.*,73.

第三节 欧盟成员国严格责任制度的介绍

在欧盟慎重考虑是否要建立统一的以侵权为基础的环境责任制度时，一些成员国已经开始提前推行自己的方案，其重要特征就是在大多数情况下实行严格责任。事实上，一些国家在欧盟着眼这一问题之前很多年就制定了其自身的责任制度。至于引入严格责任的理由，应注意的是，目前还没有明确的证据表明，它产生了优于过错责任的威慑效果。[①] 其实，威慑作用并不是主要目的，因为侵权主要是关注于事后损失的分配问题，尽管有如"埃克森·瓦尔迪兹号油轮"诉讼案等大型案例，其结果会对整个行业未来的发展产生了深远影响。当被视为一个事后机制时，相较于过错责任，严格责任将更多的损害成本分配给污染者来承担。在这方面，严格责任似乎与污染者付费原则更相符合。

214　　以下的部分绝非一项全面分析，然而通过从最完善的制度体系中抽取样本，有可能识别与该问题相关的主题。

一、瑞典

瑞典拥有历史最悠久且最全面的严格责任制度，因此这种形式的责任是大多数环境损害的规范。

环境损害的严格责任原则最早是由 1969 年的《环境保护法案》（Environmental Protection Act）设立的，随后通过 1972 年的《环境民事责任法

---

　　① 针对一些已经进行的少数实证研究的简要结论，参见斯蒂文·沙维尔（S. Shavell），《法律经济分析的基础理论》[*Foundations of Economic Analysis of Law*，206（Harvard 2004）]。仅有的一项针对环境领域中严格责任的威慑作用的研究是关于美国各州的事故和泄漏数据，该研究介绍了有关污染的不同形式的严格责任。但是，其结果并没有显示明确的结论，似乎，因为施加严格责任对企业行为产生了非常复杂的影响；例如，增加危险活动的分包合同，在某种程度上可能会重新分配危害。See A. Alberineand D. H. Austin, *Strict Liability as a Deterrent in Toxic Waste Management: Empirical Evidence from Accident and Spill Data*, 38 J Envtl. Econ. Mgt. 20-48 (1999).

案》(Environmental Civil Liability Act 1972)（只包括不动产损害）以及
1986年的《环境民事责任法案》其中除了不动产之外,还将责任扩展涵盖了
道路和机场。1999年,这些法案连同若干其他措施,都被合并到《环境法
典》(Environmental Code Ds 2000：61)的第32章。[①] 这些合并后的条款规
定了涉及河道、湖泊或其他水体的污染;地下水;改变水位的活动（例如超
采）;空气污染;噪声或振动的严格责任。此外,爆破工作引起的损害以及采
用可能导致损坏的方式开展挖掘工作亦包括在内。该法律还规定了人身伤
害责任、个人财产损失责任以及与这类污染事件有关的经济损失责任。由
于1999年法典主要是进行法律编纂,因此许多早期的判例法仍然相关。

这项立法具有深远的影响,因为其不同于其他国家的立法,严格责任并
没有仅限于能够引起最严重类型损害的最危险活动。相反地,严格责任适
用于"在考虑到当地的条件,或者考虑到在类似的情况下如此干扰通常发生
的程度,损害都是不可接受的"情况。在一定程度上,这不禁让人联想起"在
地原则",它是普通法妨害的主要特征之一。因此,严格责任可以用来处理
涉及损害相对较少的纠纷。例如,在一个案例中[②],由于市政当局的爆破工
程所产生的振动造成了原告房屋外墙石膏表面损坏,因此原告可以就该项
损坏获得赔偿。在更早的一个案例中[③],由于新建道路所引发的噪声污染
对农民财产的市场价值产生不利影响,因此这些农民成功的获得了赔偿。

值得注意的是,1999年的立法并未提出任何专门的抗辩,这意味着,只
要索赔人能够证明损害超过了"可接受阈值",经营者是难以逃避责任的。
然而,还有一个有趣的问题,在该法中有很多条款是关于"未来赔偿"。此
外,在某些案例中,索赔人可以要求经营者直接购买其所有的财产。这一条
款让人想起英国的"艾伦诉海湾炼油有限公司"案例。[④] 在该案例中,生活

215

---

① 官方英语翻译参见瑞典政府官方网站 http://www.sweden.gov.se/sb/d/2023/a/22847
（2012年1月10日访问）。关于法令中的责任条款的概述,参见亨特里格,第159—160页。

② Supreme Court NJA 1992 s. 896.

③ Supreme Court NJA 1977 s. 376.

④ [1981] A.C. 1001;参见上文第二章第三节四（二）。

在炼油厂阴霾下的当地居民们都希望海湾公司买下村庄并在远一些的地方重新安置居民。然而,海湾公司不知因为什么原因拒绝了这一建议。这种类型的条款将使得村庄的居民可以迫使海湾公司接受这项交易。总体看来,虽然瑞典立法建立了一个非常严格的责任标准,但可以预期的是重要的经济支柱产业可能会继续从事污染活动以收回支付的赔偿金。

二、德国

早在 1960 年德国就在《水资源法案》(Water Resources Act)[①]中引入了水污染的严格责任,其中涵盖了财产损失,人身伤害以及由于水资源的物理的、化学的或生物的成分发生变化所造成的纯经济损失。针对其他特定有限的行业也建立了专门的严格责任制度,包括采矿业[②]、核反应堆[③]、电力和能源生产[④]以及向环境释放特别的有害物质的其他产业[⑤]。1986 年 11 月 1 日,山度士火灾导致了从巴塞尔到荷兰鹿特丹段的莱茵河跨界污染,这促使德国政府考虑将严格责任的范围扩大到各类土地利用活动导致的所有环境介质的污染,而不仅仅局限于最危险的活动;1987 年宣布将起草适当的立法计划。最终《环境责任法案》(ELA)于 1990 年通过,并于 1991 年 1 月 1 日正式生效。[⑥] 该法案的第 1 条规定:

[①] Wasserhaushaltsgesetz s. 22(1).
[②] Bundesberggesetz s. 114.
[③] Atomgesetz. 25 et seq.
[④] Haftpflichtgesetz s. 2.
[⑤] Bundes-Immissionsschutzgesetz s. 14.
[⑥] 该法案补充了现有的各行业专门的民事责任制度,而不是取代他们。参见上述亨特里格著述。

附录 1 中的某一个设施①所产生的环境影响如果造成了人员死亡、人身伤 216
害、健康危害或财产损失，则该设施的经营者应该就所产生的损害对受害人承
担责任。

这实际上规定了严格责任，因为如果能证明设施和"环境影响"之间存
在因果关系，则该设施的经营者就应当对受害人承担责任。这里并没有提
到需要证明经营者存在任何形式的过失，正如霍夫曼指出的：

> （三）因果关系本身即构成了责任的依据。这意味着，无论污染是故意还是
> 过失造成的，是已知的还是未知的，是"突然的且意外的"或是渐进的，污染者对
> 其所造成的污染损害必须承担严格责任。②

仅仅针对非常有限的理由可以排除责任，主要的排除理由是损害由不
可抗力造成（Force Majeure, höhere Gewalt）。③ 尽管，产业界进行了密集
的游说，开发风险抗辩④并未被采纳，因此经营者不能以当前的科学知识无
法使被告认识到对环境的潜在危险为由而逃避责任。因此，如果"剑桥水务
诉东部县皮革厂"案例的事实发生在德国（在《环境责任法案》生效日期之
后），制革厂将不可能因为在欧盟指令引入监测要求之前，四氯乙烯化学物
质并不视为危险物质这个理由而取得胜诉。此外，也没有基于污染发生时
经营者遵守所有适用的法规和许可条件等而采用抗辩的规定。在这方面，

---

①　《环境责任法案》第 s. 3(2)条："设施是指工厂或仓库等永久性的结构……(3) 设施包括：
(a)机器、仪器、车辆和其他可移动的技术结构；(b)附属构筑物。"法案的附录 1 中列出了 96 种该制
度所覆盖的设施，即包括：(1) 矿业、能源和热力生产；(2) 用石头制造产品；(3) 钢、铁和其他金属
的加工和制造；(4) 化工、制药或是石油产品的生产或进一步加工；(5) 有机材料处理和人工材料
的生产；(6) 木材和木浆加工；(7) 食品、饲料和农产品的生产；(8) 废弃物处理；(9) 特定材料的存
储和处理；(10) 其他设施，包括涂料、油墨、沥青等的生产。

②　W.C. Hoffman, *Germany's New Environmental Liability Act : Strict Liability for Facil-
ities Causing Pollution*, 38 Neth. Intl. L. Rev. 27, 32 (1991).

③　《环境责任法案》S.4.

④　《产品责任法案》(Gesetz über die Haftung für fehlerhafte Produkte)的第 s. 1 (2)条中提供
了这样一个抗辩。

该法案不同于《水资源法案》,《水资源法案》第 22 条规定,"如果造成这种影响的人已经取得水法的批准并且他满足该批准的要求,那么针对这种不利影响不能提出损害赔偿的索赔。"关于责任的另一个重要限制是,该法案没有溯及既往的效力①,因此在 1991 年 1 月 1 日该法生效之前发生的历史性污染不适用该法案。此外,该法案只适用于附录 1 中所指定的特定工业活动。

值得注意的是,该法案下的责任标准虽然是严格的,但不是绝对的。上面提到的有关责任的限制条件强调了一个事实,即责任成立的前提是,当污染发生时经营者能够实际控制该工厂。

217 三、芬兰

《环境损害赔偿法案》(Environmental Damage Compensation Act,737/1994)第 3 条规定了严格责任适用于所有形式的污染。② 就在该法案颁布前不久,芬兰法院接受了《侵权法案》(Tort Act,412/1974)中有关对环境有害活动的严格责任概念,从而发展出类似于"赖兰兹诉弗莱彻"规则的原则。因此,在最高法院 1995:108 号判决中,关于地下储油罐的石油泄漏所造成的土壤污染,储油罐的主人被判定对污染应负严格责任,其理由是,汽油的挥发性和潜在危害性,决定了储存石油的行为应尽特殊的注意义务。1994 年的《环境损害赔偿法案》将这一原则的范围扩大到包括不论任何来源所造成的实际损害进而导致的各种形式的环境危害。在这个意义上,该法案进一步超越德国的相关立法,因为它不局限于源于"设施"的污染。

1994 年《环境损害赔偿法案》是综合性的,它不局限于由最危险活动所造成的实际损害,它也包括由妨害类型的问题所导致的较轻微形式的环境

---

① 《环境责任法案》第 5 条。
② 关于该法案的概述,参见 P.韦特施泰因(P. Wetterstein),《芬兰环境损害赔偿法案——与挪威和瑞典法律的一些比较》[*The Finnish Environmental Damage Compensation Act—and some Comparisons with Norwegian and Swedish Law*,3(3) Env. Liability 41(1995)]。

损害。这种性质的问题以前是根据《邻里关系法案》(Neighbour Relations Act，26/20)处理的，该法案第 17 条规定了某些影响邻里的"持续的且不合理的妨害"应负严格责任。被最高法院认定为妨害活动的例子包括花岗岩开采的噪声①和焦化厂的烟尘②，其中后者对木材商的库存造成损害。似乎，法庭也应用了一个有点类似于"邻里特征"检验的方法。在编号为 1936 Ⅱ 87 的案例中，并没有将禽舍所发出的噪声和异味认定为不合理的，因为其处于乡村环境。

　　该法案没有规定任何抗辩，甚至没有将不可抗力作为一个可能的排除责任的理由。但是，很有可能法院在对该法案进行解释时会根据芬兰一般侵权法考虑这种抗辩。

四、丹麦

　　丹麦在《环境损害赔偿法案》(Act on Compensation for Environmental Damage，225/1994)中规定了环境损害的严格责任制度。③ 然而，与芬兰的相关法律有显著不同，严格责任仅限于清单中列举的最危险活动所造成的污染。④ 如果想增加危险活动清单的内容，必须经议会同意，并经适当的法定程序通过。该法案只覆盖商业经营者和公用事业机构，并且只能就该法案规定的特定活动所造成的损害提出赔偿。而且，由物质的运输或移动所造成的损害被排除在该法案之外，其结果是不能依据该法案就管道泄露或船舶车辆的运输事故所造成的损害寻求赔偿。该法案不具有溯及既往的效力，意味着不能适用于 1994 年 7 月之前发生的任何损害；因此，想利用该法

----

① Case 1982 Ⅱ 109.
② Case 1962 Ⅱ 26.
③ 1994 年 4 月 6 日的第 225 号法案。该法案根据由司法部长组成的委员会报告(No. 1237/1992)生效。
④ 该法案的附件中列出了以下类型的活动：铁、钢材、金属、木材和塑料的制造、加工以及表面处理；某些清单中原材料的加工；矿物油、矿物油制品、沥青和天然气的采集及处理；化学品和黏合剂的制造；植物原材料加工；饲料生产；印刷；植物原材料加工；能源和热力生产；赛车跑道和机场；粪便储罐；渔场；蛋白质、果胶和酶制剂的生产；火葬场；拥有 6000 升以上地下油罐的企业；存储、存放、处理、销毁和回收废弃物的工厂。

案就历史性污染建立责任是不可能的。

由于该法案的适用范围有限,法院的判例法仍将发挥重要作用。至于严格责任,丹麦法院已经就危险的土地使用活动形成了类似"赖兰兹诉弗莱彻"规则的严格责任。例如,在"赫尔辛格诉乔思伯"(Helsingor v. Jonsbo)①的案例中,燃气供应公司就其管道泄漏所导致的损害承担责任,即使已经查明这种泄漏是无法检测的。在"哥本哈根自来水公司诉统一公司"(Copenhagen Water Supply Company v. Uniform)②的案例中也有类似判决,该案例是关于给水总管漏水所造成的损害。但是,不同于英国遵循"剑桥水务诉东部县皮革厂"案例判决的立场,在这些案例中的责任标准并没有因为将可预见性作为确立责任的要求而有所降低。因此,在"梅尔比修斯净水厂"(Melbyhus Water Purifying Plant)③的案例中,由于在建设净水厂的排水工程的过程中对附近房屋造成了损害,尽管法院强调该损害是无法预见的,但被告还是应当承担责任。但是,迄今为止,法院拒绝针对历史遗留污染问题适用严格责任;正如我们上面所看到的④,这种类型的环境危害仍然适用于过错责任。因此,尽管丹麦判例法中针对特定的土地使用活动仍适用严格责任,与"剑桥水务诉东部县皮革厂"案例判决所遵循的"赖兰兹诉弗莱彻"规则的责任标准不同,但事实上,丹麦法院已经决定不会将严格责任适用于历史污染的案例中,这意味着其立场在本质上与英国一致,亦即由于不可预见性,因此历史污染是不可诉的。丹麦法院很可能与上议院的意见一致,认为历史遗留污染的责任问题是一种特殊情况,需要立法措施的干预。

五、欧洲国家间的共性与差异性

虽然严格责任是这些国家责任制度的一个共同特点,但正如以上分析表明,该原则适用的方式有很大的区别。区别之一是相关立法中所涵盖的

① UfR.1983.895H.
② UfR.1983.866H.
③ UfR.1983.714H.
④ See Gram-Case and Purhus v. Minister of Defence, supra.

活动范围。以丹麦和德国为例,严格责任仅限于那些对环境威胁最大的活动。与此相反,在瑞典和芬兰①,严格责任并不局限于特定的危险活动,决定因素是损害的类型,而不是造成损害的活动的性质。

另一个区别是可适用的抗辩范围。在德国,仅有非常有限的理由可以排除责任,其中最主要的排除原因是由不可抗力所造成的损害。② 尽管,产业界进行了密集的游说,开发风险抗辩③并未被采纳,因此经营者不能以当前的科学知识无法使被告认识到对环境的潜在危险为由而逃避责任。在芬兰和瑞典,责任标准更是严格,因为根本没有任何抗辩可以适用;这意味着绝对责任而非严格责任。④ 与此相反,西班牙的立法草案则比较宽松,其抗辩理由包括不可抗力、紧急避险,以及由第三方的恶意行为所引起的损害。⑤

很显然的,严格责任并不是一个在所有司法管辖区都有相同含义的普遍概念。严格责任的效果相差很大,取决于它所适用活动的范围以及可适用抗辩的范围。任何新的欧共体创制倡议都不得不考虑这些因素。允许成员国采用他们各自对严格责任的解释,可能导致共同体法律的实施中出现重大分歧。

第四节　欧洲和国际的责任制度

严格责任是欧洲层面和国际层面责任制度的重要特征,正如前面章节

---

① See Wetterstein, P, *The Finnish Environmental Damage and Compensation Act—and some Comparisons with Norwegian and Swedish Law*, Env. Liability 41.

② 《环境责任法案》s.4.

③ 《产品责任法案》第 s. 1(2)条规定了这一抗辩(Gesetz über die Haftung für fehlerhafte Produkte)。

④ "严格"责任和"绝对"责任这两个术语经常交换使用,然而,只有在不能适用任何抗辩时,才被视为绝对责任。参见 W.V.H. 罗杰斯(W.V.H. Rogers),《温菲尔德和霍洛维兹论侵权》[*Winfield and Jolowicz on Tort*, 424 (13th ed, Sweet & Maxwell 1989)]。1965 年《天然气法案》第 14 节中一条法定条款规定了侵权的绝对责任,这种情形很少见。

⑤ 第 4.2 条(法案草案)。

中论述的,例如,《卢加诺公约》①及有关海上石油污染②和核事故③的公约。这些措施和做法中,存在一个明确的前提假设,即不论严格责任是否具有遏制作用,这是迫使经营者将与其活动有关的损害成本中的很大一部分予以内部化的最好方法。早期的欧共体绿皮书和白皮书④对于这一问题极为重视,使得严格责任成为落实污染者付费原则的最有效手段。⑤ 然而,正如前文针对各类专门的环境责任制度所进行的分析表明,严格责任的性质会由于两个关键因素而有极大的差异。其一是责任的适用范围,即该标准应该适用于哪些活动;其二是哪些抗辩可以排除严格责任。由于这两个问题非常重要,实有必要进行深入研究。

第五节 严格责任的范围

一、所包含的活动

当考虑一个严格责任制度的执行情况时,最基本的考虑就是关于应适用于哪些活动的问题。例如,在瑞典严格责任是由损害类型来决定的⑥,而在德国,根据《环境责任法》,严格责任适用于指定的行业⑦。

在最初对环境责任展开辩论时,欧洲环境法协会认为,将严格责任与损

---

① 参见上文第五章第四节。
② 参见上文第五章第五节一。
③ 参见上文第五章第五节二。
④ 参见上文第五章第三节。
⑤ See in particular EC Commission Environmental Liability White Paper COM(2000) 66 final,16-17.
⑥ 参见上文第六章第三节一。
⑦ 参见上文第六章第三节二。

害类型联系起来的缺点是,一个人是否受该制度管辖具有很大的不确定性。① 而且也不可能针对所有类型的有害活动或者有害物质来制定一个详尽的清单。一个原本无害的物质如果大量排入河流中也可能会造成严重的污染。② 在制定活动清单时,立法者需要了解三类潜在的责任人,也就是从事具有危险性活动的人、当所处理的物质量大的时候存在潜在危害性的人,和那些从事活动可能对一些敏感地区的环境有害的人。③ 有趣的是,我们可以回想,欧盟《环境责任指令》④所建立的以公法为基础的污染预防和环境修复制度,其关注的是损害的性质而不是行为。当环境损害是由职业活动所造成时,即引发责任。⑤ 在这种情况下,进一步将职业活动定义为具有经济性质的任何活动,而不论该活动是否以盈利为目的。⑥ 当这个定义出现时,看起来并不是那么开放,在附件三所给出的一个很长的活动清单而予以进一步阐释。该指令大大地张开了责任的大网,很多可能并不需要将其本身认定为是从事危害环境活动的行业都被覆盖其中。这种方法提出了另一个根本的问题,即哪些类型的损失应被视为环境危害而需要承担严格责任。

二、严格责任的危害类型

环境损害与妨害和侵入他人土地等财产侵权行为之间密切相关。因此,由于工厂排放造成个人财产损害所导致的妨害,可能反映了更广泛的环

①　European Environmental Law Association (EELA), *Repairing Damage to the Environment—A Community System of Civil Liability* (Position paper submitted to the Commission of the European Communities), 14, at para. 7.1.

②　上文中的欧洲环境法协会,使用了一个案例,一辆奶罐车侧翻,将其货物全部倾倒于河中。

③　在《环境影响评估指令》[Environmental impact assessment 85/377 (OJ 1985 No. L 175/40)]中有这种方法的先例。包括两类项目,第一类项目的危害性是其本身固有的;第二类项目的危害性是由于其规模或选址造成的。例如炼油厂就属于第一类项目,而在自然保护区附近建设桥梁等重大建设项目则属于第二类项目。

④　European Parliament and Council Directive (EC) 2004/35 on Environmental Liability with Regard to the Prevention and Remedying of Environmental Damage OJ L143/56.

⑤　同上,第3条。

⑥　同上,第2(7)条。

境问题。不过,正如英国"科比"诉讼案[①]清晰地证明了污染所造成的人身伤害和财产损失也可能与不动产权益毫无关系。大多数专门的环境责任制度对环境损害采取广义的解释,有助于个人对这类损害提出索赔。例如,瑞典[②]和德国[③]的责任制度都允许针对个人财产损失和人身伤害提出索赔,只要这些损失与设施所造成的环境危害有联系。此外,经济损失或多或少也可以获得补偿,补偿程度取决于制度的性质。至于国际的创制倡议,前面章节中提到的所有制度都制定了人身伤害、财产损失和经济损失的相关条款。[④] 这就提出了一个有趣的问题,环境方面的损害有可能使索赔人处于更有利的诉讼地位,否则,只是构成了纯粹的传统损失。例如,一个人在工作场所暴露于有毒物质中而造成了呼吸系统问题,需要证明其雇主存在违反法定义务的情形。如果有毒物质泄漏到环境中,并且一个当地居民也患上了类似的疾病,那么基于环境暴露的性质可以适用严格责任。凯恩[⑤]一直强烈主张这将会导致不公平的情形,因为环境危害没有什么特别之处。如果我们纯粹依据个人所承受的损失来看待这个问题,这的确是一个令人信服的理由。然而,在环境责任制度的背景下,个人的损失被认为是整体的环境损害中的一个组成部分。换句话说,环境损害是个人损失的总和。严格责任的强制性对落实污染者付费原则起到了至关重要的作用。调整侵权原则,使之以此种方式完成工具主义者的目标,将不可避免的导致不同的责任标准,这取决于个人受到的伤害是否与更广泛的社会罪恶有关。因此,以工具主义者的态度使用侵权不可避免地会致使某些危害变成"特别的"。基于个案的角度来看,这可能显得是不公平的;然而,当从整体公共利益的角度出发,这种方法似乎完全符合第四章中所描述的分配正义的理念。

　　某些环境危害可能与个人的动产和不动产损害或人身伤害无关。进一

---

①　参见第二章第五节三以及第二章第六节二(二)。

②　参见上文第六章第三节一。

③　参见上文第六章第三节二。

④　参见上文第五章第五节。

⑤　P. Cane, *Are Environmental Harms Special?* 13(1) J. Envtl. L. 3 (2001).

步的问题是所谓"无主的"环境应该在何种程度上适用于严格责任制度。再这样的背景下,"无主的"这个术语需要进一步地解释,因为很难想象环境的哪一个部分是真正"无主的"。相反,这一概念要求将环境视为与蕴含其中的财产权益独立的实体。因此为了社会总体的利益应将环境视为"公共物品",而不是私人财产权利的集成。事实上,奥地利提出了一项环境损害民事责任的立法草案(从未通过)就包含了对这种类型的"公共物品"损害的规定。① 因此,可以就栖息地破坏和物种灭绝等提出损害赔偿。当然,在这种情况下,损害很难得到充分的救济;生态破坏往往是不可逆的。这将会在第九章中进行更详细的讨论,在这种情况下为了有效采取救济,应采取禁制令等有效的"预防性"救济措施来加强民事责任。

欧盟委员会白皮书②也支持将这种类型的生态破坏纳入环境责任制度的范围内。然而,《环境责任指令》③已经在生态破坏和其他类型的传统损失(例如,财产损失和人身伤害等)之间产生了划定区别的作用。④ 该指令认为生态破坏属于公法管辖的范围,这就是为什么该措施利用行政机制将追究损失赔偿的权力授予监管机构的原因。这就提出了一个问题,即基于侵权的环境责任制度是否应专注于传统损失而避开生态破坏。这种纯粹专注于财产损失和人身伤害的制度很容易招致非议,因为这种制度对环境保护采取完全人类中心主义的方法。⑤ 正如在第一章中指出,以人类为中心的环境规制方法的主要问题是,它鼓励了对环境的开发利用,只要对人类福祉没有直接影响就是可以接受的。人类中心主义对更广泛意义的环境保

① Draft Bill JMZ 7720-1/2/91. See E. Brandi & C. Schmelz, *Environmental Civil Liability Schemes*: *Do they Make Sense for Austria*?, 3(1) Eur. Pub. L. 1 (1997).

② EC Commission Environmental Liability White Paper COM(2000) 66 final, 16-17.

③ See European Parliament and Council Directive (EC) 2004/35 on Environmental Liability with Regard to the Prevention and Remedying of Environmental Damage OJ L143/56, Article 2(1) and Article 3.

④ See Draft Directive on Environmental Liability (explanatory memorandum) COM(2002) 17, 16.

⑤ See A. Gillespie, *International Environmental Law*, *Policy and Ethics*, Ch. 1 – Anthropocentrism (Clarendon Press 1999).

223 护,以及存在于环境中的物种保护视而不见。如在第四章中所讨论的,私法的主要好处之一就是监管机构可以用来弥补其执法不力。然而,如果其作用仅局限于纯粹的个人损失,那么私法在环境领域要想发挥这种能力将受到严重限制。

此外,在第四章中还进一步指出,可以利用由侵权衍生而来的原则以追求公共利益目标,例如,环境保护。简单回顾一下,这是因为公众可以被视为对环境享有一种衡平法上的权益,而这种权益可以适用侵权救济。从这个意义上讲,责任制度也应该在更广泛的环境保护和物种保护上反映公共利益。这将在第八章关于非政府组织的作用中作为一个主题进行阐述。

三、抗辩

根据有关抗辩理由可以排除责任的程度,严格责任的性质具有很大的差别。如果不存在抗辩,那么责任更接近于绝对责任。但是,如果存在较多抗辩理由,那么它与过错责任的区别就没那么明显了。

(一) 传统抗辩

在第四章提到,严格责任增加了侵权的分配功能,其实由于其允许某些抗辩,因此严格责任也具有矫正功能。这也就是严格责任与绝对责任的不同,后者只具有纯粹的分配功能。在让污染者承担赔偿费用最大化的同时,还要保留激励污染者承担注意义务,在二者之间达成平衡是比较困难的。因此,针对完全超出污染者控制范围事件的抗辩,如不可抗力,应该适当予以承认。在英国,适用严格刑事责任的大多数环境法规中,都允许自然现象(天灾)①或第三方干预②的抗辩。同样,大多数的国家层面和国际层面的环境责任制度也包含这种性质的抗辩。有关国内的制度,例如德国的《环境责

---

① 然而,被告应该采取预防措施以面对可预见的自然现象,例如暴雨。See Southern Water Authority v. Pegrum [1989] Crim L.R. 442; Alphacell v. Woodward [1972] C.L.Y. 3549.

② See Impress (Worcester) Ltd v. Rees [1971] 2 All E.R. 357; Welsh Water Authority v. Williams Motors (Cwmdu) Ltd, The Times, (Dec. 5, 1988).

任法案》第 4 条规定了超出经营者控制的不可抗力的抗辩。① 关于国际措
施方面,1992 年《石油污染损害责任和赔偿公约》②第 3 条规定了一系列有
关战争和自然现象的抗辩。同样,《核损害民事责任维也纳公约》③第 4 条
中,针对武装冲突或是"具有特殊性质的重大自然灾害"等"直接原因"所导
致的核损害,免除了经营者的责任——然而,国内制度可以作出其他规定。

在此,"直接原因"这个词汇具有至关重要的意义,因为经营者必须针对
这种性质的事件采取一定的预防措施。例如,福岛第一核电站被海啸摧毁,
这无疑属于"重大自然灾害"。然而,尽管海啸发生的几率很小,如果海啸在
当地是一种可预见的风险,而且工厂在设计时就采取更多措施来减轻损失,
那么就有理由称核损害不是由海啸"直接原因"所导致的。事实上,就福岛
灾难本身,关于经营者的责任可以采取相当不同的策略。在世界上的大部
分地区,像袭击福岛核电站一样规模的海啸,可以被视为"特殊性质的重大
自然灾害"的最极端例子。然而,在日本,属于这种类别的灾难的规模标准
可能非常高。福岛核灾难引起的索赔由《日本核损害赔偿法案》(Japanese
Act on Compensation for Nuclear Damage)管辖,该法案将特别重大自然灾
害排除在核设施严格责任的一般规则之外。④ 然而在立法过程中,国会表
示,"只有一个超越人类预期的巨大自然灾难"才能够援引抗辩。由于日本
处于地震易发的不稳定地区,因此可以说,海啸并没有超过人们预期的规

---

① 参见上文第六章第三节二。

② See International Oil Pollution Compensation Fund (IOPC), Liability and Compensation for Oil Pollution Damage: Texts of the 1992 Conventions and the Supplemental Fund Protocol (2005 edition), http://www.iopcfund.org/npdf/Conventions% 20English.pdf(accessed Sept. 13, 2011).

③ 1963 年 5 月 21 日通过,1977 年 11 月 12 日生效[2 ILM 727(1963)]。条约全文和批准情况等,参见国际原子能机构网页 http://www.iaea.org/Publications/Documents/Conventions/liability.html(2011 年 10 月 6 日访问)。例如,议定书规定,作为《维也纳公约》缔约方的核设施经营者可能对作为《巴黎公约》缔约方的损失负有责任,反之亦然。因此,俄罗斯联邦的核设施经营者(《维也纳公约》的缔约方)将会对发生在芬兰(《巴黎公约》的缔约方)的损害负有责任,反之亦然。应该根据核设施所在国适用的公约来确定责任。

④ X. Vásquez-Maignan, *Fukushima: Liability and Compensation* (NEA News No 29/2, 2011). http://www.oecd-nea.org/nea-news/2011/29-2/nea-news-29-2-fukushima-e.pdf, 10.

模。针对福岛灾难是否属于这一类的问题，法院尚未作出裁决。尽管如此，有人指出，即使是 1995 年的神户大地震，其震级为里氏 6.9 级并造成 5000 人丧生，但也没有达到这一阈值。①

（二）遵守法规抗辩

　　一个较为有争议的问题是，如果经营者按照许可证的条款开展活动是否能够成立抗辩。换句话说，是否能将许可证视为法定授权的一种形式？第三章中的分析指出，根据英国现有的侵权规则，特别是根据上诉法院在"巴尔诉比法废物服务有限公司"案例中的判决，这种抗辩很难成立。② 至于其他欧盟成员国，奥地利最高法院采取了类似的方法。在一个具有里程碑意义的案例中，虽然被告自 1979 年就获得了排放许可证，然而针对由被告工厂所排放的氧化铁粉尘而造成原告汽车喷漆的损害，原告获得了赔偿。1811 年的《奥地利民法典》（Austrian General Civil Code）③针对来自邻近产业所产生的妨害规定了严格责任。④ 由于许多原因这个判决具有重要的意义，尤其重要的是，事实上原告的车辆是存放在他们没有任何业主权益的停车场时被损坏的。就目前来说，判决中值得注意的是，最高法院认为，被告并不能仅仅因为拥有许可证长达 15 年就可以逃避责任。

　　此外，法院在附带意见中指出，自从授予许可证之后"目前技术水平"已发生了变化，原告可以申请禁制令救济。很难利用《奥地利民法典》中妨害的条款来解释这种做法。该法典第 364a 条中规定，当损害是由工厂申请许可证时未提到的因素所造成的，则原告的救济措施仅限于补偿性的损害赔偿。⑤ 似乎，法院认为在申请许可证时已知道但未加以考虑的信息和当时

---

　　① X. Vásquez-Maignan.

　　② [2012] EWCA Civ 312，[2012] All ER (D) 141 (Mar)。参见第二章第三节四（四）。

　　③ Allgemeines Bürgerliches Gesetzbuch (ABGB).

　　④ 《奥地利民法典》第 364(2) 条："如果根据当地标准已经超过了一般性的妨害，并且不利于个人不动产的平常的地方性使用方式，一个不动产的所有者可以阻止其邻居从其土地上排放废水、烟尘、气体、热、异味、噪声、爆炸及其他妨害。"

　　⑤ 《奥地利民法典》第 364a 条："然而，如果由相邻土地获得正式许可证的矿产采掘或其他装置所引起的侵害，并且超过上述所授予许可证的标准，受影响的不动产所有人只能向法庭提出补偿性的损害赔偿，即使损害是由行政许可程序中未提及的因素引起的。"

不可能知道的信息之间具有本质上的区别。作出这种区别的一种可能的理由是,该法典第 364a 条是一个衡平条款,其目的是在当监管机构未能全面考虑所有相关因素的情况下,防止经营者承担过度负担。凡有新的因素出现,例如工业活动对环境影响的科学新发现,可以假设,如果在当时有关当局已经知晓这一因素,则必然会将这一因素考虑在内,因此,该许可证应该予以重新评估。

对于法规的遵守和执行引出了这样一个困难的问题,即各国就执照和许可证对第三方权利的影响作出了不同规定。如上所述,英国的排污许可证只是为从事某项活动排除了行政管理障碍,但其排污活动不能损害第三方权利。在荷兰,允许经营者按照许可证的规定运营,即使其经营活动可能导致对第三方权利的干扰。① 德国法律在许可证(Erlaubnis)和执照(Be-willigung)之间作出了明显的区别。其中,许可证的发放不能损害第三方权利,执照相当于一种法定授权,从而允许在某种程度上对私人利益造成妨碍。② 226

在早期的提案建议中,欧共体委员会曾对遵守法规抗辩很感兴趣,因在其他欧共体立法中,欧共体委员会将民事责任视为支撑并强制执行环境标准的一种手段。因此,如同伯格坎普(Bergkamp)等人所指出,这种抗辩"将促进责任制度目标的实现,为违反欧共体环境法律提供了一项额外的制裁措施"。③ 为了确保公共利益目标,这种方法以一种明显的工具主义方式利用侵权。然而,将可诉的危害与遵守法规紧密地联系在一起则将导致一个

---

① See Sopar, *Appeals Court of the Hague*, 19 November 1992, TMA 1993, nr 5, 131-132. 认为根据许可证条款所获得的排放权利甚至可以扩展到邻近国家,本案中是比利时,只要当地没有直接适用的排放限值。

② 例如,《水资源管理法案》(Wasserhaushaltgesetz)第 11 条规定,如果经营活动符合执照条款的要求,则第三方不能就执照持有人向水道排污行为所造成的损害主张救济。See Horst Schlemminger and Claus-Peter Martens, *German Environmental Law for Practitioners*, 118 (Kluwer Law International 2004).

③ Bergkamp et al, *The Commission's White Paper on Environmental Liability: A Weak Case for an EC Environmental Liability Regime* (Part 2), Eur. Envtl. L. Rev. 141, 142 (2000).

严重的风险,即侵权可能失去其纠正监管失灵的能力。① 例如,监管标准可能无法解决个人所遭受的特定类型的损害,或者简单地通过后来的科学发展表明监管标准并不恰当。因此,正如前面已经指出的②,将侵权责任与公共机制强行联系在一起是有危险的。

然而,委员会在白皮书中对遵守法规抗辩表示支持。事实上,他们甚至提出,当损害是由许可证认可的排放所导致的,那么部分损失应该由监管机构赔偿:

> 应该授予法院一定自由裁量的空间……以决定——例如,当造成损害的经营者能够证明该损害是完全地并且唯一地由其许可证所明确授予的排放所造成的——那么部分损害赔偿应该由许可证监管当局承担。③

这种做法本来就是很有问题的,因为它使得经营者能够将监管机构拖进诉讼,从而导致针对监管当局制定的标准是否恰当的这个问题,进行旷日费时的技术性争论。从这个角度来说,这项规定将大大增加诉讼成本。

事实上,委员会似乎意识到了风险,这样的规定可能被经营者和监管当局用来相互"推卸责任"。因此白皮书建议,尽管符合行政管理标准,经营者仍有责任避免污染。在允许法院根据其自由裁量权来酌情分摊损失时,白皮书指出,"需要结合其他准则以进一步定义这项条款,例如经营者已经采取所有可能的措施来避免损害。"④然而,白皮书并没有定义何谓"所有可能的措施",也就是没有明确地说明,当经营者已经采取哪些措施时才能要求监管当局分担部分损失?

一个解决方案是规定执照持有者有义务及时了解其活动所产生影响的科学证据,并将最新的重要信息向有关监管当局报告。如果采取了这些措

---

① 参见上文第四章第三节三。
② 同上。
③ The Commission's White Paper on Environmental Liability, p. 18.
④ 同上。

施,经营者可以就其符合标准的排污行为所造成的损害免除部分责任,即使监管当局未能根据这些信息采取行动以变更许可证条款。如果经营者没有根据系统设计以采取措施及时了解最新的科技发展,那么经营者仍然不能逃避责任。

事实上,在转基因作物滥用监管的领域中就有这种做法的先例。根据授权制度所颁发的任何许可证都可以规定一些条件①,例如,要求在转基因作物周围设置"缓冲区",以减少与传统作物交叉授粉的可能性。然而,这些仅仅是最低要求。许可证持有人还有义务掌握关于环境损害风险的最新进展。如果许可证持有人知晓新的信息,或现场变化的情况,他应采取额外的预防措施并且通知国务大臣。② 后者有权力根据这些信息变更或者撤销许可证。③ 很容易将这样的规定与民事责任联系在一起。因此,未能遵守这项义务将会排除许可证持有人援引遵守法规的抗辩。

然而,白皮书所采用的方法,基于排放是符合许可证所授予的范围,而致使监管机构实际上成为被告被卷入其中,似乎过于复杂而且是不必要的。如果经营者基于遵守法规的理由而被免除部分或全部损害赔偿责任,那么监管机构将不得不使用纳税人的钱来填补这一部分的损害赔偿。《环境责任指令》就是基于这种假设而运作的。如果污染者没有犯其他错误,那么他就可以援引遵守法规抗辩。④ 如果损失不能由污染者全部补偿,那么根据《环境责任指令》的目的可以合理地预期,监管机构将使用公共资金来进行治理。

（三）发展风险抗辩

上面的讨论提出了另一个重要的问题,是关于在严格责任制度下应保留一些抗辩理由。经营者可能会辩解,在危害发生时,根据当时科学知识的状况不可能发现特别的危险。这引出了是否应该包括"发展风险"这一抗辩理由。

228

---

① S. 112 (1) EPA 1990.

② S. 109 (7) EPA 1990.

③ S. 112 (1) EPA 1990.

④ Environmental Liability Directive, Article 8 (4) (a).

是否应该包括"发展风险"这一抗辩理由的问题非常复杂。发展风险抗辩已在产品责任领域中得到应用，其主要问题是，它与经营者管理其活动的方式有关。因此，该抗辩可能将责任标准视为等同于过失侵权，从而破坏了严格责任的分配功能。这是因为发展风险抗辩基于"风险—效用"分析；现在，这种方法经常在过失侵权中被采用，其目的是确定被告是否采取了相应的注意义务。[①] 不过，特里(Terry)指出，二者之间是有区别的，因为过失侵权是在判断被告的行为，而发展风险抗辩则是在判断产品。[②] 因此，在美国的产品责任案例中，法院采取了客观检验以确定生产者是否已经意识到风险的存在。在产品销售前，其有关缺陷的知识已经存在，则不论生产者是否掌握了该知识，都推定生产者已经知晓了该知识。换句话说，即假设他应该已经掌握了该知识。遵守监管标准和对行业能力的独立评估已经被接受作为援引该抗辩的充分客观检验。[③] 与此相反，有关行业惯例的证据和由行业自身制定的标准则饱受质疑。[④] 基于行业习惯的检验比较主观，并且其注意力集中在生产者的行为上，而不是产品的安全性上；[⑤]因此，这样的证据在多次场合中被美国法院驳回了。[⑥]

[①]   很久以前，英国的法院就已习惯于在风险的大小与预防措施的实用性之间进行权衡。See，for example Latimer v. A.E.C. [1953] A.C. 643.

[②]   N.P. Terry, *State of the Art Evidence：From Logical Construct to Judicial Retrenchment*，20(3) Anglo-Am. L, Rev. 285 (1991).

[③]   Terry，296.

[④]   See Lewis v. Coffing Hoist Div.，Duff-Norton Co.，515 Pa. 334，528 A.2d 590，595 (1987). 将行业标准纳入设计缺陷的情况不仅仅是无关的和分散注意力的，而且由于"行业标准"内在的利己性本质，它非常不利于消费者/原告。今天通过我们的判决，已经明确地指出，制造商不能因为"其他人也这么做"，从而逃避其对于因为其设计缺陷而受伤或致残的消费者的责任。（拉森法官）

[⑤]   "提出有关行业和/或制造商惯例和实践的证据，将陪审团的注意力从消费者的期望值转移到制造商正在做什么。将陪审团的注意力集中在行业惯例上，也就意味着陪审团的注意力都集中在被告的设计选择和这种选择的合理性上。实际上，这样的证据合并了过失概念以及我们[已经]放弃的卖家市场的方针。"Lenhardt v. Ford Motor Co，102 Wash. 2d 208，683 P.2d 1097，1098 (1984).

[⑥]   因此，上述"刘易斯诉考非起重机分部"的案例中，法院并不认为起重机的控制面板上缺少基本的安全装置，基于发展风险抗辩，是情有可原的，仅仅是因为行业的实践中没有包含这样的安全装置。

在欧洲,《产品责任指令》(Directive 85/374/EEC on product liability)①要 229
求各成员国就缺陷产品所造成的特定类型的损害实行严格责任。但是,会员
国有个选择,可以将发展风险抗辩并入其中,如下所示:

> 生产者可以不承担本《指令》所规定的责任,如果他能证明……当他将产品
> 投入流通领域时,当时的科学和技术知识的状态是不可能发现产品所存在的
> 缺陷。②

这一抗辩的形成需要证明当时的知识发展状况以及生产者对于相关知
识的可获得性。此外,为使抗辩成立,生产者必须证明任何已有的知识都不
能够使他发现缺陷。③ 仅仅证明先前并没有关于缺陷的报道或者并没有研
究能够确认问题的具体特征是不够的。相反,必须证明没有现成可用的方
法,例如安全性试验,通过其可以从现有的背景知识中去发现风险。④ 在这
方面,法院避免采取过于主观的方法,因其仅仅从生产者的角度考虑这个问
题。这种方法的风险是过度依赖行业惯例,正如上面提到的,其是从利己角
度出发,而对于风险的鉴别目光短浅。

关于在环境制度所建立的严格责任中是否应包括"现有技术水平"或
"发展风险"这一类型的抗辩是一个有争议的问题。例如,可以设想一个场
景,从工业设施中排放的污染物迄今被认为是无害的物质,而根据新的科学
证据发现具有危害性。这让人马上想到了"剑桥水务"⑤的案例,此前一直
不知道制革厂的工艺过程会造成长期性的环境破坏。该案例中引进了可预

---

① [1985] O.J. L 210/29.

② 《产品责任指令》第7(5)条。

③ 对这种抗辩解释的相关判例法综述,参见:C. Pugh & M. Pilgerstorfer, *The Development Risk Defence—Knowledge, Discoverability and Creative Leaps*, 4 J. Pers. Injury L. 258 (2004). See also P. Sheers, *The EU Product Liability Directive—Twenty Years on*, J. Bus. L. 884 (2007).

④ 同上,一个明显的例子是"Abouzaid v. Mothercare",载《泰晤士报》,伦敦,2012年2月20日。该案例中,一个幼童因为婴儿车附属配件上的松紧带弹力绳一端的金属夹而受伤。虽然曾未出现过类似事件的报道,物理定律的基本知识和一个简单的测试就足以揭示这种风险。

⑤ [1994] 2 A.C.264. 参见上文第二章第三节三。

见性要求,从而淡化了妨害和"赖兰兹诉弗莱彻"规则中的严格责任的严苛性。[①] 如果,这个事件发生在环境损害适用严格责任的司法管辖区,经营者很可能会被追究法律责任,除非该制度包括了"现有技术水平"的抗辩。然而,似乎,即便有也很少有环境责任制度包含了这种性质的抗辩。因此,当有人发现很少有国家采用《产品责任指令》中的发展风险抗辩也不足为奇。[②] 发展风险抗辩可能会破坏严格责任的性质,因为其注意力集中在生产者是否已经采取合理措施使自己掌握最新的科学证据,以及其是否采取足够的预防措施识别并减缓风险。这更容易使人联想到在过失侵权中基于注意义务的严格责任,其责任应该主要依赖于因果关系。

此外,很难预料发展风险抗辩将如何应用于科学分歧所导致的风险性质不确定的情形中。转基因生物问题为这个问题提供了一个明显例子。当一方所持的科学证据并不支持风险的存在,而另一方所持的证据则支持存在风险的情况下,那么是否可以采用根据产品责任类型制定的抗辩并不是很明确。经营者是否有权认为,由于科学无法提供一个确切的答案,所以他不能合理地避免风险?这种做法似乎很难符合预防原则的要求,预防原则要求经营者应防止那些还没有得到科学证实的风险。此外,它破坏了严格责任被普遍接受的基本原理,即损失应由制造风险并从风险中获得经济利益的人来承担。因此,如果某一天发现,一直以来转基因技术都是不安全的,那么基于当时的科学依据对于这种风险并不了解,就应该免除经营者的所有责任吗?

目前,还不清楚《环境责任指令》中所制定的发展风险抗辩是否能解决这个困难。该法规定,如果能够证明,"在排放发生时或活动进行时,根据当时的科学知识和技术知识,不认为该排放或活动可能会对环境造成损害",经营者即可免除赔偿责任。[③] 这引出了一个问题,即需要多少科学证据以认定损害是"可能发生的"。在这方面,必须针对由转基因生物的扩散所造

---

①　(1868)L.R. 3 H.L.330.

②　[1985] O.J.L210/29.

③　Environmental Liability Directive, Article 8(4)(b).

成的两种类型的损害予以区别。众所周知,转基因生物可以与传统农作物交叉授粉,而且这种交叉授粉可被视为"损害",因为它改变了受污染农作物的特性和价值。[①] 因此,在农作物被邻近进行田间试验的转基因作物所污染的情况下,不太可能使用发展风险抗辩。然而,针对这种长期释放对生态系统和生物多样性的广泛影响的这个问题,科学知识还不能提供一个明确的答案。生物技术公司有较好的机会来辩解,根据科学知识现状,我们不能说这种性质的损害是可能的。事实上,这种损害在任何情况下似乎都超出了《环境责任指令》的严格责任的范围。[②] 这已表明,通过政治决定确认,如果生物技术公司证明其已履行了应尽义务,则可以免除其广泛的责任。然而,对于某些已经采用了侵权责任制度的成员国,似乎尚未采取类似的决定,用这种方式限制经营者的责任。例如,芬兰和瑞典的环境责任制度并不包括现有技术水平抗辩,德国的环境责任制度也没有。在奥地利,《基因技术法案》(Gene Technology Act)和《核责任法案》(Nuclear Liability Act)也都不包括这样的抗辩。[③]

　　必须承认,环境责任制度中的发展风险抗辩能够为不断审查监管程序和研究新的技术提供一项动机。事实上,即使责任是基于过错的,为了满足注意义务,需要及时了解最新的技术发展,这将会是一项繁重的义务。然而,这必须要与污染者付费原则和预防原则等基本要求保持平衡。在任何环境责任中纳入发展风险抗辩,可能会严重削弱其让经营者承担全部损害的能力。

　　另外一个需要考虑的问题是,在环境领域方面,应该针对有害排放的知识和工艺缺陷的知识之间作出区别,而抗辩只能适用于前者。在"格雷厄姆

---

　　① 参见第二章第三节二以及"女王因沃斯顿诉国家环境局局长"案中的讨论(R. v. Secretary of the State for the Environment, ex parte Watson [1999] Env. L.R. 310)。

　　② 参见《环境责任指令》第3(1)(b)条,其中规定,当经营者存在过错时,其仅就有关受保护物种或自然栖息地的损害承担责任。See M. Wilde, *Liability Issues Associated with Genetically Modified Organisms: EU and International Developments*, in *Environmental Liability in the EU: the 2004 Environmental Liability Directive compared with US and Member State Law*, 292-298 (G. Betlem & E. Brans eds, Cameron May 2006)。

　　③ See Hinteregger, above, 315-317.

和格雷厄姆诉瑞凯国际"①案例中关于有毒废弃物焚化炉排放的事实②,可以用来说明这种区别的重要性。让我们假设,如果当时存在严格责任制度,并且关于责任的问题依赖于发展风险抗辩。如果抗辩仅适用于有害物质排放的知识,则在这个案例中,被告将败诉。法官指出,焚烧多氯联苯可能导致二噁英和呋喃排放,在当时是众所周知的。③ 由于被告从事危险活动,根据欧盟和英国法律规定的抗辩,被告很难反驳其了解相关知识的推定。但是,如果抗辩也适用于工艺缺陷,那么结果可能会有所不同。直到焚烧炉被关闭之后,才明白污染物是通过什么过程所产生的。因此,瑞凯国际可以辩称,根据当时科学知识的状态是无法预防污染物的排放。这几乎是将严格责任等同于过失侵权,因而破坏了其分配目标。根据污染者付费原则,一旦232 关于有害排放存在的知识已是众所周知的,那么找到解决方案将是污染者的责任。④

综合考虑以上因素,根据产品责任抗辩,可以形成如下的认识:

> 经营者将可以不承担责任……如果他能证明在他实施其活动期间,科学和技术知识发展水平无法发现有害排放的存在。

第六节　小结

严格责任通常被视为任何基于侵权的环境责任制度的先决条件。正如委员会的白皮书所阐述的,"可以假设环境目标在这种方式下可以得到更好

---

① [1996] Env.L.R.158.

② 第三章中有完整的叙述。

③ [1996] Env.L.R. 158,167.

④ 有趣的是,这反映出目前已经在妨害中所建立的严格责任的定义。一旦发现妨害,则被告必须减轻这一妨害,而不管最初他对引起妨害是否存在过错。参见上文第三章。

地实现"。正如上面提到的，尽管针对这个主题已经开展了大量的学术研究，但这一假设是很难被证明是正当的。不过，也有一些证据表明，长远看来严格责任可能对商业行为产生微妙的影响。总的来说，这是因为它要求经营者认识到，环境损害成本作为生产成本的一部分必须降低，才能使效率提高。

然而，我们仍须谨记第四章所讨论的是严格责任的理论基础。严格责任不等于绝对责任，因为它允许抗辩情形的存在。在没有任何抗辩的情况下，责任制度将失去其纠正功能，而成为一个纯粹的分配工具。在第四章中还指出，保留侵权中的纠正功能，具有许多优点。其主要优点是，严格责任通常只认定那些被告可以控制并有能力去减轻的损失，才是被告应该担负的责任。因此，抗辩通常适用于完全在被告可控制范围之外的事件，例如不可抗力。但是，如果抗辩的范围太大，责任标准就会被冲淡，在严格责任和过错责任之间的区别就会消失。出于这个原因，抗辩必须在侵权的分配和纠正功能之间取得平衡。因此，虽然有很多证据支持将完全超出经营者控制的所有事件纳入抗辩，但在确定是否要容许发展风险抗辩时，还是应该采取谨慎的态度。基于上述原因，存在一种风险，就是针对这种抗辩的解读可能会导致将严格责任与过错责任等同起来。

至于制度的范围，确定性仍是一项重要的考虑因素，并且责任制度要明确其中包括什么类型的伤害和什么样的活动。 233

第七章 减轻因果关系的举证责任

第一节 引言

　　原告在证明因果关系时常面临很大的困难,在第三章中利用英国近年来的判例法和其他普通法司法管辖区的一些案例进行了详细讨论。为了克服环境责任制度中证明因果关系的困难,人们已经进行了多种尝试。然而,其中必须克服的困难在于应如何既能实现这一目标,又不会使经营者承担不是由其所造成损害的责任。再次说明,如果解决不好这个问题,可能会导致无限责任和不可持续的责任。

第二节 总论

　　因果关系与侵权法的纠正作用密切相关,因为它要求侵权行为人对其侵权行为所造成的损失承担责任;因此,有关当事方都受制于"遵守规范"的要求。① 从环境的角度来看,因果关系所发挥的作用就是将危害与污染者联系起来,即污染者是处于最佳立场来将损害成本内部化。如果没有针对因果关系进行检验,那么侵权就会变成一个纯粹的分配工具,而无法将其与行为模式关联在一起。这将会导致集体责任而不是个人责任,同时降低了

---

① Izhak Englard, *The Philosophy of Tort Law*, 45 (Dartmouth Publishing 1993).

对风险管理的激励机制。① 此外，正如第四章的说明，这种做法会导致保险²³⁶公司撤销对其担保，因为保险的可行性取决于保险公司限制被保险人将损害转嫁给保险公司的能力。正如休伯（Huber）所指出的，"如果付款行为与特定的行为模式之间没有系统性和可预见性的联系，那么无论企业或保险公司都不可能或愿意长期提供这种服务。"②在美国，由于法院的因果关系检验比较松懈，加大了保险公司根据《综合环境反应补偿和责任法案》进行评估风险的难度。③

因此，必须克服的困难是关于在何种程度上可以减轻因果关系证明的负担而又不会导致出现上述不可持续的责任。因此实有必要建立一种框架，使得法院可以基于案件的情况而得出常识性的结论，而不必借助科学的确定性来证明是由被告工厂产生的一种物质所造成的或促成了危害。在某些英国和美国的案例中，曾有过一些尝试，试图根据被告行为所导致风险增加的程度，从而按比例计算损害赔偿。④ 这些通常被称为"机会丧失案例"，即原告起诉的理由正是由于被告的行为导致了失去规避危害的机会。⑤ 这种方法的问题是，在许多案例中可能无法量化被告行为造成风险增加的程

---

① G. Teubner, *The Invisible Cupola: From Causal to Collective Attribution in Ecological Liability* in *Environmental Law and Ecological Responsibility—The Concept and Practice of Ecological Self-Organization*, 29 (G. Teubner, L. Farmer & D. Murphy, eds, John Wiley & Sons 1994).

② P. Huber, *Environmental Hazards and Liability Law*, in *Liability Perspectives and Policy*, 147-148 (R.E. Litan & C. Winston eds, The Brookings Institution 1988).

③ 这主要是由于许多美国的案例仍由反复无常的民事陪审团审判决定，他们更有可能出于对受害者的同情而被动摇，而非基于因果关系复杂论证。更多荒谬的判决，详见彼得·休伯（Peter Huber），《伽利略的复仇：法庭上的垃圾科学》[*Galileo's Revenge: Junk Science in the Court Room* (Harper Collins/Basic Books 1991)]。

④ 在英国，上诉法院在"霍特森诉东伯克希尔卫生局"（[1987] 1 ALL ER 210, 219）的案例中采纳了这一方法，其中提到："最根本的问题是：原告遭受的损失是什么？是股骨头缺血性坏死症发病还是失去了避免这种情况的机会？在我的判断中是后者。"（狄龙大法官）在美国，上诉法院第四巡回庭在"沃芬诉美国卫生与人类服务部"的案例中，将"机会丧失"的起诉理由定义如下：一直以来的困惑主要是由于混淆了"因果关系"和"伤害"的概念……在过失侵权造成患者死亡的案件中，最好是将重要的生存机会的丧失视为与失去生命完全不同的一种损失，并采取不同的损害赔偿衡量方法，而不是将前者视为变相的证明因果关系的负担。被破坏的机会本身就是可补偿的损失。

⑤ D.P.T. Price, *Causation—The Lords' 'Lost Chance'*, 38 Intl. Comp. L.Q. 735 (1989).

度,从而降低了原告规避危害的可能性。此外,它可能会导致一种情况,即虽然所有原告均获得一定的补偿,但是每个原告所获得的补偿可能都无法反映他们所遭受损害的真实成本,同时有些人可能并未遭受损害却获得补偿。由于这些原因,休伯对这种类型的解决方案不以为然,将其描述为"大型妥协系统"。[①] 事实上,出于同样的原因,上议院最终决定果断地驳回英国法律中基于这种方法以确定因果关系的概念。[②] 正如前文已经详尽讨论过的,实质性增加风险检验在扩展石棉相关疾病的责任范围上取得了一些成功。[③] 当然,前文也提到,如果要将这一方法应用于环境问题,尤其是像气候变化有关损害这类问题,那么需要在法律推理方面有巨大的突破。[④]

另一个解决方法是基于个案的情况而作出可驳回的推定。因此,如果存在间接证据,例如盛行风向和违反法定义务情形都指向被告的设施,则可以推定损害是由被告行为所造成的。当然,如果损害是由于其他原因所造成的,就有可能推翻先前的假设;然而,被告有责任提出证据支持这一论点。如下所述,德国已经采纳这种方法。

第三节   欧盟成员国处理因果关系的方法

在所有的成员国中,传统的责任规则往往要求原告在证明因果关系方面负担沉重的举证责任。尽管,在因果关系方面没有专门的法定条例,但是随着判例法的发展,一些国家的法院已经形成了一套方法可以在某种情况下减轻举证责任负担。例如,在某些国家,如果被告有违反法定义务的情形

---

① Huber, 145.

② 参见"格雷格诉斯科特"(Greg v. Scott [2005] UKHL 2, [2005] 2 A.C. 176)。尽管,尼科尔斯与霍普大法官的异议判决应予注意。此外,在一个类似的澳大利亚案例中,机会丧失方法获得了成功,因为在当时情况下这是强制医生履行其注意义务的唯一方法。See Rufo v. Hosking (2004) NSWCA 391.

③ 参见上文第三章第三节二(三)。

④ 参见上文第三章第三节二(四)。

或过度排污的情况发生,则举证责任转移给被告。[1]

对于已经建立专门的环境责任制度的国家,在如何处理因果关系问题上几乎各不相同。某些国家在其立法中没有任何关于因果关系的特殊规则。例如在丹麦,《环境损害赔偿法案》(225/1994)和《环境保护法案》(358/1991)并没有改变一般民事法律上的因果关系规则。一般来说,在丹麦侵权法中并没有固定的检验标准以用于确定可能的原因。[2] 反而,事件是基于实际情况来决定的,要考虑的因素包括污染源与危害发生地的距离、污染物排放的时间与损害实际发生的时间之间的间隔等。第二项因素对确定环境损害责任极为不利,因为污染物排放和损害实际发生之间往往有较大的时间间隔。垃圾填埋场便是典型例子,环境损害往往是在最初开始堆积垃圾的多年之后才发生。

欧盟中,丹麦的北欧邻国已在各自的责任制度中纳入了因果关系检验,虽然他们仍然要求原告负担举证责任。例如在瑞典,《环境法典》的责任条款规定,应在权衡各种可能性的基础上确定责任,包括考虑"其他可能的原因和任何其他情况"。[3] 这使得原告可能会由于其他可能原因的论证,而大大地增加了索赔败诉的可能性。在芬兰,《环境损害赔偿法案》(737/1994)第 3 条规定,原告必须证明"因果关系的可能性",其中明确表示必须超过50％的可能性。而后根据行为的性质和损害的类型来确定,在该法案之前的政府议案中曾指出,一个重要的考虑因素是争议中的损害类型是否通常与特定活动相关联。这一检验标准似乎反映了"权衡各种可能性"原则,但实际情况可能是,损害发生的途径错综复杂,法院可能会提出 95％的科学举证标准的要求,正如英国曾出现的情况。关于这一问题,已在第三章深入讨论过。

回顾 20 世纪 90 年代中期斯堪的纳维亚国家的立法,韦特斯顿(Wet-

238

---

[1]　See M. Hinteregger (ed.), *Environmental Liability and Ecological Damage in European Law*, 349 (CUP 2008).

[2]　M. Basse, *Environmental Law in Denmark*, 204 (Kluwer 2000).

[3]　Section 3, Ch. 32 Environmental Code Ds 2000：61.

terstein)认为,在瑞典和芬兰的法案中所包含的因果关系检验促进因果关系检验的改善,使因果关系检验的应用能够具体化。一般来说,针对一般的侵权法,在这些地区的因果关系是根据案情决定的,并未尝试制定通用的适用原则。然而,韦特斯顿指出[①],尽管其明确表示,提出因果关系的可能性就已经足够了而并不一定需要科学确定性,然而这些因果关系检验仍然对原告形成一个相当沉重的举证负担。另外,在英国,多年前法院曾在普通法中发展了类似的"权衡各种可能性"检验,但在有关环境损害的案例中,事实证明索赔人很难满足这些检验标准的要求。正如第三章所述,当涉及多种成因时,原告面临着诸多困难。同样在第三章中详细讨论了普通法中因果关系检验的改进,如"实质性贡献",其对环境领域中减轻举证责任负担的收效甚微。

韦特斯顿认为[②]这些国家应该采取进一步措施,出台某种原则,在适当的情况下,可以转移举证责任负担。他以瑞典邻国挪威为例,挪威规定,如果有证据表明被告工厂排放的污染物可能造成损害,或可能与其他物质共同造成损害,则推定二者存在因果关系。[③] 但如果有证据表明其他与被告无关的原因更有可能造成争议中的损害时,则可以推翻原推定。

同样,德国也根据 1991 年《环境责任法案》,在关于环境损害的案件中,减轻了原告的举证责任负担。[④] 在奥地利《核损害第三方责任法案》和《基因技术法案》中也已经有类似的规定。[⑤] 总之,这些规定允许推翻因果关系的推定,从而将最初的举证责任负担转移给被告。德国对于因果关系举证责任负担的倒置机制,其目的是就法院应在何时作出因果关系推定的问题,提供详细的指导。因此,这样的规定值得深入研究。

239

---

① P. Wetterstein, *The Finnish Environmental Damage Compensation Act—and some comparisons with Norwegian and Swedish Law*, 3(3) Env. Liability 41, 44-45 (1995).

② 同上。

③ Pollution Act 1981, as amended, s. 59.

④ 该法案的概述,参见:W.C. Hoffman, *Germany's New Environmental Liability Act: Strict Liability for Facilities Causing Pollution*, 38 Neth. Intl. L. Rev. 27(1991).

⑤ 如前所述,奥地利立法机构也计划制定一些关于横向的环境责任制度的法案,但还未完成。这些立法草案中都包含了减轻因果关系举证责任的规定。

作为《德国民法典》的一项基本原则,要证明因果关系非常困难,因为原告需要证明因果关系的必然性。而在其他司法管辖区发展出来"权衡各种可能性"或"更具可能性"等检验方法在德国并没有出现。依据 1960 年《水资源法案》①的第 22(1)条所制定的严格责任制度中,并没有任何关于证明因果关系的特别规定,因此适用一般的民法规定。这意味着原告很难利用这项法案的优势。然而,依据该法案的判例法中则规定了在某些情况下举证责任将由原告转移给被告。在案例[57 BGHZ 257,264(1971)]中认为,如果污染物质是"固有地匹配于"(geeignet)造成所争议的污染类型,则可以推定因果关系成立。但这仅限于有多个被告的情况下,因为该原则旨在减轻原告必须精确地证明每个被告到底造成多少损失的负担。如果只有一个指定的被告,证明因果关系仍是原告的责任。

1991 年《环境责任法案》②第 6 条中明确采纳了这一因果关系推定并进行了拓展。德国《环境责任法案》第 6(1)条规定了一个可推翻的推定,即如果能证明被告的设施是"固有地匹配于"造成所争议的损害,则可以推定损害是由被告造成的。③ 固有匹配性可以参考一系列因素来判断,包括生产工艺的性质以及排放时的条件(如气象条件)等。然而,该推定只在特定情况下适用。第 6(2)条规定,如果设备运行正常,则该推定不能适用。这包括那些按照"特别操作义务"④进行管理的设施,而且无间断地正常作业⑤。当损害发生时,如果遵守了如许可证等特别操作义务的所有附加条件,则可 240

---

① Wasserhaushaltsgesetz.

② Umwelthaftungsgesetz.

③ 1991 年《环境责任法案》第 6(1)条:"对于特定案例的事实,如果某一设施是固有地匹配于所发生的损害,则可以推定该设施造成了损害。在特定案例中,固有匹配性由以下因素确定,即操作过程、构筑物结构、原料以及排放物的性质和浓度、天气条件、损害发生的时间和地点以及损害性质,同时包括在特定情况下有利或不利于确定损害因果关系的所有其他条件。"

④ 1991 年《环境责任法案》第 6(3)条:"特别操作义务是指由行政许可、职责要求、可执行的行政命令和监管法规所强制要求的义务,其目的是预防可能会造成损害的环境影响。"

⑤ 1991 年《环境责任法案》第 6(2)条:"如果设施操作正确,则第(1)款将不再适用。操作正确是指遵守了特别操作义务而且无间断地正常作业。"

以推定履行了义务。① 例如,在由杜塞尔多夫上级区域法院判决的一个案例中②,原告声称,来自丈夫任职的工厂所排放的氧化铁粉尘对自己汽车的车身漆和车窗造成了损害。原告声称,丈夫向其借车并在公司停车场停放了两天,而损害正发生在这个期间。法院认为,虽然毫无疑问,在理论上(或"原则"上)被告工厂所排放的污染物有可能会导致争议中的损害,但是不能就此推定,在这个特定情况下(或"具体"情形中)会发生这样的损害。当汽车停放在停车场期间,工厂按照规定生产运营,并定期检测排放水平,同时也一直未出现可能导致氧化铁粉尘排放的故障。即使损害发生十余年之后,生产运营故障的假设仍会被排除。

在一定程度上,这种做法将责任与经营者是否符合行政管理标准联系起来。其结果是,这种做法和将过错与经营者是否符合行政管理标准联系起来的做法都受到了批评。在法案出台后不久黑格(Hager)写道:

> 在我看来这种特权不合乎情理。一个设施即便是合法运行的也可能对环境造成损害。不应要求这些遭受危害的受害者必须提供因果关系的充分证据才能够获得补偿。此外,应该指出,环境法律和法规并不一定是基于科研的最新进展制定的,它们可能更多地反映了经济和政治的妥协。③

然而,当发生生产中断的情况时,就不能依赖举证责任的豁免;④尽管并未定义何为生产中断,但必然包含某个事件,如重大事故。例如,上文涉及的汽车涂漆遭受损害的案例中,显然并没有发生什么故障以导致氧化铁

---

① 1991年《环境责任法案》第6(4)条:"如果,出于对一个特别操作义务的监管目的,在许可证、职责要求、可执行的行政命令和监管法规中,都规定了相关的管制要求;如果:(1)争议中的环境影响有可能是由工厂设施所造成的,但工厂实施了相关的管制要求,而且无法推定这些管制要求有违反操作义务,或者(2)当提出索赔时,争议中的环境影响发生已经超过十年,那么可以推定行为人遵守了这些操作义务。"

② (365) OLG [upper regional court] Düsseldorf, Ruling of 10/12/1993 (22 U 17293).

③ G. Hager, *Umwelthaftungsgetz: The New German Environmental Liability Law*, 1(2) Env. Liability 41, 42 (1993).

④ 参见1991年《环境责任法案》第6(2)条。

的逸散。因此,在这类案例中,原告将无法依据这个特定的理由来阻止经营者推翻其行为造成损害的推定,正如同"剑桥水务诉东部县皮革厂"①的案例。这是由于污染的发生是在日常生产过程中,而并非重大事故造成生产中断所导致的。

第7条规定了可以推翻因果关系推定的理由。它规定,无论是多个或单个设施"固有地匹配于"可造成争议中的损害类型,如果能够证明"另一个情况"(Umstand)也匹配于可造成该损害,那么因果关系的推定可以被推翻。② 这包括污染是源于其他排放源的情形。

考虑到所有这些因素,我们可以看到,德国关于举证责任倒置的这些规定并不像看上去那样广泛。它具有很严格的资格要求,而且只要稍微有证据表明损害可能是由其他原因所造成的,那么便很容易推翻这一推定。这也许可以解释为何很少有应用这项规定审理的案例。事实上,通过与任何专门责任制度无关的判例法的发展,法院已经发展出了一套更为激进的检验标准。例如,在"化铁炉"③的案例中,法院认为当损害类型与污染排放相符合时,则经营者有充分公开信息的义务。而且,当公开的信息揭露了显著的事实,例如当时出现了设备故障和超标排放,被告有义务应为自己的无罪行为进行辩护。

第四节　　欧洲的和国际的创制倡议

虽然严格责任制度是国际环境责任制度的共同特征,但是因果关系的

---

① ［1994］2 A.C. 264.

② 1991年《环境责任法案》第7(1)条:"如果数个设施都固有地匹配于所造成的损害,但是特定情形下的事实表明,如果另一个情况同样是固有地匹配于所造成的损害,那么因果关系推定不适用。在特定情形下,固有匹配性是由以下因素来确定,包括损害发生的时间和地点以及损害性质,同时包括在特定情况下有利或不利于确定损害因果关系的所有其他条件。"第7(2)条:"如果只有一个设施是固有地匹配于所造成的损害,但是特定情形下的事实表明,如果另一个情况同样是固有地匹配于所造成的损害,那么因果关系推定不适用。"

③ BGHZ 92, 143(1985), 53.参见上文第六章第二节。

特殊规则却十分缺乏。这无疑使制定一项各方都能接受的新检验规则变得非常复杂。因此,海上石油污染①和核责任②的国际规则只是简单地提到需要证明事故与损害之间的因果关系。在责任制度中"原因"或"引起"这两个术语经常出现,但其意义并不明确,亦无额外的注解。这将由国内的法院根据本国的原则来确定因果关系。《卢加诺公约》试图减轻原告所面临的因果关系举证责任。在某种程度上,公约似乎采纳了固有匹配性的检验标准。其中第 10 条规定:

242   当考虑事故与损害之间的因果关系证据,或者在第 2 条第 1 段 d 小段所指的危险活动的情形下,考虑活动与损害之间的因果关系证据时,法院应适当考虑危险活动的固有本质对导致如此损害所增加的风险。

这就提出,相较于所争议的设施是非常匹配于所造成的被提出索赔的损害类型,对于所争议的损害并非是典型地由所争议的设施造成的情形下,法庭应减轻举证责任标准。但是,条例规定比较模糊,似乎并不代表着举证责任倒置;固有匹配性仅仅是代表着会被法院考虑的因素之一。正如前文所讨论的那样,无论如何《公约》生效的机会似乎越来越渺茫。③

欧盟委员会在审议欧洲责任制度④必要性的过程所产生的各种讨论文件中,在因果关系这个问题上有些摇摆不定。2000 年的白皮书提出有必要减轻因果关系的举证负担,但是它并未详细阐明应如何具体实现。白皮书仅仅提及,"某些国家环境责任制度中有相关的规定,其有利于减轻原告对于相关过错或者因果关系的举证负担。"⑤关于共同体制度,白皮书只提到,具体的详细规定将会在"晚些时候再予以确定"⑥。伯格坎普质疑如此的条

---

① 参见上文第五章第五节一。
② 参见上文第五章第五节二。
③ 参见上文第五章第四节。
④ 参见上文第五章第三节。
⑤ COM (2000) 66 final, 17.
⑥ 同上。

款究竟是否应当写入共同体制度,"因为国内法院可以解决任何由于原告承担举证责任而导致的不公现象"。① 因此,在共同体责任制度下,根据此种方法,应交由国内法院来应用国内法中现有的因果关系检验。伯格坎普同时还认为,辅助性原则将会限制共同体采取统一的因果关系检验的能力。②

在这方面,似乎伯格坎普所指的是因果关系问题与地方政策密切相关。当然,决定因果关系问题的是政策而非逻辑推理。有证据表明,法院可能会调整因果关系检验标准的应用程序以适应政策的考量。例如,第三章指出,基于政策原因,英国法院不愿让在工业事故中受伤的员工承担损失。回想一下,威尔伯福斯大法官针对"麦吉诉国家煤炭局"(McGhee v. N.C.B)案例的影响所提出的意见。③ 这可以解释为什么英国上议院会在这种特殊情况下作出因果关系推定。然而,在第三章中同时还指出,为了适应于政策考量,根据每个案例的实际情况以调整因果关系检验,将会导致法律中的大量不确定性,并可能阻止受害者发起民事诉讼。此外,对于环境保护的重要性是否具有司法共识,以及环境保护是否构成一个高于一切的政策目标从而在适当的情况下能够放松因果关系检验,在这方面要达成明确的结论仍为时尚早。在"雷伊和霍普共同诉英国核燃料有限公司"④的案例中,英国高等法院针对因果关系的证据进行了严格的分析,在细致地权衡了相关证据后,法院似乎错误地作出了有利于被告的判决。事实上,霍尔德大胆地提出,这一判决背后未阐明的政策目标即是索普核燃料再处理工厂的政治可行性,而非潜在的环境的和公众健康的风险。⑤

虽然,基于侵权的欧盟环境责任制度未能实现,但是由《环境责任指

243

---

① L. Bergkamp et al, *The Commission's White Paper on Environmental liability: A Weak Case for an EC Strict Liability Regime*, (Part l)t 9(4) Eur. Envtl. L. Rev. 105, 110 (2000).

② 同上。

③ [1973] 1 W.L.R. 1.

④ [1994] Env. L.R. 320.

⑤ J. Holder, *Causation in Environmental Law*, 47(2) Current Leg. Probs. 287, 308-309 (1994).

令》①所制定的行政费用补偿机制则引起了类似因果关系的问题,在这样的背景下值得进一步考虑。与上文提到的国际责任制度相同,该《指令》使用了"原因"或"引起"这两个术语,却没有给出明确的定义。这给予了国家监管机构和法院相当大的空间以按照国内的因果关系规则来解读这两个术语。欧洲法院(European Court of Justice,ECJ)裁定,鉴于责任制度的规定和确保污染者付费原则的要求,国内法院可以采取比一般情况更为灵活的方式以处理因果关系问题。在"ERG 集团地中海炼油厂诉经济发展部"〔C-378/08 Raffinerie Mediterranee (ERG) SpA. v. Ministero dello Sviluppo Economico]②的案例中,意大利当局曾试图援引《环境责任指令》所赋予的权力以迫使一些石化企业为清理海床买单,在该区域数十年来曾聚集了许多这类工厂。因果关系的困难集中于如何确定自《指令》生效(请注意,该指令没有追溯效力)以来,由于这些活动所造成损害的比例,以及多个经营者彼此间分摊责任的比例。欧洲法院证实,《环境责任指令》对于根据国内法和惯例对上述问题进行解释,给予了相当大的空间。意大利法律制度则允许根据邻近性检验以推定因果关系的成立。但监管机构应满足以下附带条件:

> 表面证据应可以证明其推定,例如经营者的设施位于污染发生地附近,而且被发现的污染物与经营者从事活动所使用的物质之间具有相关性。③

正如我们在上述对各欧盟成员国的国内责任规则的分析中所看到的,当存在强大的间接证据指向一个特定的经营者或一类经营者的情况下,法院早已决定减轻因果关系检验标准。在专门的环境制度的情况下,法院可能会更加大胆地采用这一方法。例如,在英国,2006 年《赔偿法》第 3 条毫

---

① European Parliament and Council Directive (EC) 2004/35 on Environmental Liability with Regard to the Prevention and Remedying of Environmental Damage O.J. L143/S6.

② [2010] 3 C.M.L.R. 9.

③ *Ibid*.,[57].

无疑问地将法院的企图具体化,其中规定了石棉行业应该对由石棉所引起的疾病负有集体的连带责任。[①]

然而,"地中海炼油厂"的案例也突出了在因果关系这一复杂领域中,建立协调性责任规则所面临的困难。事实上,由于《环境责任指令》没有给出因果关系的定义,而且欧洲法院也证实,该术语也开放由各方自行解读,表明了即使在欧盟通行的侵权责任制度下,也不一定会化解这些分歧。"地中海炼油厂"案例展现了在不同国家,由于责任规则的分歧可能会对行业所面临的环境损害成本产生深远的影响。而其对欧共体内部市场正常运行的持续影响也是显而易见的。

鉴于以上分析,很明显未来如果试图要协调环境损害的责任规则,必须认识到以下问题。有关争论仍将围绕在何种程度下,减轻因果关系举证责任负担的可行机制能够被实践。

第五节 减轻因果关系举证责任负担: 关键问题

如上所述,在一定程度上某些欧盟成员国的法院已经采用了一些制度设计,从而有助于减轻某些行业的因果关系举证责任负担。通常,要求提供有力的间接证据,而且要求经营者不能仅仅提供假设且空洞的其他原因的证据。迄今为止,法律条文中明文规定将举证责任倒置的案例仍然罕见,而德国的《环境责任法案》所建立的机制仍然是最好的例子。但是,在提出可推翻的因果关系推定方面并不像最初看上去那样简单直接,而且常常达不到预期效果。

---

① 参见上文第三章第三节二(一)。

一、有唯一已知致害因子的案例

当争议中的污染仅仅与经营者所从事的行业有关,或者当地并没有其他污染源时,原告明显会从因果关系推定中获益。德国的《环境责任法案》第 7(1)条引用了一个事实,如果有数个设施,而所有这些设施都"固有地匹配于"造成争议中的污染,只有当存在另外一种情况时,该推定才能被推翻。

245 　　因此,在类似于"剑桥水务诉东部县皮革厂"的这个案例中,毫无疑问在该地区四氯乙烯仅仅用于制革行业,而唯一的问题是它如何从制革厂迁移到取水口,如果根据上面的规定,那么剑桥水务可以免除为了弄清四氯乙烯溶剂是如何污染该场地所必须开展"开创性"研究的义务。① 如果邻近地区还有其他制革厂,那么第 7(1)条将排除东部县皮革厂证明这些制革厂是其他可能污染源的义务。

然而,仅仅经营者所经营的工厂是污染物唯一来源的这一事实,还不足以使推定成立。第 6(1)条将潜在责任方的范围进一步缩小,即经营者的设施"固有地匹配于"造成所争议的损害类型。这不仅需要证明经营者所处理的物质是已知的致害因子,还需要考虑所有其他相关因素,例如,盛行的气象条件、工厂是否发生事故等等情况。当不止一个设施符合这些标准时,第 7(1)条提供了第二个筛选条件,即重点关注于损害发生的时间和地点。然而,托依布纳(Teubner)② 表达了其担忧,如果这种方法不能确定特定的污染者,从而导致了集体责任,这样并不是完全公平。这种制度仍维持了对风险管理的激励机制。

《卢加诺公约》的第 11 条似乎遵循这种方法,其中将连带责任限制在发生"事件"的设施上。然而,与德国的做法相比,这种限制不够具体,因为它没有规定应将工厂与损害发生地之间的地理邻近性以及事件性质、有害物质的排放浓度等其他相关因素列入考虑。

---

① 这里,假设工厂并没有"正常运行"。回顾一下,根据第 6(2)条的规定,如果被告能够证明工厂是正常运行的,那么将排除原告提出推定。

② See Teubner, *The Invisible Cupola*, 27.

二、存在一种以上可能致害因子的案例

当存在多个可能致害因子的情况下,这样的规定在何种程度上有利于原告,很大程度上取决于针对作为反驳理由的"另外原因"的解释。在第二章中已指出,霍尔德[①]认为,当物质能够产生协同作用时,法院应试图扩展"常识性"做法,即在致害因子性质已知的情况下所采用的方法。这符合黑格[②]的推理,他主张根据德国《环境责任法案》在反驳推定时,应由被告承担举证责任,以证明另外的致害因子是有能力单独地造成危害,否则被告将承担环境污染所造成危害的责任。[③]

但是,如果发现另一种物质能够独自作用以造成损害,这应该不会自动驳回推定。换言之,被告不能够使用完全的不确定性来推翻推定,因为设计推定的目的正是要克服不确定性;这样做将会破坏推定机制的目标,致使推定变得没有多大的益处。正如普赖斯(Price)所提出的:

> 如果原告提出的统计数字足以引起举证责任的转移,那么允许被告使用相同的证据来反驳推定显得非常可笑。那么,在这种情况下举证责任转移又有何目的呢?[④]

法院应被赋予自由裁量权,酌情考虑案件的所有事实,包括针对被告的其他情况。因此,如果发生严重事故而造成气体泄漏,气体在风力作用下被带到居民区,法院应该运用其自由裁量权以维持推定的成立。但是,如果没有这种事件,而原告也仅仅能够提供原因与损害之间的数学相关性证据,则

---

① J. Holder, *The Sellafield Litigation and Questions of Causation in Environmental Law*, 4 (2) Current Leg. Probs. 278, 302 (1994).

② G. Hager, *Umwelthaftungsgetz*: *The New German Environmental Liability Law*, 1(2) Env. Liability 42(1993).

③ 在这方面,1981 年《挪威污染法案》(Norwegian Pollution Act)的第 59 条可以提供一种合适的模式,其中特别指出,当有证据证明该污染物能够与其他物质联合共同造成损害时,就足以提出推定。参见前文。

④ D.P.T. Price, *Causation—The Lords' 'Lost Chance'*, 38 Intl. Comp. L.Q. 749(1989).

法院将会允许反驳推定的辩护。

根据对该规定的这种解释,在类似于"雷伊和霍普共同诉英国核燃料有限公司"①的这个案例中,鉴于有违反法定义务的情形存在,而且塞拉菲尔德员工后代与癌症发病率之间存在明显的数学关联,法官应有立场可以推定,常识表明父母暴露于辐射促成了损害发生。这并不是说法官在该案中犯了错误,而是因为研究流行病学的方法学存在一些问题,进而导致对其可靠性产生怀疑。然而,如第三章所述,当前英国普通法的立场过分限制了法庭根据常识作出判决的能力。

最近,"科比集团诉讼"案②提出了类似的问题。回想一下,该诉讼是关于母亲暴露于钢铁厂场地修复过程中所释放出来的致畸物,从而导致儿童出生畸形的索赔案件。正如第三章所述③,如果被告不同意和解,那么每个索赔人都将面临着针对他或她的个人情况以确定因果关系的责任。有人认为,如果,被告就因果关系问题"大做文章",并提出其他可能原因的证据,那么这将是一场艰苦的斗争。假设开发商一方存在重大过失,并且假定流行病学证据不存在重大的方法学问题,那么德国模式的因果关系推定将打破平衡,并起到有利于索赔人的决定性作用。至少,它可以排除被告认为有其他致畸剂来源的主张,例如病毒、尼古丁或其他药物。那将有必要证明母亲实质地暴露于这些替代源的高剂量之下。

以这种方式倒置因果关系举证责任并不一定能够引导法院得出被告应承担责任的结论;它仅仅提供了法院一个机会,不必一定要依据科学确定性以证明因果关系,同时使得法院能够根据案件的事实而达成常识性的判决。事实上,是否真的需要制定专门的规则才能实现这一目标是值得怀疑的。如前文所述,在"化铁炉"④的案例中,德国法院设立一个规则,当发生了一个意外事件,而且损害与意外事件的发生相符合,那么被告应负有举证的义

---

① [1994] Env. L.R. 320;参见上文第三章。
② Corby Group Litigation v. Corby D.C [2009] EWHC 1944 (TCC),[2010] Env, L.R. D2.
③ 参见第三章第三节二(三)。
④ BGHZ92,143(1985),53.

务以为自己辩护。在许多方面,这类似于德国《环境责任法案》中的法定条款,这也许可以解释为什么后者很少被引用。此时,我们有必要重回到气候变化和因果关系问题上。正如第三章所指出的,在法院或立法机关处理因果关系问题上除非有重大的范式转变,否则根据传统原则来证明因果关系将面临难以逾越的困难。① 本节中所讨论的举证责任倒置,或是可反驳推定,当然不能构成这种范式转变。经营者可以轻易地找出包括其他温室气体排放源在内的许多其他可能原因,从而推翻因果关系推定。本章所讨论的这种可反驳推定,就是为了解决此类因果关系问题而设计的,即一个特定地区聚集了大量类似的行业。在这种情况下,根据某种类型"事件"的发生,对某一工厂提出因果关系推定是合理的。而在气候变化问题上,证明因果关系的困难与上述问题的尺度完全不同,其排放源分布在全球,而且绝大多数的排放源之间也没什么关联。例如,虽然可以证明发电企业与温室气体排放有紧密的联系,但这并不能否定其他不相关来源,例如机动车和农业等,对温室气体的贡献。因此,亦如第三章所述,在这一领域可能需要根据一种完全不同的模式来分配责任。此问题将在第十一章,在金融安全机制的背景下进行讨论。

三、保留治理污染的激励措施

正如黑格②所言,仅仅遵守最低限度的监管要求并不总是能够有效地减少污染的风险。在"考克里尔-桑布尔公司诉莱茵沃特基金会等"(Cockerill Sambre S.A. v. Foundation Reinwater and others.)的案例中清晰地证明了这一点。③ 因此,在经营者符合行政监管标准的情况下不能援引因果关系推定,这一事实破坏了审视现有减排技术的激励机制。在这种情况下,为了排除推定而规定了一个专门的理由实在是过于苛刻;工厂是否正常运行只是法院在确定该工厂是否应对所争议的危害负责时所要考虑的

---

① 参见上文第三章第三节二(四)。
② Hager, 42.
③ 3(4) Env. Liability CS62-63 (1995).

一般因素之一。因此,根据德国《环境责任法案》第 6(1) 条所制定的标准,当邻近地区只有一个工厂,而且这个工厂是固有地匹配于造成的危害,尽管该工厂正常运行,但将其认定为造成损害的罪魁祸首的推断似乎是合理的。当数个工厂满足固有匹配性这一标准时,事实上如果其中哪个工厂没有"正常运行",那么这个没有正常运行的工厂很有可能是污染的来源,而成为关注的焦点。

第六节　小结

证明因果关系时的举证困难大大地增加了诉讼成本,并严重地降低了民事责任作为环境保护手段所发挥的作用。与严格责任一样,因果关系是构成任何环境责任制度基础的核心理论问题。

许多人对减轻因果关系举证责任的尝试持怀疑态度。正如托伊布纳所言,放宽因果关系检验标准将可能会导致集体责任,而不是个人责任。虽然他也认识到某些环境损害需要共同应对,例如,全球变暖问题,但托伊布纳[1]认为,操纵因果关系检验标准以便于针对一个特定的被告提起诉讼,而同时还维持着个人责任作为主要的考虑,这种做法是不诚实的。在他看来,任何放宽现有因果关系检验标准的做法都会产生一种新的"集体责任格局"。[2] 因此,"在这一格局中,我们发现的是一种不对称的集体责任,一种'横向的'替代责任。"[3]

然而,由于所采用的机制不同,放宽因果关系检验标准所导致的集体责任,在程度上会有很大的差别。这种发展并不一定与以追求维持个人责任为目标的侵权责任制度相矛盾。正如已经指出的,侵权责任适合于处理相对局部的环境问题。即使是那些成功提起索赔的跨界侵权行为,通常也只

---

①　Teubner, *The Invisible Cupola*.

②　*Ibid.*, 20.

③　同上。

是涉及接壤邻国,例如共同河道。德国所采用的放宽因果关系举证责任的
这类模式,不会像托伊布纳所担心的那样导致"非合作行为的条件性集体责
任"。[1]"固有地匹配于"标准只允许索赔人根据局部因素,例如设备故障或
天气条件等,指向特定工厂而提出因果关系推定。最坏的结果将会造成当
地从事类似生产活动的其他工厂也承担"部分责任"。但这一主张与第三章
所讨论的美国的"市场份额"分析完全不同,"市场份额"机制可以在完全处
于不同地区不可能有合作行为的厂商之间进行责任分配。为了说明这一
点,可以将侵权目标形象化地设定成一个范围,一端是侵权的矫正功能而另
一端则是侵权的分配功能。如果将"市场份额"方法看做是位于分配功能的
一端,那么德国的可推翻推定方法应该在更接近于矫正功能的一端。因此
托伊布纳主张,虽然"德国学说的发展不会产生与他们的美国同行相同的结
果……但是他们有一个共同点",那就是"责任制度人为地创造了非合作行
为的条件性集体责任"[2],这样做似乎有点误入歧途。

　　总之,必须注意的是,因果关系问题总是与政策考虑交织在一起。它提
供了一种机制,法院可以用来控制责任制度这张大网可以影响的范围。正
如在前面章节所讨论的,与严格责任一样,可以通过调整这一机制从而达到
第四章中所讨论的侵权中的矫正功能和分配功能之间的平衡。

---

[1]　Teubner,27.
[2]　同上。

第八章 通向正义之路 I：
原告资格的自由授予

第一节 引 言

　　正如在第二章中所指出的,侵权的主要限制在于赔偿责任是根据个人的损失而定。因此,在许多关于污染的案例中,可能没有个人或其他法人能够提起民事诉讼。即使在环境损害与个人损失或妨碍财产权具有一致性的情况下,相关的个人也可以选择不追究此事。这就排除了运用民事责任作为一种保护所谓"无主环境"手段的作用,正如欧盟委员会在其早期对欧盟责任制度的必要性进行审议时所阐述的:

　　　　环境法的一个重要特征是常常缺乏作为执法驱动力的私人利益。环境通常被定性为是我们的"共同继承的遗产"。这也意味着,通常其中很多东西都不是私人占有的,如空气、海洋、野生动植物。因此,通常情况下,环境恶化不会造成即时的反应,即使真的出现了问题,个人也可能没有合适的途径利用法律来解决问题,或者没有合适的法律救济途径可用。即使对于共同体环境法,重要的一般性原则(例如污染者付费原则和预防原则)无法通过个人来实施的情况也有可能发生。①

　　这提出了环境责任争论中另一个重复出现的主题,也就是侵权行为中诉讼资格(或出庭权)的概念可以在多大程度上予以扩大,使得有关各方可

---

　　① Communication from the Commission, *Implementing Community Environmental Law*, COM(96) 500 final, para. [38].

以充当环境的诉讼监护人。这种发展对环保非政府组织具有特别重大的意义，因为这使得他们具有资格可以通过民事法庭起诉污染者。当损害对某一个私人个体的影响没有到需要动用其个人资源提起诉讼时，这种诉讼对非政府组织特别有用。此外，即使有可能提起私人诉讼，但私人诉讼的重点一般是其个人损失，那是无法与环境受到的损害相提并论的。正如下面将要看到的，这引发了关于公法和私法之间关系的基本问题。

第二节　欧盟成员国的发展

一、非政府组织的诉讼资格

在某些欧洲大陆司法管辖区，由于在环境事务上赋予非政府组织诉讼资格，因此公共利益与个人利益之间的区别已经变得模糊。在大多数情况下，非政府组织不能针对独立于任何私人利益的环境单独提起索赔。在某些司法管辖区，当私人利益确实已经受到影响的情况下，可以对由遭受污染直接损失的受害者所组成的社团赋予诉讼资格。例如在丹麦，《淡水渔业法案》(Freshwater Fisheries Act)第34(3)条规定，丹麦钓鱼协会和商业渔业协会可以针对受污染湖泊和河流的修整复原费用提出索赔。

直到最近，法国也采取了这一立场，由于犯罪行为遭受损失的人们，可以就损害赔偿提起民事诉讼。以前，唯一享有这一权利的利益团体是代表遭受直接损失的受害个人的组织。例如，在"宝时公司"(Protex)[①]的案例中，关于化工厂火灾所导致的卢瓦尔河污染，宝时集团的董事会主席和主管经理被判有罪。代表那些直接受影响者的利益团体，如当地的渔民和养殖者联合会，可以就他们已经投入的各项费用而获得损害赔偿。然而，遭受间接损失的一般环保组织，例如致力于拯救鸟类的鸟类保护组织，却被排除在

---

① 　TGI Tours, ch. correctionelle，13 Janvier 1992，ministère public c/M et R. No. 106.

外。然而，自从"宝时公司"案件以后，刑事定罪后取得损害赔偿的权利，现在已经扩展到遭受这些间接损失的利益团体。① 因此，就污染事件受到刑事处罚的经营者，可能发现自己还要向利益团体承担污染治理费用的损害赔偿责任。

这一规定对于布里塔尼海岸发生的埃里卡号溢油事件有关的诉讼取到了很好的效果。1999 年 12 月，超级油轮埃里卡号在比斯开湾遭遇了暴风雨并断为两截。大量的原油被海浪冲上了布里塔尼的海滩，并且对野生动物造成了毁灭性的影响。各类环保组织，包括保护鸟类联盟（Ligue pour la Protection des Oiseaux），在治疗鸟类和清理损害方面花费了大量资金。2008 年，巴黎轻罪法庭对船主、船舶承租人和船级社与溢油事件有关的刑事罪行判决有罪。原来参与到民事主体申请程序中的一些法国环保团体，就他们所遭受的损失获得了损害赔偿。② 因此，在《环境法典》所确立的这种专门制度中，似乎具有这种性质的经济损失被视为是可补偿的。③ 事实上，根据在"埃里卡"案中法院所采用的做法，这种损失被认为是直接的和即时的，并且可以等同于对被破坏的资源享有业主权益的人们所受到的损害。然而，有趣的是，损害不仅包括环保团体所遭受的直接经济损失，而且还包括与灾难相关联的，以及对海洋和沿海环境造成损害的"精神损失"。④ 在英国法律中，这相当于非财产的"一般损害赔偿"，其中，针对侵权行为的受害者所遭受的疼痛、苦楚或无法量化的困扰，通常会判给这类赔偿。在"埃里卡"案中作出这种赔偿判决的基础引起了一些争论。一种解释是这样做考虑到灾难对这些团体成员的集体情感的影响。另一种解释是，它反映了对这些团体的组织目标的损害，这些目标长久以来深深根植于受影响的地

---

① 1995 年 2 月 2 日第 95/101 号法律第 5 条第Ⅲ款，该规定后来被《环境法典》第 L142-2 条吸收。

② 关于埃里卡诉讼案的详细资料，参见：D. Papadopolou, *The Role of French Environmental Associations in Civil Liability for Environmental Harm：Courtesy of Erika*, 21(1) J. Envtl. L. 87 (2009).

③ 参见第 95/101 号法律第 5 条第Ⅲ款。

④ See Papadopolou, 98.

区。^① 无论这种做法的确切理由是什么，它清楚地表明法国环保组织作为环境守护者的身份获得了认可。这有助于将环境作为一种本身具有权利的独特实体来加以保护，而不是私人利益的集合体。法国似乎对这种做法表现出强烈的司法积极性，因为其采用了从宽解释的原则，而且提出这类诉讼不再需要以刑事诉讼程序为基础，而是可以独立于任何刑事诉讼程序之外，在民事法庭中提起民事诉讼。^②

公益团体的诉讼资格已经被扩展到环境领域中，其中最著名的例子发生在荷兰。20 世纪 80 年代末和 90 年代初，在民事案件的侵权诉讼和司法审查中，非政府组织都获得了实质性的诉讼资格。虽然对于后者，最近在诉讼资格的规则上趋于严格化。^③ 然而，荷兰的做法仍然值得深入研究。^④

曾经一度，荷兰法律中关于诉讼资格的规定类似于英国法律，因其在公法和私法的范围之间有明显的界线。因此，当一个利益团体在司法审查程序中被赋予诉讼资格，那么这个团体在侵权诉讼中将不会被赋予诉讼资格。然而，1986 年荷兰最高法院在"新湖"（*De Nieuwe Meer*）^⑤案的裁决中，《荷兰民法典》中的侵权法条款^⑥能够对一般环境权益提供了保护，同时代表这些环境利益的组织（根据其组织章程细则）为了保护环境，应该有权寻求强制令救济。这一裁决在"昆德尔斯"（*Kuunders*）^⑦的案例中得到了肯定，在该案中，一些环保基金会针对违反许可证要求经营养猪场的农民而寻求强制令。最高法院借此机会，基于在这种情况下将诉讼资格扩展到非政府组

_____

① Papadopolou, 98.

② *Ibid.*, 102.

③ See H. Tolsma, K. De Graaf & J. Jans, *The Rise and Fall of Access to Justice in the Netherlands*, 21(2) J. Envtl. L. 309 (2009).

④ For a general overview of the Dutch system see, M. Hinteregger, (ed.) *Environmental Liability and Ecological Damage in European Law*, 460-472 (CUP 2008).

⑤ Supreme Court 27 June 1986, *Nederlandse Jurisprudentie* 1987, 743, note by Heeniskeerk.

⑥ 第 6 编第 162 条。

⑦ Supreme Court 18 December 1992, *Nederlandse Jurisprudentie* 1994, 139 note by Scheltema and Brunner.

织的基本原理上,将诉讼资格予以扩大:

> 4.1.2(……)依照本案的情况——其中涉及为了防治环境损伤而对受保护的自然保护区造成了损害的问题——根据诉讼资格的规则,法人对其宗旨和章程的陈述本身并不能赋予其在民事法庭就侵犯其陈述的权益而提起诉讼的权利,但本案成为上述规则的一个例外。之所以接受这个例外是由于基金会所倡导的权益是在发扬——设立多恩斯·皮尔(Deurnse Peel)自然保护所带来的生态效益——关系到全体市民的利益,在这种情况下,由个人针对侵权提起诉讼是不合适的。因此,在民事法庭上,针对这类侵权的诉讼,对于这些利益的最有效保护就是要求这些基金会"联合"起来提起诉讼,这可能是在由公共部门提供的保护以后所需要的。此外,目前这种类型的权益是受到《民法典》(旧版)第1401条和《民法典》第6:162条所保护的。①

因此,似乎,法院认为非政府组织的诉讼地位提升,可以作为集中代表分散的市民生态利益的一种手段。

荷兰最高法院在侵权诉讼有关诉讼资格问题中所采取的方法,后来被荷兰议会编纂入法典。为此,1994年的《集体诉讼法案》在《荷兰民法典》的《诉讼权利》的第3编第11章中插入了两个新法条,其中规定如下:

255

> 具有完全民事行为能力的社团或基金会,有权为保护其他人的利益而提起诉讼,如果这些利益与该组织章程所倡导的利益类型是相似的。②

一些限制情形包括,非政府组织应证明其为了庭外和解已作出了足够的尝试。③ 此外,如果受影响的土地所有者不愿意,则非政府组织不能坚持

---

① Extract reproduced in Gerrit Betlem, *Civil liability for Transfrontier Pollution* (Kluwer 1993).

② 条款3:305a(1)。

③ 条款3:305a(2):第一节中所指的法人,在本案的情况下,如果没有尽力采取行动与被告磋商以达成诉讼所寻求的结果,则不享有诉讼资格。

提起诉讼。① 这种限制保护了合同自由原则,它防止了非政府组织破坏了土地所有者的产权,而土地所有者可以自行与污染者达成和解,并且选择不向法庭提起任何诉讼。此外,作为荷兰法律的一般原则,《荷兰民法典》第3.13条明令禁止基于滥用权利的恶意索赔。

荷兰最高法院和立法机关已经确立了一个原则,即认为非政府组织是公民生态权益的代表。因此,在寻求强制令救济时,非政府组织可以被视为代表集体利益行事。然而,在寻求损害赔偿而非强制令救济的案例中,则很难应用这个逻辑。由于非政府组织并不代表一类特定个人行事,因此不可能获得损害赔偿金。其结果是,修订后的《荷兰民法典》明确地排除了在非政府组织代表公众利益行事时,获得损害赔偿的权利。② 然而,正如贝特勒姆早期在审查这一制度时指出的③,这并不妨碍非政府组织就污染事件导致的其自身损失获得损害赔偿的权利。在"昆德尔斯"的案例中,法院指出,对于将保护生态环境作为活动宗旨的组织来说,破坏生态环境的行为可以视为对其组织的"违法行为"。在"博尔恰"(*Borcea*)④的案例中,荷兰动物保护协会针对为清理和治疗受溢油伤害的海鸟所发生的相关费用寻求索赔。法院认为,虽然海鸟不能被视为是任何人的财产,但海鸟保育应被视为是一种公共利益,在荷兰应该受到保护。此外,这种公共利益可以被看作是协会的"个人利益",因其目的就是负责保护这些动物。因此,法院找不出理由为什么协会不能就"这些关于协会本身因损害所遭受的损失而获得赔偿"。⑤ 这反映了法国采用的方法,组织可以就污染导致的清理费用进行索赔。

在这个案例中,法院适用的逻辑非常具有独创性,其中将鸟类保护的一 256

---

① 条款3:305a(4):当受影响的个人反对起诉的情况下,则该行为不能构成第一节中所指的诉讼的基础。

② 条款3:305a(3):第一节中所指的诉讼不能涉及现金的损害。

③ G. Betlem, *Standing for Ecosystems—Going Dutch*, 54(1) Cambridge L.J. 153, 165 (1995).

④ District Court Rotterdam Mar. 15, 1991, N.Y.I.L. (1992) 513.

⑤ 同上。

般利益作为协会的自身利益,从而将生态破坏与私人利益联系起来,从而成为侵权诉讼的基础。因此,如贝特勒姆指出,一旦采取了这一步骤:

> 一个公益组织可以⋯⋯像任何其他玩家一样"参与法律"游戏,并且就自己利益的损害而提出赔偿要求。①

二、公共机构对侵权行为提起诉讼的权利

在某些国家,公共机构有权对污染者提起侵权诉讼,而不是依赖于监管权力的行使。例如,主管当局可能会发现针对某一特定问题其权力并不适用或者不能达到预期的效果。当然,国家可能对于一片受污染的土地或水体享有直接的所有权益。在这种情况下,就如同私人诉讼的模式一样,国家就具有诉讼资格以寻求损害赔偿或强制令救济。然而,当国家对于受影响的资源并不享有直接的所有权益,但希望代表保护环境的公众利益行事以追究侵权行为时,情况就不那么明朗了。这个问题和上文所讨论的非政府组织的诉讼资格问题几乎是如出一辙。关于利益团体作为公众在环境中公平的私人权益的代表而被赋予诉讼资格的理论争论,我们已经进行了讨论。我们可以合乎逻辑地主张,如果,对于能证明在争议事项中享有足够权益的非政府组织可以赋予其诉讼资格,那么法律授权享有保护环境职责的公共主管当局也应享有同样的资格。不过,关于公共机构提起侵权诉讼的能力,问题变得有些复杂,因为这些机构已经被赋予了非政府组织所没有的监管权力。在某些欧盟成员国中已经显现出一个问题,其关注点在于主管当局是否能够提起侵权诉讼以代替其履行已经拥有的任何公共执法权力,还是作为履行公共执法权力的补充。由于《环境责任指令》扩大了清除污染的行政权力,因此,这个问题有可能会变得越来越重要。② 考虑到《环境责任指

---

① Betlem, 166.

② European Parliament and Council Directive (EC) 2004/35 on Environmental Liability with Regard to the Prevention and Remedying of Environmental Damage O.J. LI43/56.

令》仅仅专注于少数的损害类型①,因此,主管当局可能希望利用替代的侵权诉讼以作为针对其他类型的损失提出损害赔偿的一种手段。然而,这引起了几个难题,包括权力的交叉,以及在多大的程度上公法机制应该被视为侵权诉讼的替代方案。这些问题将在以下内容中详细讨论。

在某些司法管辖区,公共机构不能通过提起侵权诉讼来弥补其依据职责所必须提供的服务的成本。② 因此,消防队不能要求补偿其救火的成本。③ 这个原则,除了法国和德国之外,也是英美司法管辖区通行的原则,有时称其为"免费公共服务学说"(free public services doctrine; *gratuité des services publics*)。④ 阿莫科石油公司在针对"阿莫科·卡迪兹号"浮油事件所提起的诉讼案例中,成功地援引了该项原则。因此,在清理油污工作中产生非常高费用的某些部门,无法通过侵权途径收回这些成本。⑤ 有时,这一通用原则也有法定的例外情形,其使得主管当局可以通过侵权诉讼向污染者寻求救济补偿。然而,在大部分的情况下,公共监管权力中就包含从污染者那里收回清理成本的机制。《环境责任指令》仍是这种做法的一个特别合适的范例。

然而,西欧的其他国家在公法和私法领域之间并没有严格的界限,因此主管当局只能求助于侵权诉讼的救济。⑥ 尽管如此,仍有必要制定基本原

---

① 参见第六章第五节二。

② 斯图尔特认为,在这种情况下,依据侵权的标准原则是不恰当的。矫正正义原则本来适用于处理个人之间的关系,不能以同样的方式适用于个人和国家之间的关系。因此,借由欧共体法律的概念,矫正正义通常在一种横向关系中运用,而不能适用于纵向垂直关系上。这是因为政府及其有关部门拥有公民所不享有的职责和能力。See R.B. Stewart, 'Liability for Natural Resource Damage: Beyond Tort' in Rene Foque et al. (eds.), *Geïntegreerde rechtswetenschap*, 460 (Gouda Quint 1994).

③ See, for example, the French cases of Chausson v. Prefect de Valice (Cass. 10 January 1866) and X v. Pompier des Bouches-du Rhône, 87, 10-3-1959 (Cass. 10 January 1990).

④ See P.F.A. Bierbooms & P.A. Kottenhagen-Edzes, *Environmental Damage and a Public Authority's Right to Sue*, 4 Eur. Rev. Priv. L. 145 (1996).

⑤ 954 F2d 1279 (7th Circ. 1992).在这两个国家(法国和美国),法院拒绝要求侵权行为人向政府赔偿由公共机构所提供服务的成本(比如警方的保护或消防)。

⑥ Bierbooms and Kottenhagen-Edzes, 156-157.

则,用以确定当局应当何时寻求侵权诉讼,而不是使用它的公共权力。根据法律的确定性,主管当局绕过其法定权力而使用侵权诉讼似乎不太适合。通过荷兰的经验,再次提供了关于这些原则发展的一个特别清晰的案例研究。尽管荷兰主管当局拥有寻求侵权诉讼的一般权利①,但是为了避免与公共执法权力形成不必要的重复,法院对这一权利采取了某些限制。

在"本基泽尔"(Beckiser)②的案例中,所涉及的问题是公共机构是否有资格申请强制令救济,从而确保将大量石膏运出荷兰领土。这些石膏由德国本基泽尔公司以极低的价格出口到荷兰,由博斯(Bos)公司对石膏进行再加工。博斯公司并没有将石膏进行再加工,而是将其倾倒在荷兰境内八个场地,这明显违反了《化学废物法案》(Chemical Waste Act);由于石膏中含有氰化物,因此对环境和公众健康造成了重大威胁。荷兰主管当局针对本基泽尔公司申请了强制令,要求该公司收回石膏,并将石膏送回德国。尽管,荷兰主管当局对这些倾倒石膏的场地没有直接的所有权益,但是荷兰最高法院(Hoge Raad)认为,主管当局在保护环境和公众健康方面享有一般利益。此外,这种利益属于"受侵权保护的利益"。换句话说,这种利益是足够具体的,应该获得侵权行为的保护。可以据此提出这一判决体现了在这种情况下,国家可以被视为是公众对环境的平等所有权的监护人的观点。此外,荷兰最高法院认为,本案中主管当局利用侵权是合理的,因为依靠《化学废物法案》第 49 条规定的行政权力是不可能取得这样的结果的。

因此法院认为,在特定情况下提起侵权诉讼对主管当局有利,不应阻碍主管当局使用这个途径。但是,也明确地表示必须制定原则以确定在什么情况下主管当局采用侵权诉讼是合适的。在"本基泽尔"案中所提出的"受侵权保护的利益"检验标准在这方面稍显不足,因为在如何定义"受侵权保

---

① 《荷兰民法典》第 6:162 条,为了保护某些权益,政府主管当局有权申请禁制令救济或提出损害赔偿诉讼。

② Hoge Raad 14 April 1989, NJ 1990, 712. Discussed by Bierbooms and Kottenhagen-Edzes, 151-152.

护的利益"方面并没有达成普遍共识。① 此外,这一检验标准并没有解决基于侵权的救济措施和法定权力之间重叠的问题,也没有说明何时使用侵权代替这种行政权力是恰当的。

在随后的判决中,荷兰法庭开发了"侵犯性检验"标准,根据这一检验规定,只要不会对监管执法机制产生不可接受的侵犯,那么主管当局可以依赖于侵权诉讼以寻求救济。在"温德梅尔"(Windmill)②的案例中,对该原则进行了详细的表述,其中,由于温德梅尔公司将废石膏泥浆排放到国家所有的水域中,荷兰政府针对温德梅尔公司提起侵权诉讼。由于温德梅尔公司认为它已经取得了《河流法案》(Rivers Act)和《地表水污染法案》(Pollution of Surface Waters Act)中规定的所有必要的许可证,因此拒绝作出进一步赔偿。荷兰最高法院认为,政府使用侵权手段是否对法定权力形成了不可接受的侵犯,这个问题应该通过运用三个标准来予以确定,即:监管法规的内容和目的、公民的利益在公法上是否获得了充分的保护,以及使用公共权力是否可以达到相应的结果。将这些标准应用到本案时,法院认为,如果允许政府通过侵权诉讼获得补偿,将会对公法制度体系造成一个不可接受的侵犯。允许政府在侵权诉讼中解除其本身已经颁发的许可将会彻底破坏许可证制度,并且会严重影响荷兰法律体系的合法性、民主性和司法确定性。③

随后,该标准在"国家诉马格努斯金属国际"(State v. Magnus Metals International)④的案例中得到应用,并且得到了一个非常不同的结论。本案中,为了防止锌渣对土壤造成污染并防止进一步进口此类物质,荷兰主管当局针对马格努斯申请了强制令救济。这一做法再次引发了争论,即荷兰主管

259

---

① Bierbooms and Kottenhagen-Edzes,152.

② Hoge Raad, 26 January 1990, NJ 1991, 393. Discussed by Bierbooms and Kottenhagen-Edzes, 153-154.

③ Bierbooms and Kottenhagen-Edzes,152.正是由于这个原因,荷兰最高法院放弃了"双轨制"的做法,因为"双轨制"允许主管当局可以不受约束地提起侵权诉讼而无论其是否享有充分的公共执法权力。

④ Hoge Raad 22 October 1993, NJ 1995, 717. Discussed by Bierbooms and Kottenhagen-Edzes, 154-155.

当局是否有资格通过侵权诉讼寻求救济措施,而不是根据《化学废物法案》第49条的规定行使法定权力。回想在"本基泽尔"的案例中,主管当局取得了胜诉,其原因是根据该法的规定不可能达成相同的结果。然而,在此期间,第49条所规定的权力得到了加强,新增加的第49(a)条则赋予了主管当局开展修复工作并且要求污染者支付费用的权力。尽管出现了这一改进,主管当局仍然通过侵权诉讼申请强制令救济,其理由是基于本案的特殊情况,要求污染者支付清理修复费用存在实际上的困难。荷兰最高法院改变了荷兰上诉法院的判决,最高法院认为,在应用侵犯性检验的"可比结果"标准时,针对实际上的困难予以考虑是恰当的。正如前面提到的,《环境责任指令》显著地增加了行政法中这种修复权力的范围。然而,荷兰最高法院的这种做法表明,在监管部门被要求尽可能地使用公共权力的同时,如果侵权是更有效的解决方案,那么监管部门应该保留一定的自由裁量权以提起侵权诉讼。

第三节　欧洲的和国际的发展

大多数关于环境责任的国际协定都没有明确地将诉讼资格扩大至环境利益团体等主体。然而,1992年《石油污染损害民事责任公约》[①]规定,任何人都可以收回合理的预防措施和恢复措施的费用。如果,一个环保组织或野生动物保护组织所发生的清洗鸟类和清理海滩等相关的费用是合理的,那么似乎该公约就能够接受这样一个解释,其足以为这些当事方提供一个诉讼理由。这与法国法院在"埃里卡号漏油事件"诉讼案中所采用的方法一致。[②]

《欧洲理事会公约》第18条更直接地解决了上述问题,将诉讼资格赋予"任何按照其章程以保护环境为目的的协会或基金会",只要这些协会或基

---

① 　See definitions under Article 1 of the IOPC, 'Liability and Compensation for Oil Pollution Damage: Texts of the 1992 Conventions and the Supplementary Fund Protocol' (2005 edition), http://www.iopcfund.org/npdf/Conventions%20English.pdf (accessed Sept. 13, 2011). 参见上文第五章第五节一。

② 　参见上文第八章第二节一。

金会能够符合"国内法的任何进一步要求"。上述规定使得这些组织能够申请强制令救济,从而能够禁止对环境具有威胁的危险非法活动;要求经营者采取措施以防止事故或损害的发生(类似于预防性强制令);要求经营者在事故发生后采取措施防止损害;要求运营商在已经发生损害的情况下采取恢复措施。然而,《公约》让各成员国自行决定在何种情形下应该拒绝这样的要求,以及应该向哪个法院或法庭提起这样的要求。

至于先前欧盟关于基于侵权的环境责任制度必要性的政策辩论,委员会最终决定支持将诉讼资格扩大到非政府组织。2000年的白皮书认为这是对于公民社会授权的一种手段,以分担环境法执法的负担:

> 可用于环境法执法的公共资源是有限的,广大公众应承担起保护环境的责任,并且在某些情况下应该为了自己的利益而诉诸行动,这已经逐渐成为一种共识。①

然而,2000年的白皮书也似乎意识到了一个事实,给予非政府组织申请强制令救济的资格,以促使他们采取积极的角色将可能存在一种风险,例如,这可能会鼓励公共机构置身事外以逃避他们的责任。针对这一问题,白皮书提出建立"两级"方法,即"通过使用由污染者支付的补偿金或损害赔偿,成员国应当承担起责任以确保受到破坏的生物多样性能被恢复并消除污染(第一级)"。② 当主管当局完全不作为或处理方式不当时,基于辅助性质,公众利益团体可以采取行动(第二级)。③ 在这种情况下,公众利益团体就有资格针对污染者提起民事诉讼。这样看来,白皮书在国家和公共利益团体的执法程序之间构建了一种纵向整合的模式。而《环境责任指令》则采用基于公法的损失补偿体系代替了白皮书所提出的基于侵权的方法,并没有赋予非政府组织任何特殊地位。相反地,他们的权力被削弱了,只能要求

---

① Com (2000) 66 final, para. [4.7].
② Com (2000) 66 final, para. [4.7.1].
③ 同上。

主管当局行使其权力。这项权利是为所有其他利益相关方所共享的,包括当地居民。

由于《环境责任指令》侧重于公共权力,因此,非政府组织的作用非常有限并不足为奇。很难说,由 2000 年白皮书所提出的加强非政府组织作用的倡议是否能被任何侵权责任制度所保留。将公共执法权力授权给不属于政府的主体和支持不同党派政见的主体,这种做法本身一直就有一些问题,并且已经成为司法审查诉讼的沃土。然而,正如我们所看到的,环境损害可能非常接近甚至等同于这些主体所遭受的个别损失。因此,就侵权责任而言,扩大诉讼资格的观点仍然获得广泛的支持。尽管如此,这仍然引起了在环境保护领域中,关于公共机构和非政府组织之间的关系的一些棘手问题。这些困难点将在本章最后一节中予以讨论。

第四节　主要考量

扩大非政府组织的诉讼资格对于旨在减少生态损害风险的任何民事责任制度来说都是一个重要的组成部分。正如同荷兰最高法院在"昆德尔斯"案中详细论述的,除非有某种机制来汇总这种类型的污染所造成的分散损失,否则,在这种情况下侵权责任不能发挥任何有效的作用。汇总这些分散损失的一种方法就是允许非政府组织代表公众利益以进行代表人诉讼。在荷兰和法国,环境利益团体在侵权诉讼中获得诉讼资格权利方面已经取得了相当大的进步。此外,如果欧盟委员会决定实行以侵权为基础的环境责任制度,那么很可能它将会采用类似的做法。然而,扩大非政府组织这类主体的诉讼资格,也引起了一些棘手问题,需要加以仔细考虑。

一、剥夺私人谈判权

一个特别困难的问题是如何在环境保护目标和私人个体与污染者达成和解协议的自主权之间取得平衡。荷兰的制度体系禁止非政府组织违背直接受影响人士的意愿而提出诉讼。这就产生了一个两难的局面,这种协议可能会给有关土地所有人带来短期利益,但可能不会给环境带来最佳利益。尽管存在任何这样的私下协议,但是如果公共利益问题要求通过强制令救济来终止污染,应该说,只有拥有法定权力的政府组织才有资格可以凌驾于土地所有人的合同自主权之上。这就是意大利的做法,即公共机构作为社会受托人,被赋予了独占的责任就环境损害提起民事诉讼。① 然而,这种扩大公共机构诉讼资格的做法,其代价是被赋予诉讼资格权利的非政府组织却完全无法提起诉讼。② 这种做法的问题是,当公共机构受到政策考虑或缺乏资源等因素的束缚而无法采取行动时,其他任何组织也无法采取行动。正如在前面的章节中所讨论的,为了减少对公共机构的依赖,欧盟希望增强民事责任的作用。这个问题的解决方法可能是采用荷兰和意大利制度体系中共有的某些元素;因此,当受影响的个体反对而致使非政府组织无法提起诉讼时,基于公共利益,公共机构仍然可以提起自己的诉讼。这将增强监管权力,正如《环境责任指令》中规定的那样,当污染者未履行义务时,特定的主管当局可以采取预防性或补救性措施,并且要求污染者支付费用。

二、公共机构的作用

2000 年的白皮书建议,公共机构应该利用诉讼资格以提起侵权诉讼,以便于保护他们不享有直接所有者权益的环境介质。然而,白皮书并没有认知到,在现有的公共执法权力以外,将私人的诉讼权授予公共机构所将遭遇的困难;事实上,它似乎完全没有意识到这个潜在的问题。正如我们已经看到,许多环境法规中已经包含了允许主管当局开展整治工作,并且要求污染者或占者支付相关费用的规定。这种做法在《环境责任指令》中发挥得淋漓尽致。将赋予公共机构诉讼资格的民事责任规定纳入现有的法规中可能会导致公共执法权力的重叠。这将导致前文所描述发生在某些欧盟成员国中的

---

① Law 349/1986. 意大利体系概述,参见:A. Bianchi, *The Harmonization of Laws on Liability for Environmental Damage in Europe: An Italian Perspective*, 6(1) J. Envtl. L. 21 (1994).

② 同上,第 13 条。

不确定性问题。事实上,在这些成员国中,尽管允许主管当局在行使其公共职能的同时亦享有提起侵权诉讼的权利,但还是希望限制这种私权诉讼并且强化公共执法权力。正如我们已经看到的那样,荷兰法院通过建立"侵犯性检测"标准来限制对于侵权诉讼的依赖。① 此外,某些法规允许主管当局利用法定权力②收回修复费用,而另一些法规则赋予了主管当局特别的诉讼资格权利以提出侵权诉讼。③ 这反映了一个事实,即不同的环境问题要求使用不同的监管手段,并且监管机构应享有灵活性,以决定在具体情况下应采用哪种方法。例如,《环境责任指令》中对损害的定义比较狭窄。因此,为了就财产损失等其他类型的损害能够获得赔偿,可能需要求助于侵权诉讼。

263   然而,在英国,很难想象到公共机构会感到被迫要采取侵权诉讼,而不是使用行政权力的情况。这是因为法定妨害④涵盖了许多损害类型,这为环境领域下的侵权诉讼提供了诉讼标的。虽然,法定妨害听起来是属于公法范畴,并且受行政权力和刑事处罚管辖,但这个概念最初来自于私法领域的妨害法并应用于早期的《公共卫生法案》(Public Health Acts)中。⑤ 事实上,法院经常援引关于私人妨害定义的普通法先例来帮助确定法定妨害的范围。⑥ 此外,如果某些人所遭受的损害超过了一般人群受到的损害,地方主管当局可以提起公害诉讼,其中将可以提供这些人一个私人的起诉理由。⑦ 因此,行政权力有可能覆盖了大部分《环境责任指令》所没有涉及的损害类型。

————————————

① 在其他司法管辖区,寻求侵权诉讼的权利也受到限制。例如,在比利时,法定义务的存在被认为是打破了侵权行为与损害之间的因果关系链。然而,某些法规则明确地赋予公共机构诉讼资格,成为这种一般原则的例外。《德国民法典》第 677 条赋予主管当局就其所提供的服务寻求损害赔偿的权利。然而,德国的学术界强烈批评这一规定,其理由是它妨碍了公法权力,并且可能导致上述提到的确定性和合法性问题。See Bierbooms and Kottenhagen-Edzes, 156-157.

② 参见上文马格努斯诉讼案中所提到的《化学废物法案》第 49 (a) 节。

③ See Article 75 Soil Protection Act.

④ See Part Ⅲ of the Environmental Protection Act 1990.

⑤ 历史分析,参见:N. Morag-Levine, *Is Precautionary Regulation a Civil Law Instrument? Lessons from the History of the Alkali Act*, 23(1) J. EnvtL L. 1 (2011).

⑥ See National Coal Board v.Neath BC[1976] 2 All.

⑦ 参见上文第二章第五节。

三、国家和公共利益团体各自的作用

2000 年白皮书所倡导的两级执法策略，其中公众利益团体只能够在公共部门未发挥作用时才能采取行动，这可能带来一些困难。如上所述，白皮书明确规定国家及其监管机构应承担环境保护的首要责任。由于这个原因，白皮书指出，公共利益团体的作用应该是国家及其监管机构的辅助。然而，白皮书没有解释如何能在实践中得以实现。可以设想一种情况，国家也许是为了节省资源，针对某一事项可能不愿采取行动，而是希望公众利益团体承担这一工作。这将执法责任转移给公共利益团体，这是无法接受的；而在许多情况下公共利益团体本身只具有非常有限的资源。

任何责任制度，如果试图在国家和公共利益团体之间分配责任，那么必须确保国家应承担主要责任。例如，可以赋予公共利益团体一项正式权利，从而可以请求主管当局就某个问题采取行动。如果主管当局拒绝采取行动，则必须在规定时间内向公共利益团体提供一份完整的书面说明以解释其原因。然后，如果公共利益团体决定自行提起诉讼，则在分摊成本时，法院应考虑主管当局针对此事不采取行动的决定。如果法院认为主管当局的理由不充分，则法院具有自由裁量权以裁定主管当局承担部分公共利益团体的费用。同样地，在紧急情况下，如果公共利益团体在向相关机构进行咨询之前就已经取得了强制令，那么法院也具有自由裁量权以要求主管当局承担一些费用。

正如我们所看到的，《环境责任指令》实际上淡化了非政府组织等主体要求监管机构采取行动的权利。如同已经说明的，造成这种情况是有充分理由的，因为将公共执法权力赋予非政府的主体存在很多的困难。然而，就 2000 年白皮书所倡导的基于侵权的环境责任制度来说，如果环境损害与有关组织的利益非常接近，那么采用这种两级执法策略仍然是有效的。

四、救济

另一个需要仔细考虑的主要问题是关于哪些救济措施适用于非政府组

织。强制令是最常用的手段,用于禁止有害排放的持续或是禁止可以构成
直接威胁的活动的进行。如果损害已经发生,问题就会更复杂,因为还必须
保证任何赔偿都是为了环境的利益而不是为了非政府组织的利益。如果某
个组织由于实施修复工程而发生了费用,那么当然应该裁决给付补偿性的
损害赔偿。这是在荷兰的做法,1991 年《废弃物损害的民事责任指令草案》
也允许利益团体能够回收其采取清理行动所发生的费用。[①] 进一步需要考
虑的问题是,利益团体所发生的费用可能仅仅代表环境污染的部分损失,有
关组织可能没有足够的专业知识或资源以进行全面的清理;所以,未来可能
需要采取进一步的措施。欧洲环境法协会建议,最明显的解决方案是根据
环境的所有损失来计算损害赔偿,并将损害赔偿投入到信托基金中。[②] 这
种做法可以保证这笔钱只能用于针对原来污染所进行的持续的修复工程
中。在英国,这种方法普遍应用于造成他人长期残疾的人身伤害案件中。
定期地向信托基金付款,受托人可以在需要时授权支付护理或进一步治疗
的费用。[③]

265   另一种解决方案是允许非政府组织申请强制令,要求污染者采取清理
措施。为响应委员会绿皮书,欧洲环境法协会提出:

> 鉴于绿皮书中对环境修复所进行的讨论,我们看不出任何理由为什么需要
> 超出民事责任制度范围允许个人提起诉讼,以寻求向法院申请一项命令要求被
> 告修复环境损害或者向其他修复环境损害的当事方支付所发生的费用。[④]

---

① 第 4(3)条:"将保护自然和环境作为其宗旨的公共利益团体或协会,根据第 1(b)段,应有
权要求救济……"第 1(b)段规定:"……针对修复环境和采取预防措施中发生的合法费用(包括采
取预防性措施所造成的损害成本)应予以偿付。"

② European Environmental Law Association, *Repairing Damage to the Environment—A community System of Civil Liability* (submission to the Joint Public Hearing of the European Parliament and the Commission of the European Communities on Preventing and Remedying Environmental Damage), para. [11.13] (Brussels Nov. 3/4, 1993).

③ See The Law Commission Consultation Paper No. 125, *Structural Settlements and Interim and Provisional Damages* (Stationary Office Books 1992).

④ European Environmental Law Association, para. [11.3].

1991 年《废弃物损害的民事责任指令草案》的第 4(3)条规定,利益团体有资格获得任何救济,这也包括了相应的司法管辖区内所适用的强制令救济。回想一下,《卢加诺公约》第 18 条确认了适用于利益团体的不同形式的强制令救济。第 18(1)(d)条规定,一个利益团体可以要求"命令经营者采取恢复措施"。2000 年白皮书保留了非政府组织在紧急情况下寻求强制令救济的权利。[①]

第五节 小结

本书中多次提到,侵权作为一种环境保护手段,其主要局限性在于侵权是着眼于归属于环境中的私人利益的保护,而不是将环境作为一个独立实体来保护。除非,将侵权的救济措施开放给那些在传统意义上对资源不享有直接所有权权益的人,否则环境责任制度不能起到任何有用的作用。换句话说,必须认识到环境保护中存在着衡平法上的公共利益。在第四章中已经说明,这种理念的基础概念已经逐渐形成,此外,这种公共利益可以被等同于对于环境的一种所有权权益。正如同第四章所讨论的"地球之友诉莱德劳环境服务公司"[②]案例,表明了美国判例法的发展对这一理念的产生提供了支持。正如白皮书所设想的,国家或非政府组织都可以作为这些利益的代表。

荷兰和法国的制度体系则说明了如何将环境保护中这些分散的利益整合起来,并将其赋予一个主体,而这个主体被视为对于受影响的资源拥有直接利益。毫无疑问的,为了给所谓"无主的环境"提供救济措施,原告资格的自由授予是环境责任制度的一个重要组成部分。

---

① Com (2000) 66 final, para. [4.7.2].
② United States Supreme Court (98-822) 149 F.3d 303, (2000).

第九章　通向正义之路 II：
集团诉讼或集体诉讼

第一节　引言

　集团诉讼或集体诉讼是除了国家或非政府组织所实施的代表人诉讼以外，另一种聚集分散的环境损失的方法。当一个污染事件影响到众多当事方时，可能会导致许多针对这一污染事件的索赔，这时交易成本会很高。这就引起了将这种交易成本以聚集成本的形式出现，即代表着将所有的索赔汇总，只有这样，应支付的损害赔偿金才能代表损害造成的所有真实损失。当许多独立的诉讼被提起时，由于许多诉讼程序都是重复的，因此合计成本会很高。这种做法效率低而且由于法律诉讼费用的关系，反而对污染者有利，因为只有受影响最严重的当事者才有可能会提起民事索赔，其结果是污染者并不需要将污染带来的所有损失予以内部化。正如巴伦(Balen)指出：

> 消费者在与工业巨头及其保险公司的斗争中，就像大卫(David)与巨人哥利亚斯(Goliath)的战斗一样，消费者唯一成功的机会就是把国内、国外其他受到类似影响的个人都团结起来。因此，为了给受害方提供一个舞台以便于获得救济，集体诉讼的观念遂逐步形成。①

在环境领域中，最有可能提出集体诉讼或集团诉讼的情形是由于环境灾难事件导致对一大群人或某一类人造成了人身伤害或财产损失。例如，

---

① P. Balen, *Group Actions, Aims, Aspirations and Alternatives: A Historical Global Perspective*, J. Pers. Injury Litig. 196, 199 (1995).

多种大气污染物远距离传输。当污染物有剧毒时，即使是很少的量也可能引起大范围的损失。在欧盟范围内，最著名的环境大灾难是 1976 年的塞维索灾难事件(Seveso disaster)，该事件中由于安全阀故障并致使在泄漏的毒气云中形成小规模爆炸，此毒气云含有剧毒的四氯二苯并-p-二噁英(tetra-chlorodibenzo-p-dioxin，TCDD)。毒气扩散覆盖超过了 1800 公顷的人口密集区，对当地居民造成了人身伤害，导致氯痤疮的皮肤病变。除了遭受到人身伤害之外，许多当地农民还失去了生意，大约 77000 头动物必须被销毁。仅仅两公斤的有毒物质就造成了如此大规模的破坏。[①] 然而，长期污染的潜在效应会在未来很长一段时间内发生，进而引发大量的索赔。英国的科比诉讼案就是一个典型的例子，许多当事人认为先天畸形是由被告的受污染土地修复项目所释放出来的有毒物质造成的，而提起了集体诉讼。[②] 此外，金伯林(Kimblin)和威格纳尔(Wignall)预期，如果在北海油田发生"深水地平线"同样规模的灾难，为了加快诉讼进程，采取集体诉讼这类手段是至关重要的。[③]

第二节　在欧盟成员国中的发展

在英国，如果数个案件涉及共同的利益或事件，那么采用集体诉讼可以在一定程度上降低合计成本。通过把所有受影响的当事方都加入到同一个诉讼程序中，可以减少参与其中的律师数量，而且关于案件的事实只需要呈

[①]　See European Environment Agency, *Europe's Environment：The Dobris Assessment*，Pt Ⅲ，Ch. 18，Box 18B (Office for Official Publications of the European Community 1995).

[②]　Corby Group Litigation v. Corby District Council [2009] EWHC 1944 (TCC)；[2010] Env. L.R. D2. 主要事实参见上文第二章第五节三。

[③]　R. Kimblin and G. Wignall, *Slick operators*，98 Eur. L. 20 (2010).

现在一个审判过程中以及其后续的上诉听证程序中。① 集体诉讼程序已经在一些知名的环保案件中得以运用,例如"A. B.和其他人诉西南水务有限公司"(A.B. & others v. South West Water Services Ltd)②,该案涉及硫酸铝被排放到公共饮用水源中所导致的人身伤害索赔。另一个著名的案例是"亨特诉伦敦码头区开发有限公司"(Hunter v. London Docklands Development Corporation)③,正如我们之前已经看过的,该案涉及针对伦敦码头区重建项目的主体工程施工阶段,当地居民提出的有关公共和私人妨害的索赔。如前所述,集体诉讼程序还在科比市的旧炼钢厂址重建案所涉及的一些人身伤害索赔中发挥了作用。④ 迄今为止,最大规模的集体诉讼是发生在尼日尔河三角洲地区,由于壳牌集团石油勘探和炼油活动造成石油污染损害,导致 69000 名受害者提起诉讼。⑤

269

然而,集体诉讼还是相对比较昂贵的,因为他们往往比个人诉讼更耗时。事实上,虽然可以在一次审理过程中呈现案件的事实,但还是要针对每一个损害的索赔进行独立评估。此外,集体诉讼裁定(group litigation order, GLO)可能只集中于小范围的法律问题。例如,在科比诉讼案中,法院的审理仅限于确定被告失误的性质,以及针对不同诉讼理由的责任的性质,包括过失、违反法定责任和公共妨害等。然而,在后续的诉讼程序中,每个索赔人被要求针对自己的案件建立因果关系——尽管,后来由于被告同意和解而没有这样做。⑥ 当证明因果关系并不是极度困难时,大概没有必要以这种方式审理所有的个人索赔。然而,总的来讲,仍然需要对损害赔偿进行独立评估。

在美国,这一问题是通过集团诉讼来解决的,其中选择一个案件来代表

---

① 集体诉讼裁决受 1998 年《民事诉讼程序规则》(Civil Procedure Rules 1998 SI 1998/3132)第 19 章所管辖。一旦作出裁决,则开始注册登记所涉及索赔的细节,同时选择一些测试案件进行全面审理。凡注册登记的当事方都应当接受测试案件审理结果的约束,即使某个索赔人在诉讼程序早期阶段就申请从注册登记中注销,也不能免除。

② [1993] 2 W.L.R. 507.

③ [1996] 2 W.L.R. 348.

④ See Corby Group Litigation v. Corby District Council.

⑤ 参见第五章第二节二。

⑥ 关于科比诉讼案的因果关系问题,参见上文第二章第六节二(二)。

所有类似的索赔。① 而这个案件的判决均适用于集团中所有的当事方。然而在欧洲，集团诉讼基本上不为人知，只有芬兰正在考虑这一问题。针对该程序的主要反对意见是，每个案件的损害索赔通常差别很大，对所有的当事方给予统一的判决显得武断而虚伪。在美国，针对这种差异性作出了一些规定，其中根据所遭受损害的性质将受害者分类，即分为遭受人身伤害的类别和遭受财产损失的类别。② 同时还应当指出的是，美国的集团诉讼程序与英国的集体诉讼裁决程序不同。英国的集体诉讼裁决程序要求每一个索赔人都要提出他/她自己的诉讼才能够加入该集体中。然而，在美国的集团诉讼程序中，所有潜在的索赔人都自动包含在该集团当中，并无须提起个别诉讼。在某些情况下，仅仅要求索赔人注册登记他们的利益。与集团诉讼相比，集体诉讼裁决制度对受害人较为不利，因为集团诉讼不要求索赔人采取潜在的烦琐前摄行为。③ 但是这种批评没有考虑在操作技术上的进步以及在英国索赔人在线提起诉讼的能力。在较大的案件中，处理索赔案件的律师会建立一个网页，潜在的索赔人可以在网页上注册登记他们的利益。然后，律师会处理大部分的"填写表格"工作并提起索赔。因此，从索赔人的角度来看，在英国加入集体诉讼可能并不比在美国加入集团诉讼来得烦琐。④ 然而，必须承认，在不需要对损害赔偿进行个别评估的情况下，案件

270

---

① 参见《联邦民事诉讼程序规则》第 23 条(Rule 23 of the Federal Rules of Civil Procedure)。该项规定授予法院权力以根据受害者数量、共性、适当性和典型性等标准划分受害者类别。根据该规则第 23 条第(b)(3)款，包含在该类别中的所有索赔人必须都被通知到，并给予退出的机会。然而，法院如果认为是有利的，那么可以根据第 23 条第(b)(1)款或(b)(2)款，划分一个"强制性"类别，在这种类别中的诉讼当事人是不允许退出的。这发生在埃克森•瓦尔迪兹号油轮诉讼案中，其中联邦地区法院共划分了五个类别，即罐头厂工人、商业渔民、辖区企业、阿拉斯加原住民和土地所有者。

② 例如，三哩岛核电站事故发生后，参与诉讼的原告分为三个类别。前两类是在距离工厂 25 英里范围内的个人和企业，由于灾难事件发生后所造成的动乱和大规模疏散给他们带来了普通经济损失。第三类则包括所有"遭受人身损害，发生医疗费用，[或]……遭受精神抑郁的人"。See In re Three Mile Island Litigation, 557 F. Supp. 96 (M.D. Pa. 1982).

③ See R. Mulheron, *Some Difficulties with Group Litigation Orders—and Why a Class Action is Superior*, 24 Civ. Just. Q. 40 (2005).

④ 在英国，正在进行的最大规模的诉讼无疑是涉及与石棉有关的人身伤害，许多律师为了收集索赔案件都建立了专门的网站。参见迈克律师事务所(Macks Solicitors)网站, http://www.asbestosclaims.co.uk/claim-form (2012 年 3 月 4 日访问)。

审理的范围明显缩小了。① 在环境损害方面,人们不会感到丝毫惊讶,墨西哥湾深水地平线灾难是迄今向美国法院提起的最大规模的集团诉讼之一。该事件给成千上万依赖渔业、旅游业及相关产业以维持生计的索赔人带来了经济损失。救援人员和参与清理行动的人员也遭受了其他损失。在撰写本书时,英国石油公司宣布同意支付约 78 亿美元以作为 11 万名各类索赔人的赔偿金。② 源自于当地政府机构和其他各类机构所产生费用的大量其他索赔依然悬而未决。如前所述,为了解决此类索赔,英国石油公司建立了 200 亿美金的托管账户,其金额远远超出了法律规定的最低数额。③

在法国,关于非政府组织诉讼资格的规定对于某种形式的集团诉讼带来了便利。有鉴于此,1995 年 2 月所颁布的法律(95/101)中,并没有太多针对环境损害的集团诉讼的规定,该法允许获得认可的环境保护团体代表受影响的一类个人提起民事诉讼。在《乡村(或环境)法典》[Rural (or Environmental) Code]的第 5 条④中插入了一项新的规定:

271

> 在 L252-3 所描述的情形下,当一些人都遭受由同一人(个人或法人)所造成的人身伤害,并且原因相同,那么根据 L252-1 条款所授权(同意)的任何利益团体,如果受到两个或两个以上受影响个人的委托,就能够以这些人的名义在任何司法管辖区内提起诉讼。

L252-3 条款所指的情形包括:

> 对集体利益造成直接或间接损害的行为,而这些公共利益受到被授权的利

---

① R.Mulheron,47.这可能部分是由于立法缺乏详细规定,以及在多大程度上这类事项是由法官根据已有经验决定的。在其他英联邦及美国司法管辖区,这类事项在立法中都进行了详细规定。

② See R. Peston, *BP's Deepwater Horizon settlement*, http://www.bbc.co.uk/news/business-17243914, 3 March 2012 (accessed Mar. 4, 2012).

③ 关于深水地平线灾难有关责任问题,参见上文第三章第五节一(二)以及第五章第五节一。

④ 参见上文第八章第二节一。

益团体的保护,而其行为也违反了保护自然环境,生活水平的提高,保护水、空气、土壤、遗迹和景观、城乡规划等相关法律或为了防止污染和妨害的法律,以及为实施这些法律而制定的文件。

因此,允许利益团体针对损害的集体损失提起单一的索赔相比于根据个人损失所提起的独立索赔,其合计成本大幅地降低了。

第三节　欧洲的创制倡议

尽管有上述的发展,但作为一般规则,集团诉讼在欧洲仍然不是一个流行的概念。这可从一个事实反映出来,即欧洲所有关于民事责任制度的创制倡议中都不建议在环境领域中使用集团诉讼这一手段。然而,《卢加诺公约》明确允许使用集团诉讼,但有附带条件,其中要求在签约国的管辖范围内这种诉讼通常是被允许的,为此,第 22 条规定:

> 根据当事方其中一方的申请,除了最初受理法院以外的其他法院可以拒绝受理,基于如果法律规定相关案件可以合并审理,并且最初受理法院对这些案件都有管辖权……。就本条款的目的而言,由于这些案件之间联系紧密,因此被视为是相关案件,采取合并审理并判决是有利的,可以防止单独诉讼审理所可能导致的判决矛盾的风险。

第四节　主要考量

从受害者个人的角度,集团诉讼与代表诉讼相比有一定的优势,因为它考虑到了个人赔偿。但是,集团诉讼主要关注的是个人损失,正如上面已讨论过的,个人损失并不总是与环境损害相一致;因此,集团诉讼所获得的损害赔偿可能较单独的诉讼更能准确地反映出行为所造成的真实损失,但可能的情况是这些损害赔偿仍然不足以补偿全部环境修复的成本。然而,毫无疑问的是,那些大规模的且广为人知的损害赔偿和解,都是集团诉讼或集体诉讼所达成的结果。① 另外有一些证据表明,这种诉讼或甚至只是提出威胁要进行此类诉讼,往往标志着行业惯例的重大转变,并导致工厂会针对经营或产品安全方面实施重大改善措施。例如,如同斯坦顿(Stanton)所指出的:"在泽布吕赫灾难(Zeebrugge disaster)发生后,汽车渡轮是不可能敞开艄门离开港口的。"② 举一个更典型的例子,掌握先进的深海钻探技术的石油勘探公司,如果没有吸取深水地平线灾难的教训是不可思议的。

　　还必须牢记的是,集团诉讼或集体诉讼是一种民事诉讼程序,而不是侵权的具体原则。欧盟层面一直在争论的问题,是否应该修改《产品责任指令》③,从而促进推动针对有缺陷产品的责任索赔中,采取集团诉讼或集体诉讼。然而,委员会最初的意见指出④,对于上述情况协调民事诉讼程序的官方正式反对理由,其一是根据第 95 条(现在的《欧盟运行条约》第 115 条)缺乏权限,其二是不应该针对特殊部门创建专门的法律诉讼规则。但此后,欧盟在民事诉讼程序领域的权限显著扩大,尽管在该领域各成员国仍然不愿意放弃主权,而且立法手段能否奏效也未可知。⑤ 虽然如此,针对"集体救济",委员会已经开始推进各种政策的创制倡议,鼓励成员国依据欧盟样

---

　　① 从环境的角度来看,尤其是埃克森·瓦尔迪兹号油轮案,其中的赔偿和解金额约为 50 亿美元。

　　② K. Stanton, *Modern Law of Torts*, 15 (Sweet & Maxwell 1994).

　　③ Council Directive of 25 July 1985 (85/374/EEC), OJ. No L 210 of 7.8.1985 on liability for defective products.

　　④ Report from the Commission on the Application of Directive 85/374 on Liability for Defective Products, COM (2000) 893 final, at (3.2.10).

　　⑤ 《里斯本条约》将民事案件的司法协作纳入了主要条约(《欧盟运行条约》)的范畴之内,目前受"普通立法程序"所管制。因此,至少在理论层面上有可能针对民事诉讼程序的各个方面予以协调。然而,运用普通立法程序的能力是要付出一些代价的,因为关于欧盟采取此类措施的权限的语句是模糊不清的。《欧盟运行条约》第 81(2)(f)条款仅仅提到采取措施促进各成员国的民事程序规则的相容性;这里最重要的词显然是"促进",这似乎只是建议而远不及设立一个欧盟的统一规则。

板采用这类措施,从而有助于产品责任索赔。[①]

旨在建立欧盟统一的环境责任制度的任何措施中,都可以观察到类似的情形。这清楚地表明,这种措施比以往任何时候都更进一步。

第五节　小结

在某些欧盟成员国国内,集团诉讼或集体诉讼构成了民事诉讼程序的一部分,虽然它没有构成侵权实体法的一部分,但其重要性和相关争议却不容忽视。当环境损害比较分散时,由于每个个体所遭受的损失仅仅是全部损失中的一小部分,通过减少交易成本,那么提起这种诉讼的能力将极大程度地提高了胜诉机会。此外,集团诉讼或集体诉讼关注于某项活动更广泛的影响或是全球尺度的影响,而不是其直接的、局地尺度的后果。在这个意义上来说,集团诉讼提供了一个很好的手段以克服在环境领域中应用侵权的核心反对意见,即现在我们已经熟悉的主张,其认为侵权是关注个体的正义,而不是考虑某一活动对整个社会的影响。如一位美国作家曾提到:"集团诉讼在专注于个人正义的侵权制度中是一个异军突起的力量。"[②]为处理传统形式的个人损失而设计的诉讼程序是没有能力处理当今巨大的环境灾难所导致的大规模诉讼:

> 在试图处理围绕于切尔诺贝利、博帕尔(Bhopal)以及埃克森·瓦尔迪兹号油轮等事件的监管法规和争端解决方案的过程中,所适用的原则基本上仍源于古老的英格兰在处理你的狗进入别人土地上所适用的原则。[③]

---

① See D. Fairgrieve & G. Howells, *Collective Redress Procedures—European Debates*, 58 (2) I.C.L.Q. 379 (2009).

② D. Rosenburg, *Class actions for Mass Torts*, 62 Ind. L.J. 561 (1987).

③ J. London, *Exponential Change: Today is Already Tomorrow*, 3 Loyola Annals Health L. 155 (1994).

我们现在可以将深水地平线灾难列入到这个长长的环境灾害名单当中。

因此,尽管不能在超国家的层面推进协调民事诉讼规则,但我们希望在个别成员国内的民事诉讼程序能够达成这一目标。出于这个原因,在英国以及其他一些欧洲国家采用这种机制,为集体诉讼提供法定基准正合时宜。

第十章　环境损害的救济

第一节　引言

　　侵权作为一种环境保护手段的主要局限性在于其救济措施通常反映私人损失,而不是环境所受到的损害。环境责任制度则需要在环境损害的赔偿方面作出规定。这就产生了两个复杂的问题,即环境损害的定义,以及损害赔偿在何种程度上可以反映出将环境恢复到先前状态所需要的成本。

　　关于强制令救济,有人认为在环境领域中,强制令提供了一种非常有效的救济措施。然而,如果法庭随意行使其自由裁量权,用损害赔偿金以代替强制令,那么强制令作为环境保护手段的功效可能会被严重削弱。虽然,正如前文所讨论的,我们必须承认,在某些情况下用损害赔偿金代替强制令的做法可能是最佳的解决方案。① 这些问题在某些欧洲国家和欧盟的创制倡议的发展中已经变得很突出。

　　还应当注意的是,这个问题与危害的定义是密切相关的。例如,如果在某一法律制度下不承认纯经济损失是一种可恢复的损害,那么其结果是损害无法获得赔偿并且侵权行为人的责任将变得有限。

第二节　成员国的发展

一、可赔偿的损害

　　关于英国的立场,如果恢复费用是可预见的,那么恢复费用获得赔偿的

---

　　①　参见第三章第五节二(四),损害赔偿金代替强制令。

可行性在前文中已经做了分析。损害赔偿的首要目的就是将索赔人恢复到危害发生前的状态。这就需要判给索赔人损害赔偿金,以使其可以将其土地恢复到事件发生之前的状态。然而,当恢复费用与土地市场价值明显不合情理的时候,那么损害赔偿金将根据污染对土地市场价值所造成的减损来计算。《德国民法典》中有一个类似的规则,其中第 251(2)条[1]规定,被告应承担全部修复费用,除非相对于受损对象的价值而言,该修复费用是不合理的。一般来说,当恢复费用超过土地价值大约 30% 时,就判定恢复费用与土地价值之间存在不合理关系。

然而,基于财产市场价值减损来计算损害赔偿可能无法提供足够的资金来进行修复工作。因此,必须考虑是否还有其他基础方法和依据来计算环境的损害赔偿。[2]

当然,理想的解决方案是将环境恢复到以前的状态,修复已经被破坏的复杂生态系统。然而,在许多情况下,这样做的费用非常昂贵,或者甚至在技术上是不可能达到这样完美的水平。退而求其次,就是减少污染物,使动植物在一个自我维持的系统中能够自我重建,并且希望适应受到破坏的环境。[3]

第三种也许是最务实的做法,是根据要将环境介质恢复到某一水平以满足特定的使用功能所需要的费用。[4] 这种方法比根据市场价值减损单独计算损害赔偿金的方法提供相当大的灵活度,虽然它可能不会使环境恢复到先前的状态,而是将自然资源恢复到能够被人类用于娱乐、休闲或商务目的的水平。当然,这是一种以人类为中心的解决方案,并且反映出一种经济手段,其关注的焦点在于如何恢复被破坏资源的经济功能。因此,从环境的角度来看,这不是一个理想的解决方案,因为它忽视了资源在生态系统中所

---

[1]   这一规定适用于 1991 年的德国《环境保护法案》第 16 节。

[2]   关于环境损害的各种评估方法的综述,参见:P. Sands and R.B. Stewart, *Valuation of Environmental Damage—US and International Law Approaches*, 5 (4) Rev. Eur. Community Envtl. Intl. L. 290 (1996).

[3]   *Ibid.*, 292.

[4]   同上。

扮演的角色。例如,可以将湖泊恢复到能够应用于帆船和游泳的水平。甚 277
至还可以引入某些生存能力强的鱼类以重新引入垂钓项目。但是,残留污
染可能使湖泊不能维持更细致复杂的生命形式,从而无法充分发挥其在生
态系统中应有的生态功能。

　　然而,在很多情况下,除了基于使用功能的方法之外,可能没有其他可
行的替代方案。一个显著的例子就是,自从工业革命以来,大量土地都用于
支持重工业活动。遍布欧洲的钢铁厂、矿山和工厂使得大地景观伤痕累累,
田园风光不再。工业活动的规模和持续性使土地变得贫瘠,永远都没有希
望能恢复到以前的状态。随后重工业在许多地区消亡,唯一可行的解决方
案就是将污染降低到一定水平,可以引进某些相对清洁的土地用途,如居
住、商业、娱乐业或轻工业。这通常需要去除污染最严重的表层土壤,并利
用一层厚厚的混凝土将较深层的污染土壤封闭起来,在覆盖一层干净的表
层土壤。

　　然而,这又引发了另外一个问题,即是否应将土地恢复到某一水平使其
可以应用于某一特定或某几种特定的最终用途而不是将其恢复到可以应用
于所有用途。前一种方法被称为"适用性"方法,在英国作为推荐技术。①
其他大多数欧盟国家也采用类似的方法②,虽然,荷兰曾试图在其 1987 年
的《土壤保护法案》(Soil Protection Act)中采用了一种雄心勃勃的"擦亮土
地"方法。该方法要求应将土地恢复到能够适合所有使用功能的程度,或至
少尽可能多的使用功能的程度。第 38(1)条规定了"多功能性"的定义,即
土壤应维持或恢复对人类、植物或动物的功能性质。③ 然而,一些例外情形

---

①　在一些不同的政策文件中提供了导则或指引,这些政策文件包括英国副首相办公室
(Office of the Deputy Prime Minister),《规划政策声明:规划和污染控制》[*Planning Policy State-
ment (PPS) 23: Planning and Pollution Control*(HMSO, 2004)]。要注意的是,目前这项职能归
于社区和地方政府部门。See DEFRA Circular 01/2006, Contaminated Land (DEFRA, 2006).

②　See M. Hinteregger (ed.), *Environmental Liability and Ecological Damage in Europe*,
437-438 (CUP 2008).

③　See C. Van der Wilt, *Multifunctionality of Soil: the rise and fall of a Dutch principle*,
6(1) Env. Liability 18(1998). 1987 年《土壤保护法案》第 38(1)条规定:"任何人在修复土地时,应
维持和修复土地对人类、植物或动物的功能特性,除非出现下文第 3 段中所述的情况。"

大大地减轻了责任,从而使该标准大打折扣。如果存在特殊的环境、技术或者财务因素而导致"多功能性"的要求是不可行的或不现实的,那么可以放弃该要求。例如,如果清理活动将可能导致有害物质的逸散,那么特殊的环境情况就成立。如果,修复成本与廉价但有效的替代方案的成本相比显然不合理,那么技术和财务情况就成立。在这些情况下,1987 年法案第 38(1)条中规定,允许使用隔离、密封和监控措施。①

当需要用这些替代方案以取代"多功能性"方案时,应该采用公式进行计算。② 从这个意义上来说,荷兰的体系似乎推翻"多功能性"方案而引入在其他司法管辖区普遍采用的"出租人所有"的规则。这也就不难理解荷兰政府最终放弃采用所谓的"多功能性"方案,并据此针对 1987 年的法案进行了修订。③ 因此,根据现行法律,建议的土地最终用途将决定采用何种清理措施;换句话说,采用了单一功能方法而非多功能性方法。然而,需要注意的是,多功能性的概念并未被完全抛弃。虽然,针对历史污染问题,也就是先于 1987 年法案颁布之前发生的污染问题,已经不适用这一目标,但针对此后才发生的污染,应适用这一要求。④ 因此,如果事故导致土壤污染,很可能仍将适用多功能性方案。因为任何希望清理土地的人都必须遵守1987 年法案的要求。因此,任何民事索赔的损害赔偿和解方案都应反映受害者将土地恢复到法案规定标准所将耗费的修复成本。然而,还应注意的是,即使对当下的污染而言,采用多功能性方案时,仍然需要受限于上面提到的环境、技术和财务方面的考虑。

---

① 例如,清理成本高达 1 万荷兰盾,如果比其他替代方案的成本高出 9 倍,就被视为成本过高不合理。当清理费用高达 1 亿荷兰盾时,如果替代方案的成本低出 1.5 倍,该清理费用即被视为过高。参见《土壤保护法案》清理条款第二阶段生效通报(1994 年 12 月)的附件 9。报告表明,这是放弃"多功能性"方案要求的最常见依据。See Van der Wilt, at 20.

② 虽然"多功能性"方案是一个"很好的主意",但它涉及的开支实在是太大了。有人估计,这一数字高达 1000 亿荷兰盾。按目前的支出速度,需要 100 年才能将现有污染土地恢复到符合"多功能性"标准的水平。事实上,只有 8% 的土地恢复到了符合该标准的水平。

③ "一般行政命令中将规定在什么样的情况下,有关污染可以采取什么措施以隔离和控制污染,并且监测这种隔离和控制措施的效果。前文所指的有关隔离、控制和监测的规定将由内阁法规规定。"

④ See van der Wilt, 18.

　　另一个棘手的问题是关注于纯经济损失应该得到何种程度的补偿。在第三章中①曾讨论到，根据英国法律，经济损失的赔偿责任仅限于直接来源于财产损害的损失。因此，由于环境损害而导致交易损失的企业可能无法针对利润损失而提出索赔。② 相反地，在其他欧洲国家所引入的责任制度则对经济损失作出了相关规定。③ 这些新系统的国家包括：西班牙④、挪威⑤、瑞典⑥和芬兰⑦。然而，为了避免打开"闸门"，曾经有人建议只有那些与受影响资源有直接商业利益关系的损失才应该给予经济补偿。⑧ 举个例子，假如一个位于沿海工厂的化学品泄漏，并冲上了附近度假胜地的海岸，渔民可以就利润损失提出索赔。然而，游客却无法因为他们的假期被毁掉而提出索赔。这与第三章中探讨的普通法案例完全吻合。

二、强制性救济

　　在第二章中，有人认为在环境领域中强制令是最有效的救济措施，它们可以迫使污染者探究更清洁的技术。在英国，值得注意的是，法院有自由裁量权决定是否用损害赔偿金替代强制令。有人认为，在确保环境修复或预防环境损害方面，强制令是一项有力的工具，因此，必须谨慎使用自由裁量权。然而，也有人指出，法院通常不愿意以出于满足公共利益的理由来行使自由裁量权，作出判给损害赔偿金的决定。这就导致了对于有些案件而言

---

　　①　具体参见第三章第五节一（二）。

　　②　See, for example, Weller & Co. Ltd. v. Foot and Mouth Disease Research Institute [1966] 1 Q.B. 560.

　　③　See generally Hinteregger, 625-626.

　　④　See J.M. Barrenetxea, *The Spanish Draft Act on Liability for Environmental Damage*, 5 (6) Env. Liability 115 (1997).

　　⑤　Pollution Act 1981, as amended, s. 57.

　　⑥　《2000 年环境法典》[Environmental Code 2000, Ch. 32, s. 1(2)]；需要注意"金钱损失"，如果并不是由会导致刑事责任的情形引起的，只有符合本节"损失是不可忽略的"情况下才可以获得补偿。

　　⑦　See P. Wetterstein, *The Finnish Environmental Damage Compensation Act—and some comparisons with Norwegian and Swedish Law*, 3(3) Env. Liability 41 (1995).

　　⑧　See Barrenetxea, 117-118；Wetterstein, 45.韦特斯顿指出，这是在挪威所采用的一种方法。

是令人不满意的结果,因为其中损害赔偿可能是最佳解决方案。[①] 这与荷兰的情况截然不同[②],在荷兰,虽然强制性救济获得普遍支持并且严格控制损害赔偿金代替强制令[③],但当社会利益可能受到损害时,可用损害赔偿来代替。[④]

第三节　欧洲的和国际的创制倡议

受害方取得赔偿的权利是第五章中所提到的核事故公约和海上石油污染公约等国际损害赔偿责任制度的核心。正如已经讨论过的,关于这些责任制度中的赔偿责任范围,可赔偿的损失包括财产损害、人身伤害和环境修复成本。[⑤] 然而,这些责任制度往往将一些问题,例如纯经济损失的可补偿性,留给由各国的国内法来进行评估。正如我们所看到的,这导致了在不同司法管辖区内可获得赔偿的数额可能会有巨大的差异[⑥]。

一、卢加诺公约

《卢加诺公约》第 7 条规定应就死亡、人身伤害、财产损失或环境损害给

---

① 参见第三章第五节二(四)。

② See Gerrit Betlem, *Civil Liability for Transfrontier Pollution—Dutch Environmental Tort Law in International Cases in the Light of Community Law* (Graham & Trotman/Martinus Nijhoff 1993); G. Betlem, *Transboundary Enforcement: Free Movement of Injunctions*, in, *Environmental Rights—Law, Litigation and Access to Justice* (S. Deimann & B. Dyssli eds., Cameron May 1995).

③ See Article 3:296 Civil Code.

④ Article 6:168 Civil Code.

⑤ 对于海上责任制度和核责任制度的讨论,分别参见第五章第五节一和第五章第五节二。

⑥ 参见,第三章第五节一(二)中所讨论的"梅林诉英国核燃料有限公司"(Merlin v. British Nuclear Fuels Ltd [1990] 2 Q.B. 557)案例。其中,根据普通法定义对核责任法律制度的解释,排除了纯经济损失。同样,前文还提到,英国法院对海洋油污民事责任制度下经济损失的可补偿性,采取了约束性的解释。See Algrete Shipping Co. Ltd. v. International Oil Pollution Compensation Fund [2003] 1 Lloyd's Rep. 327.同时参见第三章第五节一(二)。

予损害赔偿。环境损害的定义为：

> 环境损害所造成的损失和损害与上述第 a 款或第 b 款所指的损害不同，环境损害的赔偿范围，除了该损害所带来的利润损失以外，应仅限于实际采取的或拟采取的恢复措施的费用、预防措施的费用以及预防措施所造成的任何损失或损害的费用。

"环境损害"是一个模糊的术语，它似乎涉及可以通过颁发防止违法活动持续进行的强制令得以纠正的损害，或者将受影响财产恢复到先前状态所需成本的损害。然而，根据第 2(7)(c)条的规定，这并不包括由这种损害所造成的经济损失。

如上所述，《卢加诺公约》第 18 条也对环境利益团体寻求强制令救济作出了具体的规定，以防止环境损害或者强迫经营者"采取修复措施"。

二、欧盟的发展

探讨建立欧盟基于侵权的环境责任制度可行性的讨论文件[①]中，对该制度下损害赔偿的范围投入了相当多的关注。虽然，这些提案并未被实施，但是其中所包含的针对一些重要问题的观点值得注意。绿皮书认为某些环境属性很难被赋予货币价值，因此其关注于可以被纠正的有形环境的修复成本：

> 如果存在一种义务要将环境要素维持在健康水平，那么如果这些要素受到污染，就会同时产生一种义务要将这些要素恢复原状。这一义务还附带有向造成损害者索取修复费用的权利。赔偿责任主体须支付的赔偿金额应该按照环境修复的实际成本计算。[②]

281

---

① 关于绿皮书和白皮书中环境责任的背景以及后续的以行政法为基础的变化，参见上文第五章第三节。

② COM（93）47 final，[2.1.10].

然而，绿皮书确实指出，在某些情况下可能很难确定发生环境损害的损害阈值。换句话说，即环境退化到什么程度时需要进行修复。

> 实际的实体破坏或严重污染通常都被认为是环境损害，但对于影响较小的情况呢？所有人类活动都会造成污染物排放，但排放达到什么程度才被认为是"污染"并不明确。此外，"污染"到达什么程度会造成实际损害也不清楚。①

如前所述，白皮书建议将责任制度与现有的欧盟环境法规结合起来，使其成为确保符合环境标准的一项补充手段。② 因此，如果违反了环境指令所规定的环境标准，不仅将受到公法的制裁还会引发民事责任。

此外，白皮书认为，虽然将环境恢复到它原先的状态是最理想的，但在现实中，这往往可能在技术上不切实际或者在经济上不可行。在这种情况下，白皮书认为有必要采用一种已经在很多成员国已经应用的适用性方法。③ 委员会很可能已经考虑了荷兰在应用"多功能性"方法时所遭遇的困难。

至于经济损失的问题，委员会从未建议过在允许获得损害赔偿的责任制度中，针对这类损害制定明文规定。白皮书在"传统损害"一节中处理了这个问题，其中规定该问题"由各成员国国内法管辖"。④ 因此，国内法院将应用源于国内侵权法的现有原则以确定这种损失是否应予以补偿。由于在这个问题上国内侵权法的复杂性，以及不同国家侵权法所采用的不同方法，因此，委员会不愿对侵权责任制度中经济损失补偿做出明文规定也就不难理解了。然而，正如下面将要讨论的，在某些情况下，存在强烈的主张以支持允许有限的经济损失补偿。此外，这种损失有可能大大地增加了经营者的责任。如果成员国在这个问题上继续保持截然不同的立场，那么欧盟内部就这个问题进行某种形式的协调统一也许会重新提上议程。

---

① COM(93) 47 final, [2.1.7].
② COM (2000) 66 final, 12, [3.3].
③ *Ibid.*, 19, [4.5.1].
④ *Ibid.*, 21, [4.5.3].

白皮书还针对《野生鸟类指令》(Wild Birds Directive)等法规中,与生　282
态损害密切相关的"非使用"价值的衡量问题进行了规定。① 白皮书提到了
多种经济学方法,这些方法逐渐发展成为以货币价值来量化生态破坏的手
段。然而,正如下面将要指出的,例如,试图确定某一物种灭绝的价值,其实
是无法从中获得什么益处的。再多的损害赔偿金也无法挽回这种损失。所
判决的任何损害补偿将仅仅能起到惩罚性的作用。因此,当涉及敏感生态
栖息地时,应首先关注预防危害发生的补救措施,例如,加大强制性救济的
可适用性。正如下文指出,如果损害已经发生,损害赔偿应着眼于具体的并
且容易被识别出来的费用,用以尽快修复环境介质以达到野生动物能够重
新栖息于此的标准。

从《环境责任指令》的范围可以推断出欧盟的环境侵权责任制度可能会
采取什么样的方法②,正如前文已经详细讨论过的,《环境责任指令》采取了
行政手段而不是基于侵权的方法。如前所述,该《指令》涵盖了对受保护物
种和野生动物栖息地、水体和土地的损害。第 8 条规定,经营者应承担预防
活动或者环境整治的全部费用。然而,"当所需的支出大于可补偿总额或者
在无法确认污染者时,主管机关可以决定不予以补偿全部成本"。还应该回
想起,存在一些抗辩情形可以免除经营者的法律责任,并将成本转嫁到纳税
人头上。

第四节　主要考量

一、损害阈值

大多数环境责任制度的建议书中都涵盖了损害的标准类型,包括人身

---

① 　COM (2000) 66 final, 19, [4.5.1].

② 　European Parliament and Council Directive (EC) 2004/35 on Environmental Liability with
Regard to the Prevention and Remedying of Environmental Damage OJ L143/56, Article 8.

伤害和财产损失。然而,在确认何种程度的一般性环境损害可以提起诉讼时则较为困难。基于确定性的考虑,一种方法是将损害的阈值与其他环境条例所制定的标准结合起来。因此,当特定的物质浓度超过相关法律(如欧盟的指令)所规定的限值时,就被认为是造成了损害。欧盟委员会在其早期的环境责任白皮书中必然是非常青睐这种方法。[①] 如同卡恩沃思(Carnwath)法官在"蓝圈工业有限公司诉国防部"的案例中所提到的,在有争议的情况下,监管标准可以用来确定改变是否是显著的。

283 　　考虑到复杂的监管体系已经覆盖了人类活动的大部分领域,监管部门的意见往往是至关重要……在"剑桥水务"的案例中([1994] 2 A.C.2 64),之所以确认为造成损害是因为根据欧共体指令所规定的标准,污染致使该水体不能使用,而不是因为它实际上对健康是有害的(参见戈夫大法官,第 249G 页)。因此,虽然法定监管体系的存在不能取代存在实际变化的要求,但它可能在考虑实际变化是否具有现实意义时至关重要。[②]

　　然而,将损害的定义与环境质量目标或排放限值联系起来也突显出一些问题;我们可以回想,仅仅针对一部分物质规定了排放标准或限值。其结果就是,在有争议的情况下这种限值应作为最低标准,同时针对那些可以证明他们在较低浓度下受到不利影响的人,不应排除其寻求救济。

二、修复标准

　　最棘手的问题之一是关于修复措施应该在何种程度上以寻求使受损害的环境介质恢复到原来的状态。至于普通法体系,第四章中已经讨论过,这需要在全额赔偿的权利和技术可行性及环境修复成本之间作出平衡。在许多情况下,必须根据失去自然资源的使用价值以及自然资源的修复成本来

---

① COM (2000) 66 final, 4.2.2.
② [1997] Env. L.R. 341, 347-348.

针对损害赔偿进行评估。因此,在"剑桥水务诉东部县皮革厂"①的案例中,如果损害是可预见的,剑桥水务就可以收回重新安置泵站的成本,进而能够继续抽取饮用水。如果抽取水资源是为了其他目的,例如生产纸张,那么显然这些污染不会影响到对水资源的使用。

然而,斯蒂尔关切地表示②,将损害赔偿与自然资源的使用联系起来,将有可能导致将环境分割为可交易资产的风险,而自然资源的价值将取决于其商业用途。一旦自然资源以这种方式定价,则它们由于成为市场交易的主体而变得十分脆弱。这是因为在交易过程中由于市场的作用,使得资源最终将属于开价最高的人(即"转型经济")③,正如斯蒂尔在她 1995 年的文章中所解释的:

> 私法中的市场机制明确地将产权作为有价物,是因为它对于人的作用,而非它本身的自然经济价值。不仅如此,它根据人们对土地的偏好来推断土地的价值,而这种价值只能通过交换和使用使其最大化。④

因此,根据经济准则,当污染者对自然资源的使用显然是拥有更丰厚的利润时,法院可能被说服以一定的损害赔偿代替强制令,这种损害赔偿是根据原告对资源的使用价值来计算的。这种做法"给环境保护的概念留下了很小的空间,而且本质上会增加环境损害的风险"。⑤

这就引出了关于"非使用"价值或"非消费"价值的损害,在何种程度下是可补偿的问题。这些价值与个人投入到保护与修复自然资源的价值相关,即便他们可能不会使用或享受该自然资源。正如第三章所指出的,许多

---

① 　[1994]2 W.L.R.53.

② 　J. Steele, *Remedies and Remediation*: *Foundation Issues in Environmental Liability*, 58 (5) Modern L, Rev. 615 (1995).

③ 　See J. Sax, *Property Rights and the Economy of Nature*: *Understanding Lucas v. South Carolina Coastal Council*, 45 Stan. L. Rev. 1433 (1992).

④ 　Steele, 630.

⑤ 　*Ibid.*, 631.

年来经济学家一直在努力解决如何更好地衡量这些无形环境价值的问题。在提出的各种方法中,条件价值法(CVM)是使用最广泛的方法,尽管它具有很大的争议性且一直备受抨击。① 概括来说,该方法依赖于调查技术,从公众中选取一组人群样本,确定样本人群愿意为维护环境资产付出多少代价。② 尽管有诸多缺点,该方法已经被美国法院所采纳,已作为评估有关非使用价值的一项合法手段,特别是在著名的"埃克森·瓦尔迪兹号油轮"诉讼案中。回想起来,这还是埃克森的律师尽了最大的努力抹黑该方法之后的结果。似乎,该方法也有可能成为由深水地平线灾难事件所导致的法律责任中的一个重要组成部分。③

在此,还必须提到环境经济学所开发的另一个工具,即"生态系统服务"(ecosystem services)方法。④ 该方法将生态系统提供给人类的直接利益赋予了货币价值。明显的例子包括新鲜的食物和水,从而减少了清洁净化的成本。再比如蜜蜂,它们通过向农作物授粉为农业提供了无价的服务,但蜜蜂本身无法在恶劣环境下生存。其他的例子还包括文化服务,例如清洁的环境所提供的娱乐、旅游服务。生态系统服务方法与条件价值法同时都被用于评估深水地平线漏油事件的长期损害成本。美国国家科学院对该技术在灾害方面的应用进行了深入的评价,所得出的结论是,通过案例研究,对于湿地防御风暴能力的影响,以及海洋作为海产品食物来源等方面的影响

285

---

① See P. Sands and R.B. Stewart, *Valuation of Environmental Damage—US and International Law Approaches*, 5(4) Rev. Eur. Community Envtl. Intl. L. 293(1996). 如第三章提到的,主要的困难是克服偏差和验证反馈。事实上由于该方法是在假设的前提下开展的,因此参与者常常对环境介质赋予较高的价值。

② See N. Hanley, J.F. Shogren and B. White, *Environmental Economics in Theory and Practice* (MacMillan 1997).

③ See J. Corkindale, *Resolving environmental disputes and providing remedies for environmental damage: the use of environmental damage: the use of environmental valuation research in court proceedings in England and Wales*, 23(2) Envtl. L. Mgt. 63, 63 (2011); R. Force, M. Davies & J.S. Force, *Deep Trouble: Legal Ramifications of the Deepwater Horizon Oil Spill*, (2011) 85 Tul. L. Rev. 889 (2011).

④ *Ibid.*, 66.

的评估,该方法是一项非常有效的工具。①

尽管条件价值法等方法在美国已经获得司法的认可,但是在欧洲的发展却似乎难以推广应用。事实上,似乎法院本身几乎不可能基于对抽象的非使用价值的干扰而创制一类新的损害。② 而且,由于围绕这一概念的争议持续不断,要求各国在其责任制度中规定特别条款,将非使用价值纳入损害赔偿的索赔范围也不明智。无论如何,这种损害赔偿的效果纯粹是惩罚性的,因为它们不会被直接用于对受影响环境介质的修复。例如,它们仅仅是反映了野生动物减少所造成娱乐价值的损失。将环境修复到野生动物可以回归的状态而进行的修复工作所支出的费用才是实际的修复成本。桑兹(Sands)和斯图尔特(Stewart)指出,条件价值法的技术存在某种"逻辑尴尬":

> 拒绝根据私法中"两害相权取其轻"原则赔偿受损环境的保护和修复所需要的合理费用的根本依据在于很难确定环境损害的货币价值。此外,为了支付受损的环境价值的修复成本,有必要预先假设这些损伤的修复成本可以准确地进行测量。如果是这样,那么为了确保社会不会投入超过环境对于社会的价值的社会资源用以修复受损的环境,为什么要拒绝"两害相权取其轻"原则呢?

无法回避的核心问题就是环境损害往往大于具体的各当事方所遭受的损失之总和。在整合由环境经济学所发展的新方法以便于减少这种差距方面,私法的能力有限。

尽管如此,当在某一环境责任制度下考虑赔偿数额时,法院必须从较广泛的角度来看待资源在生态系统中所处角色的"使用"价值。如科尔金戴尔

---

① National Research Council of the National Academies, *Approaches for Ecosystem Services Valuation for the Gulf of Mexico After the Deepwater Horizon Oil Spill* (National Academies Press 2012).

② 在国际层面,国际石油污染赔偿基金(International Oil Pollution Compensation Fund, IOPC Fund)的执行机构不愿意赔付关于这种价值的索赔。See IOPC Fund Resolution No 3 10 October 1980, FUND/A/ES 1/13, para 11 (a) and Annex.

(Corkindale)所言:"在这种情况下,很难想象在不使用环境估值研究结果的情况下,法院将如何决定损害赔偿的范围。"①

　　从实践中可以看出,法院已经展现了一种愿意,以采用更广阔的视角来看待自然资源的使用价值,其远远超越了财产属性,亦即土地所有者的直接和立即利益。在"蓝圈工业有限公司诉国防部"的案例中,辐射污染了一小块沼泽地,其位于一片人烟罕至场址的边界附近。此外,虽然污染程度超出了法定限值,但还不足以对健康带来风险。然而,在高等法院,卡恩沃思法官决定采取更广泛的视角来看待该土地的使用价值,其围绕于对土地享用价值的损害:

> 污染致使土地的使用功能或价值减少了,就是……在我看来,不证自明的。简单地说,这个问题可以从狭隘的角度来看,自发现污染开始直到通过将受污染的土壤被移除以处理污染问题,该土地的某些部分已经不可能像以前那样随意使用。事实上,在修复工程期间,该土地根本无法使用。②

　　还应当注意的是,一项司法处理结果能够在何种程度上包含这些因素,这可能还依赖于所寻求的救济措施。申请强制令的威胁可能促使各方达成协议,在这种情况下,为了达成财务和解的目的,各方可以根据其意愿选用计算标准。但是,如果强制令不予批准,法院必须作出损害赔偿判决,同时在如何评估赔偿金额方面,法院将受到更多的制约。

　　然而,即使环境损害可以简化为经济价值,这一损失也并不一定可以与原告所遭受的,诸如舒适损失、使用价值损失、享受价值损失等个人损失联系起来。在没有"公共受托人"(例如,政府、非政府组织等)作为环境守护者协助进行索赔的制度体系中,要想收回全部的环境损害成本几乎是不可能

---

① Corkindale, 67.
② [1996] Env. L.R. 341, 346.

的。正如我们在第四章所看到的[①]，在美国的《综合环境反应补偿和责任法案》[②]和《清洁空气法案》等法律中，融入了公共信托原则，有利于开展这类的公益诉讼。1990 年的《石油污染法案》允许不同的公共机构，包括各州、联邦机构和由总统指定的印第安部落受托人等，就自然资源损害寻求损害赔偿。[③] 这也将会是正在进行中的深水地平线诉讼的一项主要组成部分。[④]在欧洲，没有类似的规定，因此大大限制了私法在该领域中发挥作用。[⑤]

　　然而，在一定程度上反映公共信托理论的一项立法就是《环境责任指令》[⑥]；虽然，正如在无数场合已经提到的，《环境责任指令》采用了基于公法的方法。不过，值得加以考虑的是，《环境责任指令》是如何处理环境修复问题，以及对自然资源估值的方法。《环境责任指令》在很大的程度上是仿照美国 1990 年《石油污染法案》所建立的，其中关于自然资源损害评估的基本技术和方法基本上是一样的。[⑦] 根据《环境责任指令》的附件二，只要有可能，必须将受损的环境介质恢复到基线状态定为目标，即事件发生前的状态，这被称为基本补救（primary remediation）。然而，潜在责任进一步延伸，责任方还应承担直至资源完全恢复为止发生的所有损失，这被称为补偿性修复（compensatory restoration）。如果，因为损害无法弥补或成本不合理而致使基本补救不可能完成，那么可以在其他的替代地点采取措施。例如，如果一个特定的野生动物栖息地已经丧失，那么可以在离受污染地区一定距离的其他替代地方进行植被恢复，这就是所谓的补偿性修复。

287

---

① 　参见上文第四章第三节二。

② 　Comprehensive Environmental Response Compensation and Liability Act.

③ 　33 U.S.C. § 2702(b)(2)(A).

④ 　See M. Davies, *Liability Issues Raised by the Deepwater Horizon Blowout*, 25 A.N.Z. Mar. L.J. 35, [3.4] (2011).

⑤ 　See Corkindale, above.

⑥ 　European Parliament and Council Directive (EC) 2004/35 oil environmental liability with regard to the prevention and remedying of environmental damage OJ L143/56.

⑦ 　See E.H.P. Brans, *Liability for damage to public natural resources under the 2004 EC Environmental Liability Directive: standing and assessment of damages*, 7(2) Env. L. Rev. 90, 99-105 (2005).

《环境责任指令》第 2 条所提供的指导比较宽泛,而似乎各成员国可以制订具体方案将这些概念付诸实行。他们似乎很有可能从美国的经验汲取借鉴,在美国,利用经济学方法以计算自然资源价值已经被法院批准。上面提到的生态服务法则为补偿性修复的损害补偿成本计算提供了一个可能的候选。然而,必须重申的是,《环境责任指令》与美国的相对应做法有很大区别,因为它严格地区分了环境修复成本和私人利益损害赔偿。① 美国的《石油污染法案》就某些私人损失作出了特别的规定,反之,《环境责任指令》则明确地排除了这些索赔。② 因此,欧盟法律在环境损害以及归属于其中的私人利益之间维持了明确的区分。

三、经济损失

欧洲的创制倡议和国际的立法提案都没有明确规定在什么具体情况下私人主体可以就纯经济损失获得损害赔偿,这是可以理解的。责任的范围可以在何种程度上超出损害带来的直接影响将取决于政策考量,例如经典的"闸门争论"。③ 因此,很难设定一个严格的法律检验标准。有鉴于此,在增加或减少责任范围方面,法院历来都享有自由裁量权。在英国普通法中,间接损害检验已被作为一种管控机制,用于判断哪些经济损失是可补偿的。④

288　　其他体制对于纯经济损失的可赔偿性更多的是持赞同态度。⑤ 但是,立法机关的意图显然不是要对那些因为污染而承受麻烦和破坏的受害者赋

---

① See 33 U.S.C. § 2702 (b)(2)(E).该条赋予私人主体就被破坏的自然资源的生产能力提出损害索赔的权利。这为依靠天然海滩经营的旅游业和依靠清洁水体维持生计的渔民提供了一个明确的起诉理由。

② See ELD,Annex Ⅱ (l)(d).

③ 如卡多佐法官在"阿尔特迈尔斯公司诉图什"[174 N.E. 441,444 (1931)]案中提到的:被告不应该向不确定的主体在不确定的时间承担不确定的责任。

④ See R.W.M. Dias, *Remoteness of Liability and Legal Policy*,20(2) Cambridge L.J. 178 (1962).

⑤ 例如,在比利时、荷兰、芬兰、瑞典和西班牙,财产市场价值减少必须支付损害赔偿,即使对财产本身的构造并没有实际损害。See M. Hinteregger (ed.), *Environmental Liability and Ecological Damage in European Law*,440-441 (CUP 2008).

予其无限制索取赔偿的权利。一旦这样的损失大量增加,那么可能很容易就导致无法承受的责任。在某些国家已实施的关于经济损失的规定,仅仅为法院提供了有限的指导原则,以判定应排除哪些类型的索赔。例如,根据芬兰法律,只有"重大的"经济损失的索赔可以被受理;而在挪威,明确地限定于那些因为商业活动受影响所蒙受的经济损失才可以提出索赔。

　　然而,即便根据经济损失可赔偿性规定的要求,只有蒙受商业利益损失的当事方才有资格提出损害赔偿,"闸门"依然大开。让我们看看这样一个例子,沿海岸线的一片区域被沿岸工厂所排放的化学品污染。在这种情况下,除了从事商业捕鱼的渔民之外,那些从事游艇休闲行业的经营者也能够提出同等的经济赔偿。一旦以旅游业为生的经营者的索赔获得认可,那么闸门就会大开。商店、餐厅、旅馆、公交公司、计程车公司等,都可以说他们的生意受到了影响。这种类型的责任使得风险的计算变得极其困难,并且可能对保险的提供产生不利影响。[1]

　　因此,似乎法院可能仍然需要依靠基于侵权的概念,如可预见性和疏远性,以限制经济损失的可赔偿性。[2] 可以想象到,某些法院将经济损失的可赔偿性限定于那些完全依赖自然资源以维持生计的当事方,例如渔民或农民。然而,不可避免的,在某些时候法院必须基于政策而不是逻辑武断地在某些节点上作出割舍。例如,回到上文中所提到的海岸污染的例子,法庭可能会发现,游艇的经营者因为污染而无法营业,从而遭受到直接和即时的损失。但是,小镇上的旅馆经营者和咖啡店老板所承受的生意减少这种影响,则有可能会被认为过于疏远。这并不是说,对经济损失作出规定并没有意

289

---

① 有一些建议认为,法院应该限制针对过失错误陈述所造成经济损失的索赔,其最高水平的例子就是"安斯诉默顿伦敦市议会"(Anns v. Merton London Borough Council [1978] A.C. 728)案,部分反映了保险的影响。在"卡帕罗诉迪克曼"(Caparo v. Dickman [1989] Q.B. 653)案中,一个过失错误陈述的当事方所应负责任的人群是受到限制的,宾汉和泰勒大法官,分别在第688—689页和第703页指出,他们的决定将不会影响保险公司审计人员提供保险。在"史密斯诉布什"(Smith v. Bush[1990] 1 AC 831, at 858-859)案中,格里菲斯(Griffiths)大法官认为,保险的存在关系到估价师是否应该对买方担负责任的问题。See Peter, *Tort Law and Economic Interests*, 423-424 (2d edn., Clarendon Press 1996).

② See Wetterstein, 45.

义。回想在英国,纯经济损失的补偿是受到严格限制的,因为,损失必须是源于索赔人具有直接财产权益的资源的有形损害。这仅仅是英国法院基于政策考虑所选择的一个"分界"点。允许纯经济损失补偿的明文规定将法院解放出来,而不再需要证明与有形损害之间的直接联系。回顾第四章所讨论的"布雷尔号油轮"诉讼案,某些当事人无法获得损害赔偿,因为他们不能证明对于受影响的海岸线享有足够的业主权益。① 免除法院在经济损失可赔偿性问题上所受到的普通法约束,可以让法院考虑更广范围的标准。② 例如,一系列用于确定经济损失是否是可补偿的标准都已经出现在 1971 年国际石油污染赔偿基金(IOPC)的执行机构所提出的所谓"基金法"之中。③ 而在 1971 年国际石油污染赔偿基金的 1998 年版索赔手册中提到,在就经济损失提出索赔时,关键标准必须是"邻近性"。可以通过如下考虑予以确定:

[1]索赔人活动与污染之间的地理邻近度;[2]索赔人对受影响资源的经济依赖程度;[3]索赔人获得其他资源供给或者商机的程度;[4]索赔人的经济行为与受溢油影响地区整体经济活动联系的紧密程度。

---

① See, for example Smith v. Braer Corp [1999] GWD 21-1023.

② 在"布雷尔"诉讼案中,由于 1969 年《石油污染损害民事责任国际公约》(ICCOP)针对这个问题并没有作出任何规定,苏格兰法院认为无法完全摒弃普通法对经济损失可赔偿性的限制。而1971 年国际石油污染赔偿基金同样没有什么帮助。因此,如第四章中所提到的,库伦(Cullen)大法官拒绝仅仅根据"若非"因果关系检验就对该问题下定论,因为这可能会打开闸门。然而,重要的一点是,出于国际石油污染赔偿基金的目的,法院并没有困难去接受瑟德兰群岛的渔民应该有资格获得损害赔偿。因此,在这种情况下,对自然资源享有直接经济利益的标准将是足够的。而这种索赔在严格适用普通法原则时有可能不被承认。See Landcatch Ltd v. International Oil Pollution Compensation Fund [1999] 2 Lloyd's Rep. 316. See G.M. Gauci, *Ship-Source Oil Pollution Damage and Recovery for Relation Economic Loss*, J.B.L. 356 (2000).

③ 《公约》设立了一个基金,如果不能根据 1969 年《公约》针对个体经营者提起索赔,那么可以就石油污染损害向该基金提出索赔。在责任明确时,每一起索赔都会根据各自的具体情况决定,执行机构并不受到传统普通法对于经济损失可赔偿性的限制。在"兰德卡钦"(*Landcatch*)案中,苏格兰最高民事法院认为,在解释 1971 年《商船(石油污染)法案》中的赔偿规定时,不能超出国际公约的范畴,而且"基金法"无法为《公约》提供一个权威的解释。

这表明了,实际上可以通过应用明智合理的标准,在承认纯经济损失索赔的同时又能够防止闸门打开。^① 然而,在任何法律体系中,制定特别规定以准许被赋予诉讼资格的有关组织就其开展生态恢复清理活动的费用提出索赔,那可能是明智的。基于这些活动的目标是环境修复,允许回收这些成本似乎是完全合理的。^②

迄今为止,深水地平线事件是利用现有的法律机制以解决经济损失可恢复性问题所面临的最大挑战。事实上,由于石油泄漏所招致的大部分索赔都是关于商业的经济损失,这些商业依赖于墨西哥湾内及其附近的水资源和海岸线的质量。^③ 然而,在这场史无前例的灾难事件中,海水被极度地污染了,而且责任的判定实际上是行政干预的结果,而不是严格遵守法律规定进行的。^④

英国石油公司在华盛顿的高层主管迅速介入之后,灾难发生后很快设立了200亿美金的托管账户,并成立了墨西哥湾沿岸索赔机构(the Gulf Coast Claims Facility,GCCF)以处理索赔。^⑤ 在不同的地点分别设立了办事处,并制定了标准的索赔表格和相关程序。需要强调的是,这是在正式法律框架以外所进行的替代性纠纷解决机制(alternative dispute resolution,

---

① 与英国普通法相比,这个方法使得国际石油污染赔偿基金的执行机构能够考虑更大范围的索赔。例如,在一项判决中,由于划定污染禁区,水产加工厂无法获得鱼类供应,于是该加工厂可以就损失的利润提出索赔。See Gauci, 360.

② 前文中提到,在荷兰,这种成本会被认定为是由于环境保护团体的利益受到损害所产生的损失;而在英国,则多半被认定为经济损失。See G. Betlem, *Standing for Ecosystems—Going Dutch*, 54(1) Cambridge L.J. 153, 166-167 (1995). 这也是1969年《石油污染损害民事责任国际公约》第1(7)条中所表达的立场,该条规定:"预防性措施"是指任何人在事故发生之后,为了防止污染或将污染最小化所采取的一切合理的措施。亦参见《1988惠灵顿公约关于南极矿产资源活动的规定》(1988 Wellington Convention on the Regulation of Antarctic Mineral Resource Activities), 1988年6月2日的公约(27 ILM 859),其中第8(2)条指出:"经营者必须对下列事项完全负责:偿还任何人采取任何必要应对措施所支付的合理费用,包括预防、控制、清除和移除等措施,还包括针对经营者所进行的南极矿产资源活动,已经导致或会对南极环境及其生态系统造成损害或存在损害的威胁,所采取的恢复原状的行动。"

③ 参见第三章第五节一(二)。

④ 同上。

⑤ 对于该体系如何运行的分析,参见:Davies, 38-39.

ADR)的非诉讼纠纷解决机制的一种形式。① 在这方面,可以自由制定自己的做法和标准,并且不必遵循法院处理经济损失索赔的方式。该机构与国际石油污染赔偿基金的执行机构在许多方面都有相似之处。正如上文中提到的,国际石油污染赔偿基金的执行机构发展出了其自身的基金法,其在某些方面不同于现有的法律原则。由墨西哥湾沿岸索赔机构发布的最初指南是关于初期应急款项,其所采用的限制性方法是基于地理邻近性、行业性质及其对受影响的自然资源的依赖程度来判断。② 这紧密地反映"罗宾斯干坞"(Robins Dry Dock)规则所采用的严格的法律检验标准。③ 因此,例如"地理邻近性"和"近因原则"等法定检验标准常常是最优先考虑的。考虑到基金持续性的需求,也就可以理解,初期紧急款项仅仅用于支付给那些受到溢油最直接立即影响的当事方,如渔民和海滨酒店经营者。然而,标准随后逐步扩大,以方便那些与受损害的自然资源没有直接利益关系,但是其商业活动与墨西哥湾的整体经济紧密相连的当事方提出索赔。那些服务于捕鱼业和滨海商业的经营者就是明显的例子。为此,墨西哥湾沿岸索赔机构的下一部指南放弃了"地理邻近性"和"近因原则"等参考标准。④

需要重申的是,墨西哥湾沿岸索赔机构的体系是私营企业制定的,其运行独立于1990年《石油污染法案》所建立的法律责任体系之外。受美国政府委任,就1990年《石油污染法案》体系下经济损失可赔偿性的问题提供意见的专家,哈佛法学院的约翰·戈德堡(John Goldberg)教授强调指出,他的研究结果并不能延伸到墨西哥湾沿岸索赔机构应该如何决定其索赔问题。戈德堡教授的报告⑤表明,对于可赔偿的经济损失,法院可能会采取更

---

① 虽然,该机构由英国石油公司资助,但它由一个独立律师肯尼斯·范伯格(Kenneth Feinberg)管理。

② Protocol for Emergency Advanced Payments, 23 August 2010; see Davies, 39.

③ Robins Dry Dock & Repair Co v. Flint 275 U.S. 303, 48 S Ct. 134 (1927).

④ Protocol on Interim and Final Claims, 22 November 2010; see Davies, above, 39.

⑤ John C. P. Goldberg, *Liability for Economic Loss in Connection with the Deepwater Horizon Spill* (Nov. 22, 2010), http://nrs.harvard.edu/urn-3:HUL.InstRepos:4595438 (accessed Mar. 30, 2012).

加严格的角度来看待直接根据该《法案》所提出的索赔要求。这不免让人感到惊讶,因为《石油污染法案》是在埃克森·瓦尔迪兹号油轮灾难事件发生后很快获得了通过,很多人猜测,其意图是将可赔偿的经济损失的范围予以扩大,以超出那些与受损害的资源有直接利益的相关方之外。1990 年《石油污染法案》规定,下列的经济损失均应予以赔偿:

> 索赔人可获得的损害赔偿等于利润损失或由于不动产、动产或自然资源受到损坏、破坏或丧失而导致的盈利能力的损失。①

戈德堡教授的结论是,根据该《法案》的规定:

> 只有那些能够证明他们所遭受的经济损失是因为石油泄漏对索赔人有权进行商业用途的财产和资源造成损坏、破坏或以其他方式致使其无法利用者,才能获得赔偿。

这个结论引起了一些批评,因为它似乎与 1990 年《石油污染法案》试图扩大经济损失赔偿责任范围的理念背道而驰。事实上,需要表明与受损害的资源存在某种形式的直接利益,即使未能达到法律规定的标准,也标志着在某种程度上回归到"罗宾斯干坞"原则。戴维斯(Davies)强烈认为这种解释与这段文字的实际意思不符。这样的做法看起来方便了渔民的索赔,但却忽视了那些为整个行业服务的群体。

总之,以往对闸门的恐惧似乎仍然发挥着持续的影响,以至于对经济损失的可赔偿性仍采取严格限制的观点。

四、强制救济的实用性

在环境保护的领域中,存在一个棘手的问题,即为保护环境的目的颁发

---

① 33 U.S.C. § 2702(b)(2)(E).

强制令救济与为保护私人利益颁发强制令救济的理论依据是大不相同的。
对于保护私人利益来说,正如第四章所讨论的,回顾一下目前日益流行的观
点是强制令的作用源于法律的经济分析。总而言之,这个理论认为,强制令
不应被视为禁止某一活动持续的一次性工具,而应被视为帮助各方讨价还
价以达成协议的工具。[1] 因此,根据这种观点,强制令的目的是防止污染者
不试图先谈判一项地役权,而直接对其他人使用和享受财产的权利造成干
扰。这一分析之所以吸引经济学家是因为强制令将土地使用的决定引向市
场[2],而且他们认为相比于法院,这种方式更准确地指明了土地使用偏好。[3]
然而,人们也认识到,在某些情况下,颁发强制令不一定会促使各方进行协
商。[4] 在这种情况下,有人认为,法院应该判决损害赔偿金以代替强制令,
从而强制购买索赔人自由行使和享受其财产的权利。[5]

这样的结果与环境保护的目的几乎是不相符的,而且这是一种自由裁
量权,应谨慎使用。不过我们必须承认,在某些情况下它提供了最切实可行
的解决方案。[6] 很难想象这种自由裁量权如何能够成为某些成员国制定的
专门责任制度中的组成部分,并一度被提上了欧盟委员会的议程。这为采
用替代机制或程序以专注于环境损害而不是个人损失的做法提供了强有力
的支持。例如,在荷兰,非政府组织可以在独立的诉讼中就环境损害申请强

293

---

① See, for example, Robert D. Cooter & Thomas Ulen, *Law and Economics*, 176
(Addison-Wesley 1997); C. Veljanowski, *Legal Theory*, *Economic Analysis and Tort*, in, *Legal
Theory and Common Law*, 229-230 (W.L. Twining ed., Basil Blackwell 1986); Cane, 54-55.

② William M. Landes & Richard A. Posner, *The Economic Structure of Tort Law*, 31 (U-
niversity of Chicago Press 1988).

③ 同上,另参见 A.I.奥格斯和 G.M. 理查森(A. I. Ogus & G. M. Richardson),《经济学与环
境》[*Economics and the Environment*, 36(2) Cambridge L.J. 284, 321 (1977)],"法院无法实现其
效率的一个重要方面是相比于损害赔偿,法院更偏好强制令。"

④ 这种情况可能发生在有太多当事人的情形,因为污染者没法和他们当中的每一个人都达
成不同的和解协议。See Cooter and Ulen, 171.

⑤ Landes and Posner, 31; Cooter and Ulen, 176; G. Calabresi and D. A. Melamed,
Property Rules, *Liability Rules*, *and Inalienability*:*Our view of the Cathedral*, 85 Harv. L.
Rev. 1089 (1972).

⑥ 参见上文第三章第五节二(四)。

制令,从而区别于针对个人损失所寻求的个人救济措施。[1]

第五节　小结

可用的救济措施的性质决定了环境责任制度的核心和目的。在前面的章节中已经详细分析过,为了实现效率,这种制度除了关注归属于环境的私人利益所遭受的伤害之外,还应当关注于环境自身损害的费用。在这个问题上,鉴于各国国内法律惯例的广泛性和多样性,环境责任的国际创制倡议都倾向于将赔偿数额这类细节问题留给国内法来决定。在缺乏对环境损失成本量化的专门规定的情况下,可能存在一种风险,即任何赔偿基金可能被公共财政吞并,并被用于一般性支出的目的。在这种制度中应保证环境修复费用的优先权。此外,自从本书第一版出版以来,针对可行的环境损害货币价值评估方法方面,开展了大量研究。这些技术目前正在深水地平线灾难案的背景中进行严格的测试。

现有的各个国家法律原则在经济损失可补偿性的问题上也存在很大的差别。大多数法律制度已经在这个问题上积累了复杂的判例法体系,法院也一直在致力于建立一个明晰的原则,以判断在什么时候损失应该被判定为是特别疏远的或不可预见的。有时,法院放弃寻找相关原则,转而在政策考量的基础上划定主观的分界点。在这个问题上,由于各国国内法律惯例之间存在较大的分歧,因而在国际责任制度的领域中要建立统一的原则是非常困难的。再次说明,这个问题通常是根据现行的国内法律进行解释。然而,这也是一个不应被忽视的问题。正如同重大的石油污染灾难所表明的,经济损失索赔往往构成了源于重大事故的私人损失中最大一部分份额。

总之,必须指出的是,在大多数专门的环境责任制度中救济措施的问题往往都会被忽视,而通常是采用现有的法律体系中的救济措施。然而,根本

---

[1]　See Hinteregger.

上，这种责任制度的效率是取决于所采取的救济措施。如果，当欧盟选择重新讨论欧盟基于侵权的环境损害救济体系这个问题时，则需要多加注意对这个问题的协调。

第十一章　扩展民事责任的财政条款

第一节　引言

如第四章所述,在排除保险或者赔偿基金等其他金融保障机制的情况下而单独考虑侵权的作用是不切实际的。由扩展的环境损害民事责任所引起的财政问题,在这个领域中一直都是热门的辩论话题。人们普遍认为:如果不存在吸收这些额外成本的手段,那么扩展责任将没有任何意义。此外,如前文已经深入讨论的,潜在地开放式责任的可能性会对侵权责任的合理性和风险可保性产生重大影响。这就引发了两个重要问题,即应该在何种程度上设定责任上限,以及应该在何种程度上将侵权责任与其他机制结合起来,从而满足环境修复的成本。

欧洲和国际上关于环境责任的创制倡议都竭力将侵权责任和某些形式的金融保障手段结合起来,例如强制保险或赔偿基金。目前,最大的挑战仍然是在不损害以侵权责任为基础的个人责任的前提下,如何能最好地确保环境修复成本能得到满足的问题。

第二节　欧盟国家的国内法律

与美国和英国相同,在许多欧盟国家的保险行业,除了"突发的和意外的"泄漏所引起的污染损害以外,对其他污染损害都不承保。[①] 这就引出了

---

① See P. Wetterstein, *The Finnish Environmental Damage Compensation Act—and some comparisons with Norwegian and Swedish Law*, 3(3) Env. Liability 41, 47 (1995); and J. M. Barrenetxea, *The Spanish Draft Act on Liability for Environmental Damage*, 5(6) Env. Liability 115, 124 (1997).

一个问题,即是否存在适当的金融保障机制足以满足环境责任所带来的额外费用。

296　　　德国《环境责任法案》第 19 条针对强制保险作出了规定,但是由于在保险市场中缺乏合适的保险产品,立法部门推迟了该规定的适用。[①] 然而,在过去的二十年中,保险行业的专业知识、所提供的保险产品的数量和复杂性都呈现指数增长。[②] 对于环境责任保险,《环境责任指令》则成为制定相应保单的主要驱动力。[③]

　　经过一番犹豫[④],德国保险行业[⑤]决定在一般的责任保险中排除污染责任,同时提供新的环境损害责任保险。[⑥] 这种保险与英国的有所不同,英国环境损害责任保险包含了"提出索赔"的启动机制以避免"长尾"风险的问题[⑦],而德国的环境损害责任保险则是以"表现"作为启动机制:"出险是指受害方,或第三方或投保人首次发现的人身伤害或财产损失。"[⑧]这并不排除存在长尾风险的可能性;但似乎保险行业很有信心,认为可以通过详细的场地调查将这种风险降低到可控范围。这回应了霍姆斯(Holmes)和布劳顿(Broughton)的发现,他们认为某些英国的保险公司在公共责任保险下选择继续提供污染承保,而这些保险公司可以通过引入环境损害责任中的场地调查方法从而降低遭受长尾风险的可能性,后续会予以回顾。[⑨] 此外,

---

　　① See W.C. Hoffman, *Germany's New Environmental Liability Act*: *Strict Liability for Facilities Causing Pollution*, 38 Neth. Intl. L. Rev. 27, 39 (1991).

　　② 参见上文第四章第四节二。

　　③ 同上。

　　④ See Hoffman, 40-41.有一段时间,保险行业不确定是应调整现有的一般责任保险承保范围,还是应在一般责任保险承保范围内完全排除承保污染,进而提供新的独立的环境损害责任保险。

　　⑤ 关于德国环境风险的可保险性的一般性综述,参见:Haust Schlemminger & Claus Peter Martens (eds.), *German Environmental Law for Practitioners* Ch. 6 (Kluwer 2004).

　　⑥ See R. Woltereck, *New Environmental Impairment Liability Policy Introduced into the German Insurance Market*, 5 Intl. Ins. L. Rev. 202, 203 (1994).保险业者指出,基于新的形势,保单仅提供给 10 万个符合《环境责任法案》的工厂。

　　⑦ 参见上文第四章第四节二。

　　⑧ See Woltereck, 204.

　　⑨ 参见上文第四章第四节二。

相对于"突发的和意外的"泄漏,德国环境损害责任保险对由意外事故所造成的渐进式污染提供的赔偿很有限。举个例子,这种渐进的污染包括机械故障导致漏油所造成的污染,但不包括工厂日常运行的污染排放所造成的污染。然而,这类赔偿被限定在两千万马克以下。[①]

某些国家的保险公司一直争取通过形成保险联营来提升抗风险能力,比如法国的高风险污染集团(Assurpol)。[②] 通过汇集资源和专业技术的方式,使保险行业能够更好地吸收例如长尾风险等所导致的出乎意料的巨额索赔。[③]

某些国家的责任制度采用横向手段,其中,当损失无法通过侵权规则获得补偿时,可以从保险行业的税收或保险金所提供财政支持的补偿基金获得损失赔偿。在瑞典,在污染者身份不明、法律禁止民事诉讼或者污染者无力偿债等情况下,可以向该基金追索损害赔偿。[④]

第三节　欧洲和国际举措

在欧洲或国际层面酝酿或实施的跨国赔偿责任制度中,强制保险是一个重要组成部分。《卢加诺公约》第 12 条要求经营者参与强制性金融保障计划,以支付该公约下产生的责任成本。但这并不等同于强制保险,因为它

---

① 　See Woltereck, 204.

② 　在法国,该做法被证明很有必要,因为"提出索赔"启动机制在"商业联盟诉法国建筑师互助委员会"[Commercial Union v. La Mutuelle des Architectes Francais (Unreported, 1990)]案中,被法国最高法院(Cour de Cassation)判定为不合法,这使得很难投保长尾风险。高风险污染集团已经开始引入德国使用的"表现"启动机制,当然这首先得看法院是否批准。See R.G, Lee S. Tupper, *Claims-made Policies: European Occurrences*, 4(1) Env. Liability 25 (1996); M, Hagopian, France: *Supreme Court Rules that 'Claims Made' Coverage is a Nullity*, 1 I.J.I.L. 52 (1994).

③ 　包括意大利、西班牙和荷兰。See ERM Economics, *The Insurance Sector*, in, *Economic Aspects of Liability and Joint Compensation Systems for Remedying Environmental Damage*, DGX1I (European Commission 1996).

④ 　《环境保护法案》(1969:387),第 65—68 节;《环境损害保险条例》(1989:365)。向基金缴纳的费用根据企业规模(以雇员人数为指标)和经营活动的性质来计算。

允许使用其他替代机制。对于保险应该涵盖的损害成本的比例,该条款比较含糊。它仅仅提出应根据国内法要求金融保障必须达到一定的最低限额。在国际制度中,强制保险是管理海洋污染公约①和核事故公约②的核心组成部分。这些制度也与赔偿基金密切联系,这些赔偿基金通常都是为了满足超过赔偿责任限额的损失而设立的。

从欧盟制度下扩展民事责任所产生的环境损害成本的可保性问题,也是欧盟委员会针对这个问题进行审议时的一个重要的当务之急。1992 年委员会绿皮书提出了熟悉的论述,是关于在风险量化方面的困难以及保险市场能力缺乏的问题。③ 然而,如上文的发展分析总结表明,过去二十年该市场已经大幅地扩充。绿皮书还建议,应该同时建立一个修复基金,当侵权责任和保险都无法支付损害成本时,可以由这个基金予以补偿。④ 因此,民事责任和赔偿基金被认为是构成一个统一制度的两个组成部分,这个系统是上文中提到的国际制度的一项"平行"手段。

298　　随后的白皮书重申,除非保险公司能够计算出投保风险,否则不能提供金融保障;⑤事实上,核算风险正是保险业务的本质和核心。可以合理的假设,保险行业的担忧主要是由于他们要为排除历史污染追溯责任的任何可能性的决定负责。⑥ 对于过去已经发生的损害,保险公司必须根据当时的法律和科学知识以计算保险费并起草保单。然而,白皮书也承认,保险市场尚未赶上欧洲扩展环境责任的发展。⑦ 因此,白皮书建议"采取谨慎的方法以建立责任制度"。环境责任制度的出台将为推动保险市场的发展提供动力。然而,委员会认为,应逐步引入环境责任制度,以避免因突然出现一大

---

① 参见上文第五章第五节一。
② 参见上文第五章第五节二。
③ COM (93) 47 final, 13.
④ *Ibid.*, 23, para. 14.11.
⑤ COM 2000 (66) final, 24.
⑥ 在上诉法庭对"剑桥水务诉东部郡县皮革厂"([1993] Envtl. L.R. 287)案作出判决之前,ABI 发布了新闻通稿宣称:如果法院支持剑桥水务公司,那么其成员将被迫集体撤回对污染的承保。See A. Layard, *Insuring Pollution in the UK*, 4(1) Env. Liability 17, 18 (1996).
⑦ COM 2000(66) final, 24.

批环境责任索赔而摧毁现有的金融保障机制：

> 本文中提出渐进式做法的一个主要原因是金融部门的担忧。危险活动范围的局限性、已受到现有欧共体法律保护的自然资源的限制性，以及严重损害的有限性，这些因素都使该责任制度所引起的相关风险更容易计算并管理。①

虽然，根据这些审议中所产生的《环境责任指令》专注于扩大行政成本赔付权力的作用，而不是强化侵权赔偿的作用，它仍然刺激了环境责任保险市场的增长。②

第四节　主要问题

299

上述进展带来了两个主要问题，即强制环境责任保险的必要性以及在存在保险的情况下，责任制度规则应如何与其他补充的赔偿机制相结合。

一、强制保险

对环境损害引入强制保险的一个主要反对意见是，保险公司将成为行业的许可发放者。③ 这种说法存在一些夸大的成分，因为，经营者本来就需要投保某些强制保险。例如，在英国，化学工厂必须购买强制性雇主责任保

---

① COM (2000) 66 final, 24.

② 《环境责任指令》第 14 条要求成员国应当"鼓励"金融保障机制的发展。此外，委员会需要在 2010 年 4 月 30 日之前作出一个关于该机制发展的报告。为此，委员会就该问题于 2009 年底发布了一份独立报告。该报告指出目前保险市场正蓬勃发展。更详细的研究资料参见欧盟委员会环境责任网站：http://ec.europa.eu/environment/enveco/liability/index.htm（2012 年 4 月 23 日访问）。

③ 瑞士再保险公司的罗伊·马歇尔称："无法获得强制性保险在原则上就意味着无法从事该行业。让人难以接受的是，这会使得监管企业的责任从政府当局转移到保险行业。"See R. Marshall, *Environmental impairment—Insurance Perspectives*, 3 (2/3) Rev. Eur. Community Intl. Envtl. L. 153, 158 (1994).

险①,而且如果该化工厂要通过公路运输其产品,还必须购买强制性汽车保险。② 因此,在一定程度上,经营者的经营能力已经在很大程度上依赖相关保险的可用性。

　　一个更令人信服的理由,简单地说就是在许多司法管辖区都缺少专门的环境责任保险产品;如上所述,这种情况在很多国家都是存在的。如果市场不能充分地提供合适的保险产品,那么要求经营者购买强制保险就没有任何意义了。当然,有一点也很明确,就是现有的公共责任保险没有能力完全满足环境损害所有费用的赔偿。污染除外条款将责任限制在发生重大事故或者诸如塞维索灾难那样的灾难性机械故障等事件上。这并不包括像"剑桥水务"案那样,经由多年的"点滴"效应所造成长期损害的情况。虽然,在过去二十年间,环境保险市场已经迅速增长,但在保险涵盖业务方面仍存在相当的差距,而且,距离保险行业能够完全吸收源于《环境责任指令》等措施所带来的所有损失方面,可能还需要很多年。③

　　这就解释了为什么大多数环境责任制度的建议都要求经营者无论采取什么样的形式都要建立某种"金融保障"机制以应对不断增加的责任,而不仅仅是强制规定一个特定的强制保险。事实上,有人认为保险并不是总能提供金融责任问题的最佳解决方案。福尔和哈特里夫认为④,在高度专业化和技术化的领域,例如核能行业,行业本身最有条件进行风险评估并建立自身的赔偿基金。⑤ 在航运业中,油轮船东们已经采取了这种方法,成立了

300

---

　　① Employers' Liability (Compulsory Insurance) Act 1969.

　　② Road Traffic Act 1988 (sections 143 and 145).

　　③ 参见上文中对《环境责任指令》第 14 条的介绍。关于目前保险市场状况的综述,参见第四章第四节二。

　　④ M.G. Faure & T. Hartlief, *Compensation Funds versus Liability and Insurance for Remedying Environmental Damage*, 5(4) Rev. Eur. Community Intl. Envtl, L. 321, 323 (1996).

　　⑤ See M. Faure, *Economic Models of Compensation for Damage caused by Nuclear Accidents: Some Lessons for the Revision of the Paris and Vienna Conventions*, Eur. J.L. & Econ. 21 (1995).

船舶保护与赔偿俱乐部以应对污染带来的赔付责任。[①]

　　进一步的困难是,强制保险条款需要详细说明必须由保险支付的损害赔偿的比例。这个问题是不可能一概而论的,因为它取决于许多因素,例如公司的规模以及其业务的性质等等。《卢加诺公约》认识到了这一问题并指出,此事应交由国内法解决。也是因为类似的困难,德国也放缓了《环境责任法案》中关于强制保险要求的适用。考虑到该法案所覆盖的工厂数目以及它们之间的技术差异,联邦议会认为要求保险支付所有的赔偿金是不合理的。然而,也正是因为这些差异,德国政府才一直无法设定强制的保险限额。[②] 由于涉及众多可变因素,保险公司和投保人之间应该就保单覆盖范围问题进行协商。换句话说,保险公司需要根据特定厂址的状况灵活调整保单。

　　只要强加的赔偿责任不是开放性的赔偿,那么行业和保险公司就能够在没有强制保险的情况下设计金融保障机制。

二、责任保险和赔偿基金之间的关系

　　很显然,并不是所有的损害成本都可以由保险规定的强制的侵权责任赔付。因此,值得注意的是,海洋石油污染责任的管理制度采取了双管齐下的办法。[③] 赔偿基金与责任制度并行运作,针对损害赔偿其所能够提供的赔偿比单独应用侵权原则所能够赔偿的要大得多。核损害责任的管理制度采取了类似的做法,尽管目前它只限于《巴黎公约》。[④]

---

① See T. G. Coghlin, *Protection and Indemnity Clubs*, Loyd's Mar. Com. L. Q. 403 (1994). 的确,关于埃克森·瓦尔迪兹号油轮灾难,埃克森公司的保险公司仅仅承担了总体损失相当小的一部分。而成本费用中相当大的部分,包括埃克森公司所能获得的赔偿,将由国际油轮赔偿协会和保障与赔偿俱乐部(埃克森公司是其中的会员)来承担。但是,应该注意的是,根据保单的条款和国际油轮协会的规定,关于各自必须承担的损失方面,存在许多法律上的争议。See M. F. Dolin, *An Overview of the Exxon Valdez Insurance Coverage Dispute*, 5(10) Intl. Ins. L. Rev. 313 (1997).

② See Woltereck, 203.

③ 参见上文第五章第五节一。

④ 参见上文第五章第五节二。

最近，有人提出这种性质的赔偿基金是否可以作为建立由气候变化引
起的赔偿责任的一种手段。美国法庭已经就归咎于气候变化的损害的补偿
保障方面作出尝试，然而，在本书撰写时，尚未出现任何成功的索赔案例。[①]
诉讼当事人必须克服相当多的困难，尤其是必须证明因果关系。[②] 可以想
象，一个建立在严格责任基础上的赔偿基金，将可以绕过很多此类问题。[③]
这种基金的资金来源可以来自于主要温室气体排放者缴纳的碳能源税、能
源密集产品的营业税、保险行业以及公众基金。然而，这样一个基金的建立
存在一些理论上的和实践上的困难。传统基金，例如国际石油污染赔偿基
金，与侵权赔偿责任规则紧密地联系着。索赔是由特定事件启动的，例如超
级油轮搁浅。那么，超出油轮所有者的责任上限的损失赔偿部分就可以由
该基金来赔付。正如前文已经深入探讨的，气候变化所引起的因果关系确
定与上述问题是完全不可同日而语。[④] 根据当前的科学知识水平，想要将
造成特定损害的某一事件锁定于某个明确的污染者是不可能的。但有可能
的是，在摆脱传统法律的因果关系检验的架构下，负责基金索赔管理的机构
可以在其基金管辖权限内开发一个更灵活的机制。然而，为了维持系统的
公正性并节约基金，需要制定有关符合性、合理性、一致性的检验标准。否
则，就存在一种危险，该基金有可能发展成为与相关行业的行为毫无关系的
另一种环保税。尽管摆脱了传统侵权方法的桎梏，这仍将是一项艰巨的任
务。法里斯（Farris）主张，将符合条件的索赔限制在"已经可确定的影响"
就可以减轻因果关系证明的困难；[⑤]然而，这只是把问题推到了什么是"已
经可确定的影响"这个问题上。在第三章提到，利用统计概率赋予因果关系
重要性以建立一个因果关系模型，在概念上是可行的，即便这么做看上去没

---

①　关于美国诉讼的综述，参见上文第二章第五节五。

②　参见上文第三章第三节二（四）。

③　对于该问题的综合讨论，参见：D. A. Farber, *Basic Compensation for Victims of Climate Change*, U. PA. L. Rev. 1605 （2007）; M. Farris, *Compensating Climate Change Victims：the Compensation Fund as an Alternative to Tort Litigation*, 2(2) Sea Grant L. & Policy J. 49 （2009-10）.

④　参见第三章第三节二（四）。

⑤　Farris, above.

什么意义。① 然而,有人注意到,在不久的将来法院是否会考虑采取这样的做法是令人怀疑的。如上所述,负责赔偿基金管理的机构在摆脱传统的因果关系检验标准方面可能拥有更多的自由。但与此事实相反的是,为了确保国际上对建立该基金达成一致协议,毫无疑问,缔约方会寻求明确地阐述将使用什么样的因果关系检验方法。此外,赔偿基金必须谨慎管理,否则它将可能会很快被耗尽。负责管理该基金的机构不可避免地会形成自己的"基金法"以期能达成基金的一致性,并排除那些太不相关的索赔。这些问题也是侵权责任的核心问题,因此,基金法总是能够让人想起侵权责任的判例法也就不足为奇了。事实上,在某些情况下,基金法表现得并不比侵权更慷慨。② 因此,关于气候变化基金的可能性,针对因果关系问题基金的管理机构有可能会采取谨慎的做法,从而降低了它作为侵权替代机制的能力。

最后,必须承认,尽管赔偿基金可能在增强侵权责任的有限范围方面发挥了至关重要的作用,但是它们的能力同样也是有限的。前所未有的深水地平线灾难颠覆了所有现行的法律和赔偿机制。倘若应用现行的法律条文,由于责任的上限,所有损失中只会有一小部分获得赔付。然而,正如我们已经看到的,此事被迅速地转移到了政治舞台,其结果是英国石油公司放弃了责任上限,建立了一个包含巨额资金的托管账户。③ 由于灾难的特殊性以及他们所采取的应对措施,很难从该案例中推定一般的法律原则。相反,当社会上面临着这种百年难遇的环境灾难时,它恰恰强调了法律和传统机制的局限性。

第五节　小结

考虑环境责任问题不能离开金融机制的影响。正如已经在第四章深入

---

① 参见第三章第三节二(四)。

② 例如,参见,苏格兰民事法院在"兰德卡钦公司诉国际石油污染赔偿基金"案中,针对国际石油污染赔偿基金所提出的经济损失索赔的处理方式([1998] 2 Lloyd's Rep. 552);参见第三章第五节一(二)。

③ 参见上文第三章第五节一(二)。

讨论的,法院已经越来越意识到他们作出的判决在经济上的现实性,尤其是对保险行业的影响。事实上,大多数侵权诉讼中,原来的当事方都是名义上的,真正的战斗是发生在获得代位权的保险人之间。

再次强调,根据第四章所描绘的理论框架,实有必要去审视保险和其他方式的承保风险。确切的说,保险行业的增长可能会在一定程度上减少个人责任,从而引起分配公正的问题。当然,如果完全不考虑个人的行为而将损失直接自动转嫁到保险公司头上,那么保险行业很可能集体退出承保,就像在"剑桥水务"案判决前保险行业所提出的威胁一样。因此,任何责任制度都必须保留个人责任的部分。出于这个原因,在严格责任中引入第六章所提到的抗辩是非常重要的,这将给予经营者减轻他们损失的机会。假如责任与行为模式有关,那么保险公司可以计算风险并通过调整相应的保费以奖励采用清洁生产技术的公司。

303   对于保险市场能力欠缺而造成的困难,不应忘记的是,多年来,针对不断增加的雇主责任和日益改善健全的消费者保护立法,类似的争议不断升级。

最终,市场证明了其自身能够适应和开发新业务的潜力。然而,其前提是责任是以可控的方式扩展。致使现有金融保障机制陷于困境的过于严厉的责任制度在面临灾难时将无法运作,并可能导致保险行业拒绝合作。回想起来,最初的超级基金计划就带来了这种影响,许多保险公司都拒绝为那些从事对环境有害活动的公司承保。2000年欧盟白皮书关于环境责任方面作出了一个重要决定,它指出环境责任应以一种可控制的方式引入,并应用于那些已经受到欧盟环境立法监管的行业中。保险公司已制订了各种体系,用以评估这些公司已经存在的环境风险,例如污染土地。

必须承认,单靠保险不能提供完整的解决方案,仍需持续努力发展分担灾害成本的替代手段。国际石油污染赔偿基金提供了最先进的模式,并有可能成为其他责任制度的模板。例如,扩大核损害赔偿基金的工作正在进行中,而建立一种气候变化影响赔偿基金的想法也正在讨论中;尽管,关于后者的实际困难相当大。此外,深水地平线事件提供了一个有益的教训,即应用传统责任制度和成本回收机制所能起到的作用是有限的。这场规模空前的灾难导致了一系列特别的政治回应，而这些政治回应只因石油行业的特殊性及其可以动员资源的范围才有可能。类似的方法几乎不可能在别的行业使用，例如，在一个贫穷国家发生的核反应堆爆炸事故。除了极端罕见的核灾难事故之外，石油行业是最容易发生巨大环境灾难的行业；然而，作为最富有的行业，石油行业自身具有相关资源可以应对这些损失。

第 五 篇

结 论

第十二章 总结:环境领域中侵权责任的本质

第一节 引 言

本书的目的是研究侵权作为一种手段在环境保护制度中的地位和作用。对于本书第一版的研究认为:大多数关于侵权责任所扮演角色的争论,特别是参考了当时的欧盟创制倡议,都没能抓住问题的基本点,而是把重点放在一些特定的提案上。从上述的讨论可以明显地看出,该争论仍在持续,然而,欧盟推动力的作用正在逐步减小。不过,最近一些事件表明,人们对在此背景下侵权责任作用的兴趣是有增无减的,而诉讼当事人们也在迄今未知的领域(如气候变化)中持续探索侵权责任原则。尽管如此,除非人们理解到侵权责任的本质以及在现代社会中关于其特有作用的广泛争论,否则就不可能充分理解在环境保护领域中应该如何应用它。在这方面,上述分析使人们能够了解侵权责任的哲学基础以及在这一哲学基础指导下如何在环境保护领域中应用。

第二节 侵权法的哲学基础

反对将侵权作为一种环境保护手段的一个主要理由是,作为一种私人纠纷的解决机制,从概念上来看,很难将侵权应用于环境保护等公众利益目标的处理。① 然而,当我们检视侵权的哲学基础及其发展历史后,就会发现这种论断其实将问题过分简单化了。

总的来说,早期普通法的发展是牢牢扎根于私人土地权益的保护。它的功能是纯粹的矫正性,因为,当原告财产被侵犯时,它的目的就在于恢复原告的利益。② 妨害被视为是对不可剥夺的财产权利的侵犯,而不单是打扰或激怒。然而,在 19 世纪,法院将分配功能赋予普通法。于是出现了一种观点,即:关于土地利用方面,不考虑社会偏好而单纯地考虑财产权利变得不再现实。③ 因此,从这个时候起,侵权责任开始关注于某项土地利用是否合理的问题。为此,英国普通法和其他以普通法为基础的法律体系中,侵权责任还必须考虑一些附加因素,如邻里特征④以及一个活动是否形成非自然的土地利用等。⑤

因此,很显然地自从 19 世纪以来,侵权法一直试图平衡公共利益和私人利益。埃塞尔在亚里士多德对矫正正义与分配正义所做的区别的基础上解释了这种二元性。⑥ 矫正正义专注于原告所遭受的不公平以及恢复原状的需求,分配正义的目标是将损失分配给能更好将损失予以内部化的一方。这就引起了概念上的困难,因为两个概念从一开始似乎就是不相容的。在

---

① 欧盟工业和雇主联合工会(Union of Industrial and Employers Confederations of Europe, UNICE)持这种观点,认为:"民事赔偿责任的有关法律的目的是在保护个人。因此,基于这个理由,民事赔偿责任不适用于由于破坏环境这一公共物品的行为所造成损害的赔偿。只有公法可以决定公共机构应该采取哪些措施以修复环境这一公共物品。"See UNICE, *Position Paper on the Fundamental Options in the Green Paper on Remedying Environmental Damage* (Brussels July 20,1993), (written submissions presented to joint EC Commission and European Public Hearing on Preventing and Remedying Environmental Damage, Brussels 3-4 November 1993) 20 July 1993, Brussels.

② Frederick William Maitland, *The Forms of Action at Common Law: A Course of Lectures* (A. H. Chaytor & W. J. Whittaker eds., Cambridge University Press 1936).

③ J. P. S. Mclaren, *Nuisance Law and the Industrial Revolution: Some Lessons from Social History*, 3(2) O.J.L.S. 155 (1983).

④ St. Helens Smelting v. Tipping (1865) H.L.C. 642.

⑤ Rylands v. Fletcher (1866) L.R. 1 Ex. 265.

⑥ Josef Esser, *Grundlagen und Entwicklung der Gefährdungshaftung* (2d ed., C. H. Beck 1961).

20 世纪,学者们一直试图寻找侵权的哲学基础,以便同时实现这两项功能。恩格拉德针对该问题采用的互补性理论很好地解释了如何将两个看似矛盾的概念整合成一个和谐整体。① 在他看来,是有可能采用单一的法律规则同时体现这两个目标。

恩格拉德的做法引人注目的地方在于,可以将它应用到与环境领域相关的现有侵权规则中。例如,"邻近性检验"的特征就是分配功能,因为,它根据某一区域主要的土地利用状况来调整损害的阈值。但是,它仍然保留有矫正功能,因为对于超过这个阈值的损害仍然是可以提起诉讼的。

因此,的确存在这样的理论基础,能够正当地利用侵权追求公共利益目标,例如环境保护。然而,是否有必要以这种方式使用侵权规则则又另当别论了。

第三节　环境领域中侵权的作用

在环境领域中侵权的主要潜在优势是,它可以为私人个体及其他具有法人资格的主体提供参与环境监管的机会。在个人利益和环境利益密切相关的情况中,除了监管处罚之外,一个污染事件还可能会引起大量的民事赔偿责任。② 这具有附加的好处可以促使污染者将更大比例的损害成本予以内部化。③ 合法捕鱼协会(和其前身 ACA)成功地追究河流污染者责任的案例就是一个经典的案例研究。④ 而且,侵权救济还具有一种潜能,就是可

---

① Itzhak Englard, *The Idea of Complementarity as a Philosophical Basis for Pluralism in Tort Law*, in *Philosophical Foundations of Tort*, 185 (D.G. Owen ed., Clarendon Press 1995).

② 法规在刑事责任之外还规定了民事赔偿责任,这种做法早已出现。See Nuclear Installations Act 1965, section 12.

③ 回顾一下,1989 年发生壳牌默西河口漏油事件后,壳牌公司被罚款 100 万欧元,在那个时候,这起事件是有史以来对环境损害征收的最大一笔罚款。然而,清理成本高达 140 万欧元,所造成的财产损失达到 210 万欧元。See R. Holmes and M. Broughton, *Insurance Cover for Damage to the Environment*, 9513 E.G. 123 (1995).

④ 参见第四章第三节二。

以作为环境执法机制的补充,基于建立欧盟统一的环境责任制度的构想,这一点引起了欧盟的关注。

　　然而,侵权与监管制度保持一定程度的独立性是非常重要的。正如"蓝圈工业有限公司诉国防部"①案所展示的,当就损害是否已经发生存在争议时,监管标准可以提供有用的指导。在本案中我们可以回顾,受污染的土壤之所以必须要移除,是因为辐射水平超出了法定限值,而不是因为对健康造成威胁。不过,遵守这种标准不应该被视为危害的确切证据。当政府所制订的标准不适当的情况下,为了保护私人利益,法院应当保留一些自由裁量权。② 在侵权应当被视为是增加一般性私人参与环境保护的一种手段的同时,它不应该是与监管标准紧密联系。遵守监管标准应该始终被认为是证据的重要性。

　　这就提出了关于环境领域中侵权的作用一个重要主题。某些法律制度中,通过制定法定义务将侵权作为环境执法的一项补充手段,并以一种工具主义的方式使用侵权以促进立法目的。③ 因此,可诉损害的阈值和立法中损害的定义是息息相关的。此外,导致侵权责任的行为可能涉及刑法或行政法中所规定的标准。这种对侵权的工具主义使用方式可能达到一个有用的作用,就是为个人受害者提供一种可获得赔偿的手段。然而,应该始终牢记在心的是,保护这种利益并不是这类立法的首要目标。因此,这些立法中规定的某些法定义务的范围可能要比一般侵权责任的原则更为狭窄。例如,在第四章④有人认为,核责任立法中损害的定义排除了许多很可能与慢

---

　　① 〔1997〕1 Env. L.R. 341.

　　② 凯恩指出,普通法可以作为由规划制度规定的监管标准的补充:"虽然它〔妨害侵权〕不能推翻规划制度的工作,但它可以用来控制开发许可的具体实施,这是规划制度无法从宏观全局监管的;而且,它还可以针对某些规划的错误提供一些救济。"参见彼得·凯恩(Peter Cane),《侵权法与经济利益》〔*Tort Law and Economic Interests*,392 (Clarendon Press 1996)〕。但是,妨害实践这种作用的能力被"吉林汉姆区议会诉梅德威(查塔姆)码头公司"(Gillingham Borough Council v. Medway (Chatham) Dock Ltd〔1993〕QB 343)案的判决严重破坏了,该案中一个通过的规划是有能力改变邻里地区性质的。

　　③ 参见上文第四章第三节三中的讨论。

　　④ 同上。

性核污染有关类型的损害。然而,这一立法还排除了索赔人根据其他侵权提起诉讼的权利,主要是妨害,而妨害之诉能够为这种类型的伤害提供救济。这就从监管某种特定活动的监管制度中,排除了作为弥补监管缺陷手段的一般侵权法。[1]因而,侵权在环境领域中具有两方面的作用,但二者并非总是相容的。一方面,它可以作为强制执行环境标准的一种直接手段。另一方面,一般侵权法可以为某些私人损失提供救济手段,这些私人损失可能被纵观全局的监管法规所忽略。后者的功能并不直接涉及环境保护;然而,在有一些当事方因为污染而蒙受损失时,多重诉讼的累积效果可能构成实质性损害的一部分。例如,科比诉讼案[2]就是一个清楚的案例,其原因是针对旧钢铁冶炼厂废弃场地进行除污过程中操作失误所导致的诉讼案,以及目前尼日尔河三角洲地区石油污染引起的诉讼案。[3]因此,在立法机构考虑要将民事救济纳入环境立法中时,应该逐步取代现有的救济措施。

尼日尔河三角洲地区的案例由于涉及大量的索赔人,因此情况非常特殊。[4]在大多数情况下,涉及的诉讼当事人数量要少得多;这就提出了一个问题,有限数量的当事人所提起的私人诉讼,是否可以对经营者产生遏制作用。在这方面,应该指出的是,对于焦点事件的个别判决可以吸引大量的公众关注从而起到惩戒性的遏制作用。[5]此外,一个试验性案例可以为众多类似索赔开辟道路。这经常发生在职业病案例中,在一个胜诉的代表性诉讼案例之后,被告可能同意类似索赔达成庭外和解。[6]因此,如果伊丽莎白·雷伊和薇薇安·霍普在针对英国核燃料有限公司[7]的诉讼中获得胜

311

---

[1]　参见上文第四章第三节三中的讨论。

[2]　Corby Croup Litigation v. Corby D.C. [2009] EWHC 1944 (TCC), [2010] Env. L.R. D2. 关于主要讨论的内容,参见上文第二章第五节三、第二章第六节二(二)以及第七章第三节二。

[3]　参见上文第五章第二节二中的讨论。

[4]　同上。

[5]　施瓦茨指出,埃克森·瓦尔迪兹公司石油泄漏的责任是依据普通法的过失来解决的。其高达90亿美元的索赔金额是相当惊人的,也是美国法律史上的第二大索赔。See R. Schwarz, *The Role of Common Law in Environmental Policy: Comment*, 89 Public Choice 201 (1996).

[6]　最近几次石棉纤维暴露索赔提供了最清晰的案例。

[7]　Reay and Hope v. British Nuclear Fuels Plc [1994] Env. L.R. 320.

诉,那么很可能英国核燃料有限公司将被迫与其他由塞拉菲尔德员工的子女所提起的诉讼达成和解。至于较近的例子,鉴于科比诉讼案,地方当局如果再进行类似的土地修复工程时,不可能不采取复杂的防范措施[①],而且我们可以确认,自从深水地平线灾难以后,防喷器的操作使用和维护保养已经得到了大大的改善。[②]

第四节　侵权的局限性

显然,没有一种环境监管体系可以完全依赖于某一种机制。环境问题涉及不同尺度,从局地问题到具有全球重要性的问题。侵权责任主要应用于局地或区域层面,主要是由某一具体事件引起。因此,侵权适合于处理在空间和时间上比较明确的事故排放或有毒物质意外泄漏所产生的问题。这种类型的损害在环境损害成本中占据较大的比例。[③]　然而,期望基于侵权的机制能够处理造成长期和广泛破坏的灾难事故所引起的成本显然是不现实的。就像德国联邦宪法法院副主席罗曼·赫佐格(Roman Herzog)在一次关于第三方核责任和保险研讨会上所表示的:

> 如果我们能够设想出在核电厂可能发生的最坏情况,那么毫无疑问可以想象到其事故规模将可以与人类历史上所发生的最大灾害相匹敌……。然而,出乎我意料的是,对于这个问题的法律比较分析完全取自民事责任领域——尤其

---

①　例如,科比案中使用的老式"挖掘和倾倒"方法与南威尔士康力斯埃布韦尔工厂最近进行的高度复杂的土地修复项目中所采取的方法形成鲜明的对比。See H. Fox and H. Moore, *Restoration and Recovery：Regenerating Land and Communities* (Whittles Publishing 2010).

②　See T. Fowler and J. A. Dlouhy, *Blowout Preventer Report could Bring New Designs*, Houston Chronicle (Houston, Mar. 24, 2011), http://www.chron.com/business/energy/article/Blowout-preventer-report-could-bring-new-designs-1599671.php (accessed Apr. 27, 2012).

③　德国保险经纪人提供的测算表明,事故排放占总环境损害成本的 8％—12％。See ERM Economics, *The Insurance Sector*, in, *Economic Aspects of Liability and Joint Compensation Systems for Remedying Environmental Damage*, DGXII, 41 (European Commission 1996).

是绝对责任……。不过，我现在希望在我的论点中引用的极端情况，指的是完 312
全不同的量级。同时我相信，当我认为这样一个极端的例子只能和像巨大的洪
涝灾害、由于经济整个分支崩溃导致大量失业、现代文明的弊病，或者甚至是第
二次世界大战等这样的灾难进行比较时，你们可能会谴责我……。

　　……让我们暂且想象一下，我们认为是不可能的，并且我们每个人都以自
己的方式尽最大的努力去防止它发生的事情——一场最大损失超过现值十亿
马克 1000% 甚至 2000% 的灾难。会有人相信，针对这样一个紧急情况，有人会
援引《原子能法》第 31 条，甚至会有人去阅读它吗？德国联邦议会将召集并要
求对所有遭受的损害都给予最大可能的"非常规的和非官方的"赔偿。政府也
会这样做，甚至财政部长也不会反对；处于同情他只会点头同意。真想不到，这
就是那个当发生冰雹或洪水时，不会拒绝提供帮助的国家，而且在我看来确实
如此。①

　　有趣的是，就在这一论述提出之后仅仅两年，正是这样一个"最坏情况"
事故就发生在原苏联切尔诺贝利核设施中。这场灾难引起的人类苦难、财
产损失和由于耕地污染和限制生产所引起的经济损失等代价，从原爆点扩
展到几千里之外的国家②，是无法估量的，并且还在持续发生。如果，这样
的事故发生在西方，那么试图通过民事赔偿责任收回损失的做法显得非常
愚蠢。这次灾难中，即使经营者被剥夺所有资产，通过民事索赔，总损失中
只有很小的部分能够得到赔偿。

　　然而，这并不是说，在这种史前无例的灾难发生后，不存在通过责任规
则行使追索权的情形。除了极为罕见和惊人的核工业灾难，最臭名昭著的
环境灾难都发生在石油工业中。2010 年所发生的深水地平线灾难则达到

---

　　①　Roman Herzog, Keynote address, in: OECD/IAEA (ed.), *Nuclear third party liability and insurance—status and prospects* (Munich Symposium 1984), Paris 1985, 13-21 (16), quoted in N. Pelzer, *Focus on the Future of Nuclear Liability Law*, 17(4) J. Energy & Nat. Resources L. 332, 349-350 (1999).

　　②　在奥地利、希腊和北欧某些"热点地区"，铯-137 残留浓度超过 100 kB/m²。 See European Environment Agency, *Europe's Environment: The Dobris Assessment*, Ch. 18, Box 18E, (European Environment Agency 1995).

了巅峰,前文已对该事故进行了详细分析。与核工业相比,最大的石油灾难往往是由最有钱的产业大鳄造成的。① 这对英国石油公司造成了巨大的政治压力,因此英国石油公司设立了巨大的赔偿基金,远远超过了美国法律框架中现有的赔偿责任上限规定。尽管,该案中损害成本评估可能更多受到政治的影响而不是法律,但应该记住的是,在分配责任中,应首先应用侵权原则。

然而,对于大多数情况,侵权更擅长于处理污染影响不那么大的局地污染。虽然,如上所述,这种能力可能会被制定法制度严重削弱,因其试图限制现有侵权规则的作用。

此外,侵权无法解决因过去的经济运行管理方式所引起的广泛的环境问题。一个典型的例子就是关于历史污染的问题。在这方面,很遗憾地,侵权曾一度被卷入关于污染场地的争论当中。如果接受恩格拉德所倡导的侵权多元化观点②,很显然,侵权规则必须经常地平衡矫正功能和分配功能。而针对受污染场地的情况,是不可能实现这种平衡的。当污染已经发生,只要在污染发生时没有引起侵权责任,那么侵权就不能起到任何威慑作用。在这种情况下,侵权只能起到纯粹的分配作用以进行责任分配。如阿特金森辩称,对于受污染场地,"寻求实现威慑作用和补偿作用二者的目标之间存在根本分歧"。③ 侵权历来对行为的管制是基于当时的社会价值观和期望。基于当时不同的适用标准,用侵权处理过去的问题根本不合理。在这方面,不应将侵权与美国的《综合环境反应补偿和责任法案》(超级基金)体系相混淆,该法案是用于损失分配的一种仲裁手段。

超级基金的案例以及其他无过错赔偿和环境修复制度引起了关于侵权规则与其他金融保障机制(如赔偿基金)之间关系的讨论。④ 这些机制可以

---

① 关于灾难的主要背景,参见第三章第五节一(二)。

② Englard.

③ N. Atkinson, *The Regulatory Lacuna: Waste Disposal and the Clean up of Contaminated Sites*, 3 J. Envtl. L. 265, 277 (1991).

④ 参见上文第十一章第四节二。

与侵权责任紧密配合,同时在侵权规则赔偿能力有限的情况下,可以作为扩展可收回损失的一项重要手段。从这个意义上来说,这些机制针对某一特定行业就施加了某种形式的集体责任。在一定程度上,传统的侵权规则也可以起到类似作用。一个非常明显的例子就是英国法院调整了普通法因果关系检验标准,从而给石棉行业施加了一种集体责任。① 然而,这种机制还应与个别经营者的行为相关联,因为损害可能是由地方性行业整体过错导致的。如果失去了与个人行为之间的联系,那么赔偿基金只是单纯地起到行业税收的作用,而且与责任制度方法渐行渐远。这是气候变化责任"超级基金"构想存在的最大问题;与石棉行业不同,气候变化并不能归因于某一限定的行业或一类经营者。此外,也不能保证这些基金可以满足超出侵权责任上限的所有额外损失。正如我们所看到的,负责管理资金的机构往往需要开发自己的基金法,以提供比侵权规则较多的灵活性。这或许是保护基金的一项功能,以使得获益索赔人的数量最大化。

　　金融保障机制的另一个方面涉及环境风险的可保险性。因此,在讨论侵权局限性时不应排除保险对不断增加的环境责任的影响。尽管,在确定责任时,很少有法官像丹宁大法官那样特别关注于保险的存在与否②,保险无疑已经影响了侵权的发展。因此,保险的可用性必定会对推进环境责任制度的决定产生影响。保险公司已明确表示,根据美国的经验,他们不会就历史遗留污染提供承保。但是,假如他们被允许起草保单,使其不会暴露于开放式的损害成本,他们愿意就当前和未来的污染承保。保险的可用性在很大程度上取决于成员国国内的保险法规。英国"提出索赔"启动机制③和德国"表现"启动机制④的法制化在环境损害责任的发展中发挥了有益的作

314

---

　　① 参见上文第三章第三节二。

　　② See, for example, Nettleship v. Weston [1971] 2 Q.B. 691.

　　③ See R. G. Lee and S. Tupper, *Claims-made Policies: European Occurrences*, 4(1) Env. Liability 25 (1996).

　　④ See R. Woltereck, *New Environmental Impairment Liability Policy Introduced into the German Insurance Market*, 5 Intl. Ins. L. R. 202, 203 (1994).

用。① 在尚未将这些条款合法化的国家中,保险公司通过资源共享的方式分担成本。此外,如霍姆斯和布劳顿指出,保险公司应当在基于事件发生标准的公共责任保险下对污染承保,其前提是要进行详细的风险评估并增加保费。②

应当指出,这些进展在没引入强制保险时就已经发生了。事实上,由于缺乏灵活性,强制保险很有可能会成为保险在这一领域持续发展的障碍。由于涉及众多可变因素,在损害赔偿中设定保险公司应该赔付的百分比限额几乎是不可能的。③ 应该给予当事方空间,根据经营活动的性质、企业规模等因素决定其保险的具体内容。

第五节　在环境领域中提升侵权作用

本书第一版的大部分内容都集中于建立欧盟环境侵权责任制度的建议。正如我们所看到的,政策和指令的走向发生了突然变化,通过行政权力,其建立了污染损失回收或者先采取预防措施以防止损害发生的一种制度。④ 尽管,在最近的未来,不太可能出现基于侵权的新的欧盟创制倡议,但有关侵权是否应该积极地作为一种环境保护手段的争论仍在持续。一些欧盟成员国已经纷纷推出自己的制度,并且在国际层面上继续努力扩大民事赔偿责任的作用。这就提出了一些问题,即在不破坏侵权的本质以及其关注个人责任的基础上,可以在何种程度上对侵权规则进行实质性修改,以

---

① 前文提到,相对于以往的出险启动机制,这些启动机制可以使保险公司更精确地锁定承保期限。

② See Holmes and Broughton.

③ See Woltereck.

④ 《欧洲议会和理事会关于预防和补救环境损害的第 2004/35 号环境责任指令》[European Parliament and Council Directive (EC) 2004/35 on Environmental Liability with Regard to the Prevention and Remedying of Environmental Damage OJ L143/56]。有关欧盟政策在这一领域中发展的迂回曲折过程,参见上文第五章第三节。

便于促进更多的环境诉讼。值得注意的是，某些变化可能是判例法的演变对现有侵权原则产生的影响所导致的结果。例如，正是英国法庭减轻了有关石棉案件中因果关系举证责任负担。[1] 同样，是德国法院，而不是立法，就某些类型的环境损害案件建立了可予驳回的推定（这应该是立法的责任）。[2] 然而，更为重大的发展无疑地要求更广泛的使用立法干预。

因此，尽管作为环境保护制度的一部分，侵权可以发挥有益的作用，正如第三章的分析所展示的，但它的使用往往受到建立责任的障碍（交易成本）的限制。这包括了在某些情况下要证明存在过错、因果关系、有限的诉讼资格和有限的救济措施。任何希望提出侵权诉讼的索赔人都将面临这些困难，但在涉及环境损害的案例中，这些困难尤为严重。许多污染过程的技术性质使得证明存在过错非常困难。某些形式的污染容易扩散的性质，以及它与环境之间复杂的交互作用，对建立因果关系产生许多困难。此外，诉讼资格仅限于那些私人利益受到直接影响的当事方，另外救济措施只反映了私人损失，而不是环境损害。

这些问题表明，目前，矫正功能是英国侵权法的主要特征。在侵权可以发挥其有益的作用之前，其关注的焦点必须从保护私人利益转移到保护环境。换句话说，如果矫正正义和分配正义的概念被设想是居于天平的两端，那么必须将侵权置于靠近分配正义的一边。当然，如果将侵权放置在天平上分配正义的尽头，那么它将失去所有的矫正功能，并成为一种分配损失的仲裁工具。因此，在设计和制定任何利用侵权追求环境目标的制度时，实有必要根据恩格拉德倡导的互补性理论以平衡分配功能和矫正功能。[3] 第四部分所讨论的降低侵权交易成本的原则性手段就具有很好的能力来调解这两个目标。

严格责任增加了污染者必须承担的损害赔偿的比例。然而，由于允许抗辩，它还保持着一定的矫正功能；这就保留了一定成分的个人责任，并给 316

---

[1]　参见上文第三章第三节二（三）。

[2]　参见上文第六章第二节。

[3]　Englard.

污染者提供了将成本内部化的机会。这是严格责任与绝对责任不同之处，绝对责任是一个纯粹的分配工具。因此，对于完全超出原告控制范围的现象，例如不可抗力，允许抗辩情形是完全合理的。如第六章所述，发展风险抗辩提出了更为复杂的问题，因为它关系到被告进行其活动的方式。该抗辩可为被告根据目前科技发展水平检讨其工艺过程提供了动机。但被告仍有义务证明在其经营期间，有关知识还未被该行业所知晓。

至于因果关系，正如美国的经验表明[①]，不适当地放宽因果关系检验的适用将会导致集体责任。[②] 德国 1991 年《环境责任法案》所采用的方法展示了如何在保留矫正功能的同时增加侵权的分配效应。这类规定可以让法庭根据案件的实际情形作出常识性判决，而不需要证明具有科学确定性的因果关系。[③] 与英国普通法适用严格的因果关系检验相比，这更符合预防原则[④]的要求。此外，根据污染者付费原则，它增加了必须由污染者承担的损害成本的比例。[⑤] 在这个意义上，以这种方式减轻因果关系证明责任体现了欧盟环境政策的分配作用；然而，在适用推定之前必然存在间接证据指向某一特定工厂，这一事实则保持了矫正正义的强大成分。

环境利益团体诉讼资格的增加可能会是任何民事赔偿责任制度的一个重要组成部分。侵权责任要视归属于自然资源的个人利益的损害情况而定，因此阻碍了侵权作为保护所谓的"无主环境"的一种手段发挥作用。这就引起了某些概念上的和哲学上的困难。斯通认为，环境应被视为具有某

---

① P. Huber, *Environmental Hazards and Liability Law* in *Liability Perspectives and Policy*, 147-148 (R. E. Litan & C. Winston eds., The Brookings Institution 1988).

② G. Teubner, *The Invisible Cupola : From Causal to Collective Attribution in Ecological Liability* in *Environmental Law and Ecological Responsibility—The Concept and Practice of Ecological Self-Organization*, 29 (G. Teubner, L. Farmer & D. Murphy eds., John Wiley & Sons 1994).

③ 回顾前文，如果存在另一种物质，能够与争议中的物质协同造成该损害，也不能自动驳回推定。See G. Hager, *Umwelthaftungsgetz : The New German Environmental Liability Law*, 1 (2) Env. Liability 41, 42 (1993).

④ See Article 174 EC (formerly 130r).

⑤ 同上。

种形式的法人资格，而环境利益团体应该可以作为其法定监护人。① 这种
做法似乎受到美国"塞拉俱乐部诉莫顿"②案中持异议判决的道格拉斯法官 317
的一些支持。荷兰法院在"昆德尔斯"③案和"博尔恰"④案中所采用的替代
方法更容易根据现有的法律原则进行解释。回顾前文，在这些判决中，法院
将环境利益团体视为代表着自然资源保护中的公众利益。

与此想法密切相关的是，法院根据环境责任制度作出的判决应将环境
作为一个有别于归属其中的私人利益的独立实体来保护。这就需要一个支
持强制令救济的一般性推定。在第四章中曾讨论过，在要求污染者将更大
比例的与其行为相关的污染成本予以内部化时，强制令比损害赔偿更有效。
鉴于，无法保证损害赔偿金会被用于环境损害的修复，法院可以在强制令上
附加条款，规定治理措施或修复措施。可以根据技术可行性进行调整；如迈
凯伦大约在四十年前提出的⑤，只有在极端情况下，企业才会因强制令而被
迫关闭。因此，在减少污染程度的同时，允许企业继续进行经营活动，救济
措施同时体现了侵权多元观点的矫正功能和分配功能。允许判处损害赔偿
金代替强制令的这种方法则采用了经济学方法，其中允许污染者强制购买
排污权。

在必须判决损害赔偿金的情况中，赔偿金额的计算应根据环境修复成
本，应尽可能使环境恢复到其先前的状态。过分强调恢复自然资源的某种
使用价值的这种方法将会导致根据狭隘的经济学标准对资源定价。这就使

---

① C. Stone, *Should Trees have Standing? — Towards Legal Rights for Natural Objects*, 45 S. Cal. L. Rev. 450 (1972).

② 405 US 727, 31 L. Ed 2d 636 (1972).

③ Supreme Court Dec. 18, 1992, Nederlandse Jurisprudentie 1994, 139. See Chapter 6 at 4. 2.

④ District Court Rotterdam 15 March 1991, (1992) Netherlands Yearbook of International Law (NYIL) 513. 参见上文第八章第二节一。

⑤ J.P.S. McLaren, *Nuisance Actions and the Environmental Battle*, 10(3) Osgoode Hall L. J. 505, 557 (1972).

得资源成为市场交易的对象而容易招致伤害。[①]

　　总体而言,以这种方式调整侵权规则,可能有两个基本目标。首先,严格责任以及减轻因果关系举证责任,可以强化污染者的责任以及保护环境的义务。第二,增加诉讼资格和采用能够反映环境损害而不只是私人损失的救济措施,可以允许个人和私人机构实施环境监管职责。从这个意义上来说,扩展环境责任的作用将有助于重新评估产权和环境之间的关系。

318　第六节　总结:从公地悲剧到全球公共资源

　　关于在环境领域中侵权所起到的广泛作用,经常被诟病的是环境已被化整为零,成为一系列个人财产权利或私人利益的事实。因此,只有在环境损害与一些私人利益相关联的情况下,才可以对环境损害提起诉讼。事实上,在由产权主导的当今世界,这可能被认为是一种优势而不是劣势。将环境损害重新定义为对私人权益的侵犯,可以使环境得到与这些私人权利同等的考虑,就像业主使用其财产而造成污染一样。在某种意义上,这种做法将环境重新定义为和每个人都有利害关系的一种公共资源。然而,根据哈丁的"公地悲剧"[②],每个人都出于类似的经济原因开发资源,而在环境领域中,其中的一些利益是与保护公共物品相关的。困难在于将这些保护性土地利用与占主流的经济利益放在同等位置。"权利"这个词句为这种做法提供了一种手段。[③]

　　正如麦克弗森所解释的[④],对资源的所有权本身也承载着以某种方式使用资源的义务。市场的主导地位已经从产权概念中提炼出可以交易的权

　　① J. Steele, *Remedies and Remediation:Foundation Issues in Environmental Liability*,58(5) The Modern L. Rev. 615 (1995).

　　② 哈丁"公地悲剧"[162(3859) Science 1243 (1968)];参见上文第一章第二节二。

　　③ 参见第四章第三节二中的讨论。

　　④ C.B. Macpherson, *Human Rights as Property Rights*,24 Dissent 72 (1977).参见上文第四章第三节二。

益,即有形资源本身以及排他的权利。因此,自 18 世纪以来,主流的产权观点是将权利赋予所有者并将义务赋予其他人,也就是尊重业主排他的占有权利的义务。根据这种狭隘的财产所有权观念,所有者只享有权利不承担义务;这样的制度体系很容易被滥用,因为它使业主能够将其活动的成本转移给第三方。这样就产生了外部性的问题,其中污染就是一个典型的例子。正如布罗姆利(Bromley)提到的:

> 权利集中在少数人的手中,从政治意义上来说并不会立即产生问题。真正让人担心的是由这种权利集中所导致的经济权力会被滥用。[①]

然而,布罗姆利也指出,律师常常提到的典型的"权利束"所有权概念,即包括占有、管理、受益、保护以及不同程度的排他效应,并不表示绝对控制权。[②] 依据国家允许业主在行使这些权利时忽视他人权利的程度,其控制程度也不一样。从这个角度所有权可以被看作是一种特权,而不是一种绝对权利。因为国家要维护财产制度,国家可以改变产权格局,从而限制这种特权的使用:

> 政府不做任何事情是为了保护那些目前拥有权利和特权的人;政府以某种形式的集体行动介入争辩中以修改制度安排,是为了保护那些目前承担了不必要成本的人的利益所采取的行动。[③]

319

他继续说,对财产功能的这种重新评估是不可避免的,因为资源枯竭以及关于因果关系新的科学知识揭示了这种不受约束的排他占有权利将某些成本强加于他人身上:

---

① D.W. Bromley, *Environment and Economy*, 160 (Blackwell 1991).
② 同上。
③ Bromley, 163.

　　随着技术的进步,以及人口压力导致城市化地区密度不断增加,我们将寻找新的方式把不必要的成本强加给别人。新的知识也大有裨益,因为它能够让我们建立更确定的因果关系。在缺乏确切科学证据的情况下,许多现象作为生活的一部分被简单地接受了。一旦我们拥有了建立明确的因果关系的能力,那么,这些事项就应该由立法或司法领域来处理。这一过程的最终结果无疑是对土地附属的权利和义务的进一步重新定义。①

　　正如布罗姆利所主张的,环境退化历来被视为"生活的一部分",这是毋庸置疑的事实。虽然,污染一直对那些重视环境价值的人带来痛苦和悲伤,但它并不总是被视为妨碍了具体的可实施的权利。然而,早在19世纪英国工业革命时期,这种将污染视为是一种必然且不可避免的灾难的观念开始出现改变。随着工业城市的不断扩展,污染开始侵害到乡绅和暴发户的大庄园里。在情况最糟糕时,牧草被炙烤、牲畜被毒死。一旦遭受了这种性质的财产损失,污染就构成了可以主张财产侵权(例如,妨害法)的一种具体形式。②

　　布罗姆利也正确的断言,在将一般的环境污染转化成涉及可诉权利的一种形式的过程中,因果关系发挥了至关重要的作用。在特定损害和具体来源之间所建立的因果关系,将一般的环境不便和烦恼转化成对私人权利的直接侵犯。然而,这个过程是缓慢的,因为在损害表现出来和出现可以经得起司法详细审查的因果关系的科学证据之间存在必然的时间滞后。可以说,最有名的英国私人妨害的案例,是源于19世纪工业污染对富人财产影响的"圣海伦斯冶炼公司诉蒂平"案。③ 该案常常被忽视的一点是,蒂平不得不耗费大量资源以证明铜冶炼厂的排放和其财产损害之间存在因果关系。④ 然而,一旦这种联系被牢固地确立,其他人就能够效仿蒂平的案例。

---

　　①　Bromley,167-168.

　　②　See Mclaren (1259).

　　③　(1865) 11 H.L.C. 642.

　　④　A. W. B. Simpson, *Victorian Judges and the Problem of Social Cost: Tipping v. St Helen's Smelting Company* (1865) in *Leading Cases in the Common Law* (Clarendon 1995).

当然,由于诉讼费用,妨害诉讼往往倾向于保护富人。大部分人除了继续接受污染是"生活的一部分"之外,别无选择。一旦污染被确认为是一种社会疾病,那么根据先前的措施,例如,英国的《公共卫生法案》和《碱业法》(Alkali Acts),将会出现监管应对措施。在许多方面,这种模式一直延续到今天,并且我们已经习惯于认为环境保护是最先由公法创制的事实。某些私法体系偶尔会涉足其中,为一些富裕的地主就其私人损害提供救济措施,但似乎与保护环境权利的一般适用没有多大关系。然而,除非这些权利是为了一般大众的公众利益以及更清洁环境的需求,否则,这些法律在使污染者承担污染成本方面存在严重的能力缺陷。回到麦克弗森等人提出的观点[①];在力图保护环境利益的时候,除非我们能够将权利和财产这两个词汇锁定起来不用,否则很难在这些词汇上打败污染者。麦克罗里(Macrory)在以下论述中简洁地提出了这个问题:

> 传统上,律师将贸易自由作为一种经典的个人权利,这应该等同于我们熟知的财产权利,并可以受到法律相同的保护。与此相反,在法律中,环境问题并不被视为是个人自由和权利的一部分,而是一种限制人们从事或不从事某项行为自由的利益。就其本身而言,这个领域是适合于政府干预,但还不能想象的是,这是可以直接由法院强制实施的一项权利,就如同贸易自由那样。[②]

关于为什么侵权应以有利于此类诉讼的方式发展的理由,在上文中已经说明。总体来说,正如"艾伦诉海湾炼油厂"[③]案和"科比集团诉讼"[④]案所证明的,公法不能为所有污染造成的个人损害提供完整的应对措施。在某些案例中,可能由于缺少强制措施或监管制度本身存在缺陷而导致监管失灵。在其他案例中,针对某类特定活动的监管措施可能根本就没有考虑个

---

① See C. B. Macpherson, *Human Rights as Property Rights*, above.

② R. Macrory, *Environmental Citizenship and the Law: Repairing the European Road*, 8 J. E. L. 219, 232 (1996).

③ [1981] A. C. 1001.

④ [2009] EWHC 1944 [TCC], [2009] NPC 100.

320

人损害。① 正如前文指出的,制定一种能够同时实现这些目标而不破坏侵权所依赖的个人责任模式,在概念上和实践上是可行的。为此,严格责任、改良的因果关系检验、集团诉讼、增加经济损失的可补偿性及其他学说的发展,在保障建立这种保护公共利益的侵权模式中都发挥了各自的作用。

321 　　显然,关于这种保护公共利益的侵权模式能够被推进到何种程度,还存在某些限制因素。许多这些公共利益比较分散并且无法量化;例如,如果每一个途经的路人对工厂排放的烟雾感到不适,都被赋予了诉讼资格而向法院起诉此事,那么"闸门"将被打开,责任将变得不可持续。② 然而,在这种情况下,社区的共同利益将通过赋予非政府组织诉讼资格来予以整合。在安全保护所关注的环境介质中,这些代表诉讼相当于社会的集体所有权权益的一种主张。这种方法反映了道格拉斯法官在"塞拉俱乐部诉莫顿"③案中的推理,以及荷兰法院在"昆德尔斯"④案和"博尔恰"⑤案中的推理。

　　总之,侵权在环境保护中的作用不断增强,无论是通过判例法发展还是通过立法干预,都强调土地所有权不仅仅是他们可以对其财产做什么的问题,同时也是不可以用它做什么的问题。在未来的日子里,看看侵权是否能够在环境领域中发展公共信托理论的这一理念中发挥自己的作用,将是非常有趣的。⑥ 在极端情况下,假设艰难的因果关系问题可能有一天会被解决⑦,那么可以想象,气候变化诉讼可能最终能建立我们每个人都有所有权

---

① 参见上文第四章第三节三。

② 在"亨特诉卡纳里码头有限公司"([1997] 2 W. L. R. 684)的案件中,戈夫大法官显然意识到了这个问题,他反对将诉讼资格扩大到那些对财产没有所有权益的人。以这种方式扩展侵权,会将对土地的侵权转移到对个人的侵权,那么可以就比人身伤害轻微的损害提出损害赔偿,而责任标准将不再是依据过失而是依据平衡邻里对其土地使用的利益。在我看来,以这种方式发展法律是不能接受的。Lord Goff at p. 696F-G.

③ 405 US 727, 31 L Ed 2d 636 (1972).

④ Supreme Court 18 December 1992, Nederlandse Jurisprudentie 1994, 139. See Chapter 6 at 4.2.

⑤ District Court Rotterdam 15 March 1991, (1992) Netherlands Yearbook of International Law (NYIL) 513. See Chapter 6 at 4.2.

⑥ 参见上文第四章第三节二。

⑦ 参见上文第三章第三节二(四)。

的"全球公共资源"理念。

附　　言

　　美国最高法院在"康涅狄格州等诉美国电力公司"①案中作出重要裁决，鉴于美国环保局有权监管温室气体②，根据公共妨害的任何联邦普通法权利将被这一监管权力取代。此案对于那些就气候变化提起侵权索赔的当事人来说，实属有些挫败；尽管，它会如何影响私人当事方提出的索赔要求而不是国家提出的要求，还有待观察。③　此案的重要性在于，它展示私法与公法之间的关系，以及法院不愿意以可能会干预行政监管的模式来发展私法。这是令人担忧的问题，正如在本书该版中反复强调的，普通法的作用应该是弥补监管失灵或监管不力。④　在这方面，有立法干预的领域中，法院应逐步取消侵权救济措施。

322

---

　　①　131 S. Ct. 2527 (2011). 参见第二章第五节五中的讨论。

　　②　注意，在"马萨诸塞州诉环境保护局"[549 U.S. 497 (2007)]案中，美国最高法院认定依据1970 年的《清洁空气法案》(修订版)，授权环境保护局监管二氧化碳和其他温室气体。参见第二章第五节五。

　　③　Hari M. Osofsky, AEP v. Connecticut's Implications for the Future of Climate Change Litigation, 121 Yale L. J. Online 101 (2011), http://yalelawjournal. org/2011/09/13/osofsky. html. (accessed Nov. 15, 2012).

　　④　参见上文第四章第三节三。

案例表 *

英国、爱尔兰共和国及英联邦
United Kingdom, Republic of Ireland and the Commonwealth

A

A.B.和其他诉南西水务案

A.B. and others v. South West Water Services Ltd [1993] 2 W.L.R. 507, 268

奥尔德雷德的案例

Aldred's Case(1611) 9 Coke Rep, f. 57b, 26

奥尔德里奇诉大西部铁路公司案

Aldridge v. The Great Western Railway Company; (1841) 3 Man. &G. 514,133 E.
　R., 42

阿尔格利特航运有限公司诉国际石油污染赔偿基金案

Algrete Shipping Co. Ltd. v. International Oil Pollution Compensation Fund [2003]
　1 Lloyd's Rep. 327., 112, 280

艾伦诉海湾炼油有限公司案

Allen v. Gulf Oil Refining Limited [1981] 1 All E.R. 353 (HL); [1979] 3 W1R.
　523 (CA), 43,129, 148, 171, 215, 320

阿尔法赛尔诉伍德沃德案

Alphacell v. Woodward [1972] C.L.Y, 3549, 223

安佳啤酒厂发展有限公司诉伯克利酒店(码头区发展)有限公司案

Anchor Brewhouse Developments Ltd. v. Berkley House (Docklands Developments)
　Ltd.(1987) 38 B.L.R. 87, 126

---

* 英文案例后的页码为原书页码,即本书页边码。

安斯诉默顿伦敦市议会案

Anns v. Merton London Borough Council [1978] A.C. 728，288

阿农案

Anon，(1535) Y.B. 27 Hen.6，Trin. pl. 10，34

安东尼诉煤炭管理局案

Anthony v. Coal Authority [2005] EWHC 1654 (QB)；[2006] Env L.R. 17.，39

首席检察官(博斯韦尔)诉拉思曼斯和彭布罗克联合医院董事会案

Att. Gen (Boswell) v. Rathmines and Pembroke Joint Hospital Board [1904] I.R. 161,123

首席检察官诉曼彻斯特公司案

Att. Gen. v. Manchester Corporation [1893] 2 Ch. 87，123

首席检察官诉诺丁汉公司案

Att. Gen. v. Nottingham Corporation [1904] 1 Ch. 673,122

首席检察官诉 PYA 采石场案

Att. Gen. v. PYA Quarries [1957] 2 Q.B. 169，51

B

巴拉德诉汤姆林森案

Ballard v. Tomlinson (1885) 29 Ch. D. 115，36

新西兰银行诉格林伍德案

Bank of New Zealand v. Greenwood [1984] 1 N.Z,L.R. 525，30，121

巴克诉康力斯集团英国公司案

Barker v.Corus UK plc [2006] UKHL 20，[2006] 2 A.C. 572.，76，96

巴尔诉比法废物服务有限公司案

Barr v. Biffa Waste Services Ltd [2012] EWCA Civ 312,[2012] All ER (D) 141 (Mar),224

巴雷特诉圣劳伦特水泥公司案

Barrett v. Ciment du St Laurent inc [2008] 3 S.C.R. 392.，44

贝柳诉赛门特有限公司案

Bellew v. Cement Co. Ltd [1948] I.R. 61，129,141

布利斯诉哈尔案

Bliss v. Hall(1839) 4 Bing. N.C. 183，41

蓝圈工业有限公司诉国防部案

Blue Circle Industries Plc v. Ministry of Defence［1997］1 Env, L.R. 341，282－
283，309

布莱思诉伯明翰市自来水公司案

Blyth v. Birmingham Waterworks Co. (1856)11 Ex. 781 at p. 784,61－62

博尔顿诉斯通案

Bolton v. Stone［1951］A.C. 850，62

邦宁顿诉沃德罗案

Bonnington Castings v. Wardlaw［1956］A.C. 613,75

布雷斯维尔诉阿普比案

Bracewell v. Appleby［1975］1 Ch, 406,127

布拉德利诉吉尔案

Bradley v. Gill (1688) 1 Lutw. 69，27

布里奇斯兄弟诉森林保护案

Bridges Bros. Ltd. v. Forest Protection (1976) 72 D.L.R. (3d) 335，27

布里德灵顿转播有限公司诉约克郡电力董事会案

Bridlington Relay Ltd. v. Yorkshire Electricity Board［1965］Ch. 436，27

英国塞拉尼斯有限公司诉 A.H.杭特案

British Celanese Ltd. v. A.H. Hunt Ltd［1969］1 W.L.R. 959，49

C

剑桥水务诉东部郡县皮革厂案

Cambridge Water v. Eastern Counties Leather［1994］2 A.C. 264，36，46，48，175，
179，212，229，241，283

德伍德导航股份有限公司诉日本三井物产株式会社案

Candlewood Navigation Corporation Ltd. v. Mitsui OSK Lines［1986］AC 785,111

卡帕罗诉迪克曼案

Caparo v. Dickman［1989］Q.B. 653,288

切斯特诉阿夫沙尔案

Chester v. Afshar［2004］UKHL 41；［2005］1 A.C. 134,92

H

O

奥朱拉案
Orjula, The [1995] 2 Ll.L.R. 395，107

远洋油轮(英国)有限公司诉米勒轮船有限公司案(维根蒙德号货轮)
Overseas Tankship (U.K.) Ltd. v. The Miller Steamship Co. Pty. (The Wagon Mound)[1967] A.C. 617，35

P

帕里斯诉斯蒂芬镇理事会案
Paris v. Stepney Borough Council [1951] A.C. 367，62

宾夕法尼亚人寿保险诉芒福德案
Pennsylvania Co for Insurance on Lives and Granting Annuities v. Mamford [1920] 2 K.B. 537，176

佩里诉肯德里克运输有限公司案
Perry v. Kendricks Transport Ltd [1956] 1 W.L.R. 85，48

皮戈特诉东部铁路公司案
Piggot v. The Eastern Counties Railway Company (1846) 3 C.B. 228，136 E.R. 92，42—43

南华克修道院长案
Prior of Southwark's case(1498) Y.B. 13 Hen. 7, f. 26, pl. 4, 24

R

女王因 J.L.托马斯有限公司诉埃克塞特市议会案
R. v. Exeter City Council ex parte J.L. Thomas & Co Ltd [1990] 1 All E.R. 413，32

女王诉劳埃德案
R. v. Lloyd (1802) 4 Esp. 200，51

女王诉皮斯案
R v. Pease(1832) 4 B. & Ad. 30, 110 E.R. 366，42

女王因绿色和平组织诉污染调查员(第 2 号)
R. v. Pollution Inspectorate, ex parte Greenpeace (No. 2) [1994] 4 All E.R.

S

斯坦利诉鲍威尔案

Stanley v. Powell [1891] 1 Q.B. 86，25

斯托克波特自来水厂诉波特案

Stockport Waterworks v. Potter(1861) 7 H. & N. 160；158 E.R. 433，34

斯特里特诉芒福德案

Street v. Mountford [1985] A.C. 809，101

斯特奇斯诉布里奇曼案

Sturges v. Bridgman(1879) 11 Ch.D. 852，41

绍博诉埃塞特数码通信有限公司案（未报道）

Szabo v. EsatDigifone Ltd,（unreported），Irish High Court，6th February 1998，122

T

特里区学校管理委员会诉凯莉案

Trim Joint District School Board of Management v. Kelly [1914] AC 667，173

塔腾诉 A.D.沃尔特有限公司案

Tutton v. A.D.Walter Ltd [1985] 3 W.L.R. 797，64

V

沃恩诉塔夫谷铁路公司案

Vaughan v. The Taff Vale Railway Company(1860) 5 H. & N. 678，157 E.R. 1351，43

W

沃尔诉登马歇尔案

Waldon v. Marshall(1367) Y.B. 43 Ed. 3，f. 33，pl. 38，60

韦尔诉加斯顿运输有限公司案

Ware v. Garston Haulage Co.[1944] K.B. 30，35

沃森诉克罗夫特体育发展公司案

Watson v. Croft Promo Sport[2009] EWCA Civ 15；[2009] 3 All E.R. 249.，32，129

美国
United States

Comer v. Murphy Oil 585 F.3d 855 (5th Cir. 2009)，59

康涅狄格等诉美国电力公司案

Connecticut et al v. American Electric Power Inc （AEP）131 S. Ct. 2527
　　(2011).，321

埃克森航运有限公司诉贝克案

Exxon Shipping Co. v. Baker128 S.Ct. 2605 (2008)，105

弗莱明诉内斯特尔案

Fleming v. Nestor 363 U.S. 603 (1960)，164

地球之友诉莱德劳环境服务公司案

Friends of the Earth v. Laidlaw Environmental Services(98—922) 149 F.3d 303 US
　　(2000)，167，265

霍夫曼诉大西洋煤气公司案

Hoffman v. Atlantic Gas Light Co.426 S.E.2d 387 (Ga. App.1992)，24

杰克逊镇市政公用事业管理局诉哈特福德事故和赔偿公司案

Jackson Township Municipal Utilities Authority v. Hartford Accident and Indemnity
　　Company，451 A. 2d 990 (N.J. Super. Ct. Law Div. 1982)，173

詹金斯诉 CSX 运输公司案

Jenkins v. CSX Transportation Inc 906 S.W.2d 460 (1995).，45

科尔博诉荷兰皇家壳牌石油集团案

Kiobel v. Royal Dutch Shell Petroleum Corporation 621 F. 3d 111 （2nd Cir.
　　2010).，191

伦哈特诉福特汽车公司案

Lenhardt v. Ford Motor Co.，102 Wash.2d 208，683 P.2d 1097，1098 (1984)，228

刘易斯诉达夫诺顿有限公司考非起重机分部案

Lewis v. Coffing Hoist Div.，Duff — Norton Co.，515 Pa. 334，528 A.2d 590
　　(1987)，228

卢汉诉野生动物保护者案

Lujan v. Defenders of Wildlife504 US 555 (1992)，167

麦迪逊等人诉达克敦硫铜和钢铁股份有限公司案

Madison et al. v. Ducktown Sulphur，Copper & Iron Co. Ltd. (1904) 83 S.W.
　　658，154

Village of Wisonville v. SCA Services, Inc., Supreme Court of Illinois, 1981. 86 Ill.
  2d 1, Ill.Dec, 499, 426 N.E.2d 824, 123
沃芬诉美国卫生与人类服务部案
Waffen v. U.S. Department of Health and Human Services 799 F.2d 911, 236
废弃物管理公司诉皮尔利斯保险公司案
Waste Management Inc. v. Peerless Insurance Co.,340 S, E.2d (N.C 1986), 174

丹麦
Denmark

哥本哈根自来水公司诉统一公司案
Copenhagen Water Supply Company v. Uniform UfR. 1983.866H., 218
革兰氏案
Gram—case Ufr.1994.659, 218
赫尔辛格诉乔思伯案
Helsingor v. Jonsbo UfR. 1983.895H, 218
梅尔比净水厂案
Melbyhus Water Purifying Plant UfR. 1983.714H, 218
博哈斯诉国防部长案
Purhus v. Minister of Defence Ufr.1995.5054, 218

芬兰
Finland

Case 1936 II 87, 217
Case 1962 II 26, 217
Case 1982 II 109, 217
Supreme Court Decision 1995: 108, 217

法国
France

Chausson v. Prefect de Valice (Cass. 10 January 1866), 257
Commercial Union v. La MutueLle des Architectes Francais (Unreported,

1990)，297

Protex Case，TGI Tours，ch. correctionelle，13 janvier 1992，ministere public c/M et R. No，106 (F)，252

X v. Pompier des Bouches-du Rhone，87,10-3-1959 (Cass. 30 January 1990)，257

德国
Germany

Case 57 BGHZ 257,264 (1971)，239

Case (365) OLG [upper regional court] Dusseldorf，Ruling of 10/12/1993 (22 U 17293)，240

G. v. City of Hamburg，21 October 1983；Decisions of the Federal Supreme Court in Civil Matters，vol 88，p. 344，17

Kupolofen ('Smelting Oven') case(化铁炉案)：BGHZ 92,143 (1985)，53，71，210，241

荷兰
The Netherlands

Beckiser，HogeRaad 14 April 1989，NJ 1990 (NL)，712，257

Borcea，District Court Rotterdam 15 March 1991，(1992) Netherlands Yearbook of International Law (NYIL) 513,255,317，321

Cockerill Sambre S. A. v. Foundation Reinwater and others Court of Appeal Den Bosch，May 31，1994 Case No. KG229/93/MA. Published in [1995] TMA/Environmental Liability Law Review，257

De Nieuwe Meer，Supreme Court 27 June 1986，NederlandseJurisprudentie 1987，743，254，

Handelskwekerij GJ. Bier BV &.Stichting Reinwater v. Mines de Potassed' Alsace SA (Case 4320/74) and Handelskwekerij Firma Gebr.Strik BV &. Handelskwekerij-Jac.ValstarBV v. Mines de Potasse d'Alsace SA (Case 3789/77) [1979] E.C. C. 206，186

Kuunders，Supreme Court 18 December 1992，NederlandseJurisprudentie 1994，139，2，254，317，321

Sopar，Appeals Court of the Hague，19 November 1992，TMA I993，nr 5，pp. 131—132，225

State v. Magnus Metals International，HogeRaad 22 October 1993，NJ 1995，717,259

Windmill case，HogeRaad，26 January 1990，NJ 1991，393，258

瑞典
Sweden

Supreme Court NJA 1992 s. 376,214

Supreme Court NJA 1992 s. 896,214

欧洲人权公约
European Convention on Human Rights

洛佩斯·奥斯特拉诉西班牙案

Lopez Ostra v. Spain(1995) 20 E.H.R.R.(1) 277，99,163

马克斯诉比利时案

Marckx v. Belgium(A/31)：2 E.H.R.R. 330，163

X 和 Y 诉荷兰案

x and y v. Netherlands(A/91)：(1986) 8 E.H.R.R. 235，163

杨,詹姆斯和韦伯斯特诉联合王国案

Young，James and Webster v. United Kingdom，Applications Nos. 7601/76 and 7806/77，Series B，No. 39,163

索 引[*]

---

[*] 索引中的页码为原书页码，即本书页边码。

C

D

G

J

L

M

N

O

R

T

能源和环境法律与政策丛书

Energy and environmental law & policy series

1. Stephen J. Turner, A Substantive Environmental Right: An Examination of the Legal Obligations of Decision-makers towards the Environment, 2009 (ISBN 978-90-411-2815-7).

2. Helle Tegner Anker, Birgitte Egelund Olsen & Anita Rønne (eds), Legal Systems and Wind Energy: A Comparative Perspective, 2009 (ISBN 97890-411-2831-7).

3. David Langlet, Prior Informed Consent and Hazardous Trade: Regulating Trade in Hazardous Goods at the Intersection of Sovereignty, Free Trade and Environmental Protection, 2009 (ISBN 978-90-411-2821-8).

4. Louis J. Kotzé and Alexander R. Paterson (eds), The Role of the Judiciary in Environmental Governance: Comparative Perspectives, 2009 (ISBN 97890-411-2708-2).

5. Tuula Honkonen, The Common bat Differentiated Responsibility Principle in Multilateral Environmental Agreement's: Regulatory and Policy Aspects, 2009 (ISBN 978-90-411-3153-9).

6. Barbara Pozzo (ed.), The Implementation of the Seveso Directives in an Enlarged Europe: A Look into the Past and a challenge for the Future, 2009 (ISBN 978-90-411-2854-6).

7. Henrik M. Inadomi, Independent Power Projects in Developing Countries: Legal Investment Protection and Consequences for Development, 2010 (ISBN 978-90-411-3178-2).

8. Nahid Islam, The Law of Non-Navigational Uses of International Watercourses: Options for Regional Regime-Building in Asia, 2010 (ISBN 978-90411-3196-6).

9. Yasuhiro Shigeta, International Judicial Control of Environmental Protection: Standard Setting, Compliance Control and the Development of International Environmental Law by the International Judiciary, 2010 (ISBN 978-90-411-3151-5).

10. Katleen Janssen, The Availability of Spatial and Environmental Data in the

European Union: At the Crossroads between Public and Economic Interests, 2010 (ISBN 978-90-411-3287-1).

11. Henrik Bjørnebye, Investing in EU Energy Security: Exploring the Regulatory Approach to Tomorrow's Electricity Production, 2010 (ISBN 978-90411-3118-8).

12. Véronique Bruggeman, Compensating catastrophe victims: A Comparative Law and Economics Approach, 2010 (ISBN 978-90-411-3263-5).

13. Michael G. Faure, Han Lixin & Shan Hongjun, Maritime Pollution Liability and Policy: China, Europe and the US, 2010 (ISBN 978-90-411-2869-0).

14. Anton Ming-Zhi Gao, Regulating Gas Liberalization: A Comparative Study on Unbundling and Open Access Regimes in the US, Europe, Japan, South Korea and Taiwan, 2010 (ISBN 978-90-411-3347-2).

15. Mustafa Erkan, International Energy Investment Law: Stability through Contractual Clauses, 2011 (ISBN 978-90-411-3411-0).

16. Levente Borzsa'k, The Impact of Environmental Concerns on the Public Enforcement Mechanism under EU law: Environmental protection in the 25th hour, 2011 (ISBN 978-90-411-3408-0).

17. Tarcísio Hardman Reis, Compensation for Environmental Damages under International Law: The Role of the International Judge, 2011 (ISBN 978-90411-3437-0).

18. Kim Talus, Vertical Natural Gas Transportation Capacity, Upstream Commodity Contracts and EU Competition Law, 2011 (ISBN 978-90-411-3407-3).

19. WangHui, Civil Liability for Marine Oil Pollution Damage: A Comparative and Economic Study of the International, US and Chinese Compensation Regime, 2011 (ISBN 978-90-411-3672-5).

20. Chowdhury Ishrak Ahmed Siddiky, Cross-Border Pipeline Arrangements: What Would a Single Regulatory Framework Look Like? 2012 (ISBN 97890-411-3844-6).

21. Rozeta Karova, Liberalization of Electricity Markets and Public Service Obligations in the Energy Community, 2012 (ISBN 978-90-411-3849-1).

22. Sandra Cassotta, Environmental Damage and Liability Problems in a Multilevel Context: The Case of the Environmental Liability Directive, 2012 (ISBN 978-90-411-3830-9).

23. Mark Wilde, Civil Liability for Environmental Damage: Comparative Analysis of Law and Policy in Europe and US, 2013 (ISBN 978-90-4113233-8).

图书在版编目(CIP)数据

环境损害的民事责任:欧洲和美国法律与政策比
较/(英)马克·韦尔德著;张一心,吴婧译.—北京:商务
印书馆,2017
(威科法律译丛)
ISBN 978 - 7 - 100 - 13019 - 6

Ⅰ.①环…　Ⅱ.①马…②张…③吴…　Ⅲ.①环境保
护法—民事责任—对比研究—欧洲、美国　Ⅳ.①D950.26
②D971.226

中国版本图书馆 CIP 数据核字(2017)第 045311 号

威科法律译丛

环境损害的民事责任
——欧洲和美国法律与政策比较
〔英〕马克·韦尔德　著

张一心　吴婧　译

商 务 印 书 馆 出 版
(北京王府井大街 36 号　邮政编码 100710)
商 务 印 书 馆 发 行
北 京 冠 中 印 刷 厂 印 刷
ISBN　978 - 7 - 100 - 13019 - 6

2017 年 6 月第 1 版　　　开本 787×960　1/16
2017 年 6 月北京第 1 次印刷　　印张 28¾
定价:86.00 元